教师教育精品教材·教育类专业基础课系列

# 课程与教学论

钟启泉　汪　霞　王文静　编著

华东师范大学出版社
·上海·

**图书在版编目（CIP）数据**

课程与教学论/钟启泉主编.—上海：华东师范大学出版社，2008

教师教育精品教材·教育类专业基础课系列
ISBN 978-7-5617-6018-5

Ⅰ.课… Ⅱ.钟… Ⅲ.①课程-教学研究-师范大学-教材②课程-教学研究-中小学 Ⅳ.G632.3

中国版本图书馆 CIP 数据核字（2008）第 060867 号

教师教育精品教材·教育类专业基础课系列

# 课程与教学论

编　　著　钟启泉　汪　霞　王文静
策划组稿　高等教育分社
责任编辑　曹利群　赵建军
审读编辑　沈桂芳
责任校对　邱红穗
封面设计　卢晓红
版式设计　蒋　克

出版发行　华东师范大学出版社
社　　址　上海市中山北路 3663 号　邮编 200062
网　　址　www.ecnupress.com.cn
电　　话　021-60821666　行政传真 021-62572105
客服电话　021-62865537　门市（邮购）电话 021-62869887
地　　址　上海市中山北路 3663 号华东师范大学校内先锋路口
网　　店　http://hdsdcbs.tmall.com

印 刷 者　常熟市文化印刷有限公司
开　　本　787 毫米×1092 毫米　1/16
印　　张　21
字　　数　423 千字
版　　次　2008 年 7 月第 1 版
印　　次　2025 年 6 月第 27 次
书　　号　ISBN 978-7-5617-6018-5/G·3486
定　　价　39.00 元

出 版 人　王　焰

（如发现本版图书有印订质量问题，请寄回本社客服中心调换或电话 021-62865537 联系）

# 目　　录

目

录

# 前　　言

　　20世纪90年代以后,课程与教学研究在国内开始受到重视,课程与教学理论书籍不断问世,一些课程与教学论方面的教科书也相继出版。在这种情况下,再编一本有自己存在价值的课程与教学论教科书,实在不是一件容易的事。我们阅读、查寻、上网搜索了国内外已有的大量研究资料,并多方听取本教材拟使用对象的意见,几经讨论和修改,力图使之具有新意。这也正反映了我们对其存在价值的追求。

　　作为理论研究,我们首先侧重于抓住课程与教学的一些基本问题,而不是面面俱到。我们着重探讨了有关课程与教学的九个基本问题:课程与教学的涵义、关系以及课程与教学研究的历史发展,课程与教学的政策,课程与教学的目标和内容,课程与教学的开发和设计,课程与教学的组织,课程与教学的实施,课程与教学的改革,课程与教学的评价,当代课程与教学的研究。其次,我们采取就事论事方法,以理清问题或思路为本,不迂回,少"插曲",追求简明和概括。

　　作为教材编写,我们首先把立足点置于通俗性之上。我们认为,学习这本教材的学生,其主要目的不是要成为课程与教学论专家,而只是希望了解课程与教学的基本理论,以此作为思考课程与教学问题的起点及实际进行课程与教学活动的动力。所以,我们力求避免采用培训教育理论专家的表述方式,而是注意使用明晰、易懂的语言来陈述课程与教学的理论,让理论不再那么高深难懂,以推动教育理论的通俗化。其次,我们试图增强教材自身的研究功能,发挥其引导学生思考、研究和活动的广泛作用。正是基于这样的考虑,我们在各章内容之后,专门列出"问题与思考"、"研究与活动"和"推荐阅读书目和网址"。

　　我们始终没有忘记,作为21世纪的教材,是为培养新世纪教师队伍的生力军而编写的,应该具有时代气息。所以,我们一方面不仅重视现代科学技术发展对课程与教学理论研究的影响,还充分运用了现代信息技术和国际流行的新的认知学习工具。首先,在各章的前面放一幅"概念图"。这些图把各章的重点简单、明了地表达出来,既便于学习者把握每章的要点,又便于他们复习和巩固。这些格式新颖、表达清晰的图正是借助于热门的认知工具"Inspiration"绘成的。"Inspiration"教育软件是由加拿大"转变策略"股份有限公司于1997年开发的一种功能强大的认知学习软件,其宗旨在于通过"头脑风暴"、设计、组织、描和画、概念图、网络联接等形式，激励（inspire）学生发展理念、组织思维，使他们学会学习、学会思考。其次，根据电脑多媒体、因特网在教育教学中将会发挥越来越大作用的特点，在各章的后面还附有可供学习者查询的相关主题的"推荐访问网址"。另一方面，我们尽可能反映课程与教学新的改革动向和课程与教学研究的新成果。在第二章"课程与教学政策"中，介绍了我国新一轮基础教育课程改革的政策。第四章"课程与教学的开发和设计"中，探讨了国家本位、地方本位和学校本位的课程开发。最后一章"当代课程与教学研究透视"，不仅分析了当代课程与教学研究的主要成就，还展望了课程与教学研究的发展趋势。

　　上述是我们追求本书存在价值所作出的一些努力。现在，虽然本书由我们而彰显了它的存在，但是其存在的本质已经不再由我们来界定了，需要由它与使用者互动的情况来决定。由于我们用心追求该书的存在价值，并希望与众不同或有新意，就可能不成熟，或有疏漏和错误。因此，我们由衷地希望使用者批评指正，以期本书的存在更有意义。

编　者

2008 年 4 月

# 第一章　课程与教学论的历史发展

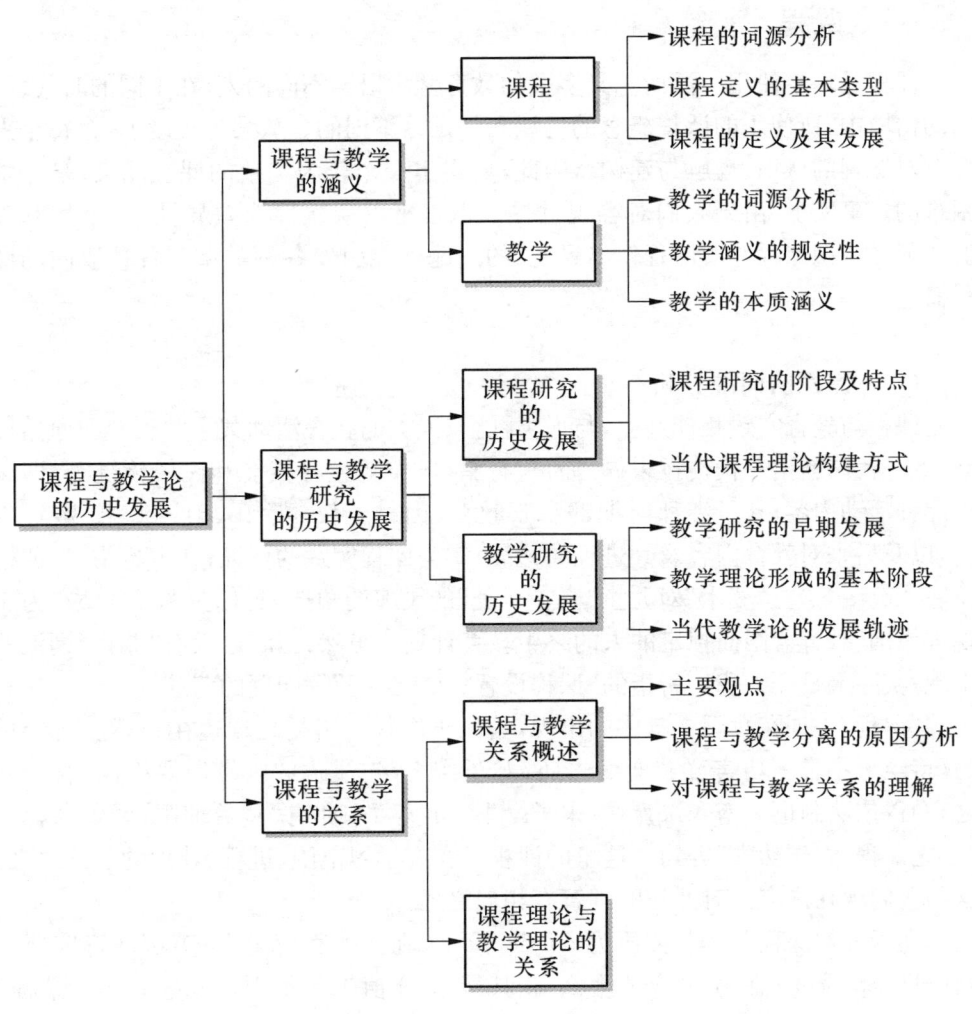

课程与教学是构成教育活动的基本和核心要素,课程与教学的研究是教育研究中的基本和核心。在课程与教学研究领域,什么是课程,什么是教学,课程与教学研究的历史发展,课程与教学、课程理论与教学理论之间的相互关系等等,是课程与教学领域的基础性问题,也是本章的主要内容。

# 第一节　课程与教学的涵义

## 一、课程

　　课程是一个使用广泛而涵义多重的教育学术语。不同的人,在不同的时代、不同的情境中,所使用的课程概念的内涵和外延是不同的。从某种程度上讲,每个人都有对课程的认识、理解与建构。因此,要得出一个较为一致的课程涵义,是非常困难的。事实上,由于人们对客观世界认识水平的层次性与差异性,一个最基础的,"怎样认识课程并对课程作出界定"的问题就能引发各种类型和各种取向的课程概念。

### (一)课程的词源分析

　　课程与教育实践相伴共生,与人类社会、人类的教育活动共生共长。在原始社会,老一代向新生一代传授采撷、捕鱼、狩猎、歌舞等生存技能和民俗传统等,即属于课程活动内容;孔子春秋时期的私学教育,因材施教,礼、乐、射、御、书、数等六艺,以及后来对教育内容及其进程的记载,实为课程实践的例证;在古希腊,从苏格拉底(Socrates)"产婆术"对儿童"真、善、美"的灵魂的塑造,到柏拉图(Plato)"为实现理想国"教育蓝图而拟定的人的终生教育计划。虽然,当时还没有"课程"词汇的出现,实际上是今天我们所指的"课程设置、课程进程"等问题的萌芽。

　　"课程"一词在我国文献中的出现,始见于唐代。唐朝孔颖达在《五经正义》里为《诗经·小雅·巧言》的"奕奕寝庙,君子作之"句注疏:"以教护课程,必君子监之,乃得依法制也。"南宋朱熹在《朱子全书·论学》中亦有"宽着期限,紧着课程"、"小立课程,大作功夫"等句。这里的课程已含有学习范围、进程、计划的程式之义。这与我们现在许多人对课程的理解有相似之处。

　　在国外,"课程"一词,英语为 curriculum。在西方教育史上,英国教育家斯宾塞(H. Spencer)在其名著《什么知识最有价值》一文中,首先提出"课程"(curriculum)这一术语,并将之概念化为"教育内容的系统组织"。该词源于拉丁文"currere",即"race-course",意为"跑道",规定赛马者的行程,与教育中"学习内容进程"之意较为接近。斯宾塞将"课程"术语引入教育中,并很快被西方教育者普遍采用。

### （二）课程定义的基本类型

迄今为止，已有的课程定义各式各样，教育与课程理论工作者从不同的侧面与角度建构着对课程的不同认识和理解。我们将课程定义的基本类型分析如下：

#### 1. 课程即教学科目

课程即"学科或教材"。把课程等同于教学科目，在历史上由来已久。我国古代的课程有礼、乐、射、御、书、数"六艺"，欧洲中世纪初的课程有文法、修辞、辩证法、算术、几何、音乐、天文学"七艺"。事实上，西方学校是在"七艺"的基础上增加其他学科，而逐渐形成现代学校课程体系的。斯宾塞最初把知识的系统组织定为课程的内涵，实质上是确立了课程即知识或系统化的知识的观点：把有价值的知识系统化，形成一定的科目或学科，将这些学科的知识传授给学生，以实现教育目标。

这种课程观，强调学科知识的系统化及教育进程安排，课程内容的来源主要是人类长期积累的知识，教育的任务就是把经过选择并系统化的知识传递给学生。其实质是从知识本身出发，强调在学校教育中向学生传授学科的知识体系，突出体现掌握在学生手中"教材"的规定内容。然而，只关注教学科目，却忽视了学生心智发展、情感陶冶、创造思维、个性发展等有重要影响的其他课程活动和资源，甚至当前提出的潜课程也被忽视。

#### 2. 课程即学习结果或目标

课程即预期的学习结果或目标。一些学者认为，课程应该直接关注预期的学习结果或目标，即要把重点从手段转向目的，因而教育教学目标的选择和制定成为核心任务。这就要求课程应事先制定一套有结构、有序列的学习目标，然后，围绕预定的教育教学目标而选择组织学习经验，实施教育教学活动，并进行教育教学评价。持这种课程观的主要有博比特(J. F. Bobbitt)、泰勒(R. W. Tyler)、加涅(R. M. Gagne)等人。

这种课程观强调教育的目的性，可操作性强，对课程理论具有较大影响。然而该课程观过分强调教育的预先计划性而缺乏灵活性，不容易关注到变化中和已经变化了的教育环境及客观要求，同时也容易忽视非预期的学习结果。

#### 3. 课程即"计划"

课程即"教育计划"或"学习计划"。这一计划包含了教育教学的目标、内容、活动和评价等，甚至把教学设计和教学方法等都组合到"课程"中去了。这种观点是20世纪50年代以来较为流行的观点。其主要代表人物有麦克唐纳(J. B. Macdonald)、比彻姆(G. A. Beachamp)、斯坦豪斯(L. Stenhouse)等。我国也有学者持这种观点："课程是指一定学科有目的的、有计划的教学进程。这个进程有量、质方面的要求，它也泛指各级各类学校某级学生所应学习的学科总和及其进程和安排。"①

这种"课程"定义强调了课程的计划性、目的性，而且也把所有有计划的教学活动组合到一起，力图对课程本身有一个全面的说明。但是，在对课程的计划性与目的性的理解上，也出现了异义与偏差。

### 4. 课程即"经验"

20世纪20年代，进步主义教育思潮盛行。该观点受美国实用主义教育家杜威(J. Dewey)的教育思想影响，强调尊重儿童的兴趣与需要，发展儿童的个性，主张以儿童的生活经验为课程。持这种课程观的人把课程看作学生在教育环境中与教师、学习材料等相互作用的所有经验。这种经验实质上包含了"活动"、"学习经验"和"学习活动"等内涵，分为两种情况：一是强调教育者有意识(有目的、有计划)提供的经验；二是泛指儿童习得的教育性经验，如"课程即儿童在学校之经验"等。这种课程观认为课程即学习经验，是针对学生所学的东西而言的。经验是学生在对所从事的学习活动的思考中形成的，是其真正体验到的意义。这种观点强调了学习者的兴趣、爱好、需求和个性，重视学习者与环境的相互作用，重视教育环境的设计与组织，兼顾课程过程与结果，预期的与未预期的经验。

但这种课程观在实际活动中却带来了教育过程的随意性、内容的不系统性和评价标准的不确定性。要想对学习者所得的经验进行评价，很难有统一的标准。所以这种课程观虽然照顾了学生的积极主动体验，把教学的出发点放在了学生身上，实现了课程本质从"物"到"人"的转变，但让课程宽泛化且很难把握了。

另外，还有从课程内容构成的来源及课程的社会功能等视角出发给课程下的定义，如"课程即社会文化的再生产"、"课程即社会改造"等观点。这也拓展了我们认识课程的角度与视野。

### （三）课程的定义及其发展

总结以上对课程定义的描述，吸收前人研究成果，我们把课程定义为：课程是按照一定的教育目的，在教育者有计划、有组织的指导下，受教育者与教育情境相互作用而获得有益于身心发展的全部教育内容。

事物是发展变化的，课程的定义也是如此，在某一时期必有其存在形式，且是相对稳定的。但随着社会的发展和人们对课程认识的深入，课程的定义又将不断丰富、完善和发展，如果认为对课程定义的探讨可以在某个早上以终极真理的形式划上句号，那是不科学的。如有学者认为课程的本体功能是培养人，进而提出如下观点：课程的广度与深度，决定着个人发展的广度与深度；课程是丰富的、全面的、生气勃勃的，个人就可能拥有广博的精神世界、美好高尚的修养和情操，相反，贫乏

---

① 上海师范大学《教育学》编写组：《教育学》，人民教育出版社1979年版，第97页。

的、狭隘的、沉闷呆板的课程只能使个人的发展带上畸形片面的色彩。可以说，关于课程的全部问题，其实都是围绕着培养人这种本体功能展开的。课程应当包括哪些门类，课程的内容和标准应当维持在什么范围和程度，课程应当怎样把握统一与灵活的关系等等，这些问题的选择和决定，都是以如何有利于培养人为准则的。[1]

因此，在对课程定义的探讨上，新的定义将层出不穷，但每一个新定义，都是在继承前人研究结果基础上的更进一步发展，而决不代表课程定义的终结。

## 二、教学

人们对"教学"的认识也如同对课程的认识一样，既有共识也有分歧。教学是为实现学校教育的课题与目标而实施的具体活动，它既可以指日常生活中普通人员对它的理解，也有作为教育术语而使用的科学概念。不同的研究者在使用教学以及与教学相互关联的术语时，都有对教学的不同界定。

### （一）教学的词源分析

#### 1. 汉语中的"教学"词义

中国古代殷商时期的甲骨文中分别出现了"教"与"学"两个字。比较甲骨文中"教"、"学"两个字的构成，一般认为"教"字来源于"学"字。[2] 把这两个字连在一起使用则是在《尚书·兑命》中最早出现的"斆学半"（斆，xiào，同教）。据宋朝蔡沈注解："斆，教也……始之自学，学也；终之教人，亦学也。"说明其词意只是一种教者先教后学、教中又学的单方向活动。《礼记·学记》引用它作为"教学相长"的经典依据，指出："学然后知不足，教然后知困，知不足然后能自反，知困然后能自强也。故曰：教学相长。"[3]在《礼记·学记》"建国君民，教学为先"中，"教学"的涵义却极为广泛，几乎是"教育"的同义语。随着社会的发展，客观上产生了有组织有计划传递社会经验的需要，有了专门化的教学活动，教学便开始有教师传授、学生学习的专门涵义。这种涵义最早见于宋代欧阳修所作《胡安定先生墓表》中："先生之徒最盛，其在湖州学，弟子来去常数百人，各以其经传相传授，其教学之法最备……"这里"教学之法"中的"教学"与我们今天的"教学"涵义相接近。[4]

#### 2. 英语中的"教学"涵义

在英语中，与教学密切相关的单词有三个，人们一般用意义接近的两个词

---

[1]　肖川主编：《当代教育思想精要》，开明出版社 2006 年版，第 205—206 页。
[2]　施良方、崔允漷主编：《教学理论：课堂教学的原理、策略与研究》，华东师范大学出版社 1999 年版，第 5 页。
[3]　傅任敢著：《〈学记〉译述》，上海教育出版社 1982 年版，第 6 页。
[4]　张华著：《课程与教学论》，上海教育出版社 2000 年版，第 72 页。

teaching（教学、教导）和 instruction（教、教导）来表示"教"；用 learn（学、学习）表示学。据考证，teach 与 learn 最早表达的是同样的意思，是由同一词源派生出来的，learn 与所教的内容相联系，teach 与使教学得以进行的媒介相联系。但在后来的英文教育文献中经常看到 teaching-learning 的合成形式。这种合成词的涵义与我国通常所理解的教与学的"教学"相等同。

Teaching 和 instruction 这两个词虽在某种意义上都表征"教"的涵义，绝大多数人把它们当成同义词。但在具体的使用过程中，还是把 teaching 多与教师的行为相联系，作为一种活动；而 instruction 则多与教学的情境有关，作为一种活动的过程。

美国教育学者史密斯（B. O. Smith）把英语国家对教学（teaching）的定义作了系统整理，并把它们归为五类：传统意义上的教学，或者叫做描述性定义；教学即成功；教学是一种有意识的活动；教学是一种规范性的活动；在形成中的科学的教学概念。①

### （二）教学涵义的规定性

通过对中西方"教学"词源的考察可以发现，教学的涵义多种多样，不同的历史时期所指不尽相同，不同层次与研究领域的使用者与研究者，对教学的界定与规定也各不相同。因此，教学从其约定俗成的前科学概念到科学概念的不同层次，以及在不同领域、不同层次的使用，都应有其使用的具体规定性。现分析如下：

#### 1. 原始的教学涵义

从字词的来源分析发现，教和学实质上是一件事情。从中国古代甲骨文的研究来看，教与学显然具有同源性，是对同一人类社会活动的指称。进一步分析"教"字的结构，更可看清这一点。几乎在每一种写法的"教"字里，都是首先包含了一个写法与意义最简单的"学"字（爻），然后再添加些新笔画和部首。这种新的添加就表示了这个字又增加了一些新的涵义。由此，可以说"教"字来源于"学"字，或者说教的概念是在学的概念的规定性中加上了又一层规定性。②

在西方，teach 与 learn 是由同一词源派生出来的，关系十分密切，正如美国教育学者史密斯所说：teach（教）自古以来就同 learn（学）结下了不解之缘。③ 因此，从词的起源上讲，教学被原始地规定到一起去了。

---

① 中央教育科学研究所比较教育研究室编译：《简明国际教育百科全书·教学（下）》，教育科学出版社 1990 年版，第 233—240 页。

② 施良方、崔允漷主编：《教学理论：课堂教学的原理、策略与研究》，华东师范大学出版社 1999 年版，第 4—5 页。

③ 中央教育科学研究所比较教育研究室编译：《简明国际教育百科全书·教学（下）》，教育科学出版社 1990 年版，第 233—240 页。

### 2. 教学即教授

在我国,19世纪末20世纪初较为流行的观点是教学即教授,意为教师的教。由于当时科举制度刚刚废除,新式学校开始兴办,又苦于没有专职教师,加之受源于德国教育家赫尔巴特(J. F. Herbart)的教学法的影响,人们非常重视教师的"教"。"怎样教"的问题便使教学演化为"教授"。在西方"teach"这个词,从其词源的词根上分析,也有"说明"的意思。这与我国的教学即教授、讲授有一致之处,偏重于教师"教"的一方。

### 3. 教学即教学生学

针对教学即教授的思想倾向,人们发现了"教师中心"下的教师的"教"所存在的弊端,领悟到教授的目的在于学生的学习,因而,教学被强调为教学生学。这实际上是"学生中心"地位教育观的转变。强调教源于学,教的目的是为了学生的学,这与西方"教学即成功"的教学词义有相同之处。

### 4. 教学即教师的教与学生的学

这种观点已普遍被人们所接受。从构成教学活动的要素而言,活动的主体是教师与学生,教师与学生以课程内容为中介,以一定的目的为追求而共同参与到同一活动中去,构成完整的教学活动,即教师的教与学生的学。教学的本质目的是为了学生的发展、学生的学习。教师的教,目的是引起学生的学以达到社会要求;学生的学,目的是在教师有意识、科学的指导下加速个体社会化的进程。因此,教师的教和学生的学是教学活动同一过程的两个方面,彼此不可分割地联系着。

### 5. 教与学的理论支撑

教学活动是由教和学两种活动所构成的,教学活动可以分割出"教"和"学"两个方面。因此,关于教的方面就出现了"教是怎样影响学的"、"怎样的教才是有效的"这些教学理论和"学是怎样的学"、"怎样的学才是有效的"学习理论。所以,关于教学理论的研究,实际上已分化为关于如何教的"教学理论"和关于如何学的"学习理论"两个方面。

## (三)教学的本质涵义

教学的涵义很丰富,解释各异。概括说来,教学是为实现教育目的、以课程内容为中介而进行的教和学相统一的共同活动。在教学活动中,师生双方按照一定的目的及要求,通过各种方法进行交往、交流,以使学生掌握一定的知识技能,形成完善的个性品质和思想品德,以实现人类社会发展对个体身心发展要求的统一。

### 1. 教学是有目的的活动

教学活动是有目的的活动,其根本目的是指向学生的学习和发展。在教学活动中,教师活动的目的指向学生的发展,一切活动的进行都要建立在为学生的学习和发展服务上。尽管教师也有其他活动目的，但是要通过引起学生的学习与发展来实现。学生也有各种各样的目的，但在教学活动中，其学习的出发点与归宿都落在个体的学习与发展上。

### 2. 教学活动是教与学的有机统一

教学活动包含教师的教与学生的学两个方面，它是教师的教与学生的学的有机统一。首先，教不同于学。在教学活动中，教学是教师的主要行为，其目的是引起学生的学习并使之变得有效。为此，教师要把知识外化出来，变成学生易于接受的东西。学生的行为主要是学习，与教师的外化过程正好相反，是一个接受知识并内化、建构的过程，学是学生的主要行为。正是因为教的行为与学的行为在本质目的上的相同性与表现形式上的差异性，教师的教与学生的学才变得有价值且顺利进行。

其次，教与学互相依赖。教与学之间互为基础、互为方向，即教和学是同一活动的两个方面：教师的教，离不开学生的学；学生的学也离不开教师的教。教师的教就意味着学生的学，学生的学也包含着教师的教。在教学中"教"离不开"学"，"学"也离不开"教"，它们是彼此依存、互为前提、相辅相成的。

再次，教与学是辩证有机统一的。教学永远包含教与学两个方面，但这两个方面绝不是简单的数量的对比和相加，而是辩证有机地结合在一起的。只有教或只有学的片面活动，或简单意义上的二者相加是非科学的。另外，随着信息时代的到来，传统的教学方式正在发生根本性转变，教师的权威被解构，在师生共享的、丰富的网络资源面前，学生获得信息的途径已多样化，从某种意义上讲，学生也会在某些方面成为教师的"教师"，促进教师的学习。

### 3. 教学活动是以课程内容为中介的共同活动

课程内容是联系教师的教与学生的学的中介和纽带，没有特定活动内容材料的传输与学生自身经验的体验，教学活动将不能成为事实。因此，教学活动中，教师必须明晰学生所学的内容，并正确运用教育情境中的相关教育资源与影响。

### 4. 教学是科学与艺术的统一

教学是科学还是艺术？这一问题曾被长期争论着，有人认为教学是科学，有人认为教学是艺术，各据其理。实际上，教学既是科学，又是一门特殊的艺术，是科学与艺术的统一。

教学是科学，教学活动必然要按一定的规律而进行。构成教学的诸种要素之间是相互作用、相互影响的，这种作用与影响是有其内部规律与必然联系的，不管人们承认与否，它都客观地存在于教学过程之中。从事教学活动的主体必须认识、把握并利用它，才会使教学活动得以顺利进行。所以，教学要建立在一定的科学基础之上。进一步加深对教学是科学观点的认识和理解，请参见［案例 1-1 教学语言的科学性］。

教学是艺术，只是说教学具有艺术性，教学活动可以艺术地表现出某些方法、内容和技巧。教学可以是一种艺术化的存在形式，但又区别于其他艺术而有其独立存在的内在规定性或根本特点。完美的教学，在性质上应是富有想象力的，能唤起人们意外与惊讶的感觉，给身临其境者一种认识能力上的解放感；完美的教学犹如一篇优美的散文诗，它具有起、承、转、合的韵味，具有曲径通幽、起伏跌宕、峰回路转的魅力；它是一种精神漫游，教师收放自如，学生心领神会，既有纵横捭阖的豪放，又有细处摄神的精致。①

因此，教学既是科学，又是艺术，是科学与艺术的统一。一味表述教学的科学概念，往往会使教学活动变得呆板、机械、枯燥无味而失去教学活动的乐趣；同样，片面地把教学当成艺术表演与欣赏，就会失去教学活动的目的性与教育性的本质追求。要克服艺术形式的表面现象，把艺术精神内化于教学活动的实践中。

[案例 1-1]　　　　　　　　　　教学语言的科学性

我国教学论专家李如密教授在谈到教学语言的科学性时，认为教学语言的科学性，体现在教学语言的准确、规范、精炼和逻辑性、系统性上。要求在语法上用词恰当、简洁明快、干净利索。如我国特级教师霍懋征讲课十分注意用词的准确性，从不含含糊糊。霍教师在讲《我的伯父鲁迅先生》一课时，和学生有这样一段对话：

师："什么叫呻吟？"

生："就是声音很微弱地说话。"

师："那你们小声说话叫呻吟吗？上课回答问题声音很小，老师说你怎么呻吟呢？行不行？什么叫呻吟？"

生："在非常痛苦的情况下，小声地自己哼哼。"

师："对，生病了，或是哪儿痛了，哼哼叫呻吟。"

可见，霍懋征老师具有高超的教学艺术，她讲课用词非常准确、贴切，并能把学生的含糊理解引导到确切思路上来。

教师教学语言的规范，是指教学中的语言表述要符合科学或事实。如有的历史教师将"五四运动后，马克思主义在中国得到广泛的传播"一语中的"马克思主义"说成"马列主义"或"马克思列宁主义"，这就不够规范确切了，因为当时还没有"列宁主义"这个名词。教师教学语言的精炼，是指教学的语言表述要做到言简意赅。因为正如恩格斯所说："言简意赅的句子，一经了解，就能牢牢记住，变成口语；而这是冗长的论述绝对做不到的。"据优秀教师们的体会，准确、精炼的语言"像敲钉子——声声入耳"。在教学中应注意避免言不及义的废话和不必要的重复，不说不着边际的空话，不讲套话，不说半截子话，不要口头禅。有些学生把教学中常用"这个"、"那个"、"也就是说"、"嗯"、"啊"、"是不是"等多余字词的教师，称为"哼哈先生"，这也反映了学生对教学语言的要求。

教学语言的科学性还要求推理富于逻辑性，论述问题富于系统性。教学语言给学生的逻辑感受有两大范畴：一是语言本身要准确，不能含糊其辞；二是语言链条要清晰，不能前言不搭后

---

① 肖川主编：《当代教育思想精要》，开明出版社 2006 年版，第 215 页。

语、似是而非、模棱两可。系统性要求教学语言层次清楚、结构条理、抓住精华、突出重点、取舍有致，而不是挂一漏万、以点代面。

可以说逻辑性和系统性是教学语言的深层结构力量，好比是建筑物里的钢筋。富有逻辑性和系统性的语言往往具有征服人的力量。如斯大林在回忆第一次听到列宁演说的印象时曾说："当时使我佩服的是列宁演说中那种不可战胜的逻辑力量，这种逻辑力量虽然有些枯燥，但是紧紧地抓住听众，一步进一步地感动听众，然后就把听众俘虏得一个不剩。我记得当时有很多代表说：'列宁演说中的逻辑好像万能的触角，用钳子从各方面把你钳住，使你无法脱身：你不是投降，就是完全失败。'"而那种不讲究语言的内在逻辑，颠三倒四、一盘散沙的教学语言是不足取的。总之，教学语言的科学性应像鲁迅先生说的那样："用最简炼的语言表现最丰富的内容。"

# 第二节　课程与教学研究的历史发展

课程与教学的研究大致走过了萌芽时期、系统理论时期、专门学科时期，并向着更为科学、完善的方向继续发展。为使课程与教学研究更好地为教育实践服务，必须把握课程与教学的历史发展、研究特点与发展趋势。本节把课程与教学研究的历史发展分为课程研究和教学研究两个方面加以考察。

## 一、课程研究的历史发展

### （一）课程研究的阶段及特点

从课程研究的历史来看，课程研究主要经历了前科学阶段、系统理论阶段、专门学科阶段，并向着未来方向逐步发展。课程研究表现在理论探讨及实际运用两大方面。每一个时代都有其课程的表现形式，表现形式的背后蕴含着课程的研究理念、研究内容及其特点。课程发展史、应用史也就是课程研究史，它们紧密地联系在一起，表现出不同的研究特点。

#### 1. 前科学时期的课程及其研究特点

（1）前科学时期的课程及其形成

前科学时期，即课程研究的原始萌芽时期，是指古代社会的课程及其研究，包含原始社会、奴隶社会与封建社会三种社会形态的课程及其研究。

原始社会，教育并没有从社会生产和生活中分化出来而成为独立的活动，教育内容只是混合的、零乱的、不系统的，因此，也就没有专门分化的教育内容，因而也就无所谓"课程"；以奴隶社会、封建社会为代表的古代教育，较原始社会教育有了极大的进步与提高。这时对课程的建设与研究也有了其形态与特征。奴隶社会已出现学校和著名的教育思想家，如，我国的孔子及其"六艺"（礼、乐、射、御、书、数）、"四文"（诗、书、礼、乐）说，是我国古代学校最原初的学科群形成的理论依据。

作为西方教育源头的古代希腊教育，也在斯巴达和雅典这两种不同的教育体系中产生了不同的课程,斯巴达教育的主要课程是围绕军事体育教育而设置的,如赛跑、跳跃、掷铁饼、投标、角力等;而在奴隶制民主政治和商业贸易基础上形成的雅典教育,课程充分体现了和谐教育的思想,在各个教育阶段——文法学校、弦琴学校、体操学校、体育馆中,都分别设置文化、艺术、体育方面的课程;古罗马的学校教育在共和时期有较大发展,面向平民子弟的初等学校,有读、写、算和十二铜表法(Laws of Twelve Tables,制订于公元前 451—前 450 年)为主的课程;面向贵族和富家子弟的文法学校有希腊文、拉丁文以及包括了文学、历史、地理等方面知识的修辞学为主的课程。稍后发展起来的修辞学校,则有修辞学、哲学(辩证法)、法律学、希腊语、数学、天文学和音乐为主的课程;欧洲文艺复兴时期(14—16 世纪),教育努力摆脱宗教的束缚,"智育、体育、美育、德育"四者均衡的课程出现,标志着古典中心课程的兴起。文艺复兴时期的课程,虽然偏重人文学科,把代表古典语文的拉丁文和希腊文作为中心科目,但未曾排除其他学科,而且也开设了一些新的课程,如自然科学、天文学、物理学、历史和地理等。但由于自然科学革命尚未发生,课程在范围和内容的更新程度上仍然是有限的,而且宗教教育仍占有一定地位。

总之,文艺复兴时期,打破了宗教对学校课程的垄断,破除了禁欲主义思想,重视锻炼身体,增加了新学科,确立了以拉丁语、希腊语为中心的人文主义课程,而且这种课程对后世的影响是深远的。

（2）前科学时期的课程研究特点

前科学时期的课程研究处于孕育与萌发阶段,并没有科学的概念及系统的理论体系。一些课程研究思想都交织在哲学、伦理与政治等的论述中,特别是融入对教育目的、内容等的思考之中,没有专门的术语、概念、体系著作和论述,更谈不上对课程的目标、结构、内容、评价等问题的专门研究;与课程研究相关的论述,仅仅停留在描述、规定或记载上,并没有把"课程"作为专门的研究对象,而且也没有对课程的推理、论证及构成课程要素的内部规律的认识与把握。

**2. 课程研究的系统理论时期**

17 世纪到 19 世纪,乘借文艺复兴的东风,欧洲各国从英国率先进行资产阶级革命,先后建立了资产阶级政权。随着资本主义制度的确立,民主主义思潮也在蓬勃兴起。加之生产力的发展,科学技术的进步,产业革命的进展,资产阶级为了它的工业生产和自身的革命,必然要用科学的方法和手段去探索世界。因此,科学便起来反叛过去,传统的古典中心课程的垄断地位面临挑战,加之教育科学、心理科学的迅速发展与运用,使学校课程有了很大的变化。这时的教育科学也从哲学中逐渐分化出来,教育理论家相继出现,课程研究也逐步繁荣形成系统理论。

（1）系统理论时期的学校课程的变革

文艺复兴后,自然科学在同宗教的斗争中迅速发展起来,在学校课程中占据了应有的位置;百科全书式的课程主张及课程编排的文理学科趋向统一;伴随着新人文学科,如现代国语、历史、公民、地理等的出现,其他一些学科也逐渐受到重视并被采用到课程体系之中,如体育、艺术学科等等。

(2)系统理论时期的课程研究特点

在这一阶段,课程研究还没有被独立出来,但从教育学论著中,已在为课程成为一门独立的学科作理论准备,并在对课程问题的有关研究中,表现出系统理论形成的某些特征:①课程研究逐步系统化。这一时期的研究从不同角度入手,不仅涉及课程的门类、内容,还考虑到课程与学习者各方面发展的关系,考虑到课程的结构、教材的编写等等;②课程研究的理论依据科学化。课程研究中已改变了纯粹的描述、记载与思辨的特征,改变了理论附庸于哲学、政治、伦理学的状态,有了自己直接的科学理论基础,特别是心理学的运用,使课程研究达到了较高的科学化水平;③课程有关问题的专门化研究。这时出现了课程研究中基本理论层面的重要命题,并积累了丰富的观点和理论,如形式教育与实质教育的课程内容之争、活动课程与学科课程的安排、知识与能力的使用与训练、课程编排的顺序、分科与综合等等,这些问题的出现,已表明课程研究在向专门化方向发展;④出现了一批有影响的代表人物,如夸美纽斯、赫尔巴特、杜威等等。

总之,这一时期的课程理论研究体系已基本构成,并表现在教育学的各科理论研究中。课程研究的理论体系正为专门化的课程研究做积极的准备工作。

### 3. 课程研究的专门学科时期

课程论独立体系的建立,标志着课程这门学科的诞生。虽然课程的发展与研究有一个丰富而漫长的过去,但作为一个独立的研究领域从教育学中相对独立地分离出来,却是 20 世纪初的事情。1918 年,美国著名教育学者博比特出版的《课程》(The Curriculum)一书,被认为是第一本专门讨论课程的著作,也是课程成为一个独立研究领域的标志。之后,关于课程专门研究的课程论专家及专著的相继出版,各科课程研究方式、方法及理念的改变,使课程研究渐趋科学化。20 世纪 30 年代至 40 年代,美国著名教育学家、课程理论专家拉尔夫·泰勒集课程研究科学化之大成,成为现代课程理论的重要奠基者和里程碑式的人物,其代表作《课程与教学的基本原理》(Basic Principles of Curriculum and Instruction)因而被誉为"现代课程理论的圣经"[1]。之后,课程研究流派纷呈,标志着一个课程研究专门学科时期的到来。在 20 世纪早期的课程科学化运动中,博比特与查特斯是主要代表,他们的课程理论为科学化的课程研究以及泰勒的课程原理奠定了坚实的基础。下面我们主要对泰勒及其泰勒原理进行介绍。

---

[1] 张华著:《课程与教学论》,上海教育出版社 2000 年版,第 10 页。

（1）泰勒及其"泰勒原理"

美国著名教育学家、课程理论专家拉尔夫·泰勒是现代课程理论的重要奠基者，也是科学化课程研究的集大成者。由于对教育评价理论、课程理论的卓越贡献，他被誉为"现代课程理论之父"、"当代教育评价之父"。关于课程基本原理最完美、最简洁、最清楚阐述的"泰勒原理"，因此被公认为是里程碑式的课程研究范式。泰勒在其"八年研究"（The Eight Year Study）的实践基础之上，提出了著名的"泰勒原理"。

"泰勒原理"即泰勒在《课程与教学的基本原理》一书中指出的开发任何课程和教学计划都必须回答四个基本问题：①学校应该试图达到什么教育目标？（What educational purposes should the school seek to attain?）②提供什么教育经验最有可能达到这些目标？（What educational experiences can be provided that are likely to attain these purposes?）③怎样有效地组织这些教育经验？（How can these educational experiences be effectively organized?）④我们如何确定这些目标正在得以实现？（How can we determine whether these purposes are being attained?）这四个基本问题可以进一步归纳为"确定教育目标"、"选择教育经验"、"组织教育经验"和"评价教育计划"。

"泰勒原理"是由确定教育目标、选择学习经验、组织学习经验以及评价教育计划这四个基本的环节构成的，这四个环节有其内在的逻辑顺序性，各环节之间又具有相对独立性及关联性。确定教育目标，是课程开发与研究的出发点；选择学习经验和组织学习经验是课程开发的主体环节，它指向教育目标的实现；评价教育计划则是课程开发系统运行的结果检验和基本保证。其中，教育目标既作用于学习经验，又作用于评价，既是选择、创造和组织学习经验的指南和关键因素，又是开发评价手段和工具的规范。因此，教育目标是课程开发的出发点与归宿，是课程开发的核心。

（2）"泰勒原理"的历史贡献

"泰勒原理"力图有效控制课程开发过程，使课程开发成为一种理性化、科学化的普遍被采用的模式程序，为人们提供了一个广为采用的课程研究范式，引起人们在课程研究中的方法论思考，是其突出的贡献。这种课程理论的体系及具体研究奠定了基本框架，将评价引入课程编制过程，是泰勒的又一重要贡献，这大大提高了课程编制的科学性，使其成为动态的、开放的过程。只有不断地搜索信息，评价效果，才能不断地改进和完善课程。建立了课程编制的目标模式，将目标贯穿于课程编制的全过程中，使目标模式具有极强的可操作性和目标的明确性，这对课程的编制及其他编制模式具有重要的指导与启发作用。

当然，这种目标编制模式过于强调科学性、操作性与程序性，也会导致运用过程中的教师及学生积极主动性的发挥和其他潜在教育内容的被利用，使教师受目标的严格限制而影响对课程内容的进一步开发与研究,学生也被教师严格地控制在应该学习的经验与情境中。

### (二)当代课程理论构建方式

"泰勒原理"以其"课程研究范式"影响着世界各国课程论专家,也正是其独特的研究范式与视角,引起人们的思考,试图转换角度确立新的切入点,从其他方面研究课程理论的本质规律。由于视角的转换和侧重点的不同,目标模式受到各种挑战。尤其是从 20 世纪 60 年代以后,课程理论的构建已明确纳入研究者的"意识域"之中,人们开始用审慎的、带有反思性的眼光来构建课程理论本身,使课程理论研究获得了新的发展。由于当代课程理论研究流派众多,人们从不同的价值取向对课程理论进行构建。如,美国当代课程论研究专家派纳(W. F. Pinar)沿着历史发展的线索确定了三类课程编制和课程理论:①传统论者;②概念经验论者;③概念重建论者。我国课程论专家施良方在其《课程理论——课程的基础、原理与问题》中,把当今课程理论区分为科学的课程理论、自然主义的课程理论、激进的课程理论、解释学的课程理论、审美的课程理论,并对这五种课程论作了详细的分析与论述。① 国内外其他学者也有一些不同的课程理论构建方式与分类,当代课程理论的繁荣由此可见一斑。我们将在第九章中对当代课程与教学理论流派的研究作详细介绍。

## 二、教学研究的历史发展

任何一门科学都有其产生、发展和完善的历史过程,在发展过程中又以某种特点表现出其阶段性。教学理论现在已经成为一门相对独立的研究领域,它也经历了早期研究、理论萌芽、独立体系和发展与繁荣等阶段,并在各阶段环节上互相渗透,呈现出鲜明的特点。

### (一)教学研究的早期发展

从古代社会到欧洲文艺复兴,是教学研究的早期发展时期。我国是世界上最早有文字记述教学思想的国家之一,商朝的甲骨文中,教学的内容和方法就可以从"教"字中形象地表现出来。春秋战国时期是中国古代历史上发生重大的变革时期,百家争鸣,私学兴起,儒、墨、道、法各个学派的创始人,大都是著名的教育家,对教学有着深刻的见解。儒家学派的创始人孔子(公元前 551—前 479 年)就毕生从事教育事业,在长达 40 余年的教学生涯中积累了丰富的教学经验,主要记载于《论语》一书中。其"虚心好学、学思结合、时习温故、广闻博见、愤启悱发、举一反三、因

---

① 施良方著:《课程理论——课程的基础、原理与问题》,教育科学出版社 1996 年版,第 253—257 页。

材施教、教学相长、诲人不倦"等精辟论述,都是教育、教学智慧的结晶。这些博大精深的教学思想,构成了我国古代教学思想的渊源,并对世界教学思想有着巨大影响;系统论述我国古代先秦教学思想的《学记》,可以说是世界上最早论述教学问题的专著,它比古罗马教育家昆体良的《雄辩术原理》大约要早 300 年。

国外教学思想的源头可以追溯到古希腊。当时的智者派(Sophists)就云游各地,以传授雄辩术为业,很重视讲述、解释、演说、对话、争论等技巧。雅典著名思想家苏格拉底在教学中使用对话、提问、暗示、诘难、归纳等法,激发学生思维,使之主动寻求答案的"产婆术"教学方法,被认为是西方最早的启发式教学。古罗马著名教育家昆体良系统地总结了罗马的教学成就和自己从教 20 余年的教学经验而写成的《雄辩术原理》,被西方誉为第一本教学法专著。

在教学研究的早期发展中,应该说还不存在现代意义上的教学理论。因为人们对教学的认识还是非常肤浅的,教学思想往往包含于哲学等著作中,教学的认识和表述也多是直观的、感性的经验描述,缺乏概括的、理性的抽象与升华,有关教学的观点、认识也是零散的、不系统的、散见于其他著作中,没有相对完整的理论体系。但这一时期的教学思想却萌发着人类教学理论的全部基因和力量,包含着教学理论的原始信息,是人类教学理论进一步形成与发展的理论基础。

### (二) 教学理论形成的基本阶段

教学理论的形成,基本上经过了教学理论的萌芽、教学理论的独立体系、教学理论的科学发展等阶段。

#### 1. 教学理论的萌芽与发展

教学理论的萌芽,产生于启蒙运动的爆发。资产阶级革命的开始和产业革命的发生,使时代发展带上了"理性"特色,科学技术的迅猛发展推动了社会生产力的迅速提高,自然科学特别是心理学的发展,为教学理论的萌芽与确立奠定了基础。在这种社会背景下,教育领域自然需要努力探求合乎规律的、能有效提高人们科学技术知识、技能和能力的方法与手段,加之对教育普及的追求与效率意识的觉醒和提高,教学理论的理论化、系统化必然成为教学领域的重要追求,这一阶段著名的教学论专家主要有拉特克、夸美纽斯、卢梭和裴斯泰洛齐等。

(1) 拉特克的教学理论

拉特克(W. Ratke)是在教育史上第一个倡导教学论的德国教育家。他在 1612 年向法兰克福诸侯呈交的学校改革的奏书中,自称是"教学论者"(didacticus),称自己新的教学技术为"教学论"(didactica)。[①] 拉特克认为,教育是人与生俱来的天赋的权利。要保障每一个人享有这一权利,要使所有国民共享同一的语言、学术和文

---

① [日]佐藤正夫著,钟启泉译:《教学论原理》,人民教育出版社 1996 年版,第 2 页。

化，以实现国家和民族的统一、和平与独立。为此，拉特克致力于探求"教授之术"，开拓教学论。拉特克的教学论思想直接影响了夸美纽斯，并对整个近代教学理论的发展产生了积极的推动。

（2）夸美纽斯的教学理论

夸美纽斯（J. A. Comenius）是捷克著名教育家，理论化、系统化教学理论的创立者。1632 年，夸美纽斯用捷克语出版了教学论史上划时代的著作《大教学论》，17 世纪也因此而被称为教学论的世纪。夸美纽斯给"教学论"下的定义是，"教学论是指教学的艺术"，"是一种把一切事物教给一切人类的全部艺术"。[①]因此正是夸美纽斯第一次确定了教学论的概念并构成了它的体系。

夸美纽斯及其《大教学论》在教学论史上具有不寻常的历史地位，他第一次确立起理论化、系统化的教学理论，《大教学论》也因而成为现代教学研究的奠基之作，开拓了 17 世纪教学论的世纪，形成了以"教"为中心的西方教学论传统。他的《大教学论》一方面集文艺复兴以来的教学思想之大成，另一方面又以突出的理论创造成为教学论从哲学体系中分化出来并走向学科独立发展的开端和基石。虽然他的教学理论中还不可避免地留有那个时代给他留下的宗教神学的印记，也没有彻底摆脱其唯心主义世界观的束缚，但这决不影响他及其《大教学论》在教学理论发展史上的里程碑地位。

（3）卢梭和裴斯泰洛齐对启蒙时期教学论的发展

夸美纽斯之后，法国的卢梭和瑞士的裴斯泰洛齐继承和发展了夸美纽斯的自然适应教学思想，对近代教学理论作出了重要贡献。

卢梭是 18 世纪启蒙时期法国著名思想家、社会哲学家、教育理论家。他于 1762 年出版的教育名著《爱弥尔》，被认为是柏拉图《理想国》之后西方最完整、最系统的教育论著。卢梭通过《爱弥尔》这部教育小说，虚构了主人公爱弥尔从出生至成人的教育历程，表达了其教育教学的思想理念，从而揭开了西方教学思想中个人主义价值取向的序幕。

卢梭的教育思想是"自然教育论"。他在《爱弥尔》中开宗明义："出自造物主之手的东西，都是好的，而一到人的手里，就全变坏了。"[②]人性本善，人之所以堕落是由于社会的污染。他因而主张自然教育：使儿童从社会因袭的束缚与压抑下解放出来，回归人的自然状态，遵循人的自然倾向，使儿童自由成长。

尽管卢梭不是教育实践家，但他主张教育要尊重儿童的自然天性和主体地位；他主张教学要基于儿童发展的年龄特征；他把发现视为人的天性，把兴趣与方法视为发现教学的基本因素，把自主的、理性的人格视为发现教学的目的；他确立的活

①　［捷］夸美纽斯著，傅任敢译：《大教学论》，人民教育出版社 1984 年版，第 3 页。
②　［法］卢梭著，李平沤译：《爱弥尔》，商务印书馆 1978 年版，第 364 页。

动教学、实物教学和形式教学等问题，都是现代教学理论研究的基本问题；他的"自然教育"和"发现教学"成为后来"儿童中心"和"发现法"的思想渊源。同时，他注重儿童心理发展的思想，也使教学理论研究向心理学方向迈出了一大步。

裴斯泰洛齐，是瑞士民主主义教育思想家、教育改革家。裴斯泰洛齐深受卢梭的影响，在长期的教育改革实践中，他创造性地发展了卢梭的教育思想，他提出了"教育适应自然的原则"，充分论证了"自我发展"原理和"直观"原理，明确提出把心理发展的研究作为教学总原则的基础，成为教学"心理学化"的先驱。裴斯泰洛齐的教学理论是对夸美纽斯、卢梭教学理论的总结与深化，是近代教学论的集大成者，特别是"教育教学心理学化"的思想，推动了教学理论科学化的进程。

### 2. 教学理论独立体系的形成与发展

教学理论独立体系的形成是以赫尔巴特的《普通教育学》(*General Pedagogy*)为标志的。在其后的发展历程中，第斯多惠、斯宾塞、乌申斯基等人的心理学科学观念丰富着教学论的科学性。特别是德国著名心理学家冯特(W. Wundt)在1879年建立的世界上第一个心理实验室，激发了德国梅伊曼(E. Meumann)、拉伊(W. A. lay)的教育教学实验研究，"实验教学论"的出现，给具有独立体系的教学理论注入了现代科学主义的因素，开创了教学理论研究的新时代。而美国教育家杜威"现代教学论"的诞生，既批判了传统教学论的弊端，又提出了新的教学理论理念，使教学理论中关于"主体地位"的认识得到充分体现，使教学论的发展更趋于完整，同时也揭开了现代教育的序幕。

（1）赫尔巴特与教学理论的独立体系

赫尔巴特是德国著名哲学家、心理学家、教育学家。他在裴斯泰洛齐"教学心理学化"思想的影响下，继承并超越了前人教学理论的遗产，在教育史上第一次建立了以心理学为基础的教学理论，并第一次把教学论作为教育学的相对独立的组成部分，确立了西方近代教育史上的教育学、教学论体系。他将观念心理学中的"统觉"原理运用于教学中，阐明了教学的任务是培养多方面的兴趣，创立了教学过程的"形式阶段"理论，提出了教学的教育性原则，从而形成了以掌握书本为主旨的被称为传统教学论的完整理论体系，统治并影响欧美教育界半个世纪之久，至今也在影响着教学领域。

赫尔巴特对教学理论的贡献是巨大的，是教学理论历史上的一座丰碑。但他过于强化教师对教学过程的控制作用，对学生主体性的发挥重视不够，从而陷入"教师中心论"；过于强化学科的重要性，对学生活生生的经验重视不够，从而陷入"学科中心论"。

（2）独立体系的教学理论发展

赫尔巴特使教学理论从教育学中分化出来，成为一门独立的体系和独立的学科。之后，被第斯多惠、斯宾塞、乌申斯基等人以各种方式方法，特别是拉伊、梅伊曼等人的"实验教学论"不同程度地注入了科学化的内容和理论,为教学论作出了贡献,使教学论逐渐成熟并走向科学的教学论。

总之,自赫尔巴特教学论到实验教学论,整个教学理论的发展从独立到科学,历经众多教育家的丰富与完善,表现出其发展过程中的某些特点:教学论的概念被正式运用,其内涵也逐渐得到揭示,教学论从哲学与教育学中分化出来而形成相对独立的完整体系;教学论与心理学建立起联系,教学的心理学化运动使教学理论的科学化程度显著提高,教学论的科学基础得到重视和丰富;对教学理论的认识和表述开始从经验描述走向理论说明,从具体比喻发展为科学论证,从哲学思辨到实验研究;教学理论研究方法日趋科学化,教学本身的理论性逐渐增强;传统的优秀的教学理论思想不断得到补充、丰富、发展和完善,由夸美纽斯到赫尔巴特所建立的以课堂教学为中心,以强调教师的教为中心,以学科知识体系为中心的"传统教学论"已经形成。

（3）传统教学论与现代教学论的分水岭

虽然人们对"传统"与"现代"的分类标准各持观点,不同的标准依据下有不同的意义理解,但对赫尔巴特的"传统教学论"与杜威的"现代教学论"从"教师中心"到"学生中心"的观念转变的认识是一致的。因此,杜威的"教学论"在某种意义上既是"传统"与"现代"的"分水岭",又是人们对"教学论"中教师与学生的地位与作用辩证性认识的新起点,是现代教学论发展的里程碑。

杜威是美国著名的哲学家、心理学家、社会学家,20世纪最伟大的教育哲学家。他的教学论是建立在其实用主义或经验自然主义哲学基础之上的。他继承和发展了西方自古希腊、古罗马以来的教育遗产,创造性地确立了四个教育哲学命题:"教育即经验的不断改造"、"教育是一个社会的过程"、"教育即生活"、"教育即生长"。并在此基础上形成了他的教学论主张。至此,教学理论的独立体系已形成,并且走向科学化。在教育史上,杜威对现代教育和教学论的贡献是无与伦比的,所以人们这样评价这位伟大的教育家:"离开了杜威,教育史是一片空白!"参见[案例1-2:离开了杜威,教育史是一片空白]。

可见,传统教学论与现代教学论的分庭抗礼,把教学论分为两种对峙模式,并表现在"三个中心"的分野上:书本中心与经验中心的分野、课堂中心与活动中心的分野、教师中心与儿童中心的分野。现代化教学便分为两个侧面,各自在自己的道路上完善自己的理论和实践。

**3. 科学教学论的形成**

科学的教学论,应该有科学的方法论指导思想、科学的理论基础和科学研究方法。如果说17世纪是教学论理论化、系统化确立的时期,以夸美纽斯为代表;18世纪是教学论独立体系并成一门独立学科的时代,以赫尔巴特为代表;19世纪是教学论走向科学化并全面展现教学论问题的时代,以拉伊等人"实验教学论"的问世及赫尔巴特"传统教学论"与杜威"现代教学论"为代表的分庭抗礼为标志,那么,科学教学论的形成则以马克思主义的诞生并被运用到教学论中为标志,即苏联凯洛夫主编的《教育学》中的教学论是科学的教学论。当然,这种科学教学论的诞生是当时社会发展的产物。

一般认为,20世纪40年代,以凯洛夫为代表的苏联教育家在1948年主编的《教育学》中的"教学论"部分,便是马克思主义教学论的诞生,即"科学的教学论"。在苏联十月革命后的社会主义条件下,凯洛夫主编的《教育学》中的教学论,既是对从夸美纽斯到乌申斯基教学论思想的批判与继承,又是对苏联20—30年代教学经验的总结。在今天看来,凯洛夫的教学论存在一些明显的缺点和不足,但凯洛夫的教学理论毕竟和传统的教育学者的教学理论有着本质的区别,它在教学论史上第一次把马克思主义的认识论引进了教学过程,可以说,凯洛夫的教学理论代表了他所处的时代教学论所达到的高度,并在社会主义阵营中作为"科学教学论"广泛传播、影响并得以发展壮大。

### (三)当代教学论的发展轨迹

20世纪五六十年代,在以行为主义心理学为基础的教学理论研究盛行的同时,一些"新教学论"特别是"三大新教学论流派"对教学的影响是相当大的。所谓"三大新教学论流派"是指苏联教育学家赞科夫的"发展性教学论"、美国著名心理学家布鲁纳的"发现教学论"、以德国教学论专家瓦根舍因(M. Wagenschein)和克拉夫基(W. Klafki)为代表的"范例教学论"。"三大新教学论流派"的共同特点是通过改革课程结构与教学体制,培养儿童优异的智力,进而推动其个性整体发展。

另外,苏联巴班斯基的教学过程最优化,体现了现代教学的多样结合。保加利亚洛扎诺夫(G. Lozanov)的暗示教学开辟了现代教学利用无意识的广阔天地。美国心理学家罗杰斯(C. R. Rogers)的非指导性教学,把心理临床治疗的原理运用于教学之中,充分发挥人的作用,教师不对学生进行指示,而是进行平等的对话、交流,注重感情的适应性,双方都在真诚、平等地进行沟通,从而建立起教学注重学生的个性和情感、体现着学生的主体性的非指导性教学过程。

从20世纪60年代末期开始直到整个70年代,行为主义在心理学领域的主导地位逐渐被认知心理学所取代,以认知心理学为基础的教学设计理论开始兴盛起来;进入80年代,北美的教学设计理论有一个基本趋势,那就是把不同的教学设计理论与认知科学和教育技术学的发展综合起来;到90年代,建构主义理论以及相关的理论已经对各国的教学设计和教学理论产生了重要影响,并涌现出一批具有建构主义思想的教学论专家,产生了一些新的教学设计范型和教学论理论流派(详见第九章)。

总之,20世纪以来的教学论发展丰富多彩,特别是20世纪50年代后产生了许多新的教学论流派,谁也不能主导教学的理论与实践研究而独霸天下,这种多家共存、互相斗争而又互相吸引的局面,意味着现代教学论迈入了多样综合的新时代。

[案例1-2]　　　　　　　　离开了杜威,教育史是一片空白①

约翰·杜威这个名字对我们来说并不陌生。胡适曾说,自从中国和西洋文化接触以来,没有一个外邦学者在中国思想界的影响像杜威这样大。追溯到90多年前,也就是1911年以后,大约10年的时间,我国教育界进行了一场就其深度和广度来说都是前所未有的教育改革运动。这场运动就诞生在杜威实用主义教育理论"盛行一时"的时代。

"五四"一代的学人很快就把他介绍给了国人。1912年,蔡元培首次向人们推荐了杜威的思想;到1919年3月杜威来华前,蔡元培甚至鼓励人们"试试杜威博士的新主义"。在身居要职的中国弟子们的簇拥下,杜威很快亲临中国,言传身教。从1919年5月到1921年7月,他在长达两年多的时间里,以一流教育家的身份,走遍中国13个省市,作了多次讲演。杜威所到之处,受到热烈欢迎,以致他不得不一再推迟回哥伦比亚大学的日程。

针对传统教育的严重弊端,杜威提出了一系列全新的教育主张。他强烈呼吁将传统学校里的不良措施全部废除,如同除去囚犯的囚衣和拘禁囚徒的镣铐一样。他提出的——"儿童中心说"、"教育即生活"、"学校即社会"、"从做中学",当时对社会上所奉行的以忠孝为本、以经史之学为基的教育方针产生了强烈的冲击。

在杜威看来,教育所要追求的是一种理想的生活,"民主"也是其中一种。为此,他直截了当地批评当时美国教育"注重于专门性的和技术性的东西而漠视了美好的生活",没有成为美好生活的审慎的创造者和培育者。而他一直身体力行地改变这种状况。

虽然杜威生前曾遭受白眼,其教育理论也经常处于艰难的"低谷"境地,死后一度蒙受恶名。但是,他的许多基本观点经受住了时间的考验,被一度湮没的著作和理论再度受到垂青。在中国,人们重新开始谈论杜威,和他在中国度过的轰轰烈烈的两年。

再次浮出历史水面自然有很多原因,可最基本的一点是:作为对20世纪世界教育影响最大最广最久的教育思想理论,杜威的理论中的确蕴含了不少正确、合理的教育命题。例如,我们现在强调教育要尊重和热爱儿童,关注学生的潜能及其发展;应该让学生学会探索和创造性的学习,要改变以课本、课堂、老师为中心的传统教学模式……这些理论和杜威的理论内里是相通的。

好玩的是,美国人把杜威的形象比作无所不能的"幽灵"。他们形象地说,21世纪的今天,"杜威的幽灵在美国课程里游荡"(William E. Doll),"杜威的形象……一直盘旋在课程争斗之中"(Herbert Kliebard)。这里说的"幽灵",应该是指渗透在社会和文化领域中的一种观念、一种范式。杜威曾经勇敢地打破了旧有的范式,而同样,William E. Doll等人也在试图打破杜威的范式,虽然他们不得不承认,"他为我们正在经历和探索的这一切打下了基础,他的幽灵鼓励我们继续这一工程"。不过,接下去,他更为自信地说:"而我们拥有他那时候所没有的工具——新的哲学观、宇宙观、复杂理论和解释学。"是的,我们已然拥有这些。当一切客观条件具备以后,新的声音和思想的出现和迸发成为所有人的期待。

当然,未来的工具必定会超过杜威,未来的思想必定也会超过杜威。可是,很难想象,它在前

---

① 资料来源:http://reading.cersp.com/DeepRead/Histroy/200511/43.html。

课程与教学论

进中怎样能够不通过杜威。一切就像人们所说的，"离开了杜威，教育史是一片空白"。

# 第三节　课程与教学的关系

　　课程与教学、课程理论与教学理论的关系问题是课程与教学理论研究中的一大困惑。当代课程与教学理论家们对这一问题的讨论更是见仁见智、莫衷一是。本节将课程与教学、课程理论与教学理论的关系研究的主要观点呈现给读者，同时提出我们的观点。

## 一、课程与教学关系概述

　　课程与教学的关系极为复杂、密切，难分难解。从教育发展史来看，最早的课程与教学是统一于一体的，随着科学技术的进步与发展、对课程与教学研究的视角切换以及在实践研究中的不同侧重点，人们逐渐把课程与教学看作两个相对独立的研究系统。在我国，随着课程与教学研究的不断深化以及课程与教学开发中教师作用的凸显与学生主体地位的提升，课程与教学又在向一体化发展，课程由原来的政府控制层面真正转移到课程与教学过程中，"课程开发"的理念与实践开始出现，课程也由"课程编制"变为"课程开发"，而教学的研究更加重视学生的主动参与和教师对学生学习的促进、引导与帮助。课程与教学的一体化研究是人们研究课程与教学的指导思想，课程与教学是有机统一的同一事物的两个密切不可分的两个方面。只有把课程与教学这两个目前看来虽密切联系而又相对独立的单元看成一个有机统一体，才能在课程与教学的理论与实践研究中既见树木又见森林，把握课程与教学论的全貌。

### （一）课程与教学关系研究的主要观点

　　综合国内外对课程与教学关系的研究，我们认为主要有以下几种观点："分离说"、"关联说"、"包容说"、"目的—手段说"和"整体说"。

#### 1. 分离说

　　这种观点认为课程位于一端，教学位于另一端，两者无交集，互相独立。课程与教学两个实体单元之间存在一条鸿沟，不但课程规划与编制者漠视教育者的存在，后者也忽视前者，编制好的课程与在教育活动中实际应用的课程相脱节。在这种状态下，课程或教学在彼此不发生重大影响的情况下，各自发生变化：课程是上级制定的，教学是教师与学生具体操作的；课程具有法规性，一般不更改，教学则是被动地执行课程内容并体现在执行上。实质上，这种观点认为：课程是内容（content），教学是过程（process）。课程即为学习内容，教学是传授学习内容的过程。持这一观点的学者认为,课程是由一些组成各种教学类型的适当内容所组成的,课程只包括教学内容,而教学方法、方式等不是课程的组成部分。

### 2. 关联说

关联说是指课程与教学两者之间互相独立,但彼此关系密切,不可分离。两者若分离,则会造成彼此严重的伤害,或者认为是两个阶段。关联说中又包含不同层次的关联:有连接说与过程交叉说两种表现。

（1）连接说

这种观点认为课程与教学是两种系统联结在一起的关系。课程是课程开发系统的输出结果,同时又是教学系统的输入成分(如图1-1所示)。

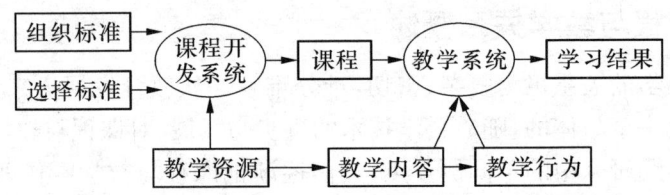

图1-1　课程开发系统与教学系统的关系(M. Johnson，1967)

（资料来源　转引自王其云著:《课程与教学》,《课程·教材·教法》1997年第9期。）

按照约翰逊的观点,课程为意欲取得的学习结果的结构系列,而教学是为取得这些学习结果而进行的事件。课程类似于建筑物的设计蓝图,教学是具体建筑物的施工过程。课程、目标、教学三者之间的关系为:课程是要学习的什么(What),目标是说明为什么(Why)要学习它,而教学则是如何(How)来辅助学习。约翰逊进一步将教学系统划分为三个组成部分:教学计划、教学执行、教学评价。教学计划包括教学目标、内容、序列等的安排;教学执行即为实际的教学过程,它包括两方面的互动:学生与环境以及学生与教师之间的互动。教学评价则是进行实际教学结果与意欲取得的教学结果之间的比较。

（2）过程交叉说

所谓过程交叉说,主要是指课程与教学这两个系统密切关联在制定与实施过程中,有交叉的成分,表现为教学是课程系统的实施过程、教学是课程的一种表现形式、教学设计是课程开发的微观层次的活动等观点。

**教学是课程系统的实施过程**　这是说,课程作为一项完整的系统工程通常叫做课程系统或课程工程,由前期研究、课程设计、课程开发、课程实施和课程评价等几个阶段组成。

**教学是课程的一种表现形式**　这种观点认为,教学就是操作课程,教学活动为课程的操作过程,其代表人物为古德莱德(J. I. Goodlad)。古德莱德及其同事们曾经把课程分成六种表现形式:理想课程(ideal curriculum),课程设计者的初始的想法、意图，它是课程的一种理想化模型；正式课程（formal curriculum），以书面形式表现出来的课程，可以是各种各样的文档、材料等；感知课程（perceived curriculum），不同的用户（主要指教师）对正式课程的理解也会不同，感知课程指的就是用户所理解的课程；操作课程（operational curriculum），教师理解了课程以后通过教学活动将内容向学生传授，操作课程指的就是教师在教室里的具体的教学过程；经验课程（experienced curriculum），在教学的过程中，学生的反应及结果；获知课程（attained curriculum），学生从这门课中真正学到的东西。课程有以上六种表现形式，教学就是操作课程，教学活动为课程的操作过程，即教学是课程的一种表现形式。

教学设计是课程开发微观层次　国外课程开发一般强调三个层次：宏观层、中间层及微观层。不同的课程学者对这三个层次的理解不尽相同。古德莱德将这三个层次分别定义为社会层（social level）、研究机构层（institutional level）及教学层（instructional level）。社会层主要负责制定教育目的；研究机构层则主要是负责制定一般教育目标，并选择可利用的教育手段；教学层则是最贴近学生的一层，主要是选择"学习组织中心"，并负责将教育目标细划成可实现的较具体的教学目标。而有些专家则将这三个层次对应为国家层（national level）、地区层（district level）及学校层（school level）。不管怎么划分，微观层的课程开发通常指的是教学设计。

### 3. 包容说

这种观点表现为两种情况：一种认为课程包括教学或"大课程论说"；另一种认为教学包括课程，或"大教学论说"。这两种说法，有人称之为同心圆说（如图 1-2 所示），A、B 两种同心圆的包容模式。在这种包容模式中，一种系统是另一系统的上位，另一系统则处于下位，是附属关系，不论谁处于上位或下位，课程与教学之间存在着包容与被包容的明显的阶层关系。如苏联的"大教学论"和英美国家的"大课程论"。

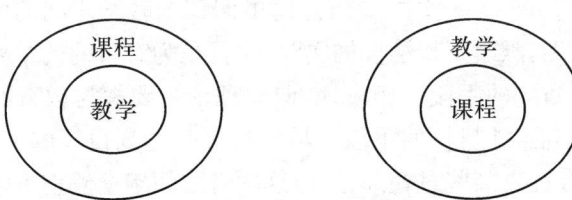

图 1-2　课程教学包容模式图

"大教学论"　苏联学者主张把课程作为教学内容，课程理论作为教学理论的一部分，表现为把课程作为教学一部分的"大教学论"。在俄文中，"课程"一词极为少见，倒是"教学内容"或"教养内容"司空见惯。在凯洛夫主编的《教育学》中，认为教养内容是学生在教学过程中所要掌握的系统的知识、技能和技巧，它可以分为三部分:教学计划、教学大纲和教科书。自凯洛夫时代至 80 年代,苏联的教育学著作中,几乎一直是将课程作为教学内容来谈的,教学论也就"责无旁贷"地承接了课程研究的地盘。我国许多研究者由于长期受苏联的影响也持此观点,这在我国众多的《教育学》著作中所谓的"四大块"——教育概论、教学论、德育论、教育管理,差不多都是将课程置于教学论之中的;而在诸多版本的《教学论》中又几乎无一不用一两章或几章的篇幅论述课程问题。除了在理论阐述上无法回避的学科间的交叉融合之外,有不少人实际上是在有意无意之间认同了课程论是教学论的一部分的观点。

"大课程论" 英美国家的一些学者往往认为教学是课程的一部分,对教学的研究是课程理论的重要组成部分,从而认同把教学作为课程一部分的"大课程论"观点。这种认识源于英美教育文献对"课程"与"教学"的交互使用。在一些人看来,"真正的"课程,只有在与教学紧密相联的学习活动中才能看到。泰勒的《课程与教学的基本原理》被简称为"课程原理"就是一个明证,因为泰勒是把教学作为课程的一部分来看待的。在欧洲一些国家里,有的学者也是把课程与教学结合在一起来论述课程理论的。例如英国的斯坦豪斯的过程模式,就是强调课程与教学过程中的一系列相互作用。瑞典的伦德格伦(U. Lundgren)也是从课程与教学之间系统化联系的角度来界定课程理论的。在他们看来,对教学过程的研究是课程理论的一个重要方面。

### 4. 目的—手段说

这一观点从"目的—手段"这个角度入手,认为课程是目的,教学是手段。也有人认为课程教学都是手段,但以课程为主而教学为辅,教学是因为有课程才产生的。

"目的—手段"说 1957 年,美国因苏联第一颗人造地球卫星上天而引发的课程改革运动,使得一批专家学者为课程改革作了种种努力。而在这种改革与探索中,大家日益感到要构建和发展教学理论,首先,必须对课程与教学作出区分。波姆和贝克(W. J. Popham & E. Baker)在 1970 年出版的《制定教学目的》(*Establishing Instructional Goals*)一书中,专门探讨了课程与教学之间的区别。他们认为,课程是指学校的意图,教学则指学校的实践;课程是为有目的的学习而设计的内容;教学则是达到教育目的的手段。相应地,课程理论主要探讨教育的目标和内容;教学理论主要关注达到这些目标的手段。尽管目标与达到目标的手段之间有千丝万缕的关系,甚至还存在着某些重叠部分,但这两者之间毕竟侧重不同的方面。

课程与教学是学校教育的两种手段 教学是为适应课程而产生的(如图 1-3 所示)。从学校教育目标到目标的达成,必然涉及"学校应该教什么"(课程理论)与"我们应该如何教"(教学理论)的问题。他同时还强调,不能把课程与教学混同起来,而且,在这两者中,课程处于首要地位。课程理论工作者必须注意

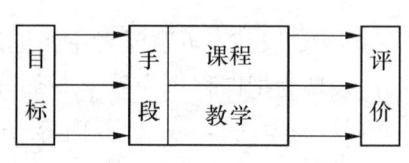

图 1-3　学校教育动态图

课程与教学两者之间的关系。[1]

### 5. 整体说

所谓整体说,是指课程与教学实属一件事,高度连接、关联与融合,具有不可分割性。这种整体说又有两个层次的表现。一为"循环整体说",二为"有机整体说"。

（1）循环整体说

课程与教学关系的循环概念,是一种将两种系统简化的模式,强调反馈的主要因素。课程与教学两种实体虽然分开,但都存有延续的循环关系,即课程继续对教学产生影响,反之亦然（如图1-4所示）。该模式是指教学决定在课程之后,且在教学决定付诸实践与评价之后,接着根据其成效,修正课程决定。此一过程周而复始,永不终止。这样对教学程序所作出的评价,会对每次循环的课程决定构成影响。在该模式中课程与教学如图示虽为分开的实体,但是均为一个旋转圈的一部分,两个实体彼此互相调适与改良。这就是说,课程与教学是密切相关的两个概念,没有课程就不可能组织起有效的教学;同样,如果没有教学,课程也毫无意义。人们往往为了讨论的方便而将它们分开,但是谁离开谁都是不完整的。课程与教学是一个循环体,课程对教学施加影响,通过教学得以实现,反之亦然,教学也对课程产生影响,通过教学可以发现课程存在的问题,从而改进课程。

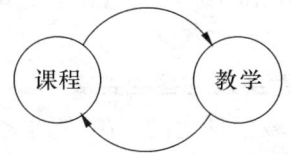

图1-4　课程—教学的循环模式（P. F. Oliva,1992）

（资料来源　王文科主编:《课程与教学论》,台湾五南图书出版公司1994年版。）

（2）有机整体说

有机整体说是指课程与教学具有内在的连续性和整体性,是不可分割的,这种观点的代表人物是美国教育哲学家杜威及其后来的一些教育家如韦迪（R. Weade）。我国一些课程论专家也有这种理念与追求。[2]

"连续性整体观"　杜威在其实用主义认识论的"连续性"原则的基础上消解了传统教学中的课程与教学的僵硬对立,认为课程与教学的统一在本质上是由经验的性质决定的,经验是对所尝试的事情与所承受的结果之联系的知觉。他认为课程与教学是教材与方法的内在连续性、目标与手段的内在连续性。因此,课程与教

①　［美］比彻姆著,黄明皖译:《课程理论》,人民教育出版社1989年版,第101—102页。
②　张华著:《课程与教学论》,上海教育出版社2000年版,第75页。

学也是内在连续的：课程即经验，这既产生于当下的教学过程之中，又始终引导着教学过程的进行，教学指向经验的产生，又是经验得以产生的情境，它内在地孕育着经验的生长。这种课程与教学的统一又是通过"主动作业"而具体实现的。

高度整合的"课程教学"理念　　美国学者韦迪用一个新的术语来对课程与教学进行整合，认为课程与教学是一件事情，可用一个新的术语"课程教学"来概括。[①] 这种理念包括三个方面的内涵：课程与教学的本质是变革，教学作为课程开发过程，课程作为教学开发事件。在这里，"课程作为教学事件"与"教学作为课程"开发过程是一个问题的两个方面，"课程作为教学事件"是课程与教学整合"课程教学"的另一视角。

### （二）课程与教学分离的原因分析

通过对课程与教学关系的历史考察，归纳起来实际上是两种情形，一种是把课程与教学视为密切相关的、互为前提的但又有区别的两个系统；另一种则是指导思想上"课程与教学"高度有机统一的"课程教学"理想追求。现阶段相关研究中，课程与教学、课程理论与教学理论分离的原因，主要表现在以下几个方面：

#### 1. 客观事物本身发展的规律

客观事物的发展是由低级到高级的，是不断"分化——综合——再分化——再综合"地发展着，而每一次的分化与综合都达到了更高级的层次。课程与教学的关系发展亦是如此。

#### 2. 教育体制的形成及教育实践的客观要求

课程与教学、课程理论与教学理论的剥离，除了教育活动本身发展规律的作用外，教育体制及其体制下的教育实践也在客观上加速了两者的分化。在教育体制采取中央集权制的国家，通常的情况是有关教学的理论较为繁荣。这是由于在这种体制下，课程基本上是由国家制定，由少数人编制操作的。地方、学校和广大教师的角色是课程的执行者，任务是如何将既定的课程付诸实施并且尽可能地取得最大效果。完成这样的任务，不需要了解如何制定课程，如何设计课程的结构，甚至不需要考虑课程本身的合理性。显然，教学理论最能够满足这样的需求。在教育体制采取地方分权制的国家，则通常是有关课程的理论更为发达。这是因为在这种体制下，没有现成的课程方案，来自实践的基本要求首先表现为地方、学校、教师如何设计科学合理的课程方案，实施问题还在其次。在这样一些国家，课程理论的研究就受到重视，甚至出现"大课程理论"包容"教学理论"的局面。

---

① R. Weade, *Curriculum'n' instruction: The Construction of Meaning*, Theory into Practice, Vol. 26，No. 1，1987，pp. 15 - 25.

### 3. 学术研究的传统习惯

教育体制的形成及学校教育实践的要求，必然形成与之互相适应的学术研究习惯，而这种研究习惯在其发展方向和趋势上又表现为强大的惯性。教育体制下必然有相关政策的制定者和研究者，研究者的侧重与方向性再进一步分化。由此，在课程与教学、课程理论与教学理论的旗帜下，便会累积自成体系的系列研究人员，其研究习惯也把自己及其专业方向放在了较为重要的位置。他们深入专业内部，往往由于定势习惯而忽视其他相关事物的存在，这也必然导致研究结果应用于实践中的重心偏移，原本同一事物的辩证统一的两个方面人为地被片面地分割。这样，课程、教学，课程理论、教学理论甚至大课程理论、大教学理论就出现在不同教育制度下不同的教育理论与实践层面上。

### 4. 认识论上的二元论分离是根本原因

以上三个原因分析，实质上均是认识论的二元论分离表现。当我们对哲学认识论或思维方式进行深层探讨时，可以发现，所有的课程与教学分离的观点都受到某些二元论的影响。内容与过程的二元论认为，课程是学习内容或教材，教学则是内容的传递过程与方法。内容与过程、教材与方法是分离的、独立的。这种观点尽管比较传统，但在当今的课程领域依然很有市场；而目标与手段的二元论则认为，课程是有计划的学习目标或结果，教学则是实现目标或达到结果的手段。目标与手段是分离的、独立的。

### （三）对课程与教学关系的理解

在现阶段，虽然专家一片"整合"声不绝于耳，但"课程"与"教学"、"课程理论"与"教学理论"、"教（教学）的理论"与"学（学习）的理论"都已形成相应的独立学科，而且独立学科内部也正日益分化，形成相应的学科群。"课程与教学"已现实地存在某种意义上的"剥离"，由于"课程"与"教学"已被人们相对独立地使用着，因此，有必要根据现实存在的理解给予梳理，以使人们形成"课程与教学"理念上的统一认识。我们认为，可以从以下两个方面理解课程与教学：

### 1. "课程与教学"是内连性整体事件

基于"实践理性"的杜威"课程与教学"观认为，课程与教学是不可分的，因为它在本质上是由经验决定的，经验是对所尝试的事情与所承受的结果之联系的感觉。根据杜威的观点，"课程"与"教学"也就不必谈什么"关系"，因为从字面上看，"课程"与"教学"虽被作为两个单词而常常独立存在，但实际所指的"课程与教学"都表达着一个完整的意思。

韦迪的新术语"课程教学"更是说明"课程"与"教学"不可分，教学作为课程开发过程，课程作为教学事件，"课程作为教学事件"与"教学作为课程开发过程"是一个问题的两个方面。根据韦迪的观点，我们仍无须谈论"课程"与"教学"的关系，尽管韦迪用一个概念去解释另一概念,即用"课程"解释"教学",用"教学"解释"课程"有其不妥之处。

### 2."课程与教学"的存在态式表现

"课程与教学"是指同一事物,但却有不同的态式表现,即表现为"静态"与"动态"两个方面。当"课程与教学"表现为动态时,可以从杜威和韦迪的观点中找到"课程"与"教学"不可分的答案,因为一直被教师和学生所开发、所体验。而当表现为"静态"时,亦即被以代表社会的教育部门规定时,处于制度层面的"课程与教学"就被人为地分割为"课程"与"教学"两个方面或者说两个"领域",但其两个"领域"所指向的,仍然是为"动态"的"课程与教学"服务的。所以,这种人为分割的"课程"与"教学"在研究问题、制定目标计划和要求时,必须指向与研究"动态"的"课程与教学"所可能发生的和未发生的一切,而关注"动态"的"课程与教学"本身,就已经把"课程"与"教学"统一起来了。所以,如果要说"课程"与"教学"的关系,只有一句话:密不可分。因此,近年来我国有研究者已经把课程与教学看作一个统一的"系统",并对其相关构成要素等进行研究。参见[案例1-3:课程与教学系统的构成要素]。

## 二、课程理论与教学理论的关系

课程与教学存在于活动实施与理论研究两个既密切联系又相对独立的领域之中,虽然理论与实践相结合,但研究的特点是把它们分割,这种结果与"课程与教学"又有区别。因此,对"课程理论"与"教学理论"的认识应该从以下三个方面着手。

### (一)课程理论与教学理论统一于课程与教学实践

"课程"与"教学"在动态的实践中存在着内在的联系,本源上就不是两件事,而是一件事情的两方面表现。这样,就无须有"课程理论"与"教学理论"这两门学科的诞生,即课程与教学的所有问题并不是必然地要依靠两门独立的学科来解决。只有一门"课程教学论"就可以研究"课程教学"问题。即无论是通过课程理论还是教学理论,将目前各有侧重的研究统一起来,纳入一个统一学科之中,从逻辑上说是完全可能也是可以的。

课程理论与教学理论的统一的基础是课程与教学在实践中的内在联系。虽然有统一的基础,但两门学科的统一与整合却在短时期内很难形成并达成共识。两门学科虽然有统一与整合的基础,但其统一与整合还需要很长的时间。而对这种统一的基础的经常反思是有意义的:有助于我们考虑两个学科的相关;有助于我们理解两个学科的独立不是绝对的;更有助于我们认识到,学科发展的生命力所在,不在于是否有教学论或是否有课程论,而在于是否对两者共同的研究对象把握了规律,反映了本质。

## （二）课程理论与教学理论是并行于教育学体系内的两门下位学科

现行的教育理论研究中,课程理论与教学理论产生于教育学体系之中,并形成两门独立的学科体系,而且随着人们认识水平的提高,教学理论将要更明显地分化为"教的理论(教学理论)"和"学的理论(学习理论)"两门学科。[①] 课程理论与教学理论的形成和发展符合学科演进与形成的轨道,都有其代表人物、思想论述与代表著作及形成标志,且已被人们所公认。这两门学科也具有教育学分支的所有学科的特征或某门学科的"创生指标"[②],拥有其他学科无法取代的研究对象和学科定义,适应时代需要并在研究者中形成一定的共识,有为大多数研究者所承认的学科创始人、代表作和精心营建的理论体系。而且课程理论与教学理论的"分化",是教育学发展的必然。课程与教学是两个独立的领域,这种观点在当代的课程理论家中获得广泛的认可。具体说来,他们在以下几点达成了共识:第一,课程与教学虽然有关联,但又是各不相同的两个研究领域,课程强调每一个学生及其学习的范围(知识或活动或经验),教学强调教师的行为(教授或对话或导游)。第二,课程与教学肯定存在着相互依存的交叉关系,而且这种交叉不仅仅是平面的、单向的。第三,课程与教学虽是可以进行分开研究与分析的领域,但是不可能在相互独立的情况下各自运作。第四,鉴于课程与教学有着密切的关系,"课程—教学"一词也已经被人们接受,且被广泛采用。

由此看来,课程理论与教学理论是教育学体系中两门并列的学科,它们都有自己各自的研究领域,从构成课程与教学的三个基本要素即教师的教、学生的学以及作为教师的教与学生的学的中介的"课程与教学",也充分说明它们之间的不同:教育目的和培养目标是通过所设置的课程而进入教学过程的,教育目的或目标本身并不是教学过程的一个要素。课程是教育目的和培养目标的基本体现,教学则是以课程为依据而展开的。作为教与学的内容,课程是教与学活动的中介,并制约着教与学的方法。正是通过这三者的相互作用,构成了一个完整的教学过程。其中的关系如图1-5所示。

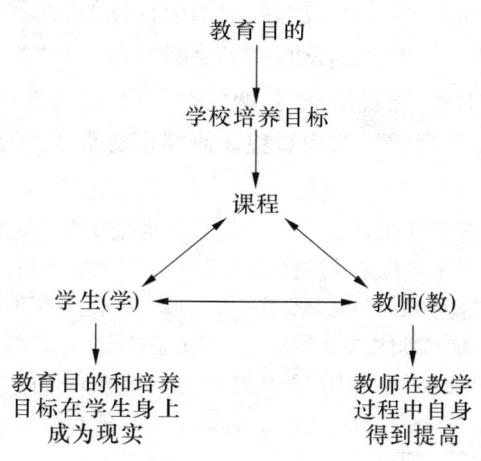

图1-5　教学过程结构图示[③]

---

① 施良方著:《课程理论——课程的基础、原理与问题》,教育科学出版社1996年版,第262页。
② 刘要悟:《试析课程理论与教学论之关系》,《教育研究》1996年第4期。
③ 施良方著:《课程理论——课程的基础、原理与问题》,教育科学出版社1996年版,第263页。

### （三）课程理论与教学理论互为存在与研究的理论基础

目前课程理论与教学理论是分立的两个学科，各自有自己独立的概念和范畴体系，并且被人们普遍地使用。由于"课程与教学"本身是一件事情、一个活动，或者说是一个事情、一个活动的两个方面，因此，对这一个活动两个方面的研究也必须注意两者之间的联系，自觉地将对方作为自己的理论基础。教学理论应是课程理论重要的直接的理论基础之一，在课程理论与教学理论分立的情况下，像教学活动中学生与教师的关系，不同教学组织形式和方法的特征，教学活动的特点和模式等等问题的研究，主要是由教学理论承担的，而这样一些问题，全部关系到课程问题，不仅是课程在实施过程中要面对的，而且是课程在设计时就必须加以考虑的。课程结构的确定、课程类型的选择、课程内容的安排、课程评价的构想，总是建立在对教学活动的某种假设之上，或者说以某种教学理论的观点作为依据的。离开教学理论的基本观点，课程就失去了存在的最根本基础。

课程理论也理应是教学理论的重要、直接的理论基础之一。教学理论要获得自身的发展，必须了解课程，了解课程的一般规律和特点，否则，无论是关于教学活动整体的研究还是关于原则、方法、形式的研究，都将是空泛的、无意义的。在课程理论和教学理论作为两门分别独立学科的条件下，这种互为理论基础的状况，不会改变，如果忽略了这种状况，任何一个学科的健康发展都将是不可能的。

由此看来，课程理论与教学理论的整合并不重要，重要的是树立"课程与教学"是同一件事的观念并运用于具体的"课程与教学"的教育理论研究并指导"课程与教学"的实践活动，指导"课程理论"与"教学理论"的理论与实践研究。当然，能够"上浮"整合出一门"课程教学论"也并非不合理、不科学，这对理论与实践研究者从事两门学科的相对独立研究也有重要的指导和借鉴意义。

[案例 1-3]　　　　　　　　课程与教学系统的构成要素①

长期以来，特别是在现代条件下，研究者们自觉不自觉地以"系统论"的思想和方法，对"课程与教学系统的要素及其关系"问题领域进行了不断深入的分析和研究，积累了有关"课程与教学系统"的组成要素的特征及其关系的比较丰富的专门知识经验，构成了"课程与教学系统"的知识领域。通过对国内外有关文献内容的梳理，可以将"课程与教学系统"领域的已有知识经验分别归为"教育内容"、"学习者成长"、"教师发展"、"协作参与"、"环境开发"以及"课程与教学系统结构"等范畴。

课程与教学作为特殊文化，早就获得了具体而现实的空间存在形式，成为一个特殊系统，包括特定的组成要素及其相互关系。当代课程与教学已经发展成为一个有机的特殊生态系统，形成了越来越复杂的系统结构。自古以来，教师教"课本"与学习者学"课本"，是教育领域最寻常的

① 资料来源　黄甫全著：《当代课程与教学论：新内容体系与教材结构》，《课程·教材·教法》2006 年第 1 期。

特有现象,所以人们很早就认识到课程与教学系统有三大要素,它们就是"教师"、"学习者"以及课程所包含的"教育内容"。随着研究的深入,人们进一步发现,"环境"既决定"教育内容的呈现形式和转化过程",也影响到教师的"教学过程与效果",还决定学习者的"学习状态与结果",于是,"环境"被纳入课程与教学系统,成为第四大要素。不仅如此,课程与教学系统的运行,总是有"教育决策者"、"家长"、"社区代表"以及"有关社会机构"等利益主体的参与和干预。这样就使得人们始终面对的问题有:课程与教学有哪些组成要素或成分? 这些要素具有什么特征? 这些要素之间存在什么样的关系或结构? 怎样优化这些要素及其关系以提升教学?

同时,课程与教学作为特殊文化,也是一种具体而现实的时间存在,具有连续性、变化性以及发展的方向性,集中表现为过程性。这一过程,学者们称之为课程研制过程(process of curriculum development)、氛围设计或规划(design or planning)、实施(implementation)以及评价(evaluation)三个阶段。其中课程实施的主要途径是教学,包括教师施教及学习者学习。在课程与教学过程中,人们直面的是教育研究领域的两大问题:"教什么"和"怎么教"。

人们对这些问题以及有关问题进行了长期的研究与探索,形成了特别丰富的研制优质课程与实施有效教学的知识经验。按照"课程与教学过程"的展开顺序,可以将这些知识经验区分为"课程研制过程"、"课程设计与规划"、"课程与教学目标"、"课程结构"、"课程资源与教学材料"、"课程实施与组织"、"校本课程开发"、"教学媒体"、"教学组织形式"、"教学过程"、"教学方法"、"教学策略"、"学习方式"以及"课程与教学评价"等范畴。

## 问 题 与 思 考

1. 简述课程与教学的涵义。
2. 简要回答课程与教学研究的历史发展。
3. 了解"泰勒原理"的主要内容。
4. 解读课程与教学关系的主要观点。
5. 分析课程理论与教学理论的关系。

## 活 动 与 研 究

1. 运用互联网搜索国内外学者关于课程与教学关系的不同观点,并谈谈你的个人观点。
2. 分组讨论"泰勒原理"的历史贡献与现实意义。

## 推荐阅读书目和网址

1. 董远骞著:《中国教学论史》,人民教育出版社 1998 年版。
2. [美]拉尔夫·泰勒著,施良方译:《课程与教学的基本原理》,人民教育出版社 1994 年版。
3. 吕达著:《中国近代课程史论》,人民教育出版社 1994 年版。
4. 叶立群著:《课程教材改革探索》,人民教育出版社 1997 年版。
5. 钟启泉主编:《现代课程论》,上海教育出版社 1989 年版。
6. 黄政杰等主编:《课程与教学研究之发展与前瞻》,台北高等教育文化事业有限公司 2004 年版。
7. William E. Doll Jr. , Noel Gough 主编,张文军等译:《课程愿景》,教育科学出版社 2004 年版。

1. 人民教育出版社课程教材研究所 http://www.pep.com.cn/indexl.htm

2. 华东师范大学课程教学研究所　http：//www. pep. com. cn/kechengjcyjs

3.《课程·教材·教法》杂志社　http：//www. pep. com. cn/kechjcjf

4. K12 中国中小学教育教学网　http：//www. K12. com. cn

5. 福建师范大学精品课程：课程与教学论　http：//ktjx. cersp. com/course1

6. 中国课堂教学网　http：//ktjx. cersp. com

# 第二章　课程与教学政策

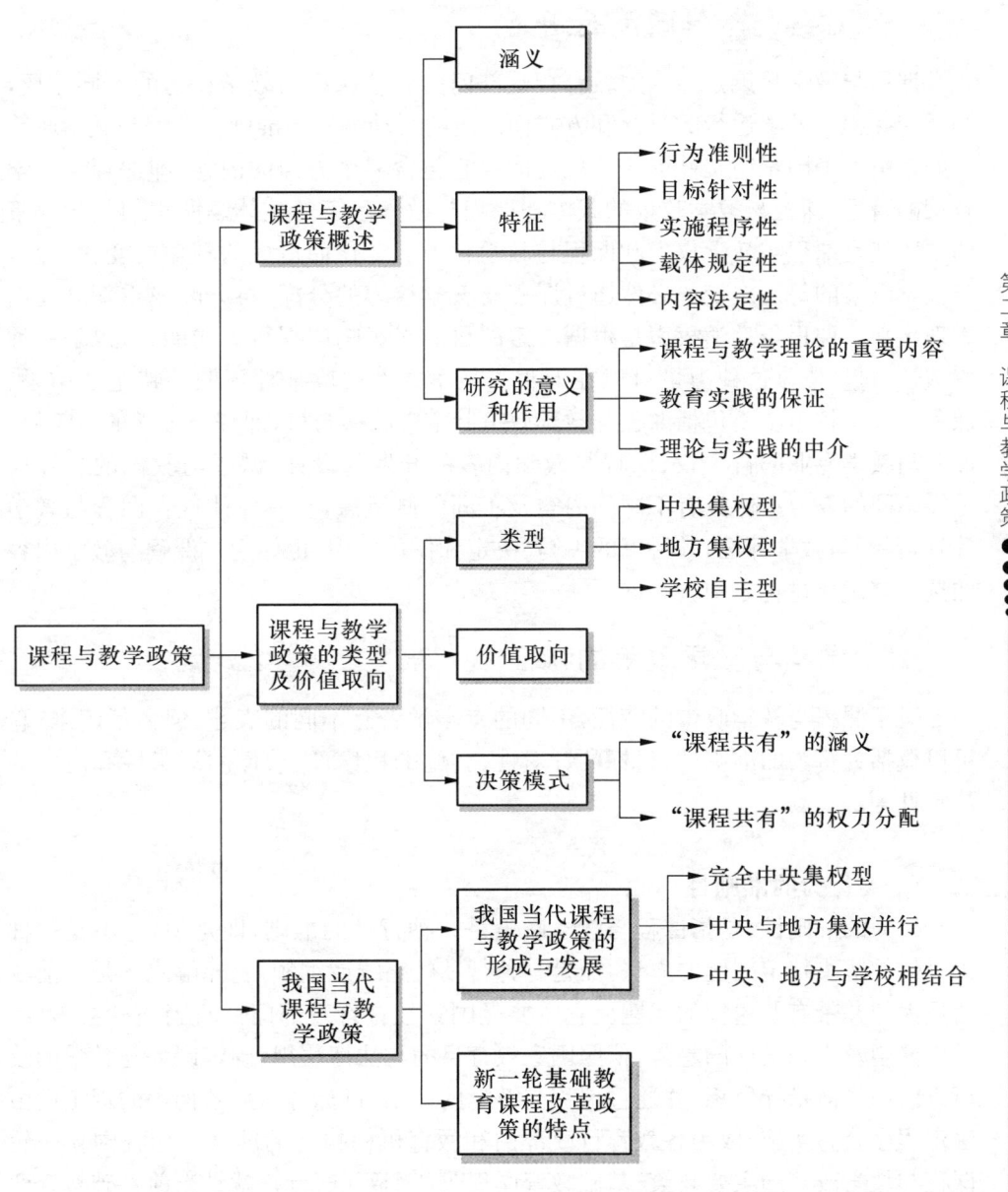

课程与教学政策是课程与教学理论研究的重要内容之一。本章主要论述课程与教学政策的目的、意义、类型、内容以及当前我国的课程与教学政策等。

# 第一节　课程与教学政策概述

## 一、课程与教学政策的涵义

课程与教学政策是指国家教育行政部门为调整课程与教学权力的不同需要，并调控课程与教学运行的目标和方式而制定的行动纲领和准则。课程与教学政策一般是由一个国家用文件形式来规定的。它包含三个方面的内容，即课程与教学政策的目标、课程与教学政策的载体和课程与教学政策的主体。课程与教学政策的本质就是课程与教学权力和课程与教学权力的变化而造成的利益的变化，课程与教学政策的每一次变革必然通过课程与教学权力的分配、再分配或重新分配而表现出来。课程与教学权力是根据一定的目的来影响课程行为的能力，也是一种权威性力量，依靠这种力量可以在课程与教学方面造成某种预期的特定的结果。课程与教学权力主要包括课程与教学政策制定中的参与权、课程与教学的决策权、课程与教学专业的自主权、课程与教学内容的开发与设计、课程与教学的实施权等。不同的权力主体具有不同的内容及不同的侧重点，它具体体现在课程与教学计划，课程与教学标准，教科书的编写、决定和使用之中，也体现在课程与教学内容的选择与优化过程之中。

## 二、课程与教学政策的特征

对于课程与教学政策的特征，不同的专家学者有不同的表述，但概括起来，它可以概括为行为的准则性、目标的针对性、实施的程序性、载体的规定性和内容的法定性等。

### （一）行为的准则性

行为的准则性，是指课程与教学政策是一种行动的准则，即是说，它不是一种很具体的解决特定问题的方法，而是一种行动的路线或纲领，它要解决的是当前较为重大的并带有普遍性的问题。它主要是国家教育行政部门针对当前社会需要、学生愿望及未来发展的趋势，依照国家教育目的与法律法规，确定课程与教学的改革方向和具体指导思想，并通过课程与教学的计划、目标、内容、结构等的规定而由法定程序公布实施，成为各教育行政部门和教育机构执行的准则。如我国新一轮课程与教学改革的主要政策《基础教育课程改革纲要（试行）》就是当前基础教育课

课程与教学论

程与教学改革的行为准则。

## （二）目标的针对性

课程与教学政策目标的针对性，是指课程与教学政策是为课程目标服务的，任何政策的制定、公布与实施都有明确的目的，都是针对教育目的在某一个层次的具体落实而制定的。目标是目的的体现，课程与教学目标是教育目的在各级各类学校的培养目标中的具体落实与体现。没有目标就无所谓课程与教学政策，没有目标，就失去了行动的方向与标准。当然，只有目标，而没有为实现目标而法定的国家政策法规，目标也就因失去保障、监督而无从实现。因此，课程与教学政策是针对当前为实现某一教育目的或目标而通过国家行政或法律形式公布的一种稳定的连续的计划或行动指南，具有明确的目的性与针对性。

## （三）实施的程序性

实施的程序性是指课程与教学政策在实施过程中都是按照一定的步骤、阶段与方式方法而进行的。课程与教学政策从制定到颁布再到实施都要遵循一定的程序和步骤，在各个阶段上都有明确的目标、标准及要求。有的政策是马上执行，而有的则需要试行，即在小面积实验区试点的基础上，经过一段时间而大面积推广。如我国 2001 年 6 月 8 日教育部经过国务院同意而颁布的《基础教育课程改革纲要（试行）》就是先在实验区试行，为过渡到新课程做好准备。即"在 2001 年秋季，义务教育各学科课程标准（实验稿）及其实验教材将在 38 个国家课程改革实验区开展试验，而到 2005 年秋季，中小学阶段各起始年级的学生原则上都将进入新课程"。"2001 年全面启动普通高中新课程的研制工作。2002 年拟形成新的普通高中课程结构与管理制度，完成普通高中各学科课程标准（实验稿）的起草工作。2003 年开始组织新高中课程的实验与推广工作，计划于 2005 年正式颁布普通高中课程计划，各学科课程标准以及其他相关文件。"[①]所以，任何课程与教学政策的颁布与实施，都有明确的程序与阶段，具有实施的程序性特征。

## （四）载体的规定性

载体的规定性，是指课程与教学政策的基本思想及其变革主要是通过一些具体的载体而体现出来的。课程与教学政策是抽象的概念，但它却由具体的、制度化了的特定载体来体现。每一个国家的课程与教学政策的发展、变化和变革都是通过变更这些负载政策的载体而实现的。课程与教学政策的载体主要是课程计划、

---

① 王湛：《扎实推进素质教育，开创基础教育课程改革新局面》，在全国基础教育课程改革实验工作会议上的讲话，2001 年 7 月 30 日。

课程标准及教科书等。它们是承载课程与教学政策信息的有形文件，即课程与教学政策的主要精神和实施手段是通过它们来得以传递和实现的。政府课程与教学权力的运用主要体现在对课程计划、课程标准及教科书的控制上，它同时在很大程度上也决定着地方、学校以及课程与教学实践者的权力发挥。因此，国家的课程与教学政策必然对这些载体有明确的规定与要求。

### （五）内容的法定性

内容的法定性是指课程与教学政策所陈述的一切内容都是有法律法规效应的。它是国家教育行政部门依据国家的教育方针政策和国家法律，并通过国家政府同意而颁布的。因此，课程与教学政策具有法定性，是必须实施和执行的。课程与教学政策往往是政治体系或政府的决策，而不是个人或私人团体的决策；它作为政治、教育体系的力量和教育组织的后盾，由教育体系的各部门负责贯彻执行，并有教育权威作为保障；课程与教学政策的根本在于课程与教学的权力分配方式，而课程与教学权力的分配方式、内容的变化又会引起利益分配的变化。这些利益是政策主体的利益，它既代表了决策者的利益，又代表了实施与承担者的利益，而且这种权力与利益又被标定在行政命令、教育法规、国家法律之中，因此，课程与教学政策所涉及的所有内容都具有法律法规的法定性，都具有法令效应，是必须接受和执行并予以维护的。

## 三、课程与教学政策研究的意义和作用

课程与教学政策是课程理论研究的重要内容之一，它的研究既可以丰富课程与教学理论，又可以指导具体的课程与教学实践，是联系课程与教学理论与实践的纽带和桥梁。

### （一）课程与教学政策是课程与教学理论的重要内容

对课程与教学政策的研究，可以丰富课程与教学的理论体系，拓展课程与教学研究的视野。课程与教学政策研究的直接目的是为了给课程与教学政策的选择、制定和不断完善提供历史的借鉴、科学的依据和价值观的探讨，同时也是为了丰富课程与教学理论的内容体系。间接的目的可以引起人们对课程与教学政策的重视，并积极主动地参与到新课程政策的研究、反思与制定中去，克服以往人们认为课程与教学政策是政府的事情的错误观念。在传统的课程与教学研究领域中，人们往往不把课程与教学政策当作一个"学术"问题去对待，因而也就漠视对政策的研究。由于缺乏对政策的研究与反思，把它完全当作一种政府行为，这不仅使课程与教学政策的科学性及发展速度受到影响，而且也影响了课程与教学理论体系的科学性、完整性及发展速度。因此，课程与教学政策是课程与教

学理论研究的重要内容,它对政策的制定与理论的丰富都具有重要的意义和作用。

## (二)课程与教学政策是教育实践的保证

世界教育发展的历史表明,一个国家教育改革与发展所面临的最大挑战是课程与教学改革,课程与教学的改革既是教育改革的先导与突破口,又是教育改革的核心与焦点,因此,也是教育改革成败的关键。中国教育的改革与发展也表明这一规律:每一次教育改革都是以课程与教学为先导或伴随着课程与教学的改革。课程与教学政策在很大程度上影响着课程与教学改革的实施与效果,也因而决定着教育改革的成败。课程与教学改革的首要问题是制定正确和明确的指导思想,它往往体现在制定出来的课程与教学政策之中,或者说,在所有影响课程与教学改革与发展的因素中,课程与教学政策处于核心地位,它是课程与教学改革的直接指南、动力与保障,它直接影响着课程与教学改革的方向、阶段、速度和效率。因此,任何课程与教学改革都是相应的政策的产物,都是一定时期课程与教学问题的集中反映。任何课程与教学改革的成功与否,都可以在课程与教学政策的表征与安排中找到根源。由此可见,课程与教学政策是教育实践的保障,是课程与教学改革和发展的关键。参见[案例 2-1:中小学课堂秩序混乱,英国政府支持教师"零容忍"]。

## (三)课程与教学政策是理论与实践的中介

课程与教学政策是课程与教学理论与实践的中介,是从政策、理论与实践三者之间的关系而言的,是课程与教学理论运用于实践的桥梁。课程与教学政策之所以是理论与实践的中介,具有中介价值,主要是由于它一方面可以把课程与教学理论尽快地转化为课程与教学实践,另一方面,对课程与教学实践具有约束力。

政策的中介价值是指政策是实践经验的原则化,它不是单纯的直观感觉经验,它经过加工提炼,来源于实践而又高于实践;同时,政策以基本理论为指导,受基本理论的制约,是基本理论的具体化。政策一方面可以显示理论的力量和作用,另一方面政策实施的现实过程及结果,又可以检验理论反映客观规律的正确与否。课程与教学政策之所以是课程与教学的理论研究与实践的中介,是因为课程与教学政策是建立在理论研究基础之上的,为解决某些现实问题所确定的一系列措施、行动准则及必要的方法手段。没有课程与教学政策的颁布与实施,任何理论也很难全面地发挥其对实践的指导作用,只能停留在理论层面,甚至理论本身的科学性也无法证明;其次,任何实践活动,必须有理论的指导,如果没有课程与教学政策的颁布与实施,课程与教学实践活动就很难得到理论的指导,即使有理论,也往往是零乱的、不系统的或盲目的、无计划性的。况且没有政策规定的实践也是随机的和不确定的;最后,没有课程与教学政策的颁布与实施,就没有理论付之于实践的效率和效益,也就没有实践的法定程序及行为准则。任何理论研究的成果要尽快转化为实践效益,必须借助于政策的颁布与实施。课程与教学的理论研究,其成果只具有转化为实践的可能性而不具有必然性,只有当理论被政策所规定时,才能由潜在的价值而实现为现实的价值;同时,实践活动必须有理论指导和行为规范,而课程与教学政策不仅是理论的提升与提炼,有其理论基础,可以作为行动的指南和准则,更重要的是政策本身具有约束力,它可以规定和约束实践的方向与进程及标准。

综上所述,课程与教学政策是理论与实践的中介,具体表现在课程与教学理论要有效地指导课程与教学实践,除了增强自身的正确性外,还应首先转化为新的或经过改造的课程与教学政策,即把课程与教学理论先转化为有一定约束力的课程与教学政策,然后再通过行政的或法律的约束力而将课程与教学理论最终转化为课程与教学实践,这就是课程与教学政策的中介作用或价值。

[案例 2-1]　　　　中小学课堂秩序混乱,英国政府支持教师"零容忍"

英国教师的课程权力已经今非昔比。英国"教师热线",每月都接到 1 000 个求助电话。求助者大多表示对学生的不规矩和捣乱行径感到无法容忍和无能为力。因为当局有政策规定,教师不可对学生施以适当的惩罚。英国女教师西尔维亚·托马斯就有过这样的"可怕"经历。好在,西尔维亚同意电视台的要求,用 3 个月的时间将学生在课堂上的拙劣表现悄悄地拍了下来。

"一名个头不高的中年女教师声嘶力竭地在讲台上维持课堂秩序。这已经是她本节课第 20 次要求学生们保持安静。这时,在震耳欲聋的嘈杂声中听到一个男孩小声说:'老师,你求我吧。'"

这样的场景只是众多镜头中的一个。那些年龄在 12—15 岁之间的学生根本就没把西尔维亚放在眼里。他们大声尖叫、谩骂打闹,在教室里走来走去,在课堂上乱扔书本、笔,还有纸团,并且这样的状况在老师不断的制止声中持续了足足 15 分钟。

一节数学课上,一名 12 岁的学生因为辱骂老师而被指责。结果,这名学生冲着老师说:"我和你一样有说话的权利。我有权利畅所欲言。"更为令人不安的一个场景是:机房里,一个男孩肆无忌惮地浏览不良网站,并且还与老师极力狡辩。

西尔维亚是在离开这行 30 年之后,再次回到教师岗位。在伦敦一所中学任教期间,她使用一台能装在公文包里的微型摄像机和伪装成夹克纽扣的话筒,悄悄地拍摄了课堂上的情形。

"(跟学生的)斗争没完没了,"西尔维亚说,"有些学生认为,他们可以用报警、控告来威胁老师。"显然,如今的师生关系与从前学生的尊师畏师相比大相径庭。教师们时刻要小心翼翼地保护自己。

"我以为他们(学生)的行为,可能是因为我不是个好老师,"西尔维亚说,"但是,我把录像带给别的同事看,他们说也碰到过同样的情形。"

"教师求助网"——一个专门帮助教师的英国慈善组织——最近的一项调查数据显示,在受访者中,98%的教师遭到过学生的口头辱骂,45%的教师遭受过暴力威胁,20%的教师曾受到人身攻击。另外，有 38% 的教师说他们的个人财产或多或少地受到损害。

这部根据实际情形制作的纪录片"混乱的课堂"将在英国电视台第五频道播出，其目的在于唤起全社会对普遍存在的课堂混乱现象予以关注。

英国最大的教师工会——全国教师联合会在上月举行的会议上，一致同意起草一部全国性的学生行为准则来制止课堂混乱现象。凡是违背行为准则的学生将会受到惩罚。政府方面也曾提出要建立"周转学校"，让那些行为恶劣的学生重新接受改造。教育大臣露丝·凯利还曾许诺，支持教师在课堂上实现"零容忍"。这项提议也从另一角度证明：课程与教学政策是教育实践的保证。

# 第二节　课程与教学政策的类型及价值取向

## 一、课程与教学政策的类型

不同国家的课程与教学政策不尽相同，一般说来，课程与教学政策的形成是在国家、地方和学校三个层面上进行的。根据课程与教学权力的集中与分散程度来划分，世界上主要国家的课程与教学政策可分为三种类型：中央集权型、地方集权型和学校自主型等。

### （一）中央集权型

所谓中央集权型，是指课程与教学权力集中统一在最高国家权力机关和教育行政机关，地方教育行政部门的几乎所有的重要事务均受中央支配。法国通常被认为是中央集权的最高典型，日本和苏联等国家也是这一政策类型的主要代表。

法国自拿破仑统治时期开始，一直到今天，都主要是由中央政府以指令性文件来规定全国统一的基础教育课程的。在这一课程管理结构中，中央政府处于至高无上的权威地位，即课程与教学政策的制定权、决策权及实施权皆由中央总揽，中央和地方的关系是一种绝对的领导与服从关系，各类督导是中央和学校的媒介。同时，不同层级的权力机构之间在职责、权限及义务方面的等级区分也是非常严格与明确的。这种结构在课程控制上必然意味着全面集中、刻板划一以及自上而下的基本特征。具体表现在以下几个方面：

第一，法国有对全国教育进行全面直接领导的中央权力机构——教育部。它的权限极为广泛。它不仅有权提出教育法案、发布命令、确定教育经费，而且有权规定学校的教育方针和原则、制定教育大纲，甚至还有权规定教学方法、考试的内容和时间等等。法国还有一套组织严密、完全受教育部垂直领导和监督的地方教育行政机构，按照中央的命令负责本地区的各类教育事务。

第二，法国教育及课程体制的中央集权，不仅体现在对地方与学校处理重要事项的大政方针与基本原则的规限上，甚至还体现在对地方与学校处理一般事项的操作过程与具体方法的规限上，以至于"如果你要寻找这个制度任何一部分的某一特殊规定，你一定会在全法国的相应部分找到完全相同的规定。同样，课程和结构也是统一的"①。

法国中央集权的传统决定了课程与教学政策的中央集权形式。当然，进入 20世纪 80 年代以来，法国在教育控制方面（包括课程控制方面）进行了分权和放权的一系列改革，不过目前还不能认为这些改革已全面地、彻底地动摇了法国教育及课程控制中的中央集权模式的根基。

### （二）地方集权型

所谓地方集权型，是指课程与教学权力集中在地方教育行政部门，由地方教育行政部门负责课程与教学事务，中央教育行政部门只是一个虚设的机构，对课程与教学问题采取不干预的政策。美国、澳大利亚、加拿大等国家可划入这一类型。

美国的"国家"（政府）较弱，而"社会"（包括各种社区、永久性的组织和特别组织）较强。在教育上则更是如此，教育看起来不是一项步调一致的"国家事业"，而是一种各自为政的"地方事业"。虽然美国也设有联邦教育总署（名称曾有过许多变化）这样的一个中央教育行政机构，但它的主要职责却是：收集统计资料，指导、研究、传播有关美国教育状态和进步的情报。层次最高的教育领导权力拥有者并不是"国家"而是"州"。各个州在教育上均独立自主，独立规定课程内容等方面的条例或方针，并制定实施、评价与修改教育与课程计划。具体说来表现在以下几个方面：

第一，在课程与教学政策问题上，美国主要是通过地区（主要是州）课程与教学政策来影响学校及学生的。此外，在州之下，还有"地方"教育行政机构，包括最基层的学区教育委员会和介于州与基层学区之间的中间学区委员会，而且，各州也把教育领导权限进一步下放给所辖各级地方当局，尤其是地方教育委员会。而在这些"权力"或"责任"当中，也同样包括了诸如制定和修改教学大纲等课程权力。

第二，美国的教师通过教师联合会在相当大的范围内影响课程与教学政策。美国教师联合会十分关注课程与教学问题，明确主张让教师参与课程与教学政策的制定。地方学校和教师有权自订课程，有权自选和自编教材，其任务不仅仅是

① ［英］埃德蒙·金著，王承绪等译：《别国的学校和我们的学校——今日比较教育》，人民教育出版社1989 年版，第 132 页。

把既定的东西传授给学生，而且还要根据自己的情况制订这些东西，或者说，对"教什么"自行作出决定。教师参与了课程与教学决策以后，就更加明确了课程与教学的宗旨，更能向家长、学生和社会人士解释教学大纲，也更乐意接受采用新方法的建议。他们的学程也就可以反映更新的教材观、社会需要和对学习者的注意。

第三，美国的学生是美国课程与教学政策的直接影响对象。因此，他们对课程与教学政策的制定，自然十分关心，并能产生一定的影响。这种影响包括两种，即正式的影响和非正式的影响。前者相对小一些。学生对课程与教学决策的正式的影响主要是学生干部可能被选举或委派去担任决策委员会成员，从而可以在一定程度上决定学程设置和学术要求。学生对课程与教学决策的非正式影响往往通过拒绝选读诸如以学术专家课程为特征的学程表现出来，或者通过自办报纸、教学评议会等途径对课程与教学设置提出自己的建议和要求。

第四，美国的家长也有权参与课程与教学的决定，他们往往通过"家长和教师国家议会"这样的组织来对课程与教学政策的制定产生影响。特别是20世纪70年代以后，美国学生家长逐渐对教育专业人员长期享有课程与教学决策控制权感到不满。因此，他们要求扩大家长参与课程与教学决策的途径，并且认为家长有权参与学术课程的决定。

需要指出的是，20世纪80年代以来与中央集权的国家在教育（包括课程）控制方面逐渐出现"权力下放"的趋向相反，美国自20世纪六七十年代以来，在教育（包括课程）控制方面则出现了一些"权力集中"的趋向。表现在由州以下的行政单位向州集中。但总的看来，这些所谓的权力集中现象，还只是在地方分权这一总体框架范围内的局部调整，而并非意味着美国教育控制的基本模式的转变。

### （三）学校自主型

学校自主型是指课程与教学权力主要在学校，中央和地方往往只提供指导或参考性的课程与教学标准或建议。英国是这一类型的典型代表。英国是一个具有"自治"传统的国家，这一特色也反映在英国的教育与课程体制中。英国长期没有全国性的课程与教学大纲，教师在历史上一直享有比任何其他国家的教师更大的自主权，在决定教什么方面更是如此。在英国，没有从中央当局方面强加给学校的课程。教师的这种自治权主要体现在课程设置、教材和教学方法选用等方面。自1920年以来，这个国家一直沿袭着各个学校在课程设置和安排上各自为政的传统。每所小学是独立的，因而每所初级中学也是独立的，它们各自独立设计自己的课程。即使在学校内部也没有年级之间课程的连续性；在小学中惯常的做法甚至是，每个班级的老师有权在自己的班上安排他认为合适的课程。这种做法有其积极的一面，即能充分调动教师的主动性与积极性，但"这种做法引起的后果是学生得到的知识往往不足，不同年级的教学内容互相重复，出现大的断层，学生由于缺乏准备性知识，很难学习新东西"[1]。值得一提的是，学校自主型的课程与教学政策也会使学校获得个性化、有特色的发展。参见[案例2-2：真实的哈利·波特魔法学校——英国诺丁汉郡罗伯特·梅勒斯小学]。对英国教师的这种"自由"需要采取"二分"看法，"这种自由伴随着一种巨大的责任，因为教师如果有权自己制定课程计划，公众也许就有权要了解他们是怎样作出有关决定的"[2]。

20世纪60年代以后，英国教师对课程的控制日益受到挑战。政府开始缓慢干预教育，并于1981年发布了一份指导性文件《学校课程》，明确提出课程目标和中学应开设的课程建议。1986年秋季实施全国学科专门标准和按一般标准制定的考试课程大纲。1989年起全国所有公立学校实行统一课程，取消了英国教师作为主要力量影响课程的传统自由。这样，许多课程决策权收回中央政府，削弱了教师及地方教育当局在课程决策方面的权限，只给地方教育部门留下一点提供指导的课程权力。

## 二、课程与教学政策的价值取向

不同类型的课程与教学政策都隐含着某种哲学假设和价值取向，标明了这种课程与教学政策的最终关注与追求。不同的课程与教学政策价值观，制约着人们确立不同的课程与教学政策目的、采取不同的课程与教学政策模式乃至确定不同的课程与教学政策内容。课程与教学政策价值观永远是具体的，它总是属于具体时代中的具体的群体或个人，它受时代的政治、经济、文化等因素的制约，具有客观性；同时，它也受这些群体或个人的利益需要、信念、哲学观点等的影响。现以上述三种不同的课程与教学政策为例，对其价值取向进行分析。

### （一）中央集权型的价值取向

中央集权型课程与教学政策是在"统一论"或"国家中心主义"的价值观下制定起来的，它属于国家本位或社会本位的价值取向，强调统一的国家基础和整体利益，追求全国范围内的课程基本统一。它的核心是把社会需要作为课程与教学政策制定的全部出发点和归宿，主张为了国家、社会而不是为了人自身来培养人。它的典型形式是以国家为中心，即把课程的一切都纳入国家需要的轨道，整合课程成为统治阶级进行统治的工具。它表明国家对于统一的思想在全体国民中受到的重视程度超过了对于不同价值观念与兴趣的尊重。它以开发全国共同、统一的课程

① ［英］约翰·怀特著，李永宏等译：《再论教育目的》，教育科学出版社1997年版，第174页。
② ［英］丹尼斯·劳顿等著，张渭城等译：《课程研究的理论与实践》，人民教育出版社1985年版，第1页。

与教学方案为目标,而把课程看作是书面课程的文件,是计划好的课程方案,并从社会需要来评论课程与教学政策。它把学生看作是无个别差异的被动的学习个体,而教师仅是课程与教学的实施者。持这种价值观的课程与教学规划者们相信,通过统一的中央集权的课程与教学规划可以最充分地调集国家力量,集中优势,最好地实现国家目标,因而无需赋予地方、学校在课程与教学方面更大自主权。应该说,"统一论"的价值观有其相应的优越性,即能够确保受教育者至少获得各种重要学科的基本深度和广度,从而保证起码的受教育机会公平;易于形成教材使用的经济规模,缓解了某些课程资源严重不足的矛盾;便于在课程系统层次上进行全国性的统一变革等。但是,这种统一论的价值观下的课程与教学政策往往无法达到预期的理想效果,国家课程常常与地方教育需求之间相脱节,与学校办学条件相脱节,与不同学校,甚至同一学校不同师资力量相脱节,以及与个人的兴趣、个性倾向性相脱节等。

### (二)地方集权型的价值取向

地方集权型课程与教学政策追求的价值取向更多地带有所辖地区的特点,强调具体的地区适应性,因而是一种"适应论"的或"地方中心主义"的课程与教学政策价值观。它强调更加符合独特的地方环境和教育需求,主张学校课程在力求反映地方发展要求的基础上协调好地方与国家、地方与个人之间的利益关系。它所提供或反映的是社会中权威组织的意识形态(观点),它也提供了一个相对简单的规则去理解一个国家不同地方之间条件的差异。例如,美国的课程与教学政策以"适应论"为价值取向,它认为相对于中央政府而言,地方政府与市民是最接近的,也是最了解当地实际情况与发展方向的,因此大多数有关在公立学校应该教授什么的重要的决定应当由当地选举出来的官员作出。只有当更广泛的利益处于危险之中时,联邦政府才会日常性地干预地方政策决定。适应论的价值观反映出地方控制课程的观点,这有其重要意义,它不是为了精确地解释课程制度实际运作的精确性,而是使其在组织复杂性和承认差异性方面的运用能均衡国家与地方在课程与教学决定方面的力量。即是说,适应论在一个复杂的社会中在课程与教学问题上提供了一种地方组织权威的方式。但是,适应地方的课程与教学往往只能使儿童适应当前的本地的生活,而无法通过发展去创造未来更美好的生活,这样相对削弱了学生学习先进科学课程和追求优异学业成就的动机。

### (三)学校自主型的价值取向

学校自主型的课程与教学政策往往立足于本校学生实际,以追求特色与个性为价值取向,故将其概括为"特色论"的价值观,它与"统一论"的课程与教学政策价值观相对立。这里的"特色"与我们常说的"个性"具有等同的意义。它既是教育民主运动深入、社会总体上倾向于更多的人参与课程与教学政策的结果，也是在对促进国家与社会进步作出反应的同时，意识到社区、学校尤其是学生个体的特定需要以及教师职业专业化呼声日涨的结果。它是从达成学校及个人的个性特色及人的完善化与否来评论课程与教学政策的，它的目标在于创建学校的课程与教学特色，用颇具个性色彩的课程来培养学生。它追求的主要不是社会的功利目的，而是为了受教育者个体的发展，把他们培养成为所谓自由、完善、和谐发展的个人。"特色论"认为与课程与教学相关的一切活动都应当直接定位于个体发展的自然规律和个别差异性上，而且从人的自由发展推衍出学校的自由与自治。

"特色论"价值观下的课程与教学政策以开发符合学生、学校或地方等特殊需要的课程与教学方案为目标，提倡所有与课程与教学相关人士均有权参与课程与教学的决定，强调课程与教学是教育情境与师生互动的过程与结果，强调学生的个别差异性及主动建构学习的能力，认为教师是课程与教学的研究者、开发者和实施者。很显然，它有助于更好地实现教育目标和办学特色，有助于学校课程与教学的实施与改进，有助于课程与教学决策的民主化，有助于学生个性的发展以及教师专业发展水平的提高，也有助于调动各个社区和学校的办学积极性。但是，在这种价值观下的一些做法，会使原本就不平衡的学校与学校之间的差异更为突出，也会加剧学校与学校之间的教育质量的不平衡，落后学校的教育质量可能进一步恶化，而且，由于需要对学校提供额外的人力、物力、财力等，因此所耗费的教育资源明显高于统一论价值观下的国家课程与教学的需求。

## 三、理想的课程与教学决策模式

课程与教学决策是基于对教育目的和手段的判断而对课程与教学的设计和实施作出的决定和指示。而理想的课程与教学决策模式应当是"课程共有"。

### （一）"课程共有"的涵义

所谓"课程共有"，包括两方面的涵义：一是指课程权力的共有，即各种不同主体在课程权力分配上的一种理想的关系——国家、地方和学校之间，教育行政人员、教育理论研究者和教育实践者之间以及教师、学生和家长之间在课程与教学权力及其相关问题上，原则上可以成为"朋友"关系而非单向的命令与执行关系，这是在社会范围内形成课程认同及课程参与意识的重要保证。二是指制定课程与教学政策的一种全新的"超越论"价值观，即超越中央集权型课程与教学政策"统一论"价值观和地方分权型课程与教学政策"适应论"价值观以及学校自主决策型课程政策"特色论"价值观的各自局限并融合其长处，这是解决长期以来课程与教学政策中课程权力集权与分权二元对立思维的前提，也是理想课程与教学政策制定的关键。从课程与教学权力分配来看，是对课程与教学权力下放的一种导向，因为在课程与教学政策制定与实施中,处于"优势"地位的中央政府如果不将集权的课程与教学权力下放的话,就难以调动地方、学校、教师等进行课程与教学改革的积极性与责任感。"课程共有"是在反思已有的中央集权型、地方分权型以及学校自主型课程与教学政策制度模式弊端的基础上提出的。

### (二)"课程共有"的权力分配

课程与教学权力分配涉及多种层次、多个方面,其中既有来自中央政府与地方政府的力量,也有来自学校的力量;既有来自教育行政人员的力量,也有来自课程专家(理论工作者)与课程实践者的力量。无论是集权型课程与教学政策,还是分权型课程与教学政策,它们的课程与教学权力分配分别走向了两个极端,因而未能充分实现与课程密切相关的各级政府或各类人员的课程权力最优配置状况,有着各自的弊端。实际上,在各类组织及个人都应当赋予一定的课程与教学权力基础上,对课程与教学权力所包含的不同成分进行合理而明确的分工,以形成相应的合力,共同完成理想的课程与教学政策的制定及其实施。因此,课程由国家高度集中统一走向中央、地方、学校等共同开发管理的过程,也就是"课程共有"课程与教学政策逐步实现的过程。

从中国情况看,中央政府在课程与教学改革和发展中的基本职能是行政职能,就是宏观指导我国基础教育的课程与教学改革,制定相应的课程与教学政策,并对课程与教学政策的实施加以有效的监督和调控,从而行使国家课程与教学权力。地方教育主管部门的课程与教学权力与中央政府有相似的地方,不过权力范围不同,但它同时又承担着"中介"的功能。学校(这里仅指义务教育和普通高中阶段,下同)既是执行课程与教学计划的机构,也是真正发生教育的地方,是理想课程转变为现实课程的主阵地,因此学校的课程与教学权力是一个不可忽视的问题。

对我国当前的课程改革而言,课程权力共有意味着不同的课程权力主体在课程与教学的各类问题上的权限各有侧重,其核心内容是对国家、地方和学校这三个层次在课程决策上的职责与权限加以明确的规定。具体说来,体现在以下几个方面:

#### 1. 在课程与教学开发上

中央政府(主要是教育部)制订三级课程开发与管理的政策。如结合我国的实际情况,编制地方课程与校本课程的开发与管理指南,在《课程计划》规定的范围内,积极鼓励有条件的地方和学校开发地方课程和校本课程,以实现国家课程、地方课程、学校课程之间的优势互补,同时也意味着统一的中央集权的课程与教学开发机制需要有更加符合学校教师和学生个性化特点的课程与教学开发模式来补充。地方政府依据教育部颁发的《地方课程开发与管理指南》,组织专家合作开发地方课程(课程标准与教材),并制订学校实施地方课程的指导意见。学校则根据地方教育主管部门发布的《校本课程开发与管理指南》,结合本校的传统和优势,与校外有关专家合作,开发适合自己本校实际情况的校本课程,提供给不同需求的学生选择。当然,学校制订的《校本课程实施方案》必须报上级教育行政部门审批。

### 2. 在课程与教学计划上

中央政府组织制订或修订、审定基础教育各个阶段的课程与教学计划。包括统一规定国家课程在各个教育阶段中的中观课程结构,如学习领域或科目数、总课时、周课时以及课时分配结构,严格控制学生的活动时间量与基本学业负担。严格审查各省、自治区、直辖市上报的基础教育各个阶段的《课程计划》。地方政府应按照国家课程计划的要求,制订本省(自治区、直辖市)实施的各个教育阶段的课程计划,并报教育部基础教育司备案。学校则根据教育部和本省(自治区、直辖市)《课程计划》有关规定,从当地社区、学校的实际出发,参与本社区学校课程具体实施方案的编制,并把《学校课程方案》报上级教育主管部门备案。

### 3. 在课程标准上

中央政府颁布国家课程中各学科或学习领域(尤其是核心课程)的课程标准,确保学生统一的、最低的学业要求,以培养学生共同的、全面的素质。制订国家课程与实施过程的指导性意见,尽可能减少理想课程与现实课程的误差。制订并颁布基础教育课程的评价制度,确保国家基础教育课程在各个阶段的目标得到很好的实现。地方政府须依据教育部颁布的《地方课程开发与管理指南》,组织专家或与专家合作开发地方课程(包括课程标准与教材),并制订学校实施地方课程的指导性意见,并负责监督与评估当地学校执行国家规定的《课程计划》情况,以确保我国基础教育的基本质量的落实,同时也有责任与义务指导学校制订实施《课程计划》的具体方案,并具体指导学校开发校本课程。学校则可以在保证国定最低课程与教学标准基础上根据本校情况,适当提高标准。

### 4. 在教材上

中央政府组织编写学科或学习领域的教科书或教材编写指南;制订教科书或教材开发与管理的政策,如定期向学校和社会公布经审定的中小学教材目录,并逐步建立中小学教材巡展制度。地方政府有权审查学校在校本课程中使用的自编教材,并有责任和义务定期向全省(自治区、直辖市)中小学公布经过审查的这类教材;基层教育主管部门有权力与责任审查下属学校上报的实施《课程计划》的具体方案。学校则有权选择经过国家一级审定或省一级审查通过了的教材。学校在选用教材时尽可能让学校领导、教师代表、家长代表参加。这一思想的关键就是努力做到教材的多样性建设,它构成了课程共有的教材政策的核心部分。

[案例 2-2] 真实的哈利·波特魔法学校——英国诺丁汉郡罗伯特·梅勒斯小学

根据课程与教学权力的集中与分散程度来划分,英国的课程与教学政策属于典型的学校自主型。虽然自 2006 年以来,英国政府加强了中央对中小学课程的控制力度,英国资格与课程局也对 11—14 岁阶段的课程内容改革采取了一些新举措。但由于政府对学校的管理是分散、间接的,且大多止于行政层面,没有触及核心的课程和教学问题,因而学校仍有很大的办学自主权,在经费预算、人员聘用、尤其是课程设置方面仍享有很大的自由度。以下例子表明,英国当前的课程与教学政策仍带有浓厚的学校自主型色彩。

罗伯特·梅勒斯(Robert Mellors)小学,位处英国的诺丁汉郡,属于全国排名最低的 25% 的那类学校。2007 年的时候,为了设法提高学生的学习成绩,学校创意性地引入了"哈利·波特课程",完全照搬《哈利·波特》小说中的模式和内容。把学校分为葛莱芬多、赫夫帕夫、雷文克劳和史莱哲林四大学院。

学校把一切常规课程融入"魔法"世界中。上数学课时,念咒语、挥魔法杖来学习算式;在英文课上创作《哈利·波特:神秘的魔法石》其中一章的剧本;上体育课时爬上扫帚柄练习平衡;在信息科技课上展开霍格华兹学校的虚拟之旅;创意引入"哈利·波特课程"。学校里的学生不用穿校服,可自由穿哈利·波特服装上学。教职员工更是扮鬼扮马,戴假发穿戏服,务求令学生愉快学习,投入课堂,改善对学习的态度。

该校校长钱伯斯表示,学校每个学期都会让学生投票选出一个课堂主题,今年他们选的是哈利·波特,之前的主题有铁达尼号、王子与公主等,而此次选择哈利·波特的"魔法"十分奏效,学习充满了乐趣,学生表现得更是投入,成绩和操行不知不觉中有了很大进步。数学成绩的进步尤其突出。学校的排名亦由全国排名最底的 25% 的学校,跳升至接近最高的 5%。

# 第三节　我国当代课程与教学政策

课程与教学政策主要是通过课程与教学计划、课程标准(教学大纲)以及教科书等有形载体进行表征的。通过对我国教学计划及教科书的历史研究,就可以了解我国当代课程与教学政策形成和发展的脉络和特点。本节在考察我国当代课程与教学政策形成与发展的同时,对我国当前的基础教育的课程政策进行探讨。

## 一、我国当代课程与教学政策的形成与发展

在新中国成立以来的 50 多年里,我国学校课程的变化受课程与教学政策的影响是非常明显的。这充分体现在新中国成立以来我国中小学课程与教学计划、课程与教学标准及教科书的频繁变动之中。在这 50 余年里,国家共颁布教学计划 20 套(见表 2-1);课程标准(教学大纲)的变动也是颇为频繁的,前后共颁发了 10 套(见表 2-2);在教科书编制与发行方面,我国一直采用国定制。但是,由于课程与教学计划与课程标准(教学大纲)的频繁变动,教科书的变动也较为频

繁。国定教科书前后共有 7 套(见表 2-3)。

表 2-1　新中国成立后颁布的中小学课程计划(教学计划)一览表

| 序号 | 颁发时间 | 名　　称 |
|---|---|---|
| 1 | 1950.8 | 中学暂行教学计划(草案) |
| 2 | 1952.3 | 中学教学计划(草案),小学教学计划(第一套) |
| 3 | 1953.7 | 中学教学计划(修订草案) |
| 4 | 1954.7 | 1954—1955 学年度中学各年级学科授课时数表 |
| 5 | 1955.6 | 1955—1956 学年度中学授课时数表,小学教学计划(第二套) |
| 6 | 1956.3 | 1956—1957 学年度中学授课时数表 |
| 7 | 1957.6 | 1957—1958 学年度中学教学计划 |
| 8 | 1958.3 | 1958—1959 学年度中学教学计划 |
| 9 | 1963.7 | 全日制中学新教学计划(草案),小学新教学计划(第三套) |
| 10 | 1964.7 | 关于调整和精简中小学课程的通知 |
| 11 | 1978.1 | 全日制十年制中小学教学计划试行草案 |
| 12 | 1981.4 | 全日制六年制重点中学教学计划试行草案,小学教学计划(第四套) |
| 13 | 1984 | 小学教学计划(第五套) |
| 14 | 1986.10 | 义务教育全日制小学、初级中学五四制初级中学教学计划(初稿) |
| 15 | 1986.10 | 义务教育全日制小学、初级中学六三制初级中学教学计划(初稿) |
| 16 | 1990.3 | 现行普通高中教学计划的调整意见 |
| 17 | 1992.3 | 九年义务教育全日制小学(第六套)、初中课程计划(试行) |
| 18 | 1996 | 全日制普通高级中学课程计划(试验) |
| 19 | 1999.6 | 中共中央国务院关于深化教育改革全面推进素质教育的决定 |
| 20 | 2000.1 | 全日制普通高级中学课程计划(试验修订稿) |

表 2-2　新中国成立以来颁布的小学、中学课程标准(教学大纲)一览表

| 序　列 | 印发时间 | 名　　称 |
|---|---|---|
| 第一套 | 1950 年<br>1951 年 | 小学(各科)课程暂行标准(草案)<br>普通中学(各科)课程标准(草案) |
| 第二套 | 1952 年 | 中、小学各科教学大纲(草案) |

| 序　列 | 印发时间 | 名　　称 |
|---|---|---|
| 第三套 | 1956 年 | 中、小学各科教学大纲(修订草案) |
| 第四套 | 1963 年 | 全日制中小学(各科)教学大纲(草案) |
| 第五套 | 1978 年 | 全日制十年制学校中小学各科教学大纲(试行草案) |
| 第六套 | 1986 年 | 全日制小学初中各科教学大纲 |
| 第七套 | 1992 年 | 九年义务教育全日制小学、初级中学(各科)教学大纲(试用) |
| 第八套 | 1996 年 | 全日制普通高级中学课程计划(试验) |
| 第九套 | 1999 年 | 中共中央国务院关于深化教育改革全面推进素质教育的决定 |
| 第十套 | 2000 年 | 全日制普通高级中学课程计划(试验修订稿) |

表 2-3　新中国成立以来出版的中小学教材

| 序列 | 编写时间 | 出版时间 | 简　要　说　明 |
|---|---|---|---|
| 第一套 | 1951 | 1951 | 1950 年 9 月召开了全国出版会议,确定了中小学教材全国统一供应的方针。同年 12 月成立人民教育出版社,承担编写国家统一教材的任务,并于 1951 年出版了第一套全国统一的中小学教材。这次改革,初步建立了我国中小学课程体系,但也形成了全国统一教学计划、统一教学大纲与统一教科书的"大一统"的课程模式 |
| 第二套 | 1954 | 1956 | 1956 年,人民教育出版社编辑出版了第二套全国通用的中小学教材。这套教材刚使用一年,由于发现某些学科的教材要求较高、内容较深,造成了教与学的过分紧张,教育部发出精简中学历史、地理、物理、生物和小学语文、历史、地理七门学科教材的通知 |
| 第三套 | 1960 | 1961 | 1960 年,人民教育出版社按照当时中小学适当缩短学制年限,适当控制学时,适当提高程度,适当增加劳动的要求,赶编了第三套全国通用的中小学教材,把原来 12 年学完的内容压缩到 10 年完成。与此同时,各地也编写了中小学教材 |
| 第四套 | 1961 | 1963 | 1963 年,人民教育出版社根据中小学要重视"双基"的要求,编辑出版了第四套全国通用的中小学教材,强调了"双基",并适当反映了科技新成就。但是,这套教材刚刚在小学一年级使用一年,便不得不根据毛泽东 1964 年 2 月在教育工作座谈会上的讲话遭到再次调整。修订后的教材还没来得及出版,"文化大革命"就开始了 |

| 序列 | 编写时间 | 出版时间 | 简　要　说　明 |
|---|---|---|---|
| 第五套 | 1977 | 1978 | 1977 年 9 月—1980 年，集中编写全国通用的十年制中小学教材。这是新中国成立以来国家统一编写的第五套中小学教材。这套教材清除了"文化大革命"时期出版的教材中许多谬误的内容，改正了在政治与业务、理论与实践等问题上的一些不适当的处理方法，注意到基础知识的选择、智力的启迪和能力的培养，其主要缺点是"深、难、重" |
| 第六套 | 1981 | 1982 | 1981 年—1985 年，编写第六套全国中小学通用教材。需要指出的是，80 年代，在"一纲多本"和"多纲多本"的主张指导下，开始出现地方自编教材，其中尤以上海、浙江等地为早。各种实验教材异彩纷呈，达数十种之多。针对这种状况，国家于 1986 年成立了全国中小学教材审定委员会 |
| 第七套 | 1986 | 1987 | 根据改革开放的要求，国家教委委托人教社、北京市教育局、北师大等单位负责修订教学大纲，1983 年 11 月，经全国中小学教材审定委员审查通过，由人教社负责重新编写或修订新教材，逐步形成第七套全国统编通用的中小学教材，并从 1988 年秋季开始使用 |
|  | 2001 | 2001 | 根据新一轮基础教育课程改革的要求，基础教育课程改革实验教材于 2001 年 7 月在实验区试用 |

表格来源　根据胡东芳博士论文:《课程政策研究——对"课程共有"的理论探索》整理。

从上述新中国成立以来课程与教学计划、课程与教学标准以及教科书变动情况一览表中，可以明显看出我国课程与教学政策的发展脉络。一般认为，我国课程与教学政策发展经历了如下三个阶段：完全中央集权型阶段；以中央集权型为主、中央集权与地方集权并行的阶段；中央集权、地方集权与学校自主型相结合的"新阶段"。我们将各阶段的主要特点分析如下。

### (一) 完全中央集权型阶段(1949 年—20 世纪 80 年代中期)

在这一阶段，课程与教学的决策高度集中，由国家决定课程与教学的政策，地方和学校没有制定课程与教学政策以及决策的职责与权利，只是执行国家的决定。我们从以上呈现的表格中也可以看出：新中国成立后到 20 世纪 80 年代中期，课程与教学计划的颁布、课程标准(教学大纲)的制定都是一种自上而下的政府行为，我国课程与教学计划的制定与修订权主要集中在政府部门，而教材更是由国家统一编制与发行，地方及学校没有任何发言权。

这一阶段课程与教学政策是在 1949—1966 年间以我国高度集中的政治体制为基础、以苏联等的基础教育课程与教学模式为仿效对象而形成的。在"文化大革命"期间,虽然出现了一些地方和学校自行进行部分课程决策的情况,但是课程决策陷入很混乱的局面,谈不上有规范的课程决策。[①] 1958 年 8 月,中共中央、国务院发布的《关于教育事业管理权力下放问题的规定》中明文指出,在课程体制上,"各地方根据因地制宜、因校制宜的原则,可以对教育部和中央主管部门颁发的各级各类学校指导性教学计划、教学大纲和通用的教材、教科书等,领导学校进行修订补充,也可以自编教材和教科书"[②]。这样一来,随着教育行政管理权基本上下放到各省的教育行政机构和下属部门,课程与教学决策权也相应下放。课程与教学权力下放的结果之一是,原教育部制定的大学课程计划、教学大纲和教科书全部被废除,每所学校可制定自己的课程,编写教科书、制定课程的任务就落到各省教育行政机构及其下属部门。各省、市、自治区,甚至公社,都可以决定本地区的课程与教学计划以及学制,而在此以前完全是由中央统一规定的。但"文化大革命"以后,课程与教学决策权又收归中央。

### (二)以中央集权型为主、中央集权与地方集权并行的阶段(20 世纪 80 年代中期—90 年代末)

在这一阶段中,课程与教学政策发生了较大的变革,课程与教学政策的制定虽然以国家为主,但是,规定课程的极小一部分为"地方安排课程",地方在课程与教学的决策上有了一定的空间,形成了以中央集权型为主、中央集权与地方集权并行的阶段。

1985 年,《中共中央关于教育体制改革的决定》中提出的"简政放权"、"分级管理"的原则,可以说是课程与教学政策发展进入第二阶段的开端;1986 年《中华人民共和国义务教育法》的颁布和该年起逐步建立的全国中小学教材审定制度又为课程与教学政策权力的下放提供了契机。后经原国家教委批准,于 1988 年开始在上海市和浙江省进行以地方集权课程与教学政策为主的课程改革试点;80 年代末形成了分别在全国不同地区实施的三套不同的九年义务教育课程计划(教学计划)和各学科教学大纲;1988 年,国家教委制定了《九年义务教育教材编写规划方案》;1989 年,国家教委批准,根据不同地区的具体情况,编写不同的教材。显然,国家教委对中小学教材建设进行的重大改革,即改革传统的"一纲一本"通用教材,实行"一纲多本"和"多纲多本"的教材建设体制,标志着中央在教材建设方面的课程权力进行了适当的下放;1992 年,国家教委颁布的《九年义务教育全日制小学、初级中学课程计划(试行)》中,对课程的设置与实施作了一些新规定:"……课程主要由国家统一安排,也有一部分由地方安排……"课程计划中对地方课时的规定,

---

① 丁念金:《试论我国基础教育课程决策机制的转变》,《课程·教材·教法》2001 年第 5 期。
② 刘英杰主编:《中国教育大事典》(1949—1990·上),浙江教育出版社 1993 年版,第 374 页。

增强了课程的弹性,使原有的国家统一的课程计划增加了地域特色;1993年,中共中央国务院制定的《中国教育改革和发展纲要》指出:"中小学教材要在统一基本要求的前提下实行多样化,提倡各地编写适应当地农村中小学需要的教材。"

### (三)中央集权、地方集权与学校自主型相结合的"新阶段"(20世纪90年代末至今)

在我国,课程与教学权力的真正下放,从20世纪90年代初才有所改观。新一轮基础教育课程改革推动了课程与教学政策的良性发展。特别是1999年6月,三级课程政策出台以后,地方和学校又获得了一定的课程与教学权力,主要是课程与教学开发权。这就是《中共中央国务院关于深化教育改革全面推进素质教育的决定》第二部分第十四条所规定的:"调整和改革课程体系、结构、内容,建立新的基础教育课程体系,试行国家课程、地方课程和学校课程。"至此,我国课程与教学政策的发展真正进入了一个中央集权、地方集权与学校自主型相结合的"课程共有"的新阶段。[案例2-3]诠释了新课改政策的新特点和在实践中的生命力。

## 二、我国新一轮基础教育课程改革政策的特点

新一轮基础教育课程改革是我国当前课程与教学改革的核心与焦点,2001年6月8日,国务院颁布的《基础教育课程改革纲要(试行)》,是我国当前基础教育课程改革的指导性文件,是新世纪我国基础教育课程与教学政策的典型代表。从《纲要》中,我们不难看出,我国新一轮基础教育课程改革体现在政策上的一个鲜明特点是国家、地方和学校之间的权利平衡。

20世纪80年代以来,世界各国的课程与教学政策改革都体现了寻求国家、地方和学校之间的平衡的共同趋势,以往课程决策权过分集中的国家开始将课程决策权下放到地方和学校,苏联、法国和日本等国家都在不同时期采取了这一改革措施。如,日本在1999年颁布的高中课程标准中压缩了统一课程,设置"综合学习时间",这充分体现了对学校层面课程决策的重视;而过去课程决策权过分集中于地方层次的国家,则有意将原有的课程政策模式"上移"到国家层面或"下放"到学校层面;学校自主型的典范代表"英国"则通过《1988年教育改革法》和其他一些教育文件将课程与教学政策进行了根本性的改革,统一在学校课程体系中规定了一部分全国统一课程及全国统一的课程标准和全国成绩评定制度。新一轮基础教育课程改革在借鉴世界各国课程与教学政策经验的基础上,立足我国课程与教学改革的背景,在《纲要》中明确提出:"改变课程管理过于集中的状况,实行国家、地方、学校三级课程管理,增强课程对地方、学校及学生的适应性。"可见,新一轮基础教育课程改革反映了课程权力逐步下放的趋势,以及逐步优化的课程决策模式的形成,平衡了国家、地方与学校之间的权利分配。课程管理权限的逐渐下放,不仅使各级

教育部门和学校的主动性、积极性和创造性得到了发挥，而且使新课程真正适应了不同地区、学校和学生的发展需要。

为了配合这一课程政策的实施，《纲要》还制定了一些相应的配套管理方式与措施，如在课程管理方面，开辟"自下而上"的课程管理渠道，倡导以"自上而下"为主、以"自下而上"为辅的课程管理模式。对于国家课程计划内的指令性课程（一般指必修课）必须严格管理，加强课程推广前的计划制定与推广计划过程中的监督；而对于同一课程计划内指导性的课程（主要是指放权部分）必须舍得放权，让地方与学校有一个较宽松的空间来发挥自己的创造性；在教材建设方面采用"抓大放小"的原则，为教科书的"一标多本"建立前所未有的课程开发平台，让教科书走向市场，鼓励社会各界学有专长的人士参加到教科书建设中来。同时为了确保教科书的质量，国家将制定相应的管理政策，即教科书编写资格认定制度与教科书的审定制度。[1]

由于新一轮基础教育课程政策的根本性变革，使课程与教学政策表现出另外一些特点，如课程决策参与意识的提高、课程决策人员的多元化等等，课程决策人员不再是清一色的教育行政人员，课程专业工作者、学科专家、一线教师、家长、学生以及关心教育的社会各界人士都可以参加到课程决策的队伍中来。

[案例 2-3]　　　　　　　　　　我爱拉市海

教育部在《基础教育课程改革纲要》中指出："学校在执行国家课程和地方课程的同时，应视当地社会、经济发展的具体情况，结合本校的传统和优势、学生的兴趣和需要，开发或者选用适合本校的课程。"作为新课改的重要政策之一，地方课程与校本课程的开发，成为政策与实践的亮点。

从 2005 年 11 月开始，天下溪教育咨询中心、乡村教育基金会和云南省大众流域管理研究及推广中心共同在云南丽江附近的拉市乡开始了拉市海乡土教材的编写工作，现已完成了教材的编写和印制。为配合教材的使用和推广，2006 年 8 月，在拉市乡美泉完小举办了"我爱拉市海"夏令营。夏令营通过生动有趣的游戏，激发了学生的参与热情和兴趣，同时向教师示范活动课的教学方法。目前，教材发到拉市乡所有的小学，于 2007 年初投入使用。

〔教材背景〕

拉市海距丽江市约 10 公里，四周群山环绕，是丽江玉龙县境内最大的淡水生态系统。动植物资源丰富，是我国重要的水禽鸟类越冬地。2005 年初，拉市海被正式列入世界重要湿地名录。拉市海流域居民主要为纳西族和彝族，他们都拥有悠久丰富的民族文化，从他们定居拉市海以来，与自然和谐相处、珍惜资源的传统文化一直保护着当地优越的自然资源，也护佑着居民富足的生活。但近几十年来，随着传统文化的消逝，对自然资源的盲目开发，以及丽江旅游业的发展，拉市海的环境遭到了巨大破坏，同时也严重影响了海子周围居民的生计和发展。

---

[1]　崔允漷：《管理新机制激活课程改革》，《中国教育报》2001 年 9 月 19 日第 4 版。

〔教材特点〕

1. 当地教师的充分参与：当地教师的参与从调研阶段就已开始；教材大纲的确定,教材内容的成稿、定稿等各个阶段,都充分听取了当地教师的意见；而且教材大纲完成后,是由十多位当地教师分别撰写了教材不同课程的初稿。

2. 内容针对性强,形式生动：教材通过三个小主人公——阿果(彝族女孩)、和晓(纳西族女孩)和木木(纳西族男孩)的有趣经历,全面介绍了拉市海当地的地理、历史、环境、民族、文化、习俗、生计等,同时设置了相应的活动和讨论,激励孩子们热爱和保护家乡,为更美好的未来努力。

## 问 题 与 思 考

1. 简述课程与教学政策的涵义与特点。
2. 课程与教学政策主要有几种类型? 其基本特征是什么?
3. 谈谈学校自主型课程与教学政策的价值取向。
4. 简要叙述我国课程与教学政策的形成与发展。
5. 谈谈你对我国当前基础教育课程与教学政策的认识。

## 活 动 与 研 究

1. 你认为理想的课程与教学决策应该是怎样的? 请从资料室或英特网上查找资料来证明你的设想。
2. 一个国家课程与教学政策的类型和课程与教学的研究有内在联系吗? 请用事实说明你的观点。
3. 结合《基础教育课程改革纲要》,充分认识与体会作为一名教师,在课程决策中的作用。

## 推荐阅读书目和网址

1. 袁振国主编：《教育政策学》,江苏教育出版社 1996 年版。
2. 袁振国主编：《中国教育政策评论》,教育科学出版社 2000 年版。
3. 袁振国主编：《中国教育政策评论 2001》,教育科学出版社 2001 年版。
4. 钟启泉等主编：《为了中华民族的复兴、为了每位学生的发展——〈基础教育课程改革纲要(试行)〉解读》,华东师范大学出版社 2001 年版。
5. 欧用生著：《课程领导:议题与展望》,台北高等教育文化事业有限公司 2004 年版。
6. Leo H. Bradley 著,吕立杰等译：《课程领导:超越统一的课程标准》,中国轻工业出版社 2007 年版。

1. 中华人民共和国教育部  http://www.moe.edu.cn
2. 中国教育政策法规信息网  http://www.cnepl.net/update/index.asp
3. 中国基础教育网  http://www.ceb21.com
4. 中国教育信息网  http://www.chinaedu.edu.cn

# 第三章 课程与教学的目标和内容

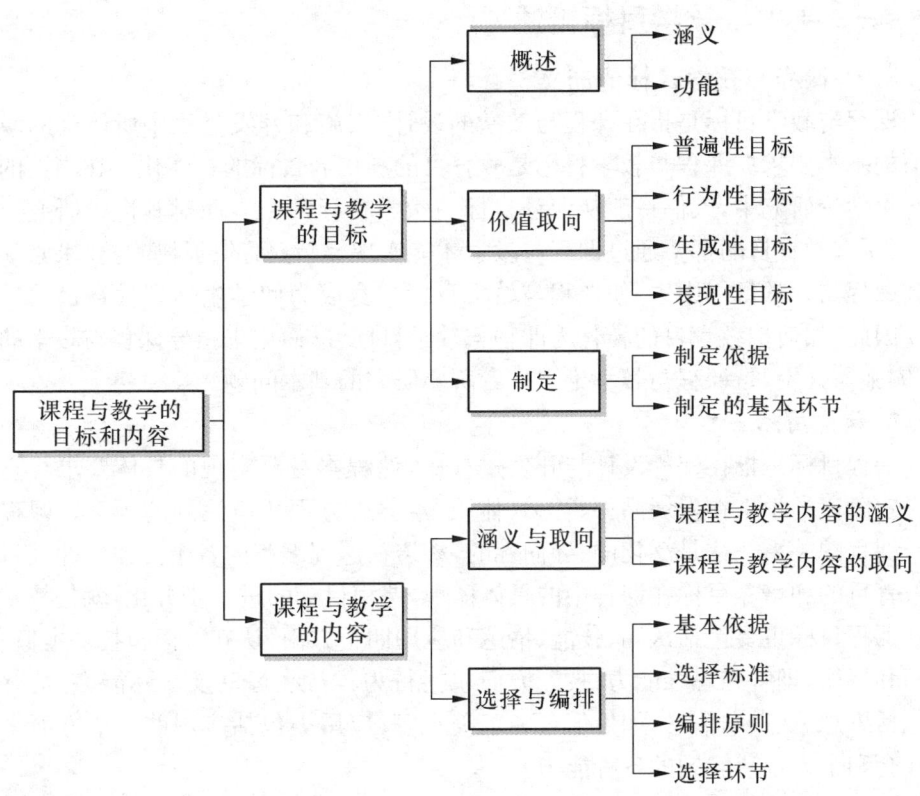

课程与教学的目标和内容是课程与教学的核心和关键，它是课程与教学实施的方向、标准和依据。课程与教学的目标和内容对后面将要详细论述的有关课程与教学的开发、组织与实施、评价问题等都有基础和前提意义。

# 第一节　课程与教学的目标

目标是课程与教学的最基本的问题之一。课程与教学的目标的涵义、制定标准与依据、制定程序等，是课程与教学目标所涉及的基本问题。

## 一、课程与教学目标概述

### （一）课程与教学目标的涵义

课程与教学目标是指在课程与教学的设计、实施和开发过程中所体现的教育价值的基本要求。课程与教学目标是教育目的和培养目标的具体化。在当前的课程与教学论研究中，人们一般从课程目标与教学目标两个方面对其进行研究。实际上，所有教育目的都要通过课程与教学才能实现，教育目的的性质与要求必须内化到课程与教学目标中去，使课程与教学目标本身成为使学生达到教育目的的手段。因此，如何把教育目的转化为课程与教学目标，进而用来指导课程与教学的设计、实施与开发，是课程与教学论工作者所要研究的基本问题。

#### 1. 课程目标

课程目标是指在课程设计与开发过程中，课程本身要实现的具体要求。它期望一定阶段的学生在发展品德、智力、体质、素养等方面所应达到的程度。课程目标与课程的关系往往是泛化的、导向性的，渗透在课程编制的各个方面。课程目标是教育目的和培养目标在课程中的具体体现，课程目标的进一步分化，就是教学目标。课程目标主要包括认知、技能、情感和应用四个方面：认知方面包括基本概念、原理和规律，理解和思维能力；技能方面包括行为、习惯、运动及交际能力；情感方面包括思想、观点和信念，如价值观和审美观等；应用类包括应用前三个方面来解决社会和个人生活问题的各种能力。

课程目标具有整体性、连续性、层次性和积累性等特点。整体性是指各类目标彼此之间相互关联，并非彼此孤立；连续性是指较高年级的课程目标总是较低年级课程目标的继续发展和深化；层次性是指技能和情感的目标需要在知识基础上的培养和形成；积累性是指没有低年级课程目标的积累，就难以达到高年级的课程目标。

在课程目标的表述方式上，不同价值取向的课程目标有不同的表征方式。泰勒等人主张"行为目标"的表述方式，认为课程目标是学习者预定发生的行为变化；

斯坦豪斯则主张用"过程目标"或"内容目标"，即将课程目标表述为预先规定的学习内容、活动情境和过程。由于对课程目标的价值取向不同，所以，在制定课程目标时，其具体要求也不一样。因此，当代各级各类课程目标的价值取向呈现多元化的趋势。

### 2. 教学目标

教学目标是教学过程中师生预期达到的学习结果和标准。它是课程目标的进一步细化，在方向上对教学活动设计起指导作用，为教学评价提供标准和依据。在西方，一般把教学目标区分为终极目标和直接目标：终极目标是为受教育者将来从事各种社会性活动所要实现的目标；直接目标是为使学生掌握从事各种社会活动时所需的活动工具、行为方法方面所要实现的目标。教学目标按不同的标准仍有不同的分法与表达，美国学者布卢姆按认知、情感和动作技能分类；加涅则把学生应达到的学习成果分为语言信息、智力技能、认知策略、态度和运动技能五个方面。有的学者还将教学目标分为：明显目标和隐蔽目标，明显目标是通过教学产生的显而易见的行为，而隐蔽目标则是不易或不能直接看出的，如态度、思想等方面意识领域的东西。按照教学活动的需要，教学目标可以分为学科目标、单元目标和课时目标。学科目标是指某门学科在教学上总体所要达到的结果；单元目标是指对一门学科结构中各个组成部分的具体要求；课时目标是指每课时所提出的具体要求。

一个表述恰当的教学目标，应该具有两个基本特征：一是包含要求达成的具体内容的明细规格；二是能用规范的术语描写所要达到的教学结果的明细规格。布卢姆在《教育评价》中提出，教学目标的编制有两种模型：一种是任务模型，其编制程序是先描述教学单元结束时在行为结果上要达到的总体要求，然后把它们分解为结构的各个组成部分，从序列上加以组合，构成一个目标系统；另一种为探索模型，其编制程序是先制定出某些预期要实现的目标，另一些目标则在相互作用的教学情境出现后再加以考虑，经过教学循环使教学目标逐步完善。

### 3. 课程目标与教学目标的关系

课程目标与教学目标是关系非常密切的两个概念，它们之间既有区别，又有联系。它们都是教育目的和培养目标的具体化，都是以教育目的为总目标，以培养目标为具体指导，在各自范围内提出的适应社会、适应学科、适应学生的教育教学要求，它们都具有"内容"和"行为"两个方面的表征，为课程与教学的开展提供了方向、标准与评价依据。课程目标要通过教学目标而实现，教学目标的制定要以课程目标为依据。但两者也有区别，它们的制定者往往不同，特别是在集权制国家，课程目标偏重于国家与社会的控制，是由国家及课程专家等制定，这时的课程目标往往指静态的偏重于制度层面的课程要求；而教学目标则是实践层面的，是制度课程目标的进一步深化与具体，主要由教学工作者特别是由教师来完成，它不仅是课程目标的具体化，而且是在对社会、学科和学生等方面进行深入研究之后而制定的，它不仅要考虑国家和社会的要求,更要考虑学生的个性特点等方面的要求等。

总之,课程目标与教学目标是互相联系、密不可分的,有时也指同一事物。特别是当前"研究性学习"的提出,课程与教学整合的趋势越来越受到重视,课程目标与教学目标也将趋于一体化。所以,现在,也有人只提"课程与教学目标"而不再分述"课程目标"与"教学目标"。

### (二) 课程与教学目标的功能

课程与教学目标的功能,是指通过明确课程与教学活动预期结果,提示旨在达到目标的优化的内容与方法,并且成为评价课程与教学活动结果的一种标准。具体说来,课程与教学目标的功能作用主要表现在以下四个方面:

#### 1. 定向功能

所谓定向功能,是指目标所要达到的最终结果的方向性,它可以把握整个课程与教学的总体进程以及最后达到的目标结果,这与教育目的的总方向是一致的,是课程与教学的总方向。

#### 2. 选择功能

所谓选择功能,是指在课程与教学中,为所要达成的行为与内容起选择标准的作用。由于课程与教学活动不仅仅是教育者所能完成的某种活动,而主要是使学生的认知与行为发生变化。在教学过程中,学生认知与行为变化获得的成就可以用行为与内容两个侧面来表征,通过课程与教学目标对行为与内容的表征,就可以把目标的整体结构框架勾勒出来,以指导具体的课程与教学过程中的计划操作与实施。

#### 3. 计划与操作功能

计划与操作功能是指在具体的课程与教学开发过程中的课程编排、活动计划及实施问题的计划与具体安排。具体表现在可以为课程内容和教学方法的计划与选择提供依据与指导,可以为课程与教学的具体组织实施提供计划、依据、规定及要求;可以为具体的行为与内容提供要点、要求等,使教育主体具有课程与教学的可操作性范围、程序与要点,易于把握课程与教学活动的开发进程及标准。

#### 4. 评价功能

课程与教学目标是课程与教学活动的出发点和归宿,也是该活动是否达到预期结果及要求的重要评价标准。课程与教学目标是学生应当达成的水平及程度的标准,而学科标准是在教学活动中师生逐渐向前努力而达成的。因此,这种目标就具有了可以客观地评价成就程度的具体标准的性质。通过课程与教学目标在行为与内容方面的具体要求,以此为标准对学生的认知与行为变化结果作比较与把握,并反馈到教学活动中去,调整教育教学进程并验证教学活动的效果和效率。

## 二、课程与教学目标的价值取向

课程与教学目标是一定社会教育价值观指导下的教育目的与追求在课程与教学领域的具体化。由于人们对学生身心发展的规律、社会需求的重点以及知识的性质和价值的看法存在着差异,对这三者之间关系的理解也不同,因而对课程与教学目标的取向会有所不同。这里的"取向"是指课程与教学目标所采用的形式问题。在课程与教学目标的取向上,主要有"普遍性目标"、"行为性目标"、"生成性目标"和"表现性目标"四种基本形式。

### (一)普遍性目标

"普遍性目标"(global purposes)是基于经验、哲学观或伦理观、意识形态或社会政治需要而引出的一般教育宗旨或原则,这些宗旨或原则直接运用于课程与教学领域,成为课程与教学领域一般性、规范性的指导方针。这种目标的特点是把一般教育宗旨或原则与课程目标等同起来,因而具有普遍性、模糊性、规范性,可运用于所有的教育实践。

"普遍性目标"是一种古老的课程与教学目标取向,可追溯到中国的先秦,西方的古希腊、古罗马时代。中国古代的经典文献《大学》规定的教育宗旨是"大学之道,在明明德,在亲民,在止于至善"。这种课程必然有所体现为《四书》、《五经》。古希腊的柏拉图把"有德性的生活"视为教育的终极目的,亚里士多德认为教育的终极目的是"幸福",他们为教育实践所设置的科目就直接指向"有德性的生活"和"幸福"。实际上这种"普遍性目标"所体现的是"普遍主义"的价值观,认为任何课程与教学目标都能够并应当运用于所有的教育情境,所以它所提供的不是具体的要求与标准,而是宏观的一般性的宗旨或原则。教育工作者可以根据具体的教育实践情境而对其作解释,以适应各种需要。

但是,这种目标的宏观性与不确定性,也必然给实际课程与教学的实施带来困难,这种目标的不彻底性、不完整性和随意性,容易使人容易模糊或模棱两可而产生歧义,具有不可操作性。

### (二)行为性目标

"行为性目标"(behavioral objectives)是以具体的、可操作的形式陈述的课程与教学目标,它指明课程与教学过程结束时学生所发生的行为变化。这种目标的基本特点是目标的精确性、具体性和可操作性。

行为目标是博比特在《课程论》中首先提出的一种课程编制目标,并在其后的《怎样编制课程》一书中列举了 10 个领域中的 800 多个目标。后来,泰勒在《课程与教学的基本原理》中,把课程与教学目标概括为"行为"和"内容"两个方面,即陈述目标的有效的形式是"既指出要使学生养成的那种行为,又言明这种行为能在其中运用的生活领域或内容";并指出在陈述目标时应避免的错误倾向:把目标作为教师要做的事情来陈述,但却没有陈述期望学生发生什么变化;列举课程所涉及的各种要素,但却没有具体说明希望学生如何处理这些要素;采用过于概括化的方式来陈述目标,但却没有指出这种行为所采用的领域。由于泰勒对课程与教学目标的贡献主要是强调以行为方式来陈述目标,人们因此把泰勒称为"行为目标之父"。20世纪50—60年代,美国著名教育学家、心理学家布卢姆等人继承并发展了泰勒的"行为目标"思想,在教育领域确立起"教育目标分类学",从而把"行为目标"取向发展到新的阶段。

行为性目标的优点是具体性和可操作性,它体现了"唯科学主义"的教育价值观,以行为的有效控制为核心,认为整体等于部分之和,为了对人的行为进行有效控制,可以对目标进行分解,使之尽可能具体、精确,从而具有最大限度的可操作性。行为目标的这种具体性与精确性,克服了以往"普遍性目标"的模糊性和不确定性,是课程与教学目标科学化的一个重要里程碑。但是,由于其具体而明确地表述了明确识别的要素,因而,那些很难测评、很难被转化为行为、不易直接观测与衡量的内容就会从课程与教学中消失。由于行为目标把学习分解成各个独立的部分,把人的学习与学习的结果肢解了,这样就不容易通过各种教学科目来陶冶学生的个性。更为重要的是课程与教学是一个动态的发展的过程,在课程与教学还未被开发实施前就预定好了以控制为本的"行为目标",这不可避免地限制了学生在课程与教学开发过程中的积极性与创造性,也限制了课程与教学开发的无限性和人的发展的主动性。另外,隐性课程往往也是无法预测和预先具体化的。

## (三) 生成性目标

"生成性目标"(evolving purposes)是在教育情境中随着教育过程的展开而自然生成的课程与教学目标。这种目标所关注的不是外部事先规定的目标,而是师生根据课程教学的实际进展情况而提出的相应的目标。如果说"行为性目标"关注的是预期的结果,是在教育过程之前或教育情境之外预先制定的作为课程指令、课程文件、课程指南而存在的话,那么"生成性目标"注重的则是过程,是教育情境的产物和问题解决的结果。这种目标的教育哲学观是基于教育是一个演进的过程,在此任何阶段上的目的都不是终极目的,因为目的是演进着的,而且不是预先存在的。

"生成性目标"的思想渊源可以追溯到杜威的教育目的论之中。杜威认为教育目的不应该是预先规定的,而应该是教育经验的结果。目的是在教育过程中内在地被决定的,而不是外在于过程的,也就是人们以往所说的"无目的论",实指不能有预先规定的教育目的,如果有目的,那就是促进学生的生长,即"教育即生长"的命题。

美国著名课程论专家斯坦豪斯则从另一角度解释"生成性目标",认为学校教育由技能的掌握、知识的获得、社会价值和规范的确立、思想体系的形成四个不同的过程构成,如果说前两个过程还可以用行为陈述目标的话,那么后两项肯定行不通。因此,课程必须建立在对教学研究的基础上;教师应该是研究者,而不是顺从者。因此,在课程与教学这一过程中,不应该以事先规定的目标(或结果)为中心,而要以过程为中心,即要根据学生在教学中的表现而展开。这样,在课程与教学开发过程中,教师并不是把一些规定的东西作为教育的目的或结果来评价学生,而是在处理这些事情的过程中,对学生的发展持一种审视、研究和批判的态度,从而使教师和学生都成为创造的主体,教师也成了研究者,而不被行为目标所束缚。

这种"生成性目标"在人本主义课程理论中得到发展并走向极端。罗杰斯认为:凡是可教给别人的东西,相对来说都是无用的,即对人的行为基本上没有什么影响。能够影响一个人行为的知识,只能是他自己发现并加以同化的知识。因此,课程的功能是要为每一个学生提供有助于个人自由发展的、有内在奖励的学习经验,至于课程的界定与测量则是不重要的;美国的另一位课程论专家博比特也持同样的观点,他认为,人类生活无论怎样的不同,均包含着特定活动的表现。为生活做准备的教育,就是明确且适当地为这些特定活动做准备的。这些活动无论因社会阶层的不同,量有多大、差异有多大,都可以发掘出来。这只需要我们置身于事务的世界,并发掘出这些事务所包含的特别成分,它们就将显示出人们需要的能力、态度、习惯、鉴赏和知识的形式。这些就是课程的目标。[①] 来自德国,致力于中国农村教育改革和研究的传奇人物卢安克(Eckart Loewe),则身体力行,用实践来验证课程与教学生成性目标的实现。参见[案例3-1:寻找学生的梦想]。

"生成性目标"的优点是强调在教育过程中学生与教育情境的交互作用中所产生的属于自己的目标,并不是教育者代表社会强加给学生的。学生有权利自己去选择要学的东西,同时,教师也被从目标中解放出来而成为研究者,师生的主动性都得到调动与发挥,学生的主体地位也得到实现。但这一目标也存在明显的缺陷:首先是教师没有经过这种课程与教学开发的严格训练,很难在课程与教学活动中发挥出同学生对话、交流与引导的能力和水平,而且学生的主体地位的认识也往往是初级的。其次,教师即使受过这样的专业训练,但在采用时也是非常困难的,教学方法的选择,教学时间的控制,额外时间的投入,社会、家长对学生学习的各种要求等等,必然阻碍教育教学过程中目标的生成与发展。再次,由于学生各有特点与

① 转引自:湛江师范学院精品课程资源网,课程与教学论,http://jpkc.zhjnc.edu.cn/show.asp?ArticleID=783。

要求,一个教师也很难在一节课内与所有的学生对话并生成课程与教学的目标,这是不现实的,偶尔的训练还是可以的,若真正实施起来,却存在很多困难。最后,在漫无目标的教育过程中,学生的知识水平与能力结构并不一定能把握住什么知识对自己最有价值,什么知识没有价值,况且生成的目标又是随机的。因而这种"生成性目标"也是有其局限性的。

### (四) 表现性目标

"表现性目标"(expressive objectives)是指每一个学生在具体教育情境的各种相互作用中所产生的个性化表现。当学生的主体性充分发挥、个性充分发展的时候,他在具体教育情境中的具体行为表现及所学到的东西是无法准确预知的。因此,"表现性目标"所追求的不是学生反应的同质性,而是反应的多元性。它关注的是学生在活动中表现出某种程度上首创性的反应的形式,是从事某种活动后所得的结果,而不是在活动之初预先规定的目标。

"表现性目标"也是对课程与教学的行为目标的一种批判,它源于美国学者艾斯纳(E. W. Eisner)。艾斯纳认为,行为目标可能适合于某些教育目的,但不适合用来概括大多数教育期望。因而,他主张在设计和评价课程时,除了有行为目标外,还应该有解决问题的目标和表现性目标。解决问题的目标的重点是放在认知灵活性、理智探索和高级心理活动过程上。实际上,表现性目标虽然强调个性的发展与主体意识的提升,但在表述上是模糊的,不能起到课程与教学的指南作用,特别是在班级授课的情况下,很难让每个学生得到充分的发展并保证使所有的学生都达到课程与教学计划的基本要求。

通过分析可以看出,上述四种课程与教学目标各有特点,正如课程理论一样,每种理论的支撑理论是不一样的,追求是不一样的,而教育活动又是多元的,任何一种单一的方式方法都不能全方位地解决所有多元性问题。所以,从课程与教学目标取向的实质看,普遍性目标与行为性目标都是以"社会为本"的,都属控制本位,只不过行为目标是借助了科学手段,而"普遍性目标"是处于前科学的经验描述水平。"生成性目标"与"表现性目标"则是向着人的自身发展方向的"以人为本"理念的表现,强调学习者与情境的交互作用,强调目标与手段的连续性、过程与结果的连续性,应是目标对实际过程和手段的控制,强调教师和学生在课程与教学中的主动性和创造性表现,以人的个性解放为最高追求。所以,以上四种取向的课程与教学目标各有其存在的价值及其合理性,但又不可避免地存在一些弊端。因此,需要注意的是,每一种目标形式在解决某类问题较为有效的同时,也必然产生一些副作用,我们应该综合使用,互为补充,扬长避短,使其各自发挥特长并综合起作用。

## 三、课程与教学目标的制定

### （一）课程与教学目标制定的基本依据

课程与教学目标的制定过程实际上是教育目的和培养目标在课程与教学活动中的转化，因此，课程与教学目标制定的依据也必然是教育目的和培养目标制定的依据。制定教育目的和培养目标的基本依据是社会对人和教育的要求、人的自身发展的规律与最终追求，这两个要求是相辅相成的，具有发展与要求的内在一致性，它也是课程与教学目标制定的基本依据。又由于课程与教学作为联系教师与学生的中介的表现形式是课程和教学活动的具体实施，而课程教学内容又是由知识所构成的学科，所以，关于课程与教学目标制定的基本依据，必然与其直接联系的学科知识有关。因此，制定课程与教学目标，必须对学生、社会及学科进行研究，并处理好这三者之间的关系。

#### 1. 对学生的研究

课程与教学的主体是教师与学生，施加影响的根本对象是学生。所以，课程是学习者的课程。课程的基本职能就是促进学生的身心发展。因此，在课程的编制与开发过程中要时时关注有关学生的各种研究，尤其是有关学生的兴趣与需要、认知发展与情感形成、社会化过程与个性养成方面的研究，以及关于学生的认知与发展等方面的研究。

课程是要把人类认识和改造世界的结晶有效地传递给年轻一代，使年轻一代在较短的时间之内接受知识的训练，以达到现代人的思维发展水平，这就必须注意研究学生获取知识信息的方式，使学生在单位时间内获得较高的学习效率。儿童与成人的学习在很多方面是不同的，儿童的学习在不同的年龄阶段也表现出不同的特征，如果不能对学生的学习特征与风格进行分析研究，不能很好地把握学生的兴趣爱好和动机，特别是当前的课程改革，使课程由原来的政府"控制层面"转向课程与教学过程中师生共同"体验课程"与"开发课程"，若没有对学生积极主动性的认识与调动，学生的主体作用就发挥不出来，"反思性学习"、"研究性学习"也就失去了本真的涵义。当然，强调学生主体意识的提升和创造性思维的培养，也不能走向极端的"儿童本位课程"或"儿童中心课程"。

因此，在课程与教学目标的制定过程中，必须首先对学生以及学习的特点与风格进行研究，以学生身心发展特点作为课程与教学目标制定的直接的、重要的理论基础，要研究作为课程与教学对象的特定学生的特定情况，把握学生目前状况与理想状况之间的差异，发现学生的共性与特殊性，从而以一种对个人和社会都有意义的方式，帮助学生满足各种需求；并沿着社会要求与学生身心发展需求较为一致的方向使学生得到全面发展。

## 2. 对社会的研究

人的发展与社会的发展在本质上是一致的,学生个体的发展总是与社会的发展交织在一起的,学生发展的过程也就是个体社会化的过程。社会对学生的要求在任何时候都有一个共同的表现:把社会文化遗产传递给青少年一代。在传递社会文化遗产的过程中,学校教育的文化功能、政治功能、经济功能得到实现,而实现这三大功能的主要途径是课程与教学,即通过课程与教学的实施而实现。

对社会的研究涉及的内容极为广泛,在课程与教学领域里通常采用的方法是把社会生活划分为若干有意义的方面,再分别对各个方面进行研究。不同的分类标准可以划分不同的领域。一般把社会生活划分为两个维度,即时间维度和空间维度,在此两个维度上有社会生活的内容分类。从空间维度上看,社会生活的需求是指从儿童所在的社区到一个民族、一个国家乃至整个人类的发展需求;从时间维度上看,社会生活不仅包括当前现实需要,还包括社会生活的变化趋势和未来需求。

当把社会生活需求确定为课程与教学的目标时,就应该参照社会生活的内容类别加以抽象概括,使之作为课程与教学目标的基础与材料,采取适当的表现方式和形式与目标结合起来。泰勒在制定课程与教学目标时,曾经把社会生活分为"健康"、"家庭"、"娱乐"、"职业"、"宗教"、"消费"和"公民"等七个方面,这样可以有利于把整个社会生活分析成一些便于控制的方面,保证不遗漏任何重要的东西。这种做法虽然重视了社会的要求,但同时也容易忽视学校课程与教学的特殊性与相对独立性,强调社会生活必然忽视学生个体的情境与需求,很容易导致课程与教学目标设计中的"社会中心课程"或"社会本位课程"。

因此,在研究社会生活的需求而制定课程与教学目标时,要坚持贯彻统一性原则、民主性原则和超前性原则。统一性原则主要是指课程与教学目标首先要使个人需求、社会需求和整个自然生态系统的需求统一起来。人是自然生态系统的一员,既有个体的需要,也有社会的需要,而且这种需要是建立在人、社会与生态环境协调平衡基础上的。当然,这种统一性中已包含了本地区、本民族、本国家的需求与整个人类的需求的辩证统一。所谓民主性原则是指体现社会民主与社会公平,社会需求不是某个阶层或某个个体的要求,而是代表了前进方向的先进生产力和生产关系的要求,代表了大多数人利益的要求。超前性原则表现出教育的先行性,教育虽然受社会政治、经济、生产力等因素的决定和影响,但它又是相对独立的,具有超前性。教育的内容应超前于当前的社会现实,走在社会发展的前面,预示未来社会的状态和需求。否则,课程与教学目标就落后于时代,学生的发展也会受到影响。

## 3. 对学科的研究

人是社会的产物,是在社会生产劳动与生产斗争中实现个体社会化的,而个体社会化的内容正是社会文化的表现。文化对人的作用不是零散的、漫无目的的。为了使人向着有序的、高级的方向发展，代表国家的社会控制机构必然要对与人类生活水乳交融的文化知识进行选择与控制，选择与控制的基本表征形式是学科知识体系。因为学科课程所要传递的是通过其他社会经验难以获得的知识，学科是知识的最主要支柱，而且它在课程与教学目标的实现上具有重要的教育功能。因此，在制定课程与教学目标时必须研究学科知识、类型及价值。

所谓学科知识，即学科知识的基本概念、逻辑结构、探究方式、发展趋势以及该学科的一般功能及其与相关学科的联系。学科知识的类型包括：数学、自然科学、技术学、社会科学、人文科学等等。当把这些学科及其发展作为确定课程与教学目标时，必须正确认识并把握知识的价值，既要认识到学科知识本身创造、发现与运用的价值，还要考虑知识所负载的价值。因此，在研究学科知识时，要考虑到知识的价值是什么？即知识的存在是为了理解世界还是为了控制世界？什么知识最有价值？必须坚持科学精神与人文精神整合的观点，只有整合着人类科学精神与人文精神的知识才能使人类获得自由解放，才能使社会不断臻于民主公正。同时，还要看到知识的负载价值，即知识除自身之外的价值之外，还负载着社会意识形态，负载并衍生着文化、种族、民族、阶级的差异和不平等，即使是自然科学知识，也执行着意识形态的功能。因此，在将学科知识确定为课程与教学目标的时候，应当考虑知识所负载的价值观究竟是推进社会民主和公平，还是维持社会的不平等。

总之，在确定课程与教学目标时，要认真分析研究学生、社会、学科这三个基本的依据，正确处理好三个要素之间的关系。这三者是共同构成课程与教学目标的依据，任何单一因素的研究结果及偏重，都不足以构成科学合理的课程与教学目标来源。过于强调某一因素而导致的"学生中心课程"、"社会中心课程"、"学科中心课程"基本上都以失败而告终。另外，在确定课程与教学目标时，还要注意克服主观性。仅凭个人经历与经验去认定课程与教学目标应该是什么，凭主观猜测而确定课程与教学目标是什么，都是主观主义的表现。一定要研究课程与教学目标的过去、现在和将来，研究前人的经验、规律和未来发展的特点，在理想与现实之间作出科学的分析、研究。要全面分析学生、社会与学科研究成果，对课程与教学目标作出明智的、科学合理的选择。

### （二）课程与教学目标制定的基本环节

课程与教学目标的制定是一个非常复杂精细的过程，它不仅仅是为了表述一种理想和愿望，更重要的是要明确课程与教学的参照标准。为确立科学合理的标准，必须明确课程与教学目标所面对的受教育者的培养目标，然后分析研究目标依据的来源——学生、社会、学科知识的发展需要，得出较为客观的标准。确定课程与教学开发的基点,确定课程与教学目标的表示形式,最后表述目标体系。确定课程与教学目标,主要采取以下基本环节:确定培养目标,进行需求评估,确定目标基点及价值取向,形成目标体系。

### 1. 明确教育目的,落实培养目标

教育目的是课程与教学的出发点和归宿,是一切活动的准则、标准和依据。教育目的的宏观要求是一样的,但在各级各类学校的培养目标上是有不同要求的,课程与教学的目标是为培养目标而服务的。因此,培养目标的明确是课程与教学目标制定前必须首先回答的问题,即首先要明确是哪个类型与层次的受教育者,其社会对受教育者的质量、规格的要求如何。这是课程与教学目标确立的前提。

### 2. 评估需要,确立基点

课程与教学目标的基本来源或依据是学生、社会、学科。确定目标必须分析目标来源。对目标来源的分析、研究过程,也就是"需要"的评估过程。需要的评估实际上是对个体、群体、机构、社区或社会的种种需求加以收集、分析、研究,确定教育需要及需要的先后顺序。这种需要的评估和顺序确定的目的是为了找出课程与教学目标的基点。课程与教学目标的基点是制定目标的关键。只有确立了课程与教学目标的基点,才能确定课程是注重学生需要还是注重社会需要,是强调学科知识体系还是强调社会控制。

### 3. 确定价值取向,明确目标表征形式

课程与教学目标的价值取向,是指其表现形式。课程与教学目标的表现形式主要有"普遍性目标"、"行为目标"、"生成性目标"和"表现性目标"。课程与教学目标价值取向的确立,为以后课程与教学目标内容的编排、选择以及目标的陈述等奠定了基础。

### 4. 确定课程与教学目标、形成目标体系

在前三环的基础上,最后是确定课程与教学的具体目标,形成目标体系。学生、社会与学科的需求是多种多样的,需要的层次不同,目标的等级表现也就不一样,学生的现状如何也就决定了目标达成的层次、程度是不一样的。这种情况,目标有轻重缓急、先后次序等,必将构成一个丰富多彩的课程与教学目标体系。课程与教学目标确定后,便于以此为基础而编制新的课程,并安排实施新课程的相应的教学方法、手段及教学策略。

课程与教学目标的陈述是以上三个环节的最终表现,是极为关键和重要的。因此在陈述课程与教学目标时,要注意必须分层次陈述、陈述的方式、基本要素及陈述的主体等。在分层次陈述时,陈述的基本方式可以分为两类:一是采用结果性目标的方式,即明确告诉人们学生的学习结果是什么,所采用的行为动词要明确、可测量、可评价。这种方式指向可以结果化的课程目标,主要应用于"知识与技能领域",如"能在地图上识别不同的地形"、"说出自己喜欢或不喜欢的音乐作

品"等。二是采用体验性或表现性目标的方式，即描述学生自己的心理感受、体验或明确安排学生表现的机会，所采用的行为动词往往是体验性的、过程性的，这种方式指向无须结果化的或难以结果化的课程目标，主要应用于"过程与方法"、"情感态度与价值观"等领域，如"用不同的物体和方法制造声音，描述自己对这些声音的感受"、"阅读自己喜欢的作品，收藏自己喜欢的书籍资料"等。另外，在陈述目标时，要明确行为主体是学生而不是教师，行为动词应尽可能是可以理解的、可评估的，必要时，要附上产生目标指向的结果行为的条件以及目标的具体表现程度等。

[案例 3-1]　　　　　　　　寻找学生的梦想
卢安克(Eckart Loewe)

2002 年 6 月，林广屯没有上过学的青少年(14 到 18 岁的女孩)请我教她们普通话。开始教她们的几天，屯里的大人来帮着翻译(壮话普通话)。他们总是喜欢对学生说："卢老师真伟大。他会解决我们村里的文盲问题，也让我们村富裕起来。"但是，这就是我做不了，也没想做的事。

我不想给她们教知识，而是想帮助她们学会创造自己的生活，通过行为和感受给她们一种比知识更基础的力量。比如为了帮助解决在自然环境中乱发挥的、难控制的思考，她们需要一个很有规律的环境。物质环境中的规律会引起思考中的规律。但为了不让头脑里形成的规律是一种理论化的不使用的，给环境带来规律的建设任务一定要根据生活的需要去找，不能搞那种专门为了小孩假造的任务。

有一天，屯里的人请我帮他们建一座桥。我就想，我虽然不能解决经费问题，可是这才是个跟学生搞实践活动的机会。我想做的是现在的普通学校做不到的：把生活中的事情当成学习机会，从发现环境的需要来培养学生的做法。

每天上午在学生农活不忙时，我就请她们和我做一些发挥想象力和创造性的设计工作。我希望学生能脱离她们由于社会过于固定标准而造成的思考模式。为了发挥尽可能自由的新想法，我先不管现不现实，让她们乱发挥想象，后让她们在我的帮助下想象得越来越具体、画出图形，然后再做模型、做实验来设计我们屯需要建的一座实用的桥。

我们用的学习资料先由我免费提供。如果这些还要学生买，她们就不会来。可是她们又觉得：画图和创造只是玩，自己计划、设计和想出的都不会有什么价值，也不会有用。她们也欣赏不了自己做出的东西，甚至不敢让自己所做的、具有自己特点的东西存在，一做出来，又把它消灭掉。只有标准的与自己无关的设计，她们才觉得有价值。所有从自己的感受来发挥的，她们就否认。所以我问学生："这是你们自己想建设的还是别人想建设的桥?"她们说："我们希望有上面的人来安排，让我们来做。"我再问："你们的生活是你们自己的，还是别人的?"可是翻译的人无法翻译这句话。后来有一段时间，她们没有来参加我在上午的活动。

为什么我的学生希望我只让她们做几亿人已经找到过结果的作业题，而不愿设计自己真正需要的桥? 如果我给学生别人已经找到的或者完成的一些结果，学生自己永远也找不到新的、别人还没找到的做法……

我原来希望我们的活动能让学生经历到自己的才能、自己最适合什么，使她们发挥参与社会建设的愿望和责任感。但学生做的事情不仅与自己要有关系，同时也要联系到改变整个人类发展的事情。我想让学生意识到环境和世界的需要，从这些意识找到自己梦想的项目，然后才根据她们自己的想法去实现。不过,我没有成功。她们还是找不到,也没有自己的梦想。所以我认为,我的实验失败了。

〔背景资料〕　卢安克,德国汉堡人,1968 年出生。他毕业于汉堡美术学院工业设计系,曾在南京东南大学和广西农业大学留学,小学和中学阶段接受的教育皆为华德福教育。由于热爱中国农村和教育研究,卢安克毕业后长期在中国广西农村从事教育研究。他是一位广受中国媒体关注的传奇人物,曾被提名为 2006 年 CCTV 感动中国人物候选人。为了在贫困学校免费当老师并从事自己喜欢的教育研究工作,卢安克在广西外经贸委注册成立了只有他一个人的德国“华德福教育友好协会”广西办事处,自己当老师。他先后到广西阳朔县兴坪镇大坪子八一初中和东兰县隘洞镇的初中教书。为了避开升学考试对教育研究带来的种种压力和不便,2001 年,他离开隘洞中学,到更偏僻的东兰县坡拉乡寻找小学进行素质教育。文中所描述的林广屯就是东兰县坡拉乡诸多贫困村庄中的一个屯,那里的村民大多只会说壮语,不会说普通话。

# 第二节　课程与教学的内容

## 一、课程与教学内容的涵义与取向

### (一) 课程与教学内容的涵义

课程与教学内容是指各门学科中特定的事实、观点、原理和问题,以及处理它们的方式,它是在一定的教育价值观及相应的课程与教学目标指导下对学科知识、社会生活经验或学习者的经验中对有关知识经验的概念、原理、技能、方法、价值观等的选择和组织而构成的体系。

课程与教学的内容是课程与教学问题中的集结点,是课程与教学开发的基本环节之一。自斯宾塞提出“什么知识最有价值”的著名命题,到泰勒在《课程与教学的基本原理》中所提出的“怎样选择有助于达到教育目标的学习经验”,课程与教学内容的选择与安排问题,就成为课程与教学研究的基本问题。课程与教学内容一旦确立,课程与教学的其他一切活动便可以围之而展开:课程与教学的设计是关于课程与教学内容的组织与安排;课程与教学的目的是选择和决定内容的依据;课程与教学评价是关于课程与教学内容产生结果的判断;课程与教学的开发与实施是课程与教学内容的逐步实现与进一步发挥。所以,课程与教学内容的组织与选择,是课程与教学的开发与设计过程中的一项基本工作,是课程与教学开发的基本环节之一。

### (二) 课程与教学内容的取向

课程与教学内容的基本来源是“学习者的需要”、“当代社会生活的需求”、“学科的发展”,相应地,课程与教学内容的基本取向即是“学习者的经验”、“社会生活经验"和"学科知识"。

### 1. 课程与教学内容即学科知识

当课程与教学目标的基本来源主要是学科的发展的时候,学科知识就成为课程与教学的主要内容。课程与教学内容在传统上历来被作为要学生习得的知识来对待,这些知识采取事实、原理、体系等形式构成一定的科目,不管用什么样的术语表述,重点都放在向学生传授知识这一基点上,而知识的传授是以教材为依据的。我国历史上的"礼、乐、射、御、书、数"所构成的"六艺",欧洲中世纪初的"文法、修辞、辩证法、算术、几何、天文、音乐"构成的"七艺"等,这实质上是确定了课程与教学内容即系统化了的知识的观点,并把这些有价值的知识系统化为一定的科目或学科,然后将这些学科的知识传授给学生。事实上,我国自 20 世纪 50 年代初引进苏联凯洛夫主编的《教育学》以后的几十年里,基本上是把课程与教学内容作为学科教材来处理的。这种取向的实质是强调学科知识的系统化及教育进程安排,课程与教学内容的来源主要是人类长期积累的知识,教学的任务就是把经过选择并系统化的知识传递给学生。其实质是从知识本身出发,强调学校教育中向学生传授学科的知识体系,突出体现在学生手中"教材"的规定内容。这样把重点放在学科教材上,虽然有利于考虑到各门学科知识的系统性,使师生明确教与学的内容,从而使课堂教学工作有据可依。然而,只关注教学科目,而对学生心智发展、情感陶冶、创造思维、个性发展有重要影响的其他课程资源,尤其是现在逐渐被人们关注的潜课程容易被忽视。同时,也忽视了师生对课程与教学内容的开发的积极性与主动性。因为这样,教师很容易把课程与教学内容当成事先规定好的东西而被动地传授,并把它当成一项"任务"去完成而不再赋予其他新的意义与内容;对学生而言,学习内容是外部力量规定或强加的东西,而不是自己感兴趣的东西。由于教材不能引起学生的兴趣,于是教师就想方设法采取各种技巧来引起学生的兴趣,结果学生往往就不把教材看作是自己生活的必需,而是对教师和家长的一种应付。"读书——记忆——考试——忘却",这往往是学生学习教材所经历的一般过程。

### 2. 课程与教学内容即社会生活经验

当课程与教学目标的基本来源主要是当代社会生活的需求的时候,当代社会生活经验就成为课程与教学的主要内容。20 世纪以后,一些课程与教学专家看到了科学技术的进步对社会发展的影响,并试图作出相应的反应。博比特曾明确指出课程与教学应当对社会的需要作出反应,并通过研究成人的活动,识别各种社会需要,把它们转化成课程目标,再进一步把这些目标转化成学生的学习活动。后来,查特斯和塔巴(H. Taba)等人,基本上都是采用这种方式,构成了著名的"活动分析法"课程编制技术。20 世纪 40 年代,我国教育家陈鹤琴提出了活教育的三大目标,其中"做中学、做中教、做中求进步"、"大自然、大社会都是活教材"也反映了这种取向。来自美国萨斯奎尼塔公立学校学区的课程内容设计正是这一思想的核心体现。参见[案例 3 - 2：做中学、做中教、做中求进步]。

实际上，选择社会经验的根本问题是如何认识学校课程与社会生活的关系问题。在课程与教学理论发展史上，关于学校课程与社会生活的关系问题存在三种典型的观点，即被动适应论、主动适应论、超越论。所谓被动适应论是指教育只是社会生活的准备，学校课程是使学习者适应当代社会生活的工具。这种观点的典型代表是博比特和查特斯，他们主张将当代社会生活经验作为课程与教学的主要内容。他们认为学校课程应当以适应当代社会的需要为根本宗旨，教育在本质上是为有效的成人生活作准备。

主动适应论则认为，个人与社会是互动的、有机统一的，教育与社会也是互动的、有机统一的，学校课程不仅适应着社会生活，还不断改造着社会生活。20 世纪的课程理论中，典型的主动适应论包括杜威的经验自然主义课程理论和社会改造主义课程理论。杜威认为个人与社会是有机统一的，教育是一个社会的过程，教育即生活本身，而不是成人生活的被动准备。教育问题在本质上是一个使人的特性与社会目的和价值协调起来的问题。为了实现这种协调，学校教育应按照民主社会的要求加以组织，并且应对儿童进行社会指导，这种指导的途径是"主动作业"，即把社会生活中的典型职业（如烹调、缝纫、木工、金工、纺织等）加以提炼概括，使之成为学生在学校中从事的活动。学生在从事"主动作业"的过程中，在与教师和其他学生互动合作的过程中，会不断生成社会情感、社会态度和社会价值观。杜威的这种"学校课程积极适应社会生活"的理念是现代课程理论发展的重要里程碑，并直接启发了社会改造主义课程理论的发展。社会改造主义课程理论主张把重视个人经验的课程改造为重视集体经验、社会经验的课程，把重视个人智能发展的课程改造为重视集体意志统一的课程，把指向当前社会经验的课程改造为指向未来社会经验的课程。这种理论虽然更强调课程通过对当前社会生活经验的改造而指向社会的未来发展，但其本质上仍是课程主动适应社会生活的一种策略。

超越论则认为，学校课程与其他社会生活经验的关系是一种对话、交往、超越的关系。学校课程应主动选择社会生活经验，并不断批判与超越社会生活经验，而且还应不断地构建新的社会生活经验。这较以往两种理论有更大的进步。被动适应论和主动适应论都没从根本上改变教育及课程的工具地位，只有当超越论课程与教学内容观的提出，才使学校课程与教学的主体地位确立起来。这种超越论受非理性的人本主义哲学思潮的影响，在教育上认为：教育是教育者与受教育者这两类主体通过交往而形成的共同体。教育是社会的一种群体主体，它和社会的其他群体主体（如政治、经济、文化等）之间的关系是主体与主体之间的关系——"交互主体的关系"，而不是客体与主体之间的关系——工具与工具的使用者之间的关系。教育当然要承担对社会的责任与义务，但这是主体的责任与义务，是与主体的

课程与教学论

权利整合为一体的责任与义务,而不是被动地适应社会。既然教育是社会的一种主体,那么,学校课程与教学内容就不是对社会生活经验的被动选择,就不是被动传递某些社会生活经验的工具,而应该是社会生活经验。儿童在生活,教师也在生活,儿童与教师的交往是社会生活经验的有机构成。[①]

以学生的学习活动为取向的课程与教学内容来源于当代社会生活经验,这是对"课程与教学内容即教材"的挑战。学习活动的取向重点是放在学生做什么上而不是放在教材体现的学科体系上。以活动为取向的课程与教学内容,特别注意与社会生活的联系,强调学生在学习中的主动性和学习兴趣,它关注的不是向学生呈现些什么,而是让学生积极从事各种活动。例如,不是告诉学生科学发现的基本步骤和需要注意的事项,而是要让学生通过参与科学发现活动的过程来了解其内部规律,并主动地生成问题、解决问题。但是,在具体的实践操作中,应该避免仅仅关注学生外显的活动及表面上的热烈,更要关注学生深层次的学习结构及全面发展。

### 3. 课程与教学内容即学习者的经验

当课程与教学目标的基本来源主要是学习者需要的时候,学习者的经验就成为课程的主要内容。历史上,凡倡导经验课程的课程理论流派大都把学习者的经验置于课程与教学内容的核心或重要地位。如18世纪法国卢梭倡导的"自然教育论"及相应的浪漫自然主义经验课程理论,20世纪上半叶杜威倡导的"进步教育论"及相应的自然主义经验课程理论,20世纪70年代以来流行的当代人本主义经验课程理论等。

学习者的经验实际上既不同于一门课程所涉及的内容,也不等同于教师所从事的活动,而是指学生与外部环境的相互作用。因为学习是通过学生的主动行为而发生的,学生的学习取决于他自己做了什么,而不是教师呈现了什么或要求做什么,所以,坐在同一课堂上的两个学生,可能会有两种不同的学习经验,即每个学生对课程的体验是不一样的,他们都会对其所接触到的课程与教学内容进行解读、内化,并在外化的过程中用自己已有的认知结构和经验去解读、表征。所以,每个学生对课程与教学内容建构赋予的意义是不一样的。

课程与教学内容取向于学习经验时所强调的是:决定学习的质和量的是学生而不是教材,学生是一个主动的参与者。学生之所以参与,是因为教育环境中某些特征吸引他,学生是对这些特征作出反应。所以,教师的职责是要建构适合于学生能力与兴趣的各种教育情境,以便为每个学生提供有意义的经验。把课程与教学内容视为学生的学习经验,必然会突破外部施加给学生的东西,因为学生是否真正理解课程与教学的内容,取决于学生的心理建构。从某种意义上说,学生已有的认知结构和情感特征对课程与教学内容起着支配作用,它们是受学生控制的,而不是

---

① 张华著:《课程与教学论》,上海教育出版社2000年版,第205页。

受学科专家和教师支配的,知识只能是"学"会的,而不是"教"会的。当然,把课程与教学内容取向于学习经验,这必然增加课程与教学的编制与开发的难度。因为学习经验是学生的心理体验,只有学生本身才能体验这种经验并了解自己感受与体验的程度即真正的体验结果。而作为教师则无法全面清楚地了解每一个学生的真实体验,也无法全面清楚地把握学生的心理特点、感受及影响心理的特定的环境及其他因素。这往往会导致课程与教学内容受学生的支配而削弱教师对课程与教学内容的控制、引导与评价。

目前课程与教学内容研究中,很多人注重主体的自我意识的提升与自身的解放方面的追求,强调师生在课程与教学开发中的主体地位与创造精神的培养,国家基础教育课程的新一轮改革也开始注重学生的反思性学习与研究性学习,这在改变从传统的知识传授过程的"控制"到知识学习中的"体验"是一个巨大的历史性变革。在选择学习者的经验作为课程与教学内容时,需要确立以下基本观念:首先,学习者是课程与教学开发的主体,学习者经验的选择过程是尊重并提升学习者个性差异的过程。每个学习者都是平等的,都有其独立的人格与尊严。因此,课程与教学内容的选择应具有个性化、人性化的价值,教育者的使命是为学习者的学习经验的选择创设情境、创设条件、提供机会,并给予适当的和必要的指导。其次,师生是课程与教学的开发与实施者。当学生的主体地位被确立后,他自身就不是被动地接受控制层面的课程与教学内容,而是与其他同学和教师一起去实施、开发体验课程与教学内容,在某种意义上也是开发自己的课程,是"个体课程与教学内容"的开发者、实施者和体验者。这种理念在一些非理性的人本主义哲学思潮指导下的课程与教学理念中都有各种不同层次与程度的表现。另外,还要树立学习者是知识文化的创造者的观念和学习者创造着社会生活经验的观念。学习者在选择与学习文化时,不是被动地接受,而是主动地以学习者个人的知识、经验为核心去整合文化,这个整合的过程既是学习接受的过程,也是开发与创造的过程。同样,学习者在接受社会生活经验的同时,也在创造着社会生活经验。

综合以上三种取向的课程与教学内容,都有其合理性与局限性,它们都是在不同时代、针对不同的社会要求和对受教育者认识而提出并实施的,带上了社会的烙印,是不同的哲学观、教育观、儿童观和课程观在具体实施中的体现。往往都是强调一方的重要性而忽视或轻视另一方的重要性及作用,把它们相互对立起来,或用形而上学的方法孤立地、片面地、静止地去看待某种因素或价值,这都是不足取的。不论是"学科知识"、"当代生活经验"还是"学习者的经验",它们在对人的身心发展中都有实用价值,人类最终的奋斗目标是实现人类自身的解放。而人类自身的解放是一个过程而不是孤立的一个层面或支点,在实现自身解放的过程中,既要接受社会的规范,又要主动地适应与改造社会。因此,课程与教学内容选取的依据缺一不可,只是在某些具体科目的取向上有所差异,各门学科各种取向的课程与教学内容又在每一个时期和阶段共同作用在学习者身上，这才能使学习者得到全面发展。

## 二、课程与教学内容的选择与编排

### （一）课程与教学内容选择的基本依据

课程与教学内容的选择必须具备基本的条件及依据，即要明确社会的要求、分析教育对象的发展特征、明确教育学的要求。

#### 1. 明确社会的要求

明确社会的要求，就需要把家庭、社区、职业与文化团体、国家、国际社会的现状及其对教育提出的要求加以明确。历史上不少社会科学家和社会思想家直接或间接地论及教育，他们的思想为课程与教学内容的选择提供了理论基础与指导。马克思关于人的全面发展学说，教育与生产劳动相结合，培养全面发展的新人等一直是我们实施教育的指导思想。列宁关于"只有用人类创造的全部知识财富来丰富自己的头脑，才能成为共产主义者"等思想成为构成苏维埃教育学的课程论的理论依据。恩格斯在《反杜林论》中把全部知识领域分为三大类的划分，成为课程门类的指导思想。斯宾塞的基于教育为完满生活作准备的学说和知识价值论，为学科课程作出新的论证。社会学的一些研究方法也为课程编制所采用，博比特的"活动分析法"、卡斯韦尔（H. L. Caswell）的"社会功能法"以及"青少年需求法"等都为课程与教学内容的编制提供了具体方法。同时，科学技术革命也丰富了课程与教学内容。现代科学技术的革命促进了教育的大革新：产业结构的变化、急剧的人口变动和巨大的都市圈的形成、通信媒体的普及、科技革命及结构的变化所带来的职业训练模式已发生变革，要求培养体力劳动者与脑力劳动者的差别越来越小，要求职业的流动性与灵活性更强，在教育制度上表现为教育年限的延长、教育功能的改变和教育形态的变化，最直接的表现是在课程与教学内容的设置上强调学问中心，强调自然科学课程与社会科学课程之间的平衡。由此，课程与教学目标和内容的设计与开发中，不得不考虑对学生科学精神与人文精神的培养、知识与能力的培养、主动性与创造性的发挥、联系社会现实与教育情境的构建、主体意识的提升与情意因素的培养等等。

由此看来，课程与教学内容的选择与编排，必须以社会的发展和要求作为重要的理论基础及条件之一。

#### 2. 分析教育对象的发展特征

教育对象的发展特征是课程与教学内容选择的又一个理论依据与基本条件。儿童是在其素质与环境的交互影响中成长的，这就需要把握儿童的个人需要、社会需要以及这些需要同儿童的发展现实之间的差距。虽然人们对儿童的发展有各种不同的认识，在不同的认识下有不同的课程与教学内容的选择与编排方式，但有一些重要的事实是达成共识的:幼年时期是人生的奠基时期,儿童个性的发展源于成熟与学习,儿童个体的发展遵循着肯定和可预测的范型,儿童个体的发展是有差异的,在发展的每个阶段上是有其特征,而且每个儿童的发展都是自成系统的。虽然一些基本的事实被人们承认,但解释这些事实背后的理论支撑和表述都是不同的,即不同的教育家有不同的表述方式与理论,由于对这些问题的看法不同,影响因素作用的认识不同,因而也就形成了不同发展观下的不同教育观和教学观。关于教学与发展的相互作用,主要有以下三种观点:

　　**教学依存于发展**　这是把发展视为自然的、自律的自我运动,发展有它自身的规律性。智力的发展过程是按照自身固有的内部法则推进的。作为自我运动的发展源泉、原动力,在运动主体的内部。教学及教育条件下的学习终究是依存于发展的。这种主张的最早解释是格塞尔,他把发展单纯理解为生物学上的成熟,教学应视其成熟程度而施之。后来被解释为教学与发展的关系犹如消费与生产的关系,以皮亚杰为代表的日内瓦学派认为发展是儿童在同外界的相互作用(同化与调节)之中形成起来的作为儿童活动的内化的产物——运算的图式。这个图式结构的一定平衡,是向下一个平衡过渡的过程。教学是一种外部利用自然的发展中创造出智力的过程。教学是不能生产儿童的智力的,在儿童的自然发展中所创造出来的智力,只可以从外部加以利用和消费。发展终究是以儿童内部产生的不平衡为原动力而发生的,来自外部的作用,尤其是教学作用和学习不会直接引起发展。在教学条件下的学习和个体的客体性活动,依存于儿童的认知结构的特点(思维发展阶段),是作为一种同化过程产生的。但这并不是说教学作用和教学条件对发展没有意义,而是会加速或延缓儿童的发展。

　　**教学先于发展、创造发展**　其主要代表是苏联心理学家维果茨基学派。他们认为,儿童的智力发展与教学之间存在着复杂的相互关系,但主导的作用在于教学。教学不仅发展儿童的智力,而且加速智力的发展,教学可以成为促进新的智力发展的一个源泉,在智力的发展中起主导制约作用。维果茨基以发展的文化历史学说为基础,提出了"最近发展区"的观点,根据此观点指出,教学就是给儿童提供一定的帮助,在儿童面前开拓这个"最近发展区"。而发展,就是儿童自己在活动中,"今日接受成人的帮助能够做到的,明日将会独立地办到"的过程。这样,发展的过程与教学的过程是不一致的,发展的过程是沿着创造出发展的最近发展区的教学过程前进的。因此,他主张创造出这个领域的教学,就是发展的源泉。

　　**外因(或外部条件)通过内因(或内部条件)起作用**　这是鲁宾斯坦提出的"意识与活动统一"的原理和"外因通过内因而起作用"的原理在心理学中的运用。后来被科斯鸠克进一步阐述和发展,认为儿童的智力发展依存于他所接受的教学,而教学又依存于儿童的发展。他们反对将两者分割的对立的观点和教育万能论,教

课程与教学论

学只是智力发展的最重要的条件但不是唯一的条件。根据艾利康宁的"发展教学说",当教学为儿童提供分析新的现实的方法与手段,提供将分析结果加以模型化的方法时,教学与发展的关系才是直接的,唯有这种场合的教学才是发展的源泉。他主张当教学能够直接实现儿童在自然发展过程中获得飞跃时,教学才是引起直接发展的源泉。

由于发展观的不同而有不同的教学观,不同的发展阶段观也对应着不同阶段的课程与教学内容设置观。因而,课程与教学内容的设置与选择的重要理论依据是对学生发展观的研究并形成相应的教学观。

### 3. 明确教育学的要求

教育哲学基础是隐含于课程背后的具有巨大影响的理论基础。在当代课程与教学内容的选择上,主要受到传统的文科教育、进步主义教育、学科结构论、新行为主义、人本主义等教育思潮的影响,而这种影响作用的表现又具有多样性与统一性,这种多样性表现在每一个教育哲学流派对教育中某些问题的看法是不一致的,有些甚至是对立的,但在现代的具体运用中,人们往往又是吸收各家之优点而避其局限性,把各家各派的合理成分继承下来并加以整合运用,统一于课程与教学内容的选择与开发和设计中,表现出多样性的统一、多样性的综合。

20世纪是各种教育思潮纷呈且均发挥过重要影响的时期,他们的观点的对立被日本教育学者森昭从五个侧面作了分析:在教育目的上,有个人目标与国家目标的对立;在教育内容上,有注重实用学科的唯实主义(Realism)与推崇古典学科的人文主义(Humanism)的对立,或者说主张教授适应儿童发展内容的心理主义(Psychologism)与主张教授注重文化遗产体系的逻辑主义(Logicism)或科学主义(Scientism)的对立;在教学方法上,有侧重儿童的主动性与侧重教师的文化传授的对立;在儿童的发展观上,有尊重儿童自身发展的自然主义(Naturalism)与强调形成有价值的人格理想主义(Idealism)的对立;从学校论上,有视学校为传授知识的场所与视学校为儿童生活与作业的场所的对立,或者说有拥护双轨型学制与要求单轨型学制的对立。[①] 虽然以上对立存在于不同教育哲学流派的主张中,但现在看来,在强调教育的"人本化"、"系统化"、"开放化"、"终身化"等方面,却深刻地影响着现代学校课程与教学内容的变革。

教育哲学流派对学校的看法必然影响学校课程与教学内容的选择与开发。现在,各国学校改革的着眼点往往基于"以人为本"的"个人的自我实现",而倡导"学校人本化",这可以看到教育向着人的主体意识的提升而重视人自身解放的方向发展。学校"人本化"的主要观点有"非学校(deschooling)论"、"开放学校(open school)论"、"自由学校(free school)论"。这些观点指导下的课程与教学开发,都

---

① 钟启泉著:《现代课程论》,上海教育出版社1989年版,第276页。

以不同的方式和要求强调着课程与教学开发过程中主体的主动性、积极性,内容的人性化、学习研究方法的主动操作与体验、内容的主体建构与反思等等。

现阶段,我国《基础教育课程改革纲要(试行)》实际上也是综合当今世界教育思潮的特点,参照世界各国教育改革的方向与趋势,结合我国课程与教学的实践发展而提出来的,其中课程与教学的目标、内容、方法、评价等设计与开发,也是基于吸收众多教育哲学流派的合理思想而具体实施的。特别是当代人本主义教育思潮的课程理论如施瓦布的实践的课程、斯坦豪斯的过程模式以及批判的课程模式都能在研究性课程上找到结合点,具体开发过程中经过整合的建构主义知识观、学习观、课程观、教学观、评价观也融进了新一轮课程与教学改革的指导思想中。

综上所述,社会的要求、教育对象的发展特征、教育学的要求分别构成了课程与教学内容选择的社会基础、心理基础和教育哲学基础。

### (二) 课程与教学内容的选择标准

课程与教学内容的选择标准即原则,也是选择的基本要求。人类社会积累的知识和经验浩如烟海,仅现有的学科门类就有数千门之多,而学生所能掌握的学科门类以及各门学科的内容都是极其有限的,所以课程与教学内容必须经过严格的、精心的选择。史密斯(B. O. Smith)认为,从历史上看,课程与教学内容的选择有五大准则,具体如下:[1]

#### 1. 系统知识准则

这一原则强调课程与教学内容必须具有重要性、基础性,由浅入深,由简而繁,由古而今。前一学习内容应是后一学习内容的基础。它注重学科本身的系统性,注重文化的累积与传递,注重逻辑系统的安排,注重学术研究,而忽视学生的兴趣、需要、本性与发展的要求,忽视社会需要与方向。因此,这个原则对于逻辑系统非常严密的学科最为适用。

#### 2. 历久尚存准则

这一原则认为人类心理多尚存保守,多年一直沿用的知识内容是好的内容,自然也就应该是被采用的内容。因为这里面既有理智的因素——经过多年考验而未遭弃置的课程与教学内容自有其存在的理由与价值,也有情感的因素——人类有怀旧的倾向,无论道德、学术,总喜引昔证今,追踪古人。而伦理、音乐、美术、文学等学科最易有此倾向。这个原则极重视人类文化的保存与传递,但忽视学习者的本性、兴趣与需要,也忽视了社会的需要与方向,其最大的流弊是世代相传,缺乏新知,阻滞进步。

---

① 钟启泉著:《现代课程论》,上海教育出版社 1989 年版,第 222 页。

### 3. 生活效用准则

这一原则或称社会效率原则。它以个人的社会生活为着眼点,认为对人生有用的内容为好内容。斯宾塞、博比特等人持此观点。在他们看来,凡是能促进人生各类活动的课程与教学内容,即为具备社会效率的内容,即为有用的课程教学内容。该原则的特点是重视个人的生活需要,而忽视学习者的本性、兴趣与当前需要,而且也忽视了社会发展需要及社会应有的方向。

### 4. 兴趣需要准则

这一原则以学习者当前的兴趣与需要为着眼点,认为凡符合学习者兴趣与需要的内容均为好内容。广而言之,即凡是能帮助学习者个人实现其目的及解决其问题的课程与教学内容均为可选内容。这个原则特别重视学习者在各年龄阶段所表现的兴趣与需要,即重视学习者的本性,其缺点是不易获得系统知识,更易遗漏成人认为重要的课程与教学内容。

### 5. 社会发展准则

这一原则强调课程与教学内容应该帮助学习者了解民主社会的真义,民主社会个人的权利,民主社会个人的责任,民主的阻力,获得民主的方法,并能养成在民主社会中履行个人责任的能力。同时注重民主社会的促进以及社会发展的方向。而且自然也注重社会现状的了解与社会问题的研究。其缺点是忽视文化的积累与传递,以及学习者个人的需要与兴趣。

以上五大原则是课程与教学内容选择的基本标准。由于教育哲学观点、学生观及知识观的不同,在选择课程与教学内容时,所遵循的准则是不一样的。同时,由于各门学科的性质不同,课程与教学内容发挥的作用也存在差异,因而其选择所依据的准则也是不同的。我们认为,在选择课程与教学内容时,既要考虑学生和教学方面的因素,也要考虑学科知识价值的问题和知识能力的关系问题;既要注意学科知识的基础性、科学性,又要照顾学生的需要兴趣与学校教育规律,还要注意社会生活经验及社会发展的需要,即在选择课程与教学内容时所坚持的基本准则是:课程与教学内容的基础性、社会性和与学生及学校教育特点的适应性。

### （三）课程与教学内容的编排原则

为使学生的各种学习有效地联系在一起,使学习产生累积的效应,还需要对选择出来的课程与教学内容加以有效的组织编排,使其起到相互强化的作用。概括来讲,课程与教学内容的编排原则主要有:

### 1. 纵向组织与横向组织

所谓纵向组织,或称序列组织,就是按照某些准则以先后顺序排列课程与教学内容。《学记》中"不陵节而施"、"先其易者,后其节目",就是强调按系列组织课程与教学内容。夸美纽斯也提出按由简至繁的序列安排内容。这都是强调学习内容应从已知到未知,从具体到抽象。近年来,一些教育心理学家从心理学的角度提出了新的序列组织原则。例如,加涅认为,人类学习的复杂性程度是不一样的,是由简单到复杂依次推进的。他把人类学习归为八类,按复杂程度,提出了累积学习的模式,一般称为层次结构理论。他的基本论点是:学习任何一种新的知识技能,都是以已经习得的、从属于它们的知识技能为基础的。布卢姆等人的《教育目标分类学》也是强调学习内容由简单到复杂按顺序排列的典型。

所谓横向组织原则,是指打破学科的界限和传统的知识体系,用一些"大观念"、"广义概念"和"探究方法"作为课程内容组织的要素,使课程与教学内容和学生校外经验有效地联系起来。这种编排原则强调的是知识的广度而不是深度,关心的是知识的应用而不是知识的形式。当然,这种横向组织所面对的困难是教师要精通或熟悉各门学科的内容、学校课程表的安排以及考试方式等等。

### 2. 逻辑顺序与心理顺序

所谓逻辑顺序,是指根据学科本身的系统和内在的联系来组织课程与教学的内容。所谓心理顺序,是指按照学生心理发展的特点来组织课程与教学内容。在课程史上,"传统教育"主张按逻辑顺序来组织课程与教学内容,把课程与教学内容的重点放在逻辑的分段顺序上,强调学科固有的逻辑顺序的排列,至于这种逻辑顺序对学生有什么意义则不考虑。"新教育"则强调根据心理顺序,即学生身心发展的特征以及他们的兴趣、爱好、需要、经验背景等来组织课程与教学内容。学生是课程的中心,是目的。对于学生的生长和发展来说,一切学科的逻辑都处于从属地位。

现在,人们倾向于把学科的逻辑顺序和学生的心理顺序统一起来。这是因为,一方面,课程与教学内容应该考虑学科本身的体系。学科体系是客观事物的发展和内在联系的反映。通过学习科学的学科体系,可以使学生了解自然界和人类社会的发展过程。况且每门学科各部分内容之间都有其内在的逻辑关系,某一部分内容是既以另一部分内容为基础,同时又作为其他部分内容之基础。另一方面,课程与教学内容是为学生安排的,如果不符合学生认识的特点,学生就难以接受,那么再科学的内容也是无效的。

### 3. 直线式与螺旋式

所谓直线式,是指把一门课程与教学的内容组织成一条在逻辑上前后联系的直线,前后内容基本上不重复。螺旋式(或称圆周式)则要在不同阶段上使课程内容重复出现,但要逐渐扩大范围和加深程度。直线式和螺旋式这两种原则在现代课程与教学内容的编排中仍以不同的方式出现。赞科夫主张教师所讲的内容,只要学生懂了就可以往下讲,不要原地踏步。因为过多地重复同一内容会使学生感到厌倦。不断地呈现新的知识能使学生保持新鲜感和学习的兴趣。布鲁纳则主张采取螺旋式课程与教学内容。他认为课程与教学内容的核心是学科的基本结构,应该从小就开始教各门学科最基本的原理,以后随着学年的递升而螺旋式地反复并逐渐提高。即课程与教学内容是要向学生呈现学科的基本概念和基本原理,以后不断在更高层次上重复它们,直到学生全面掌握该门学科为止。这两种编排原则各有利弊,直线式可以避免不必要的重复。螺旋式则容易照顾到学生的认识特点而加深对学科的理解。两者的长处也正是对方的短处,它们在思维方式上对学生的训练也有不同的要求,直线式要求逻辑思维,而螺旋式则要求直觉思维。在课程与教学内容的编排中,要照顾两个方面的结合运用。

除此之外,在课程与教学内容的编排中,还要注意直接经验与间接经验、重点与一般和知识与能力等问题。

### (四)课程与教学内容选择的基本环节

在对课程与教学内容选择与编排的理论基础、标准、原则等问题分析的基础上,可以概括地得出课程与教学内容选择的基本环节(或模式)包括以下几个部分:

#### 1. 确定课程与教学内容的价值观

确定课程与教学内容的价值观,其核心问题是回答:"什么是受过教育的人。"培养目标是什么。

#### 2. 确定课程与教学的目标

课程与教学目标是教育目的和培养目标的具体化,也是课程与教学价值观的具体化,这是课程与教学内容选择的关键。

#### 3. 确定课程与教学内容的基本取向

课程与教学内容的基本取向主要包括学科的知识、当代社会生活的经验、学习者的经验三个方面,是注重一方还是三者并重?要处理好这三者之间的关系。这三者关系的认识与处理取决于特定的课程与教学价值观和学生观等。

#### 4. 确定课程与教学的编排原则

以什么方式编排课程与教学内容,如何排列才能符合学生的需要,符合教学规律,这是选择课程与教学内容的一个准则与要求。

#### 5. 确定具体的课程与教学内容

确定课程与教学内容,即确定与特定课程价值观和课程目标相适应的课程与教学内容要素,形成课程与教学内容的主要表征形式——教材。

现在课程与教学内容的发展趋势主要表现为尊重学习者的主体意识,强调学习者的探究与主动学习,学习者个性的发展和主体意识的提升及追求人类及自身的解放。因此,现代课程与教学内容的选择的趋势主要以学习者的经验为主导取向,以学习者的经验为核心而整合学科知识、社会生活实践的课程与教学内容是当前的选择取向。

[案例 3-2]　　　　　　　　　做中学、做中教、做中求进步

　　萨斯奎尼塔公立学校学区(Susquenita Public School District)，它横跨宾夕法尼亚州哈里斯堡(Harrkburg)的萨斯奎哈纳河(Susquenhanna River)两岸，该学区设有一所中学和一所小学，为当地的 2 500 名学生服务。该学区的负责人史蒂文·梅斯纳(Steven Messner)和他的同事托马斯·坎贝尔(Thomas Campbell)很早就从事提高文化水平的运动。他们相信，该学区可能是当地学生显示艺术和文学才能的唯一场所。他们所采取的第一个步骤，是将著名的美术作品引进该校的所有课程。有一位科学部门的主席曾告诉坎贝尔，说科学之中并无艺术，坎贝尔却不为所动，而在《国家地理》杂志中写了一篇文章，文中谈到精心修复意大利西斯廷教堂装饰画时的科学修复过程。不久之后，该学区的学生就在上化学课的同时也学习一点艺术。

　　当该校向铁路公司索要了一辆铁路公务车(caboose，货车后部供乘务员坐的)，并将其修复工作与该校的课程相结合，这时才取得科学教育改革工作的真正突破。这种公务车是铁路历史活生生的见证物，学生可以将它看作一座科技试验室，同时结合课堂的抽象学习，由此取得实际而有形的经验。当地的艺术家和说书人(story teller)也可由此保存当地的文化，使其长期流传下去。

　　学生们大部分的工作，是设法将公务车从铁路调车场转移到该校附近的临时车棚。该校的一部分学生，得到了联合铁路公司(Conrail)、市政当局以及义务乘务员的帮助，安排了公务车的转移计划，其余的学生则研究铁路技术和当地的铁路文化史，为搞好修复工作而钻研公务车图纸，甚至拆卸了一些铁路调车场设备作为配件。高年级学生则专门将这次转移行动写成书面文件，说明学生是如何将数学和科学概念转化为实际行动的。

　　梅斯纳和坎贝尔索要了部分铁轨，供公务车停车和转向之用。几何教师在铺轨的当天，才给学生小组布置作业，同时将该段铁轨的弧线尺寸交代给这个小组。该小组据此尺寸进行设计之后，让该年级其余的学生按照小组的设计为这段铁轨标定界桩。这些学生接受了这项困难任务，临时学习了几何和历史课，像木匠那样标定了这段铁轨弧线的中心线，并用绳子标出了一对铁轨的平行轨迹线。

　　这些学生在整个铺轨计划中最为活跃，除了完成标定铁轨界桩的任务以外，还学习了有关火车及其文化史的知识。对于一年级学生，只是告诉他们火车如何在铁轨上行驶，并发给他们一些火车和铁轨的木质模型，好让他们自己试验"火车"如何在"铁轨"上行驶。它们试着在"铁轨"上推动"火车"前进而不让它脱轨。坎贝尔有好几个星期允许低年级学生用一种秘密的握手方式(用双手窝成杯状，并向前推)来表达互相祝贺。当这些儿童参观这节公务车时，都激动不已，因为，他们秘密的握手方式正好模仿了这节公务车在铁轨上移动的样子。

　　该校的这项活动，看起来似乎是随意安排的，但是活动进展得非常自然，使得学校成为一个令儿童们感到有趣的地方，教师鼓励他们对事物进行深入探索，自己寻找事物之间的联系，并找出解决问题的办法。公务车这个主题，为寻找技术、文化、科学和数学原理之间的联系，提供了一个可喜的机会。梅斯纳和坎贝尔认为，这项活动是无法用传统的考试计分方法来评分的，但是他们发现，在他们的任期内，喜爱这类课外活动的学生是越来越多了。

---

### 问题与思考

1. 简述课程与教学目标的涵义。
2. 简述课程与教学目标的功能。
3. 课程与教学目标制定的依据和功能是什么？
4. 选择课程与教学内容的依据是什么？

课程与教学论

5. 简述选择与编排课程与教学内容的原则与标准。

## 活 动 与 研 究

1. 结合学习过的理论制定本书及本章的教学目标。

2. 选择相对明确的教学对象(小学生或中学生),选择某一学科,分组设计适于学生的课程目标和内容,并进行全班研讨和评估。

## 推荐阅读书目和网址

1. 谭晓玉、袁文辉等译:《布卢姆教育目标分类学——40 年的回顾》,华东师范大学出版社 1998 年版。

2. 高孝传等主编:《课程目标研究》,教育科学出版社 2001 年版。

3. [美]Robert M. Diamond 著,黄小苹译:《课程与课程体系的设计和评价实用指南》,浙江大学出版社 2006 年版。

4. [英]A. V. Kelly 著,吕敏霞译:《课程理论与实践》,中国轻工业出版社 2007 年版。

5. 张德锐等著:《发展性教学辅助系统理论与实务》,南京师范大学出版社 2005 年版。

6. [加]范梅南著,李树英译:《教学机智——教育智慧的意蕴》,教育科学出版社 2005 年版。

7. 黄光雄著:《课程设计理论与实际》,南京师范大学出版社 2005 年版。

8. [美]恰瑞罗特著,杨明全译:《情境中的课程:课程与教学设计》,中国轻工业出版社 2007 年版。

9. G. J. Posner, A. N. Rudnitsky, *Course Design: A Guide to Curriculum Development for Teachers*, 7th ed., Boston: Pearson/Allyn and Bacon, 2006.

10. J. White, *Rethinking the School Curriculum: Values, Aims and Purposes*, London; New York: Routledge Falmer, 2004.

11. R. D. Kellough, J. Carjuzaa, *Teaching in the Middle and Secondary Schools*, 8th ed., Upper Saddle River, N. J.: Pearson/Merrill/Prentice Hall, 2006.

12. J. S. Koshy, *Encyclopaedia Of Educational Learning And Teaching Technology* (Set Of 6 Vols.), Dominant Publishers and Distributors, 2007.

13. S. Dalton, *Five Standards for Effective Teaching: How to Succeed with All Learners, Grades K - 8*, United Kingdom: John Wiley & Sons, 2008.


1. 中国教育科研网　http://www.cernet.edu.cn
2. 教育资源信息中心　http://cajweb.lib.ecnu.edu.cn
3. 中国教育和科研计算机网　http://www.bta.net.cn/lib/tushu.html
4. 中国人民大学书报资料中心　http://www.chinaedu.edu.cn

# 第四章 课程与教学的开发和设计

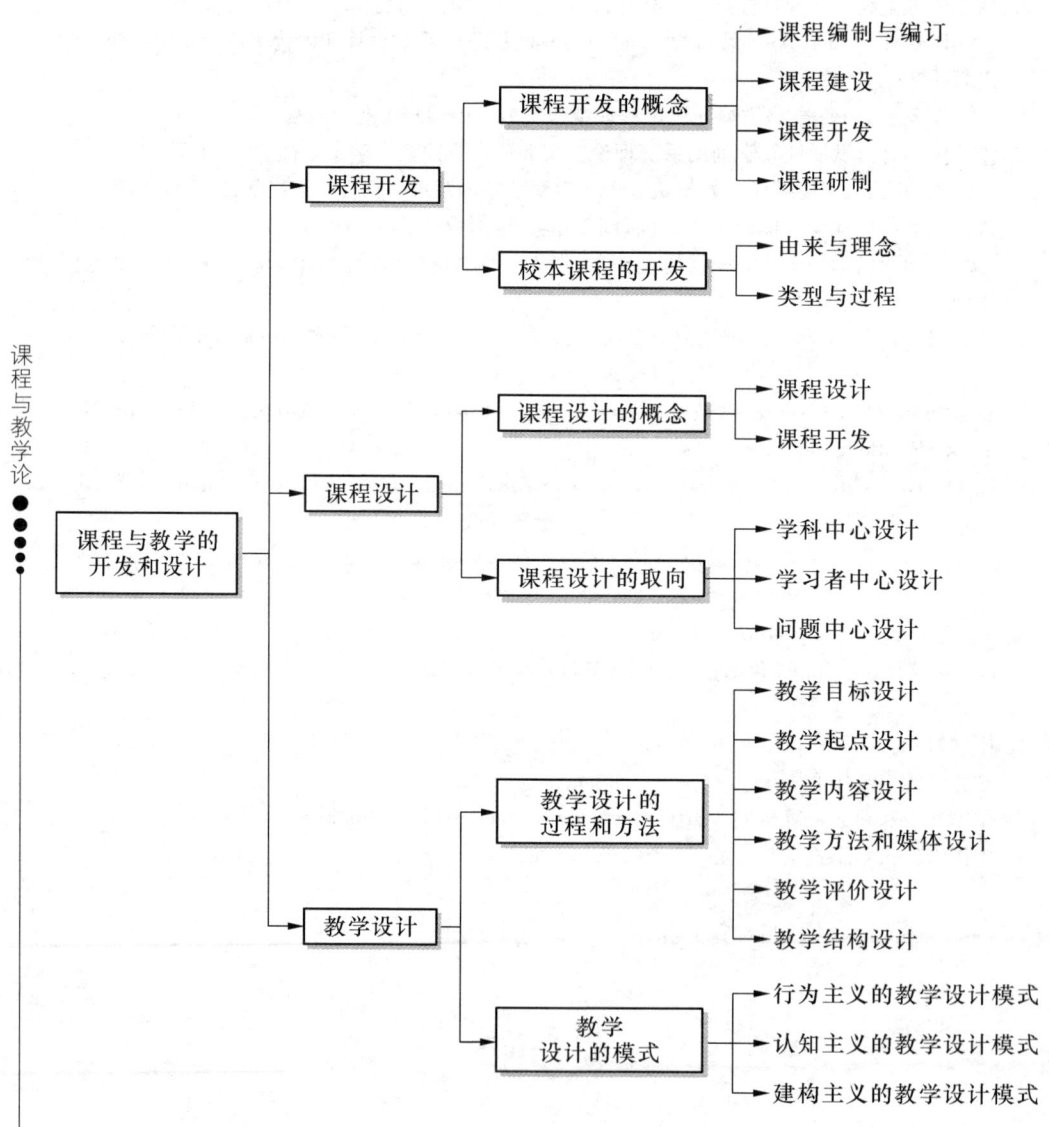

课程与教学论

课程与教学的开发和设计

- 课程开发
  - 课程开发的概念
    - 课程编制与编订
    - 课程建设
    - 课程开发
    - 课程研制
  - 校本课程的开发
    - 由来与理念
    - 类型与过程
- 课程设计
  - 课程设计的概念
    - 课程设计
    - 课程开发
  - 课程设计的取向
    - 学科中心设计
    - 学习者中心设计
    - 问题中心设计
- 教学设计
  - 教学设计的过程和方法
    - 教学目标设计
    - 教学起点设计
    - 教学内容设计
    - 教学方法和媒体设计
    - 教学评价设计
    - 教学结构设计
  - 教学设计的模式
    - 行为主义的教学设计模式
    - 认知主义的教学设计模式
    - 建构主义的教学设计模式

课程与教学的开发和设计是课程与教学理论和实践中至关重要的问题，其效果和水平直接影响到人才的培养质量，涉及学校教育的发展和国家的教育竞争力。本章主要探讨课程开发的层次、模式，课程设计的取向、要求和教学设计的内容及目前有代表性的教学设计模式。


# 第一节　课　程　开　发

　　课程开发是目前课程理论与实践中使用频率较高的一个概念，但也是用得比较乱的一个概念。在本节中我们首先理清这个概念的涵义，在此基础上进一步探讨课程开发的层次。

## 一、课程开发的涵义

### （一）课程开发的概念

　　"课程开发"（curriculum development）是课程领域的一个常用的重要概念，是指使课程的功能适应文化、社会、科学及人际关系需求的持续不断地决定课程、改进课程的活动和过程。

　　"课程开发"由"课程编制"或"课程编订"（curriculum making）、"课程建设"（curriculum building 或 curriculum construction）等词发展、演进而来。1923 年和 1924 年，课程科学化运动的重要代表人物，美国著名教育学者查特斯（W. Charters）和博比特分别出版了《课程编制》（*Curriculum Construction*）和《怎样编制课程》（*How to Make A Curriculum*），"课程编制"一词开始广泛流行于西文的教育书刊。1935 年，美国学者卡斯威尔（H. Caswell）和坎贝尔（D. Campbell）合著的《课程开发》（*Curriculum Development*）问世后，"课程开发"概念引起人们的关注。50 年代后，欧美用 curriculum development 一词逐步代替了以前常用的 curriculum making 和 curriculum construction。1974 年 3 月，日本文部省和经济合作与发展组织（OECD）所辖机构"教育研究革新中心"（CERI）合作，在东京召开了课程开发国际研讨会，相当明确地提出了"课程开发"的概念及其基本方向，认为"'课程开发'是表示课程的编订、实验、检验——改进——再编订、实验、检验……这一连串作业过程的整体"[①]。"课程开发"这一术语在教育学界流行，应该说是始于这个时候。

　　我国教育学界在 20 世纪 20 年代到 40 年代，常用"课程编制"或"课程编订"。80 年代以后，在一些课程研究的书刊中逐渐开始使用"课程开发"。目前用法有不

---

① 钟启泉编著：《现代课程论》，上海教育出版社 1989 年版，第 320 页。

① 钟启泉编著：《现代课程论》，上海教育出版社 1989 年版，第 320 页。

一致，有的仍然使用"课程编制"、"课程编订"，如施良方著《课程理论》，教育科学出版社 1996 年版；陈扬光著《课程论与课程编制》，福建人民出版社 1998 年版。有的转向使用"课程开发"，如钟启泉、李雁冰主编《课程设计基础》，山东教育出版社 2000 年版；张华著《课程与教学论》，上海教育出版社 2000 年版。有的将 curriculum development 译为"课程研究"，但主张使用"课程研制"，如赫德永著《课程研制方法论》，教育教学出版社 2000 年版。

"课程开发"虽由"课程编订"发展而来，但其内涵和外延已发生了变化。"课程编制"或"课程编订"的涵义是学校课程的编辑和制作，大体上包括对人生活动的分析，对教育目标的分析，对儿童身心发展状况的研究，对教学科目的安排和各科教学时数的分配，对教材教具的选择和评价等等。主要是从技术的层面来探讨学校课程的范围、顺序，视界较为狭窄。归根结底，基本都是课程的制作、构筑、建造的意思，含有明显的机械成分。关注的重点是成果（product）、实质内容（substantive entity）、作决定过程的最后结果。Development 这个词隐含着开发、发展、形成等意思，它意味着这是一个不断改进的过程。由于学生不断会有新的兴趣与需要，社会上的各种因素在不断变化，学校也处于不断改革发展中，这些都会对学校课程产生重大影响，所以需要进行"课程开发"。课程开发除了包括目标、内容、活动、方法、资源及媒介、环境、评价、时间、人员、权力、程序和参与等各种课程因素外，还包括了各种因素之间的交互作用，特别是包含了课程决策的互动和协商。因此，课程开发的重点是强调过程性和动态性。一般来说，课程开发所关心的课程问题，主要是课程开发的层面、机构、人员，其所代表的是政治利益、教育价值。

**（二）课程开发的层次**
**1. 根据课程开发过程所承担的任务和产生的结果划分**

如果从课程开发过程所承担的任务和产生的结果来分析，课程开发大致可以分为宏观、中观、微观三个层次。不同层次的课程开发，完成不同的任务，产生不同的结果。

（1）宏观层次

这一层次的课程开发应当解决课程的一些基本理念问题，如课程的价值、目的、主要任务、基本结构等。无论是立足于学科的课程开发，还是立足于系统的课程开发，这些问题都是必须给予明确回答的。

该层次课程开发的结果主要是基本政策，包括课程宗旨、课程性质、课程目标、选择课程内容的指导原则等，具体表现为由中央政府、地方政府或学区制定的官方文件。这些官方的课程文件或者对学校权力、要求加以限制，或者给予鼓励，可能包括维持整个课程系统的政策，也可能包括特定课程或具体课程的指导原则。总之，课程开发者的意图在于为制定专门的标准（大纲）指明方向。教师有可能参与，也可能不参与该层次的课程开发。一般而言,宏观的课程开发主体是国家,在实行中央集权制的国家,这一点体现得最为明显。在我国,宏观的课程开发主体是国家,颁发的官方文件是有关的课程计划(教学计划),如《九年义务教育全日制小学、初级中学课程计划(试行)》(1992)。

(2) 中观层次

中观层次工作的重点是课程标准(教学大纲)的开发,课程开发的主体可以是国家、地方、学区或者学校,不同教育行政体制的国家,要求不尽相同。中央集权制的国家仍以国家为主,具体操作者通常有政府的教育官员及由政府委托的专家和学者。教师有可能参与,也可能不参与该层次的课程开发。从目前的发展趋势看,教师的参与逐渐增多。

不管开发的主体是谁,作为标准(大纲)的基本内容,通常包括下列诸项:[1]

◆ 必修、选修学科的范围。

◆ 各学科的时间分配。

◆ 要求的标准、具体的目标、学习内容、评价方式。

◆ 学校教育质量、教师教学质量管理的程序。

如果课程开发工作由地方、学区牵头,在许多情况下,他们主要提供的是一个基本的指南,表明具体的学科目标。这样,就给学校留有较大的余地,由学校自行决定教学时间和评估事宜。换言之,作为地方、学区课程开发的结果是课程指南或课程包(curriculum packages),各学校以此为指导或从中进行选择、组合。

课程指南的基本内容为:[2]

◆ 详细的目的和目标。

◆ 教学内容的结构和顺序。

◆ 具体的教学单元,包括内容、问题、考试、测验举例。

◆ 教学的背景资料,包括进一步的阅读参考书目。

在中观的课程开发工作中,具体的风格存在很大的不同。西方课程论的发达,在这个层次上体现得极为充分,其课程标准丰富、多样。我国一直以教学大纲相称,不过,我国的教学大纲与西方国家的课程标准在风格和形式上存在着显著的差异。

首先,内容的侧重点不同。我国的教学大纲以说明课程所包括的知识体系为根本任务,大纲的主体是课程的内容。其他国家特别是发达国家则不同,他们课程标准的侧重点是学生需要达到的内容标准、成就标准。以美国 2000 年 9 月实施的

① C. J. Marsh & G. Willis, *Curriculum: Alternative Approaches, Ongoing Issues*, 2nd ed., New Jersey: Prentice-Hall, Inc., 1999, p. 187.

② Ibid., p. 188.

高中心理学课程标准为例，主要包括内容标准、行为标准、行为标示。"内容标准"是指在完成心理学课程的一个特殊单元后学生应该掌握的东西。"行为标准"是指根据"内容标准"学生应该有能力做的东西。"行为标示"为学生可以证明他们业已达到标准提供了不同的路径。但"行为标示"仅仅是建议而已，如果愿意，教师们可以设计自己的"行为标示"。

其次，表述的形式不同。我国的教学大纲通常由六部分组成：前言、教学目的和教学要求、教学内容和教学提示、课外活动、教学中应该注意的主要问题、各年级的具体教学要求。对知识体系的说明、规定是详细罗列式的，直接规定了应当学习的全部知识和学生的活动。

英国 2000 年 9 月实施的国家课程标准包括五个方面：一般要求、学习范围、关键技能、为学生提供的机会、达标水平。对学习内容的规定是概括式的，突出强调的是应该为学生提供的机会、学生需要的关键技能和明确的达标要求。这样的特征在其他发达国家的课程标准中同样较为显著，有关学生的活动、技能的培养、组织教学的说明、问题情境的设置，都占据与科目内容相当甚至更为突出的地位。

面对新世纪的挑战和社会发展的国际化趋势，我国加快了教育改革的步伐，并开始重视和加强课程开发工作，现在分别以"课程计划"、"课程标准"取代了过去的"教学计划"和"教学大纲"。我国现在的课程标准已将内容标准作为重点。以2001 年 7 月颁发的由教育部制定的《全日制义务教育语文课程标准（实验稿）》为例，它由四部分组成：前言、课程目标、实施建议、附录。"前言"部分包括课程的性质与地位、课程的基本理念、课程标准的设计思路。"课程目标"部分包括总目标和阶段目标。"实施建议"部分包括教材编写建议、课程资源的开发与利用、教学建议和评价建议。"附录"部分则包括关于优秀诗文背诵推荐篇目的建议、关于课外读物的建议和语法修辞知识要点。

（3）微观层次

不管课程计划、课程标准制定得如何丰富或详尽，进入课程实施领域后，必然还要由教师根据各种因素的相关状况进行再设计，针对不同的教育对象、教学情境设计自己的教学活动。即教师需要以课程计划、课程标准为指导，根据自身的风格、学生的基础、教育资源的状况，灵活地制订自己的课时计划，概要说明课时目标、学习内容、学生的活动、教学方法、评价形式等。

正是在微观层次上，宏观的课程政策及官方文件、合作开发的中观的标准，才能转化为教师的特定实践。课时计划不仅是宏观、中观、微观层次课程开发的集大成者，还直接导向理想的课程、正式的课程转化为领悟的课程、实行的课程，乃至体验的课程。

**2. 根据教育行政机构担当的角色来划分**

上面依据课程开发过程所承担的任务和产生的结果，将课程开发分为宏观、中观、微观三个层次。如果从教育行政机构担当角色的角度分析,课程开发又可分为国家、地方、学校三个层次。

（1）国家本位的课程开发

国家层次的课程开发,政府机构在制定课程政策和计划中起着相当重要的作用,所开发的课程是所有学校教学的出发点。这类课程开发单位常常被冠以"课程开发中心"、"课程开发委员会"的名称。它们接受政府的指派或委托,负责为整个教育系统、某些地区、某类学校或某级学校开发课程。所开发的国家级课程具有权威性、强制性,学校必须遵照执行,教师是课程政策的执行者。国家对课程实行目标管理、控制。

国家本位课程开发的范围一般包括:基本的培养目标、课程范围的宏观领域、核心课程及其标准、最低标准、可选择的参考性框架。

（2）地方本位的课程开发

即由地方教育行政部门负责课程的开发工作,通常是在国家规定的各个教育阶段的《课程计划》内,地方教育行政部门依据当地的政治、经济、文化、民族等发展需要而进行的课程开发。地方本位课程开发的范围一般包括:根据国家有关的统一规定和本地区的具体实际,制定各级学校的完整的培养目标,确定课程领域的本地区标准、研制适合本地区的具体课程方案、组织编写相关的教科书和教学指导书。

地方课程开发的目的是满足地方或社区发展的实际需要,培养学生的社会责任感,以及参与社会生活的能力,加强学生与社会现实和社区发展的联系,使学生了解社区,接触社会,关注社会,学会对社会负责。地方本位课程的开发与实施,有利于克服课程脱离社会的弊端。所以,地方本位课程开发的基本特点是反映地方或社区发展的现实和要求。

我国自 20 世纪 90 年代以后,第一轮课程改革把课程的开发权部分地下放给地方教育主管部门(如上海、浙江、广东),使地方教育行政部门逐步开始参与课程开发工作,调动了各地的办学积极性,有利于中小学课程与当地的经济建设和精神文明建设相结合,使课程具有一定的适应性和开放性。

（3）学校本位的课程开发

学校本位的课程开发,简称校本课程开发,是指学校根据自己的办学思想,结合本校的教育教学实际自主进行的课程开发。校本课程开发是国家课程开发和地方课程开发的重要补充,它以充分考虑到教师的工作积极性、学生的认识水平与学习需求、学校的办学条件以及所处社区的经济与文化水平,凸现学校自身特色等为主要特征。如果说国家课程开发在解决课程的基础性与统一性方面有优势,地方课程开发在解决课程的针对性、地方性方面有优势,那么校本课程的优势则表现为尊重具体学校环境以及学生的独特性和差异性,这一点恐怕是前两者所难以企及的。

校本课程开发是一个动态的不断完善的过程。在此过程中，校长、教师、课程专家、学生以及家长和社区人士共同参与学校课程计划的制订、实施和评价活动。这些活动既可以是针对国家课程、地方课程进行的校本化改造，使之更加符合具体的学校教学情境，也可以是合作开发学校的独特课程，以满足学校具体的办学特点和资源条件。校本课程开发的前提是：学校组织具有明确的办学目标和一定程度的自治权，没有过多外来行政干预；教师具备改进课程的共同愿望和进行课程开发所必需的技能；让更多的人参与课程决策，兼顾社区的需要、家长的期望、学生的兴趣和倾向；具备课程开发所必需的人、财、物资源和充分的时间。[①]

需要指出的是，2001 年 7 月 27 日，教育部正式颁布了《基础教育课程改革纲要(试行)》，明确了课程开发的三个层次：国家、地方和学校。《纲要》规定，教育部总体规划基础教育课程，制订基础教育课程管理政策，确定国家课程门类和课时。制订国家课程标准，积极试行新的课程评价制度；省级教育行政部门依据国家课程政策和本地实际情况，制订本省(自治区、直辖市)实施国家课程的计划，规划地方课程，报教育部备案并组织实施。经教育部批准，省级教育行政部门可单独制订本省(自治区、直辖市)范围内使用的课程计划和课程标准；学校在执行国家课程和地方课程的同时，应视当地社会、经济发展的具体情况，结合本校的传统和优势、学生的兴趣和需要，开发或选用适合本校的课程。

综上所述，"课程开发"由"课程编制"或"课程编订"、"课程建设"发展而来，于 20 世纪 70 年代开始在教育学界流行，其涵义是指使课程的功能适应文化、社会、科学及人际关系需求的持续不断地决定课程、改进课程的活动和过程，具有政治性、社会性和协作性。从课程开发过程所承担的任务和产生的结果看，有宏观、中观、微观层次的课程开发。从教育行政机构担当的角色方面看，课程开发又可分成国家本位、地方本位和学校本位三个层次。

## 二、校本课程的开发

### (一) 校本课程开发的由来

英国课程专家斯基尔贝克(M. Skilbeck)认为，"校本课程开发"是旧瓶装新酒，它其实只是一个古老理念的新名称。这个理念是：课程开发最适宜的空间是教导者和学习者进行教学活动的地方。[②]苏格拉底和孔子便是用这种方式开发他们的课程。

校本课程开发的理念已有两千多年的历史，可是该词汇的出现却不足 30 年。

---

① 顾明远主编：《教育大辞典》(增订合编本)，上海教育出版社 1998 年版，第 1894 页。

② M. Skilbeck, *School-based Curriculum Development*. In V. Lee, & D. Zeldin, *Planning in the Curriculum*, London: Hodder & Stoughton, 1983.

根据经济合作与发展组织（OECD）的介绍，"校本课程开发"一词最先由福鲁马克（J. Furumark）和麦克墨伦（B. McMullen）于 1973 年在一次国际课程研讨会上提出的。当时他们对校本课程意义的界定、范围仅限于学校内的教职员对课程的计划、设计和实施。[①]

70 年代以后，各国的校本课程开发实践蓬蓬勃勃，校本课程开发成为课程开发的一股强大潮流。校本课程开发在美国、英国、澳大利亚等国尤为风行，不仅得到了政府的大力支持和鼓励，也得到基层学校的热烈响应。究其原因可能有四点：人们对国家本位课程开发的效果感到失望；注意到教师地位的下降和专业精神的缺乏；认识到课程应配合社会的需要；社会变迁的脚步加快，大部分西方国家社会生活各方面民主化的程度有所提高，推动了学校自主性的增强。[②]

80 年代，以校本课程开发为主题的国际研讨会层出不穷，校本课程开发的内涵、校本课程开发的模式、校本课程开发的条件等均成为各国学者感兴趣的、会议讨论的热点问题。

借助于国际研讨会架设的桥梁，校本课程开发的经验得以交流和共享，校本课程开发的影响日增。进入 90 年代，校本课程开发成为许多国家教育改革的有效策略，校本课程开发理念也逐步走向成熟。在地方分权制的国家，由原先强调地方和学校差异的校本课程开发，扩大为兼顾国家、地方和学校三个层面协调的课程开发模式。在中央集权制的国家，校本课程开发作为一种新的改革举措，开始分享一度完全由中央政府掌握的课程开发权，使产生教育活动的学校能自主开发适应需要的课程。

## （二）校本课程开发的理念

校本课程开发是一个观念、一种理念，甚至是一套教育哲学。[③] 具体包括以下一些内容：

其一，对学生和教师来说，课程是由经验组成的，而且必须是有价值的经验，通过教师和学生共同缜密分析学生的需要和个性开发、制定出来。

其二，为使这些经验能充分发挥其潜在的教育功能，必须赋予教师和学生自由度。让教师自主决定目标、选择内容、调节速度、采用适当的方法和技巧、评价学习情况和学生的潜能。要把教师从繁重的负担和干扰教育的限制中解放出来。除教师外，拥有这种自由的还必须包括学生以及其他有其自主性和限制的机构。

---

① 黄显华编著：《强迫普及学校教育：制度与课程》，香港中文大学出版社 1997 年版，第 228 页。

② N. Sabar, *School-based Curriculum Development: Reflections From An International Seminar*, Journal of Curriculum Studies, Vol. 17, No. 4, 1985.

③ 文洁礼等编：《课程理论与设计》，香港培生教育出版公司 1996 年修订版，第 122 页。

其三,学校是一种社会机构,是必然产生教育经验之地。学校与外界之间存在着复杂的相互影响,通过各种联系途径,相互在见解、资源、人力等方面广泛交流、沟通。学校对外界的反应,决定于学校是否有建立课程的自由。学校与之合作的各类专业人员,他们不仅明晰自己的职责,而且能够辨别有关的学习经验,并能在教师向学生传授有关经验时,提供所需的支持。

其四,校本课程开发学术要求高,工作任务繁重,它充分利用教师的才能和技巧。此外,开发的成效也取决于实质性的支援系统的状况。

其五,校本课程开发无意将校外课程开发拒之门外,或无视校外他人的工作。其主要宗旨之一就是要综合各方的课程决策,以维持各层面的课程发展。

其六,教师如果受到适当的训练,都可以成为课程开发专家。

由此可见,学校本位课程开发具有不同于国家本位课程开发、地方本位课程开发的独特理念。我国学者王斌华教授将其基本特点概括为:获得中央、地方、学校等各个层面的支持;中央政府把课程开发的权力下放给学校和教师,而不是完全放弃这方面的权力,更不是完全断绝中央政府与学校、教师的联系;个别教师、部分教师或全体教师参与课程规划、课程设计、课程实施和课程评估;改变教师的传统角色,从原来的国家课程实施者转变为学校课程的规划者、设计者、实施者和评价者;在校本课程开发的过程中,可以筛选、改编已有的课程,或者开发全新的学校课程;校本课程开发是一个持续的、动态的、逐步完善的过程;鼓励学生、家长和社会人士共同参与和支持校本课程开发。[1]

澳大利亚堪培拉课程开发中心(CDC)的总结是:教师参与有关课程开发和实施的决策;校本课程开发涉及学校的部分而不是全部工作;教师可能会进行学校整体课程的新开发,也可能满足于选用现有的课程或集中精力于开发特定的课程领域;校本课程开发涉及课程决策与责任的下放,而不是将学校与中央教育机构隔离开来;校本课程开发的理想状态是一个由师生、社区成员共同参与的持续的、动态的过程;校本课程开发需要各种支持机构,中央、地方和学校在校本课程开发中有不同的地位与责任;校本课程开发涉及教师传统角色的转变。[2]

### (三)校本课程开发的类型与过程

#### 1. 校本课程开发的类型

校本课程开发的类型可能因为选取角度、划分方法的不同而有所差异,并进而影响到校本课程开发的方向。下面分别加以阐述。

根据校本课程开发基础框架的变化,可以有以国家课程开发框架为基础和以

---

① 王斌华著:《校本课程论》,上海教育出版社 2000 年版,第 8—9 页。

② 崔允漷著:《校本课程开发:理论与实践》,教育科学出版社 2000 年版,第 37—38 页。

学校内部的课程框架为基础两种类型。<sup>①</sup> 前者导向的活动为：作为国家本位课程开发结果的副产品而进行的校本课程开发；以国家本位课程开发结果为基础，结合学校的具体情况，开发独特的校本课程；选用国家课程方案。后者的工作是：以有特色的创新的方法进行校本课程的开发，出于学校的特殊教育需要而产生的校本课程开发。

根据课程开发主体的变化，可以有个别教师、两位教师、教师小组、全体教师、与校外机构或个人合作进行的校本课程开发类型。

根据课程开发主体参与程度的变化，校本课程开发可以分为选用、改编、拓展、新编四种类型。选用是参与程度最低的校本课程开发类型，它只是从众多可能的课程方案、项目中选择需付诸实施的、更为合适的一种。在此，无须分享、交换信念和寻求信息。改编需要综合考虑目的、内容选择、内容组织、学习经验、学习资料等因素，通过增加、删减和重组对已有学校课程进行修改、改编，使之适应变化的学校情境、课堂情境。拓展则是在充分考虑新的有价值的目标、新的知识技能、新的学习需求的基础上，所进行的补充性、拓宽性的活动。新编是参与程度最高的校本课程开发类型，意味着进行凸现学校特色的短期或长期的课程创新工作。

根据课程开发范围的变化，校本课程开发可以分为非定向课程的开发（如校园环境的开发）、单项课程的开发、部分课程的开发和全部课程的开发四类。

### 2. 校本课程开发的过程

校本课程开发是为了更好地尊重和满足学校、老师、学生的自主性、差异性、多样性，不同学校的课程开发活动，其目的、内容、方法都具有特殊性，所以校本课程开发过程没有统一的模式可循。然而，也不是毫无章法可依。这里勾勒的是这一过程的大致框架。

（1）分析情况

外部情况的分析：文化的变化、社会的期望，如政策导向，考试评价，教育研究；教学内容本质的改变；教师支持系统如培训机构、研究中心等的潜在作用；学校获取的资源。

内部情况的分析：学生的资质、能力与需要；教师的价值观、态度、技巧、知识、经验、优势与缺陷；学校的氛围、权力结构；学校的物质条件、设施；学校现行课程存在的问题。

（2）制定目标

制定目标包括一般目标与特殊目标，前者指教育的价值或哲学，后者指学生通过实施相应的课程之后，所应具备的具体的知识与能力。

---

① J. Eggleston, *School-based Curriculum Development in England and Wales*. In OECD, School-based Curriculum Development，1979.

（3）确立方案

确立方案，一是安排教学活动，包括内容、结构及方法、范围、顺序；二是安排教材，包括规格、来源、参考资料；三是安排教室、实验室、活动室等；四是安排人员；五是安排时间。

（4）理解并实施

这一方面要强化新的课程理念和特色意识，另一方面要创造条件和氛围，合理地利用教育资源，支持校本课程的实施工作。

（5）评价及修订

评价及修订的内容是：拟定评价程序，并根据评价的反馈重组、修订校本课程方案。

### （四）校本课程开发：支持与困难

#### 1. 支持校本课程开发的观点

国家本位课程开发、地方本位课程开发由于服务对象的特点，总不免带有普遍适用性和较长的周期性，很难顾及学校的特殊性和面向全体教师，也不足以在课程中灵活吸纳新信息，及时反映社会生活的变化，而校本课程开发恰好能弥补其不足。

课程开发是一个持续和动态的过程，以学校为本位，正可以依据时时变化的各种情况，不断调整、完善课程决策，经常评估、修订课程，使理想课程与现实课程趋于一致。因为教师最了解学生的能力、经验、兴趣和需要，他们最有资格对课程开发提出见解，教师参与的校本课程开发是最具实际效果的。一般而言，国家本位的课程开发，主要依靠学科专家，课程标准、教科书主要由学科专家拟定和编撰，重点关注的是学科知识的逻辑、教育价值和统一标准，通过教师的参与和工作，将学生的要求、经验有机地融入课程，增强了学校课程的适应性和吸引力。

校本课程开发促进了教师的自我发挥和进取动机，扩大了教师的专业权力，为他们提供了发挥和显示才能的机会。教师参与学校课程的开发，可加强他们的专业自我形象，获得专业成就感和肯定个人价值。"以往把'课程'理解为从学校之外由政府规定的教学内容、教学时间规范（教学计划、教学大纲、教科书），使教师成为课程规范的执行者和教科书的奴隶。由于不承认学校和教师为课程行政的权力主体，客观上默认教师被动地接受课程规范的合理性；事实上无论是教学计划、教学大纲，还是教科书，都只具有'应然课程'的意义，只有教师领悟与实行的课程，才具有'实然课程'的涵义，接近'课程'的事实状态。"①

课程开发以学校为本位最能动员家长、社区和社会人士的参与。这种广泛、深

---

① 陈桂生：《关于"三级课程"问题》，《教育参考》1999 年第 4 期。

入的民主参与既提高了学校课程的质量，又培育了人们重视教育的观念。在参与过程中，家长、社区、社会人士与教师、学校之间建立起沟通的桥梁。在参与过程中，家长、社会人士"以校本课程顾问、校本课程督导员、教学志愿者、教学辅助人员、教师助理、家庭教师等各种身份，向学校教师提供校本课程的理论、技能、信息和素材，参与校本课程的审定，帮助教师制定和实施教学计划，帮助学生完成学习任务"[①]。另一方面，通过参与校本课程的开发过程，他们会进一步了解如何教育孩子，会更加注意对子女的教育。

### 2. 校本课程开发的问题和困难

在学校方面，校本课程开发并不是把所有与课程有关的决定权都集中于学校，而只是承认或授予学校设计课程、运用外界提供的资源的权力，评价学生学业、妥善采用国家提供的指南和准则的权力，要运用这些权力，履行应有的义务，必须有高度的组织能力与技巧，有良好的理解和融合，而这些正是大多数学校所缺乏的；校本课程开发使学校拥有了课程自主权，但由于传统或习惯使然，许多学校仍过分依赖和迷恋国家课程，依然认为课程决策是由主管部门或学科专家作出的，对已经拥有的自主权，这是一种什么样的自主权、是多大的自主权、如何运用这一权力，心中无底，这种认识上的习惯势力与校本课程的现实需求之间存在着巨大的反差和矛盾，它给校本课程的开发带来了不容忽视的阻力；此外，有些学校领导或者认识不到位，或者素质欠佳，缺乏调动教师积极性和协调各种力量的能力，没有在人力、物力、财力、时间等方面，鼓励、倡导和支持校本课程的开发。

在教师方面，校本课程开发对教师所担当的角色作了理想化的设想，教师被视为积极的参与者，而不是消极的接受者，是主动的设计者，而不是被动的执行者，皆具备相当的能力，同时还明了课程开发的步骤，并能有效地付诸实施。然而，这样的设想与实际的现实状况相去甚远。一些教师尚未理解自己角色的变化，缺少课程开发意识，不知如何运用自己的权力。另外，教师在课程开发的积极性、开发能力等方面存在明显不足，许多教师对全面开发校本课程毫无经验，也缺乏理论知识和专门的培训。还有相当一部分教师由于没有从参与校本课程开发的过程中获得荣誉感、满足感、成就感，或没有因为参与校本课程开发而获得外界的激励，因而缺乏进行校本课程开发的积极性，甚至采取消极或抵制的态度。当然，校本课程开发工作的繁重，所需付出的额外时间，也让部分教师望而却步。

在支持系统方面，校本课程开发不能作为孤立的改革来推行，校本课程开发的成功需要有足够的支持系统，如果缺少充分的支持，即使是程度适中和小规模的校内开发活动，也都会产生混乱的情况，破坏有关的计划。在没有充分和有意识地规划必要的先决条件的情况下，就把课程决策权转移到学校，必然导致无法使其得到

---

① 王斌华著：《校本课程论》，上海教育出版社 2000 年版，第 10 页。

合理、可靠实行的结果。必要的支持系统应包括提供足够的人力、物力、财力、时间,给教师传播恰当的信息,为教师提供所需的培训,形成促进教师从事课程开发的激励机制,制定必要的倾斜政策,开发广泛的社会资源等等。

[案例 4-1]　　　　　　　英国的校本课程开发①

**(一)开发校本课程的背景**

曼纳帕克学校位于纽卡斯尔东部,招收 11—18 岁的学生,在校学生约 1 000 名。1967 年,该校在一所选拔性技术学校和三所现代中学的基础上组建而成。从建校那天起,曼纳帕克学校就把过去的文法学校奉为办学楷模。譬如,分门别类地开设所有的传统学科,每节课的时间规定为 35 分钟,按照能力把学生分为三个层次。

1974 年复活节前后,新校长到任,广大教师改革心切,强烈要求改变上述传统做法。经过调查、论证和讨论,校方和教师决定采取三项改革措施:第一,开发综合性的校本课程,如人文学科、综合理科、创造艺术等,并实施小组教学。第二,实行混合能力分班,缩小班级规模。第三,根据学科性质,把每节课的时间大体调整为 1 小时,人文学科每节课的时间调整为 1 小时以上,为小队教学创造条件,减少学生转换教室的次数。

**(二)开发校本课程的过程**

开发综合性的校本课程包括开发人文学科、综合理科、创造艺术等课程。这里介绍一下开发人文学科课程的基本过程。

1. 建立人文学科教学小组

人文学科教学小组由来自英语、地理、历史和宗教教育四个教研室的若干教师组成。通过开发人文学科领域的校本课程,该校建立了新的教学体制。长期以来,该校英语教研室、历史教研室和宗教教育教研室的教师处于各自为政、"老死不相往来"的状况,教师总是以"教师享有自治"为由,拒绝其他教师甚至学校领导进入教室听课。自从实施小组教学以后,教学小组内的教师共同负责,互相交流,集体参与课程编制、课程实施和课程评价。

教师普遍反映,每一次教学小组活动都是一次非正式的在职进修,极大地促进了教师的专业发展。

2. 课程形式

以专题为主,采用综合课程和学科课程两种形式。

(1)综合课程形式

在采用综合课程时,要求教学小组内的英语教师、地理教师、历史教师和宗教教育教师共同围绕一个专题,组织课程内容。例如,在讲授"古希腊"这个主题时,历史教师负责讲授古希腊的发展历程,地理教师负责讲授古希腊的地形、地貌、风土人情、气候条件和自然资源,宗教教育教师讲授古希腊的宗教信仰、宗教派别、宗教活动、宗教冲突、宗教与世俗的关系,英语教师讲授古希腊的语言、文学、艺术等。

(2)学科课程形式

在采用学科课程时,要求教学小组内的英语教师、地理教师、历史教师和宗教教育教师分别以某一专题为核心,组织有关课程内容。

---

① 资料来源　王斌华著:《校本课程论》,上海教育出版社 2000 年版,第 331—335 页。

3. 其他参与者

在开发人文学科课程的过程中，参与者包括：

（1）校外专家。学校先后邀请了几位人文学科的校外专家，如当地教育学院的一位高级讲师、纽卡斯尔补习机构负责人以及地方教育当局的学科顾问。校外专家与教学小组的教师一起商讨课程目标、课程选题、课程内容等问题。

（2）图书馆工作人员。在开发人文学科课程的整个过程中，图书馆工作者始终被视为教学小组的重要成员。他们负责向有关教师和学生提供教学资料，指导学生掌握查阅信息的技能。由于他们应邀参加了几乎所有的教学工作会议，因此他们在工作中目标明确，服务非常到位，深受教师和学生的好评。

（3）秘书。负责打字、复印、制作图表、录音、分发资料、注册登记等事务。教师深有感触地说，如果离开了秘书的辅助工作，开发人文学科课程是完全不可能的。

（4）学校其他部门。负责提供教学资源。

（5）社区。提供共享教学资源的场所和时间。

# 第二节　课程设计及其取向

什么是课程设计，课程设计与课程开发有何关系，课程设计的基本取向是什么，如何进行课程设计，在课程目标的选择和课程内容的确定方面有着怎样的要求，这些都是本节拟介绍的关于课程设计的一些基本问题。

## 一、课程设计与课程开发

### （一）课程设计

在课程研究领域，虽说大家都在用"课程设计"（curriculum design）一词，但对其的理解还存在一些模糊看法，有人甚至将"课程设计"与"课程开发"、"课程实施"（curriculum implementation）相提并论。要理解课程设计的涵义，首先应理解"设计"一词。"设计"是指建立在分析与综合基础上的深思熟虑的精心规划和预先制定。其特点是：[1]

◆ 以目标为指向，确定目标是设计中必不可少的第一步，清楚地说明目标有助于保证目标的价值和参与者的正确理解。

◆ 提高成功的可能，设计使一些可能的问题得到预先分析和解决。

◆ 节省时间和精力，一些价值不大的计划、方案在实施前就被淘汰，设计要选择的是达到目标的最佳方案或途径。

◆ 减少压力，精心的设计会使实施者更得心应手，充满信心。

---

[1]　D. Pratt, *Curriculum: Design and Development*, Harcourt Brace Jovanovich, Inc., 1980, p. 9.

设计通常以问题的沟通为起点，以解决问题的实施计划或方案为终点。因此，课程"设计"是一项独立于"课程实施"的工作。"课程实施"是"课程设计"的后续阶段。课程设计是指课程的实质性结构、课程基本要素的性质，以及这些要素的组织形式或安排。

课程设计的人员方面，较为多样，可能包括教育行政人员、政府聘请的专家学者、出版社的编辑人员、课程研究人员、教师等。课程设计的假设、目的、规则、程序及参与人员等因素，可能因教育机构性质的不同，而呈现出不同的情况和要求。所以，课程设计并非一成不变。

关于课程设计的方法技术，系依照课程设计的理论基础，对各种课程要素进行选择、组织与安排。目标、内容、活动及评价是四个基本的要素，它们之间相互关联。也有学者提出，课程要素中还应包括学习材料、时间、空间、分组情况、教学策略等，这在课程设计时可采取不同方式区别对待，并借助这些不同的处理方式来构成不同的课程设计。[1] 当然，并不是所有的课程设计都应包括上述全部要素，在实际操作中，各个要素的侧重点会因具体情况的不同而不一。

### （二）课程开发

"开发"意味着发展、形成，是一个不断改进的过程，"课程开发"探讨的是形成、实施、评价和改变课程的方式和方法，也就是我们在上一节中强调的，它是一种决定课程、改进课程的活动和过程，显然，其中包括了课程设计以及设计的背景。如果要表述得再明确一些，那么，可以这样说：当人们的意图是要识别一种存在实体（即课程计划等）的各种成分时，便是"课程设计"，"课程设计"主要谈及的是课程的目标以及课程内容的选择和组织，当人们把注意力放在形成课程计划等的人和运作程序上时，便是"课程开发"。

综上所述，课程开发是决定、改进课程的整个活动和过程，它包括确定课程目标、选择和组织课程内容、实施课程和评价课程等阶段。课程设计是指课程的实质性结构、课程基本要素的性质，以及这些要素的组织形式或安排。这些基本要素一般包括目标、内容、学习活动及评价程序。课程实施即把新的课程计划、方案等付诸实践的过程。

## 二、课程设计的取向

概括地说，课程设计就是课程的组织形式或结构。如何安排课程的组织形式或结构？通常需要考虑两个层面：一是基本的价值选择，二是方法技术。基本的价值选择包括三个方面——学科、学生、社会，这就是课程设计的三大基础。方法技

---

① 江山野主编译：《简明国际教育百科全书：课程》，教育科学出版社 1995 年版，第 1 页。

术涉及对课程各要素的安排,即课程的组织结构问题,其中包括横向的组织和纵向的组织。

按照课程设计价值取向的不同,在课程的研究和发展过程中,课程设计有三种基本的取向——学科中心取向、学习者中心取向、问题中心取向。下面我们分别介绍这三种设计以及每种设计中课程要素的组织。

### (一)学科中心设计

#### 1. 学科中心设计的发展

学科中心设计(discipline-centered design)强调从科学门类及分科知识体系出发,以知识为中心设计课程。

人类在漫长的岁月中积累了学问、知识、技艺等系统知识。它们反映了人类的集体智慧,并代表着人类的文化遗产。所以,自古以来,知识就被认为是教育内容选择的重要视点,是支撑社会的存在与发展的支柱。学科作为有组织的知识实体,被看作是文明发展进程中必不可少的部分,这种知识实体还被视为一个受过教育的人的重要标志。古希腊罗马的"七艺",即是一种典型的学科中心设计。随着时代的进步,知识体系的扩充,后来增加了许多新的学科科目。夸美纽斯作为知识学习的积极推动者,他进一步注重百科全书式的知识,其主张形成了近代学校课程的基本特色。

永恒主义者和要素主义者具有同样的观点。永恒主义者认为,应以"永恒学科"作为课程设计的核心,它主要指历代的特别是古希腊、罗马的"伟大思想家"的著作。他们强调,每个受教育者都应知道希腊人和罗马人以及中世纪伟大思想家的巨大成就,西方世界的巨著适用于知识的每个部门。教育就是训练人的推理能力和培养智力,这种训练是通过文科科目来达到的。而从古典著作中可以学到适应各时代的永恒的东西,只有阅读古典著作并背诵其中的重要段落,才能真正丰富生活。要素主义者则认为,应把人类文化遗产中永恒不变的共同的要素作为课程设计的核心,强调基础知识和基本技能的学习,把人类文化遗产中的精华教给下一代。学校课程要以读、写、算为主,开设语文、数学、物理、化学、历史、地理、现代外语和古代外语等基础学科,这些学科的知识要素是成人作为社会生产者所必需的。综上所述,永恒主义和要素主义均强调掌握体系化了的人类经验的宝库,强调心智训练。因此,近代人文学科以及19世纪以后迅猛发展的自然科学学科被广泛地作为教育内容加以采用。

20世纪60年代以后,由于布鲁纳的倡导,形成了重视学科结构的课程设计。学科结构是指那些为掌握一门学科所必需的概念和过程,是学科学习的本质所在。布鲁纳承认知识是课程的必要基础,但是可以按照学科门类和知识结构的形式组织知识。学习者学习学科结构以后,就会明白事物之间的关系,这样的学习有助于类化,使知识不仅可以在学习的情境中使用,还能迁移到其他情境中去,而且,学习者通过把那些毫无联系的因而容易遗忘的事实联系起来，从而有助于增进记忆。

### 2. 学科中心设计的基本形式

学科中心设计存在三种最基本的形式：科目设计（subject design）、学科设计（disciplines design）、大范围设计（broad fields design）。

科目设计即把课程内容分为众多科目，并赋予一定的价值等级，区分出不同科目对各类学生的适合程度。

学科设计即将学校所开设的课程内容对应于数学、自然科学、社会科学和人文学科的分类，并沿用这些学科的概念和逻辑体系作为课程内容的框架。

大范围设计即把两门以上有关的科目合并成单一的大范围教程，为学生提供认识相互关联的广泛知识领域的综合观点。

### 3. 学科中心设计的特点

在学科中心设计中，各课程要素的决策必须保证学生能够掌握预先安排的学习内容。在目标方面，要求是明确的。目标指明了学习方向，规定了要达到的学习成果。它们通常属于认知领域，用与学习内容有关的行为术语来表示。在内容的选择和组织方面，特别重视范围和顺序。范围是指课程内容的横向安排，精心划定的范围，对学生来说可以使内容更为紧凑，更有意义，在规定的学时内也更好安排。顺序是指课程内容的纵向安排，需周密、审慎，以使学生在完成学习任务时能够按照层次和逻辑关系循序渐进。经选择的学习材料，以严密的组织形式向学生展示着课程内容，课文是最常见的形式，学生在学习材料的选择上基本没有多少发言权。

学习活动的安排往往直接与目标相联系，学习活动旨在促使学生向着规定的目标发展，活动形式以读、写、听、练为主。教学主要是针对学生集体进行的，教师常用的教学方法是诊断—指导、讲课、讨论。

学习的评价一般采用定期测验的方法，而且常把重点放在量的测定上。

### 4. 学科中心设计的利弊

学科中心设计经过上千年来许多教育专家的不断修改、完善，已成为学校教育中最受欢迎的一种设计。首先，从理论上看，学科中心设计以人类文化遗产的划分标准组织课程，课程内容即是文化遗产，所以学科中心设计是使学生熟知文化遗产要素的最系统、有效的设计形式。而且，通过学习有组织的题材体系，学生也能最有效、最经济地建造自己的知识仓库。

其次，从实践上看，由于学习材料按科目组织，阐述同质的知识，因而学习过程可以清楚地展开，有利于教学过程的管理。就可接受性而言，由于学科是从人类文化遗产中抽取出来的，这种传统往往使人们感到忠实可靠，因为历代人（凡是受教育的）几乎都是在这种课程体制中培养出来的，所以，学科中心设计容易为社会认可。还有，便于测量也是它的一大优势。

这种设计的不足，体现在五个方面：一是课程的目标范围狭窄；二是倾向于割裂知识,从而割裂了学生对知识的理解;三是脱离现实世界所关心的事以及发生的事件,课程内容没有充分反映社会生活的发展变化、出现的问题、面临的挑战、应对的策略;四是对学生的能力、需求、兴趣和阅历缺乏足够的注意,致使教学内容不能适应学生的需求,减弱了学生的学习动机;五是人类知识不断积累,不断增加,特别是在当代科技革命带来的知识分化、综合的局面,知识的陈旧率大大提高,新学科不断涌现,在实践上,学科中心设计的构想便显得难以应付,科目有无限增长的趋势。结果,新学科使课程变得拥挤不堪。

## (二) 学习者中心设计

### 1. 学习者中心设计的发展

学习者中心设计(learner-centered design)强调学生的个性发展,关注学生的兴趣、需要和目的,使课程适应学习者,而非学习者适应课程。它没有预定的详细计划,而是在教育教学活动中由教师和学生共同设计课程,重视发挥学生的主体作用。它的目的不在于要求每一个学生接受所有学科的规定的内容,而在于强调每一个学习者能够得到个体的充分自由的发展。即学校活动是以学生的需要和兴趣为基础的,学生的学习动机是内在的,学习目的和学习任务也不是由外部强加的,因此学生有可能主动地探究和获取学习内容。

这种设计的端倪见于 18 世纪欧洲的卢梭提出的儿童中心主义,在《爱弥尔》(*Emile*)一书中他竭力主张的一个观点是,教师的任务在于为儿童提供学习机会,让他们自发地发现和掌握知识。其后,不同的学者如裴斯泰洛齐、福禄培尔、杜威等都强调以儿童为中心的设计取向。杜威特别注重活动对思维训练的重要性,他提出的"活动—经验"设计是学习者中心设计的一个原型。杜威认为,学校课程的关注点是要真切而广泛地亲自熟悉少数典型的情境,以求掌握处理经验中各项问题的方法,而不是要积聚许多现成的知识。

### 2. 学习者中心设计的基本形式

学习者中心设计在发展的过程中产生了许多的变式,如"活动—经验"设计(activity-experience design)、开放教室设计(open classroom design)、人本主义设计(humanity-centered design)、激进设计(critical design)等。这些设计的中心都是学习者,且都强调自主、自由、尊重、活动等等。篇幅所限,这里我们主要介绍前三种。

#### (1) 活动—经验设计

活动—经验设计盛行于 20 世纪 20—30 年代的进步主义运动时期。其特征在于:第一,课程结构几乎取决于学习者的需要和兴趣,设计者的重要任务在于发现学生的兴趣是什么,并帮助学生为学习而选择最重要的兴趣;第二,不是以学科中心的方式预定计划,而是师生合作制定计划;第三,强调所学习问题的解决过程,而不是讲解的内容。

（2）开放教室设计

开放教室设计在 20 世纪 30 年代最早出现于英国，70 年代起流行于美国。这种设计允许学生按各自的兴趣和需要，采用不同的学习进度、学习方式和学习内容。学生可自由组合，进行各种适合个别需要的活动。教室内没有固定排列的课桌和讲台，教室的空间分成几个"兴趣区"（角）或"活动区"（角）。开放教室到处都是活动，没有上下课的限制，教学活动没有固定结构。开放教室设计的原则是尊重学生的需要和兴趣，不强迫和压制学生。

（3）人本主义设计

人本主义设计产生于 20 世纪 70 年代，以人的能力的全域发展为目的，认为课程除了纯粹的智力发展外，情绪、态度、理想、价值等对于教育过程来说也是应当关注的正当领域，同时还要发展自尊和尊他的思想意识。课程的功能是要为每一个学习者提供有助于个人自由和发展的、有内在奖励的经验。

这种设计的显著特点是：设计重心从学习材料转向儿童，关注学习者的本性与要求；课程内容与学习者的生活及现实的社会问题联系起来；设置使每个学生体验他人的经验、发挥每个学生的主观能动性的教学环境。

人本主义设计主张学校课程分为三类，即正规的学术性课程、"集体参与"与"人际关系"课程、"自我觉醒"与"自我发展"课程。人本主义设计强调学习者的心理发展与教材逻辑结构的吻合、情感领域与认知领域的整合，以及相关学科在经验引导下的综合。

### 3. 学习者中心设计的特点

学习者中心设计采用了一种与常规不同的方式安排课程因素。首先，抛弃了预先确定目标的观念，学习目标是由师生共同设计的；内容的选择与组织以学生的兴趣为依据，其中，整体概念贯穿始终，但范围和顺序的理念已减到了最低程度。学习材料多种多样，课文失去其独一无二的地位；学习活动由学生自己设计，自己选择。学习时间、空间、方法均较具灵活性；课程的评价并非教师或行政人员的专利，而是师生共同的活动，学生的自我评价也是一个重要的方面。

这种设计是以学习者的需要和兴趣为基础，因而学生的学习动机是内在自发的，而不需要外力去推动，学习是学生的一种主观活动过程。另外，这种设计着重强调了发展个人的潜力和兴趣，充分满足了个性差异的需要。这种设计还从某种程度上排除了学科割裂的倾向，在活动过程中，学习者总是需要运用综合性的知识去解决活动过程中的综合性问题，而这种活动往往与校外生活的技能相一致，所以，该设计提高了学生处理问题的能力，使他们更具适应生活的本领。

### 4. 学习者中心设计的弊端

学习者中心设计的不足之处在于，这种设计在重视个人发展的同时，忽视了对教育具有关键意义的社会目标,而学生的个体需要与社会需要有时是不一致的,同时社会的发展水平也限制着个人需要的实现程度。这种设计也不利于帮助学生建立逻辑紧密的知识体系和掌握各种必备的技能。另外,这种设计在实践上是不容易实施的,一是教师难以胜任,需要他们多才多艺、知识广博,但这样特别能胜任的教师毕竟不具有普遍性;二是难以实施有效的评价。因为,在活动中没有一种同一的标准可以作为衡量学生的杠杆。

### (三) 问题中心设计

#### 1. 问题中心设计的涵义

问题中心设计(problem-centered design)在某种意义上是学科中心设计和学习者中心设计的进一步改进。学科中心设计抓住了学科的内容而忽视了学习者的活动,学习者中心设计注重了学习者的活动又忽视了学科的内容。如何能够寻找一种把学科内容和学习者所处的情境相互渗透的设计形式,使学习者既学到学科内容,又增长解决实际问题的本领,问题中心设计试图进行这方面的尝试。

问题中心设计的重点是关于个人和社会生存的问题,既强调内容又强调学习者的发展。课程的水平组织由所学习问题领域的范围和分类来确定。因此,内容由于是以问题的相关性为基础来加以选择的,就几乎总是跨越科目界限。顺序也要由问题的分类来确定,但又在很大程度上以学生的需要、关切和能力为基础。

#### 2. 问题中心设计的基本形式

问题中心设计中的“问题”并非指通常的学科教材中设计的围绕学科内容本身所提出的“练习题”,而是指更广泛的、在现实世界中所要求人们回答的问题。若作划分,现实世界中所面临的问题实际上包括两个方面,即生活领域的问题和社会的问题。因此,问题中心设计又分为以下两种形式:

(1) 生活领域设计

生活领域设计(the areas of living design)以产生于社会生活中的人类的共同活动为基础,把人类活动划分为若干生活领域。这种课程设计可追溯到 19 世纪,斯宾塞(H. Spencer)在其论文《什么知识最有价值》中提出课程是为人们在一切社会共有的五项基本领域里有效地起作用作准备的。这五个领域是:直接的自我保存、间接的自我保存、父母身份、公民、闲暇活动。

最先实施生活领域设计的努力始于 20 世纪 20 年代,以博比特为先驱。生活领域设计最突出的特征在于围绕生活领域重新组织传统的题材,它最基本的问题之一就是怎样划分纷繁复杂的生活领域,从而统率各种割裂的知识内容。另一个特征是,因为这一设计是围绕着生活于社会中的个人的问题来组织的,它就鼓励在问题解决过程中开展学习。再一个特征是,它把学习者的经验和直接情境当作通往基本生活领域的途径。在这一方面,它明显不同于我们前面介绍的活动—经验设计,后者根据原则把内容和学习活动建筑在学生感觉到的需要和兴趣之上。生活领域设计是根据策略把学生直接关心的事当作起点。最后一个特征,因为该设计与学生生活的相关性,学生就不需要由外部的动机手段来促进学习,他们学习与自己最有关的东西。

（2）核心设计

核心设计（core design）旨在加强课程的整体性。20 世纪初,课程设计者开始提出统一的研究核心。其典型形式是将社会生活中困扰人的关键性问题作为学习和研究的核心,其他科目则围绕着这一核心来设计,服务于问题解决的共同目的。在核心内容的确定上,可以是预先计划的,即由教师和设计者预先确定课程的主题,如重要的社会问题和个人问题;也可以是开发式的,即不预先确定,而由学习者及教师共同决定学习内容。核心设计的特征在于,把学习内容融合起来并使之与学习者相关,从而鼓励他们积极处理信息,而且其各科内容之间的相互关联,有利于培养学生的内在学习动机。这种设计也使学生有可能养成关心、解决社会问题的意识、习惯以及合作学习的精神。

### 3. 问题中心设计的特点

问题中心设计对各课程要素的安排亦呈现出自己的特点。课程目标虽预先计划,但同时保持一定程度的灵活性。所以,这种设计尽管有明确的目标,但它们并不起重要作用。对全体学生而言,在学习过程中一般有确定的重点,但事先并不规定具体的学习成绩;学习内容的选择既包括重要的社会生活活动,又涉及层出不穷的学生和人类的问题。这种设计重视培养学生的问题解决能力、人际交往能力和社会能力,并不强调掌握具体的内容实体。学习材料多种多样,甚至充分利用社区资源和原始文件,而不限于课文。学习活动由师生共同计划,学生在所有学习阶段都能够积极参与;评价方面,也是师生共同参与,重点不是考察学习者对学科内容的掌握情况,而是所研究的解决问题的方案,或与之有关的行为以及研究过程。

### 4. 问题中心设计的利弊

问题中心设计的优势是:以整合的形式呈现学习内容,打破了科目间的隔绝状态,实现了跨学科的联系;以相关的形式组织教材,教学内容被直接用于解决实际生活中的问题,便于学生发现课程内容的意义和价值,加强了学习者与社会的联系,使社会目标在课程中直接得到体现;又由于学生的个体经验和需要得到重视,因此无须外部强加的动机来迫使学习者学习。但是,批评者认为,它在课程的水平和垂直组织方面存在随意性,所传授的知识缺乏严密的逻辑体系,且容易忽略与生活实际问题没有直接联系的知识内容,另外还面临师资、教材等方面的困难。[①]

---

① 顾明远主编:《教育大辞典》（增订合编本）,上海教育出版社 1998 年版,第 1635 页。

上面分别探讨了在课程理论研究和课程发展实践中三种具有代表性的课程设计取向,每种设计取向之下又有许多不同的设计形式。不同的取向反映了不同的课程哲学、心理学基础和方法论思想,都有其合理性,但偏执一方的设计取向不免也给自身带来不足。我们认为,这三种设计取向反映了课程的不同属性——文化属性、人本属性和社会属性。"这些属性之间的关系既不是并列关系,也不是主次关系,更不是对立关系,而是辩证统一的关系。事实上,现实的课程很少有依据唯一的且极端的取向来设计和实施的,各种取向都有其一定的合理因素与借鉴价值。"①任何一种科学的课程设计都离不开以全面提高学生素质为中心,以"社会、学生、学科"为三基点的基本架构,只是三基点的优先顺序有所不同罢了。一般说来,在这三个因素同时制约课程设计时,社会因素起着主导作用。不过,应当指出的是:第一,社会因素起主导作用不等于以社会为中心,也不等于社会决定论,因为影响课程设计的社会、学生、学科三因素是一个整体,而学科、学生两因素都有制约课程的独特作用。第二,社会因素起主导作用不是绝对的,而是相对的。当课程设计严重忽视学生因素的制约作用时,就需着重反映学生因素对课程设计的客观要求。

要妥善处理好三大关系:首先是人的发展与社会发展的关系。学校课程的内容是要把社会历史积累下来的智慧成果传给下一代,使其成为社会发展所需要的人。因此,课程设计必须坚持人的发展与社会发展的统一。个人的发展不能离开社会的发展,在考虑社会发展时也不能无视个人发展,割裂二者的关系就可能偏向学生中心或社会中心。其次是逻辑结构与心理结构的关系。逻辑结构是指学科本身的结构,心理结构则是指适合学生学习的结构。课程设计必须在坚持科学性的前提下,使课程的逻辑结构与学生的心理结构统一起来,以便消除学科中心与学生中心各自的不足。再次是知识结构与社会结构的关系。人类长期积累的文化遗产是系统化、结构化的知识结晶,而不同社会对知识结构的选择有不同的旨趣,在课程设计中有学科中心与社会中心的分歧。消除的途径之一就是把知识的结构与社会的结构统一起来,使二者兼顾。②

总之,影响课程设计取向的因素主要有三个,即社会、学科和学生。社会需要是课程设计的重要依据,但不是唯一的依据。学生和学科知识也是制约课程设计的两个相对独立的因素,社会需要并不能取代学生和学科对课程设计的影响。科学的课程设计不能以三因素中的任何一个为中心,而应以受教育者的各项基本素质全面而有特色的发展为中心,应当树立育人为本的课程设计观,这样才能克服片

---

① 钟启泉、李雁冰主编:《课程设计基础》,山东教育出版社 2000 年版,第 6 页。
② 参阅文洁礼等合编:《课程理论与设计》,香港培生教育出版中国有限公司 1996 年修订版,第 275—276 页。

面性,深刻反映社会、学生、学科三因素对课程设计的根本要求。

## 三、课程设计:目标的确定

课程设计中,目标的确定十分重要,不仅有助于明确课程与教育目的的衔接关系,从而明确课程设计工作的方向,而且有助于课程内容的选择和组织,并可作为课程实施的依据和课程评价的准则。不过,课程目标能否真正成为课程设计后续工作的依据和方向,能否在整个课程活动中起到核心指导作用,在很大程度上还取决于课程目标本身的适切性、科学性。

### (一) 确定课程目标的要求

社会各种复杂的需求与课程价值取向的日趋多元化,使得课程目标的确定越来越复杂,但一般认为制定课程目标时,主要需考虑以下几个方面:

#### 1. 范围

课程目标的范围不能过于狭窄,以至不足以包括有价值的学习经验,而是应该涵盖所有的学习结果,如既要重视认知能力的培养,也不应忽视态度、价值的培养;既要强调专业技能的掌握,也需关注非专业的一般能力。

为了保证课程目标范围的适当性,许多学者提出不少有借鉴价值的范围框架。如加涅以能力与能倾作为目标分类的统一基点,依据习得各种能力所需学习条件的异同划分了五类目标,即运动技能、言语信息、智慧技能、认知策略、态度。比兹利(J. Beazley)则根据学校应有的职能将课程目标框定为六个方面,即个人义务感、良好的伦理观念和积极的社会态度,社会责任感,自我价值,分析和思维能力,研究能力,创造能力。

#### 2. 有效性

设计的课程目标应反映目标所代表的价值。从理论上说,课程目标越是能适当地反映社会发展、学科进步和人的身心发展规律的需要,就越能获得广泛接受,也就越能具有对课程活动的指导作用与渗透活力。

#### 3. 可行性

课程目标应能在学生已有的知识基础、能力、学校资源及可供的时间内顺利实现。所以,课程设计者在设定目标时,应从现实的角度出发,实事求是。可行性是有效性的前提,若目标达不到这一要求,将难有价值可言。

#### 4. 相容性

课程目标应与其他的目的、目标相互一致,如教育目的、培养目标、课程目标虽表述方式不同,但在总的培养方向和要求上理应相互一致、相互兼容。

#### 5. 明确性

课程目标只有定得明确、具体,才能对于到达目标的进程有清晰的认识,才能有利于正确地选择课程内容,妥善地组织课程实施,也才能真正地为课程评价提供可检验的依据。制定的课程目标如果仅仅是设计者的假设和期望,而不能确切表达学习者应有的学习结果,就会缺乏质和量的具体规定性,这样可测性和可比性就差。正如课程研究专家普拉特(D. Pratt)所说:"课程目标应十分明确,应让不同的人从课程目标中对所期望的结果获得相同的理解,这样,目标才能发挥作用。"[1]

### 6. 通俗性

目标应是通俗的,能为大家所理解,以便校长、教师、学生、家长等都能参与学校课程目标的实施。

---

以下是一些不符合要求的课程目标:

课程:消费经济学

学生:中学,15 至 18 岁

培养目标:学生能成为作出精明决定的消费者

缺点:1. 不是一个学习成果

　　例子:给予学生机会去学习消费者活动

　　　　为学生深造经济学作准备

　　　　学生将会完成一个有关消费者的研究计划

　　　　学生将会在课堂上自由地发问

缺点:2. 与培养目标不一致

　　例子:学生将会了解经济学的历史

　　　　学生将能设计具有说服力的广告

缺点:3. 不准确

　　例子:学生将会锻炼聪明的消费习惯

　　　　学生将会发展和谐的社会身份

缺点:4. 不可行

　　例子:学生将会发展对广告影响的免疫能力

　　　　学生将能够心算复杂的利息

缺点:5. 没有功能

　　例子:学生将会尽力避免负债

　　　　学生将能够在销售税条例内利用其漏洞

缺点:6. 不重要

　　例子:学生将认识 10 种世界主要货币的兑换率

　　　　学生将会了解"lien"这个名词的定义

缺点:7. 不适当

　　例子:学生将能够完成长除法

　　　　学生将学会如何减少地产税

资料来源:D. Pratt, *Curriculum Design and Development*, Harcourt Brace Jovanovich, Inc., 1980, p. 187。

---

[1] D. Pratt, *Curriculum Design and Development*, Harcourt Brace Jovanovich, Inc., 1980, p. 184.

### （二）课程目标的叙写形式

叙写课程目标时，必须对学习者通过每一项从属知识和技能的学习后应达到的行为状态作出具体明确的表述，再将这些表述进行类别化和层次化处理。多年来，在课程目标的叙写方面，比较流行的是行为目标形式。随着行为目标所固有的缺陷越来越为人们所认识，一些学者提出了其他形式的课程目标，其中"展开性目标"和"表现性目标"影响较大。

### 1. 行为目标

行为目标（behavioral objectives）是与行为主义学习论相联系的，认为学习就是刺激与反应的联结，自形成以来一直为泰勒所推崇，泰勒认为在课程目标确定后，要用一种最有助于学习内容和指导教学过程的方式来陈述目标。陈述目标的最有效的形式是既指出要使学生养成的那种行为，又言明这种行为能在其中运用的领域或内容，这样才可以明确教育的职责。由于"内容"是所有课程工作者最为关注的方面，而"行为"则往往是被忽视的方面，所以，泰勒强调以行为方式来叙写目标。

行为目标与非行为目标的差别在于行为目标一般是可测量的或可示范的，它清楚地阐明了学生应该干什么，要达到什么程度，比如，"每个学生在世界历史的短文考试中，必须能详细说明引起法国大革命的至少三个原因"，而"理解所有混合运算的规则、欣赏中国文学中的古诗词、掌握有关化学反应的知识"等等为非行为目标，因为"理解、欣赏、掌握"等词汇都不够精确，难以明确表述。

一个成功阐明的行为目标应包含四个要素：行为主体（audience）、行为动词（behavior）、行为条件（condition）和表现程度（degree），简称 ABCD 形式。行为主体即学习者，行为目标描述的应是学生的行为，而不是教师的行为。行为动词是目标句子中的谓语和宾语，说明通过学习后，学习者能做什么。行为条件说明上述行为在什么条件下产生，是目标句子中的状语。表现程度指学生对目标所达到的最低表现水准，用以衡量学习表现或学习结果所达到的程度。

课程目标采取行为目标的叙写方式，在于它的具体性和可操作性，简化了评价，也容易安排教学步骤的顺序。有学者指出，行为目标甚至还有更多的长处：它们成为课程领域内理性规划中唯一妥善而周详的方法；鼓励课程工作者把以往隐藏的价值明确地表达出来；鼓励课程工作者以详细而具体的目标词汇去思考和规划课程教学；为教学手段的选择提供指引；为课程系统的自我改善奠定基础；把在理论上确立的目的，在课程系统内最终通过课程教学而得以实现；沟通的媒介；为个别化教学提供可能。①

但其短处也很明显。首先，如果目标都以行为方式来叙写，那么，课程就会趋

---

① I. K. Davic, *Objectives in Curriculum Design*, London：McGraw-Hill, 1876，p. 70.

于强调那些可以识别的要素,而那些很难测评、很难被转化为行为的内容就会遭到忽视。其次,只强调行为结果而忽视内在心理过程,违背了学习的真义,有的学习结果也很难行为化,如美术、人文学习结果。再次,事先明确规定课程目标所依据的原理,本身就可能存在疑问。预先确定的外显目标可能妨碍教师充分利用课程教学中偶发的教学机会,限制教师的积极性和创造性。这些都促使课程专家去寻求叙写课程目标的其他形式。

### 2. 展开性目标

展开性目标(evolving objectives)强调根据课程教学的实际进展情况提出相应的目标,而不是由外部事先设定目标。最早提出这一主张的是美国的杜威,他认为目的是在过程中内在地被决定的,而不是外在于过程的。他说,"教育过程是一个不断改组、不断改造和不断转化的过程","教育过程在它自身以外无目的,它就是它自己的目的"。[①] 英国学者斯坦豪斯也指出,课程不应以事先规定的目标为中心,而要以过程为中心,具体说就是要根据学生在课程学习中的表现而展开。在斯坦豪斯看来,教育是参与有价值的活动,而活动本身就有内在标准,因而不需要外定的目标,依据这种内在标准,学习活动就可得到评估。

展开性目标的叙写形式在一定程度上弥补了行为目标的不足,重视了教师、学生本身的个性特点和发展机会,但亦呈现出过于理想化的倾向,实际的操作和采纳有相当的困难。

### 3. 表现性目标

表现性目标(expressive objectives)是美国课程理论家艾斯纳提出的叙写课程目标的一种主张。

艾斯纳认为,课程设计的叙写可有三种不同的形式:行为目标、解决问题的目标和表现性目标。解决问题的目标不是把重点放在特定的行为上,而是放在认知灵活性、理智探索和高级心理过程上。表现性目标是唤起性的,而非规定性的。艾斯纳认为,所有的学习活动都是具体的,所有的课程活动结果都应该是开放的。他就怎样叙写表现性目标给出了一些例证:"参观幼儿园并讨论那里发生的有趣的事情、使用铁丝和木块发展三维形式。"[②]

艾斯纳的表现性目标明显地反映出人文主义的追求,表现性目标重视的是人的个性,尤其是教师和学生在课程教学中的自主性、创造性。同时,他并未完全否定行为目标的合理性,但认为行为目标只适合于人的发展中那些较低的层面。他以解决问题的目标进一步补充行为目标之不足。

---

① 华东师范大学教育系编译:《现代西方资产阶级教育思想流派论著选》,人民教育出版社 1980 年版,第 29 页。

② J. A. Beane, *Curriculum Planning and Development*, Allyn and Bacon, Inc., 1986, p.231.

上述叙写课程目标的形式各有利弊。我们认为，课程目标的叙写要根据课程本身的特点和所要解决的具体问题，采取不同的叙写形式。比如在培养"双基"方面，行为目标的形式比较合适；若要培养学生的创造性，鼓励个性化，则表现性目标的形式较为妥当。

## 四、课程设计：内容的选择

课程内容的选择一直是课程设计的核心问题，也是一个很棘手的难题。自从科学化课程开发理论兴起以后，不少学者一味着重课程目标的制定，认为只要目标得以确定，课程内容的选择与目标相一致，课程设计工作就得心应手了。其实不然，在选择课程内容时，除了要考虑到与目标的相关性之外，还要考虑其他方面，比如课程内容本身的有效性，它们对学生和社会的价值，它们能否为学生所接受，以及是否与学校教育的基本任务相一致等等。

学校历来被看作是传授知识的场所，但这一观点现在受到多方面的挑战：社会的发展使得学校的功能必须扩大；知识的爆炸，使得有必要在已有的课程内容中增添"新鲜血液"或赋予新的涵义；教育目标的发展，使得必须加入新的课程内容以填补学科内容之不足；教育技术的突飞猛进，使得在一个规定的时间内可以学更多的知识。随着上面几个方面的发展，学校迫切需要重新思考课程内容的选择问题。

### （一）内容的基础性和有效性

基础性是由中小学教育是基础教育这一根本性质决定的。基础教育是提高全民素质的基础工程，它应该使所有学生在思想道德、科学文化、身体心理等素质方面都打下良好的基础。因此，所选择的课程内容应该包括使学生成为社会中一名合格公民所必备的基础知识和基本技能，同时也要包括学生以后继续学习所必需的技能和能力。当然，传统的基础知识中一些陈旧的、繁琐的部分应当淘汰，但是"许多基础知识是现代科学知识的基础，许多基本技能是现代技术的基础，因此，有一些基础知识和基本技能是万古长青的，不但不应该削弱，还应当继续加强"[①]。

我们强调课程内容的基础性，并不意味着忽视科学知识和技术的新发展。可以结合学科的不同实际，及时反映学科领域的新发展或一些新开发的前沿领域，不过其重点还是要放在让学生较牢固地掌握学科的基础上。

就有效性而言，课程内容应该反映现代的、科学的知识，代表知识的最基本的部分，即学科的最基本的理念和思考方式，反映探究的精神和方法。知识是了解并处理生活世界问题的方法，课程内容中知识的学习，是要帮助学生成为更健全的个人。但这里的知识不是零散资料的大量堆积，也不是孤立事实的汇集，而是学生的

①　吴永军著：《课程社会学》，南京师范大学出版社 1999 年版，第 357 页。

生存和发展所必需的学科的最基本的内容。反映探究的精神和方法意味着重视求知过程，关注学科内容的结构和学科之间的统整关系。

## （二）内容要适应学生的兴趣和需求

学生的兴趣往往决定学生所注意的事物，并常决定其行为方向，兴趣也是决定学习的主导力量。因此，课程内容要能有助于学生兴趣的发展，这样一方面使学生从发展兴趣的领域中获得探索的满足感，另一方面使学生的知识经验与其他令人满意的学习经验联结在一起，以产生情境类化迁移。

课程内容还应考虑到学生的生理、心理等方面的需求，有的放矢地促进学生的个性发展、发现自我和人格的和谐统整。我们必须认识到，选择出来的课程内容，最终是为学生学习用的。如果选择的课程内容既满足学生的兴趣又反映学生的需求，课程内容就能为学生所认可和同化，成为他们自身的一部分，这样他们不仅"好学"而且"乐学"，从而使教育质量得到真正提高。

## （三）内容与社会现实的一致性

"我们只能在我们时代的条件下进行认识，而且这些条件达到什么程度，我们便认识到什么程度。"①这清楚地说明了社会实践对认识的制约和推动作用。对课程学习来说，课程内容怎样选择，具体内容怎样以及可能达到怎样的水平，归根到底是由社会发展水平决定的。无论是原始社会时期学习内容与社会生产和生活的同一，还是在教育专门化以后与社会的分离、脱离，甚至对立，乃至于近现代努力把课程内容与社会生产和生活结合起来等等现象，都主要是由社会实践的水平及其对课程的要求决定的。也就是说，课程内容的选择总是与社会实践活动结合在一起的。因此，自觉地反映社会实践的要求，主动适应社会发展的趋势，既是课程内容存在的前提，也是其发展的动力。

课程内容脱离社会实际，历来是教育改革家抨击的焦点，也是他们尝试进行改革的切入点。20世纪初，一些教育家就曾注意到课程内容要根据社会生活的需要，但他们却走了极端，杜威企图用"活动课程"、"做中学"实现与社会的联系，结果却使学生科学知识素质下降，影响了学生发展的后劲。我们认为，社会实践是课程内容的基础，但"基础"并不是课程内容本身。课程内容应与社会实践相一致，但这种一致性绝非作"镜式"的反映，就是照镜子似地反映社会实际，对现实进行照相式的刻板记录。课程内容与社会实践联系的方式应该是，在坚持自身规律的基础上，自觉与社会实际联系，以社会实际的要求为出发点，让广阔的社会生活进入课程内容。换言之，课程内容既不能等同于社会实践，也不能脱离社会实践。要让社会实

---

① 《马克思恩格斯选集》（第3卷），人民出版社1972年版，第562页。

践自觉进入课程内容,更要让课程内容像社会实践那样丰富多彩。

在考虑课程内容与社会实践之间的相互关联时,不仅要注意与现实社会的一致性,还要注意与未来社会的相关,"未来"是一种客观的存在,它是可以认识和把握的,但是认识和把握"未来"需要一系列的理论和方法,人们只有掌握了这种新的理论和方法,才能够极大地提高自己对于未来的科学预见性与相应地为未来作准备的实践有效性。所以,学校课程应该提供认识和把握"未来"的相关理论和方法,帮助学生更好地觉察未来的各种选择及其后果。总之,通过精心选择的课程内容的学习不仅使学生适应社会,还能使学生肩负起改造和建设社会的重担。

## 第三节　教学设计及其模式

在第二节中,我们探讨了课程设计的有关问题,课程设计主要是有关课程目标、内容的决策(课程决策),它先于有关教学工作的教学设计(instruction design),即关于对教学过程的决策(教学决策)。其关系可用图4-1表示。

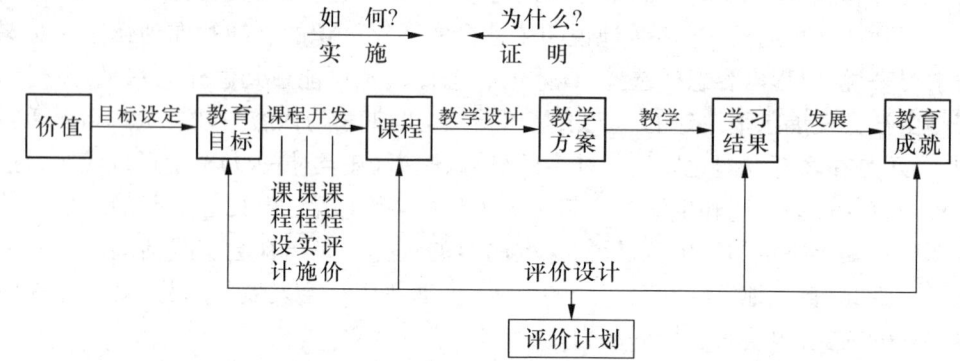

图4-1　课程开发、课程设计与教学设计关系图①

进一步说,课程设计始于对课程目标、内容的描述和分析,教学设计始于对教学工作的描述和分析,并由此获得在大多数教育领域里所匮乏的经验的基本原则。课程设计的人员较为多样,可能包括教育行政人员、政府聘请的专家学者、出版社的编辑人员、课程研究人员、教师等,且以前者为主。教学设计的人员相对比较单纯,并以教师为主。教学是实现教育目的、提高学生素质的最基本的途径,有效的教学设计则是教学成功的必要条件。不重视教学设计工作,将会影响教学的质量。

---

① 改编自:G. J. Posner & A. N. Rudnitsky, *Course Design*, 4th ed., New York & London: Longman, 1994, p. 9。

没有好的教学设计就不会有好的教学实践，教学活动就难以顺利进行。本节主要探讨教学设计的本质、过程、方法和有代表性的设计模式。

## 一、教学设计的本质

国际知名教学设计研究专家荷兰的迪克斯特拉（Sanne Dijkstra）教授认为："教学是推动学习的一种有意识的活动，而学习即是对知识、技能和态度的获得。当一个人想接受教学或是当组织描述和认可的教育目标需要教学时，就必须对教学进行设计。"[①]具体地说，教学设计就是指教育实践工作者以各种学习和教学理论为基础，依据教学对象的特点和自己的教学理念、风格，运用系统的观点与方法，遵循教学过程的基本规律，对教学活动进行的规划、安排与决策。完整地看，教学设计包括理念（ideas）、计划（plans）以及为开发真正的教学必须和能够遵守的规则（rules），即推进学习和达到教学开始前预期的学习结果（intended learning outcomes）的说明和任务分配。

### （一）教学设计的特点

教学设计的基本方法是系统方法。系统方法是把对象放在系统当中，从系统和要素、要素和要素之间的相互联系和相互作用的关系中综合地、精确地考察对象，以达到最优化地处理问题的一种方法。教学设计的系统方法包括了从需求与目标分析到证实成功地达到预期目标的教学评价等一系列的步骤。在前一步骤中所作的决策都是下一步骤的起点，如此，整个过程成为合乎逻辑的、理性的和系统的过程。

教学设计不是一种直觉的冲动，而是一种理论与实践的统一。它既有一定的理论色彩，但同时又是明确指向教学实践的。经过设计，无论是教学目标的分解、教学方法的运用、教学时间的分配还是教学环境的调适，都作出了具体明确的规定和安排，这一系列的安排带有较强的可操作性，抽象的理论在这里已变成了具体的操作规范。教学设计是一个学习过程，在进行教学设计时，设计者发现自己对问题及其解决方案知道什么，不知道什么。填补这一裂缝的正是学习过程。就某种意义而言，采取的每一个教学决策都产生针对一个教学问题的答案并使下一个问题有可能提出。而在这一学习过程中，设计者越来越倾向于从关注"教"转向更关注"学"，着眼于学生的实际、学生的特点，并为学生的发展创造有利条件。

教学设计是一项极富创造性的工作。创造性是教学设计的一个基本特点，同时也是它的最高表现。设计者在周围独特情境的背景中阐明需求、确定潜在策略，依据经验对影响教学设计的因素进行归并或简化，该过程是直觉的、创造性的。当

---

① 高文：《教学设计研究》，《全球教育展望》2001 年第 1 期。

然,既然这是一个创造性的过程,它就不可能自始至终顺利进行。一个有经验的设计者会很快地"悟到"自己的思路是正确还是不正确。这就是工作中的直觉。思想的丰富性、问题解决方案寻求中的新颖性以及独特性都来自于设计者的创造性。

### (二) 影响教学设计的因素

教学设计的质量、效果、设计过程的长短等会受到很多因素的影响,其中影响设计的基本因素是:

#### 1. 理论的指导作用

理论的指导是教学设计由经验层次上升到理性、科学层次的一个基本前提。科学的理论是对教学规律的客观总结和反映,依据科学的教学理论和学习原理设计教学活动,实际上是要求教学设计的方案和措施要符合教学规律。反过来说,教学设计也正是依据各种原理和理论建构而来,系统理论、传播理论、学习理论是教学设计的重要理论基础。

系统理论的发展,将各种实际层面的事物视为一群互动、互相关联或互相依赖要素的组合,是自身具有整体性、具体性并朝向共同目标的实体。系统方法抛弃了静态的、片面分析的研究方法,而把重点放在分析客体的整体属性上,放在其动态的多种多样的联系和结构上。由系统理论观之,教学是一个由多种要素构成的复杂系统,各教学要素间存在着密切的联系和多种作用方式。教学设计中,通过运用系统方法,分析、确定不同要素的地位和作用,使各要素得到最佳的组合,从而提高教学效果和质量。

传播理论对教学设计具有两方面的影响:一是教学媒体的选择与决定;二是借助于不同的传播方式,深入掌握教学与信息交流方面的传播要素。教学活动的进行,重点在于学习者是否理解教师所要传达的内容,其中,教师的教学沟通能力与教学传播方式起着重要的作用。教学设计过程中需要检视学习者与教育实践工作者的经验与认知,促进建立交互主体性,产生有效的教学交往、沟通和共鸣。还需要建立多种信息传播渠道,了解学习者编码与解码的心理认知过程、教学内容的传递方式,以动态、持续的方式通达、高效地交流和传递教学信息。

学习理论是教学设计的主要依据,例如,在教学设计中既可以借鉴皮亚杰与布鲁纳的研究成果去探讨儿童认识的发展,也可以借鉴加涅的学习层级说去剖析完成学习任务的认识结构,或者借鉴奥苏伯尔的意义接受学习去把握学习者掌握学习内容的特点。这里暂不展开,具体的探讨我们将放在"教学设计模式"部分里进行。

#### 2. 设计者的洞察力

教学设计过程在很大程度上还依赖于设计者的洞察力,也就是说决定设计过程是否应该存在有时往往既不是问题本身,也不是解决问题的某种方案。教学设计是对想要实施的教学预测作出的描述,由于教学具有极其复杂的动力性结构,而有关教学的科学的、技术学的分析又极其有限,所以,设计者需要凭借自身的经验、洞察力去设计教学。有时在决定某一教学要素或问题是否值得设计、如何设计方面,设计者个人对教学要素或问题情境的感知、对个人在设计过程中作用的意识以及对设计意图的特有的洞察力甚至会成为重要的影响因素。

### 3. 设计服务对象的特质

设计服务对象,对设计的影响是不容忽视的。教学设计的服务对象是学生,学生的身心特点、实际需求对教学设计有重要的影响。教学设计者一方面要关注学生的起点状态,包括他们的原有知识水平、技能和学习动机、状态等;另一方面要关注学生的学习要求、认识规律和学习兴趣,着眼于辅助、激发、促进学生的学习;再一方面还要区分服务对象的类型,考虑用不同的方式和方法呈现学习内容、引起学生的反应并提供反馈。

## 二、教学设计的基本过程和方法

教学设计是一项系统设计,它必须依照一定的程序和步骤进行。完整的教学设计主要包括以下几个环节:教学目标设计、教学起点设计、教学内容设计、教学方法和媒体设计、教学评价设计、教学结构设计。

### (一) 教学目标设计

科学合理地确定教学目标是进行教学设计时必须正确处理的首要问题。教学目标是教学双方积极活动的准绳,是衡量教学质量的尺度。明确具体的教学目标对教的方式以及学的方式起着决定和制约作用。

教学设计中容易出现的问题之一是对教学目标理解片面化,设计者关注的主要目标就是使学生掌握知识和技能,过高地突出认知目标,其他目标则被忽视。如在教学的知识运用和发展阶段,把练习内容一步到位与高考"接轨"等,而较少考虑教学内容联系社会和生产生活的实际问题,较少考虑对学生科学态度和科学方法的指导及创造精神的培养。在应试教育向素质教育转变的今天,教学设计在目标的选定上应确立综合发展的要求,自觉坚持教学目标的多元化,既要有学习者在认知领域应该达成的目标,也要有学习者在操作领域应达成的目标,还要有在心理道德素质等方面达成的目标。

### (二) 教学起点设计

任何一种教学设计的基本前提都是为学习者的学习而设计教学,因此,学习者分析在教学设计中非常重要。学习者分析通常包含两方面内容:学习者当前的状态(知识、技能和态度)和学习者的特征。学习者的当前状态与目标状态的差异构成了学习需要,从学习需要出发设计教学过程,"意味着对进入某一教学活动时的起点行为(entry behavior)进行细致分析,当学习是一个连续环节时,学生的起点行为实际上就体现为对新任务完成起重要影响的先决智能和情感条件"[1]。学习者的起点行为是确定教学起点的基本依据之一。学习者特征的分析是确定教学起点的又一基本依据,教学设计者需要关注的学习者特征包括:年龄、性别、认知成熟程度、学习动机、个人对学习的期望、焦虑程度、学习风格、经验背景、社会文化背景、以学习为目标的人际交流等等。尤其是有关人际交流方面的特征,若缺少之,教育实践工作者对学习者的交流活动的组织和控制将或多或少地失去理性。

### (三) 教学内容设计

成功的教学设计要求设计者以系统而生动的方式将教学内容组织起来,确定主要的概念以及各个概念之间的关系。科学的教学设计可以帮助学习者意识到所学内容的内在顺序,了解各部分内容与整体的关系以及各部分之间的联系,从而全面地理解所学的内容。

在教学过程中,教学内容集中体现在课程标准(教学大纲)、教科书中,教学内容的设计过程也就是教学设计者认真钻研课程标准(教学大纲)、教科书,选择、组织教学内容的过程。但课程标准(教学大纲)、教科书中的信息一般都有较强的独立性,缺乏内在层次的联系,如果设计者不进行序列化信息编码,不进行再加工,就难以使学习者获得完整、系统、扎实的知识,影响学生的逻辑思维、学习进度和学习积极性。这就需要教学设计者对教学内容进行再加工和序列化组合。教学设计者应根据教学目标的要求,结合学习者的实际水平,对学习材料进行再加工,通过取舍、补充、简化,重新选择有利于目标达成的材料。对选定的教学内容还要进行序列化安排,使之既合乎学科本身内在的逻辑序列,又合乎学习者认识发展的顺序,从而把学习材料的知识结构与学生的认知结构有机地结合起来。

### (四) 教学方法和媒体设计

教学方法和教学媒体密切相关,一方面,教学方法一般都离不开教学媒体的配合,教学方法具有物质性的特点;另一方面,媒体的使用必须贯穿一定的教学方法。因此,教学方法和教学媒体相辅相成,任何一方不恰当,均会影响教学效果。

教学方法是为完成教学任务而采用的方法,它包括教的方法和学的方法,是教育实践工作者引导学习者掌握知识技能、获得全面发展而共同活动的方法。教学方法的设计应有利于知识的传播,能力、情感、态度等的培养。在教法上,既要考虑

---

① 盛群力等:《简论系统教学设计的十大特色》,《课程·教材·教法》1998 年第 5 期。

如何教给学习者已经概括了的社会基本经验,又要考虑教给学习者怎样有效地去获得这些经验的方法。在学法上,既要考虑怎样指导学习者去获得已有知识和经验,又要考虑如何指导学习者如何建构知识,怎样主动更新自身的知识结构,不断调控自己的学习状况。

教学媒体是传递教学信息的工具,它直接沟通教与学两个方面。教学设计中媒体的涵义是广泛的,包括语言、文字、粉笔、黑板等传统媒体和现代电子媒体。选择教学媒体时,设计者需要综合考虑几方面的因素:第一,学习情境的特征,如在具体的学习情境中,所选的媒体是否有效、易行,是否适合学习、支持学习;第二,媒体的物质属性,"各种媒体之所以不同,就在于它们可以用来呈现沟通的物理特性间的不同,比如说,有的媒体可以呈现视觉的效果,但有的则不能"①;第三,学习本身的特色,在选择教学媒体时,教学设计者必须考虑所预期的学习结果。"在这方面,媒体之间最大的不同可能就在于互动的品质。当在学习动作技能时,对于学习者不论正确或错误的反应提供适当的回馈,可以说是最能增进教学效果的关键。当在学习有空间顺序或时空关系的具体概念或规则时,教学中就有必要呈现图画或影像。例如在学习花的结构或是钟摆的摆动,最有效的呈现方式就是以图像的方式,而非文字的描述。"②第四,学习者的实际。在选择教学媒体时,要始终把学习者放在中心地位,使学习者的积极性、主动性得以充分发挥。另外,学习者学习风格的不同,适用于他们学习的媒体也要有所不同。

### (五) 教学评价设计

评价是检验教学效果和调整教学过程的重要手段,因此确定评价策略和方式是教学设计的必要一环。在教学中,教学评价应该贯穿于教学活动的全过程。其中,评价的一个主要功能是验证是否达到目标。当然,"有效地测定学习目标的达成度并非易事,需要考虑多种因素。而且还要阶段性地重新评价,以确证所获得的知识、技能是否内化到学生的认知结构中,所养成的情感态度是否持久"③。对于教学来说,教学评价另一个同样重要的功能是教学功能。学习者通过教学评价来审视自己,对后续的学习活动作出相应的调整。常见的教学评价手段是常模参照评价和标准参照评价。标准参照评价虽然比常模参照评价更具有人本精神,但仍不能准确表述教育的理想。教育所追求的真正价值并不是能力本身而是能力的变化,所以教学评价的对象应是学习者的能力变化,而不是学习者的能力水平。教学

---

① [美]R·M·加涅著,陈正昌等译:《教学设计原理》,台北五南图书出版公司1996年版,第274—275页。

② 同上注。

③ 高文主编:《现代教学的模式化研究》,山东教育出版社2000年版,第433页。

评价的更理想手段是基于进步的评价,只有进步参照评价才能真实地反映教育的理想。除教学评价手段的改进,教学设计中,教学评价的设计还要注意适时性,把握好评价的时机;注意全面性,把握好教学的各个层面;注意多样性,把握好教学评价的不同形式。

### （六）教学结构设计

教学结构是为了完成一定的教学目标,在时间和空间上,各种因素的"排列"和"组合"。确定教学目标、分析和组织教学内容、选择教学方法和媒体、设计教学评价等,归根结底都要回到具体的教学结构上来,需要设计者对教学作整体的安排,比如需要确定哪些教学环节,各个教学环节占用多少时间,如何应用教学媒体和教学方法进行教学活动等,这就要求设计者在对教学结构进行决策时应体现科学性、整体性、协调性的理念。一是根据具体的教学目标、教学对象及教学内容恰当地选择教学环节,把握好每个环节的任务和要求,相辅相成、互相协调,同时合理地分配各个环节的教学时间;二是选取教学环节后,要具体设计教学各环节的组织,如采取何种手段引起学生注意,采取何种方法、运用何种媒体呈现有关内容等;三是教学程序的"总装",使之从整体上形成最佳的组合,以保证整体的功能大于各部分之和。

## 三、有代表性的教学设计模式

由于设计中涉及教学背景、参加设计的人员、教学范围、理论基础以及人们对教学设计的理解和教学设计者在实践中针对性的不同,形成了教学设计的不同模式。我们依据教学设计理论基础和基本取向的差异,划分出三类教学设计的基本模式,即行为主义的教学设计模式、认知主义的教学设计模式和建构主义的教学设计模式。

### （一）行为主义的教学设计模式

作为一种理论和新兴的学科,教学设计诞生于 20 世纪 50 年代的美国。教学设计在教学计划制定中的应用最初是由美国国防部在二战时期开发的,其目的是满足有效训练大量士兵的直接需要。形成的初期,"它跟教育技术学密切相关。所谓教育技术学是对待教育的一种观点,该观点起始于 20 世纪 50 年代的美国,它把工业制造和系统工程学引入了教育。根据这种观点,任何教学设计问题的解决方法都可以被概括在一个模型中"[①]。其后直到 60 年代末,教学设计的研究渐成气候。此时的教学设计研究还有一个重要的根源,那就是当时作为学习心理学主要

---

① 高文:《教学设计研究》,《全球教育展望》2001 年第 1 期。

理论趋势的行为主义（behaviorism）理论，行为主义为如何"安排"（program）教学提供了一系列的规则。

### 1. 理论基础

行为主义理论是研究有机体行为的一个学习心理流派，1913年起源于美国，华生（J. B. Watson）为始创者，此后，赫尔（K. L. Hull）、托尔曼（E. Tolman）、斯金纳（B. F. Skinner）进一步发展了行为主义理论。在整个20世纪，行为主义心理学是美国心理学的显学，它集结了从以华生为代表的经典行为主义到以斯金纳为代表的形形色色的新行为主义。其中，对教学设计领域影响较大的是斯金纳的行为主义学习理论。

行为主义者认为，教学是运用适当的强化作用，使学习者产生适宜的行为，有效的学习取决于强化作用的安排。设计者在进行教学设计时，预先设计学习者的预期行为，针对行为选择、拟定增强策略，并分析学习者的反应，以达学习效果。总之，行为主义的教学设计在教学目标的拟定、学习需求的评估、教学活动理论与策略的采用、教学媒体的选择与决定、教学评价等各方面，均强调外显可观察及可量化的行为。程序教学及学习机的问世，后来的电脑辅助教学及系统化教学设计均是受行为主义理论影响而发展出来的结果。

### 2. 代表模式

行为主义的教学设计模式中，影响最大、最有代表性的当推斯金纳的程序教学模式。斯金纳是一个激进的新行为主义者，他坚持严格的行为主义立场，坚持对行为进行客观的实验研究。他还受操作主义的影响，主张把心理的东西还原为可观察的操作行为进行研究，这也是他和经典行为主义的区别之一。经典行为主义的研究可称为应答行为研究，强调的是用刺激—反应来分析所有的行为，包括情绪反应，相信有什么刺激必定会产生什么反应，反应是由刺激引起的。斯金纳把自己的研究称为操作行为的研究（即自发行为的研究），斯金纳认为人和动物的许多行为并非刺激与反应（S - R）间的简单联结，人总是积极地操作环境，并在这个过程中不断地改变自己的行为方式，而不是一味被动地等待刺激。斯金纳还指出，人类行为大多属于操作行为，而只有少数为应答性行为。

斯金纳的操作条件作用理论是根据他的"斯金纳箱"经典实验提出来的。在该实验中，他发现动物的行为是通过操作环境而形成的，动物不是被动地等待刺激，然后作出反应，而是主动作用于环境，通过这种作用获得环境对动物的一定刺激。这里的反应就是"操作性条件作用"。斯金纳通过实验还发现，在操作性活动受到强化之后，其明显后果是这一操作性的活动频率增加了，而在反应之后不予强化，则反应就会减弱。他把这种学习称为"操作学习"。这一发现也使他认识到强化作用在操作性行为中起着重要作用。斯金纳把他的操作条件作用理论和强化原理应用于教学上，制成了他的程序教学机器，并逐步完善了他的程序教学设计。

根据斯金纳的设计,程序教学的过程是把教学内容根据学习过程分解成许多小的项目,并按一定逻辑排列好。每一项目都要事先作出解释,然后提出要求学生回答的问题,每个问题都要有正确的答案。当学生回答问题后,通过出示正确答案,使他们确认自己反应的正误。反应正确后,再进入下一项目的学习。

程序教学的设计有一些基本的原则:①积极反应。在程序教学中学生利用程序教材和教学机器,进行各种读、写、算等学习活动,为了提高学习的主动性,学生要对问题作出积极反应,加上不断的强化,学生始终处于活跃和忙碌的状态。②自定小步子。设计者把教学内容按它的内在联系分成许多小步子序列,每个小步子出现的顺序都经过仔细的安排。换言之,教学内容的出现是依照学习的步骤逐步依序排列,使学生逐渐趋近所要完成的教学目标。③及时强化。意味着学生在对每一个问题作出反应时,应使之及时了解学习的结果,有效地形成其行为,抓住学生的兴趣来保持行为,调动学生学习的积极性,以便学生及时调整学习。④自定步调。即在学习速度上,允许学生自定步调,按符合自己能力和水平的速度学习。这样,学生可根据自己的情况,掌握最适合自己的速度学习。

这种设计的优点是能使学习者在学习中得到即时反馈,使学习者在每一步学习小步上都得到强化,较好地适应个别差异性和多样化的个体需求,从而克服传统教学设计中过于侧重整体而忽视个体的不足。然而,程序教学设计的局限性也是显而易见的。首先是由于各种教学程序不能承担各种教学任务造成的。有学者批评说:"斯金纳把学习理解为一种以小步子进行的,但连续地发生的行为塑造。因此在程序教学中对学生进行的行为塑造纯粹像驯动物的做法。由于这一点,人们在逻辑上必然得出结论,在程序教学中只能提供那种不要求解决问题的思维材料。这适合于常识领域、实际规律性的东西,而不适合那些假如要涉及理解行为、带有判断色彩、评价和认识过程等的东西。"① 也有批评者认为:"程序学习是在没有任何社会联系情况下进行的。然而,恰恰在一个班级的社会合作中可以出色地处理各种材料。通过社会联系学生可以建立交往,这种交往使学生之间的讨论、解释、论证、寻找对一个问题作各种解答的途径等等方面进行交流成为可能。"② 还有忽视学习者的内因、思想意识和情感意志等问题。从这方面看,程序教学设计对学习者的要求是非常片面的,即几乎只有认知方面的要求。

**(二)认知主义的教学设计模式**

以行为主义心理学为理论基础的行为主义的教学设计,将刺激—反应联结作

---

① 瞿葆奎主编:《教育学文集·教学》(中册),人民教育出版社 1988 年版,第 633 页。
② 同上注。

为基本出发点,侧重于简单行为的习得,而未能对人在学习过程中所经历的认知转变以及复杂行为方式的相应转变作出深入、全面的设计。20世纪50年代中期,心理学界兴起"认知革命",心理学的研究对象从简单行为转向认知过程,这就为教学设计研究进一步贴近现实的教学情境,展示知识获得过程开辟了广阔前景。60年代末期开始,行为主义在心理学领域的主导地位逐渐被认知心理学所取代,以认知心理学为基础的认知主义的教学设计理论开始兴盛起来。

### 1. 理论基础

认知主义的教学设计建立在认知心理学(cognitive psychology)的理论基础之上。认知心理学是西方现代心理学一个新流派,它始于20世纪50年代中期,60年代之后迅速发展。

认知心理学有三个基本的观点:①将人的心理活动看作是信息加工系统;②强调已有知识、认知结构对人的行为和当前的认知活动的决定作用;③重视认知过程的整体性,即各种认知之间是相互作用、有机联系在一起的一个统一整体。

认知心理学的基本观点将教学设计引入一片新的天地,它对教学设计的贡献在于:提出了学习与记忆的信息加工理论,提出了基于认知发展的教学策略,实现了研究重点的转移。认知主义的教学设计视教学为问题解决的过程,教学策略的选择与应用,重点在于引导学习者面对问题情境时,采用最适当的策略与方法。教学过程的设计并非以固定不变的情境为导向,作"放之四海而皆准"的设计,而是根据不同对象、领域、目标与情境进行不同的设计。更为强调的是学习者的已有知识、知识结构、学习的情境和运用多元化的评价方式了解学习结果,其要旨在于发展学习者的认知能力和水平。

### 2. 代表模式

有代表性的认知主义的教学设计模式很多,如赞科夫的教学设计模式、瓦根舍因的教学设计、加涅的教学设计、布鲁纳(J. Bruner)的教学设计、奥苏伯尔(D. P. Ausubel)的教学设计等等。这里主要介绍布鲁纳的教学设计模式。

布鲁纳是当代认知心理学派的主要代表人物之一,是20世纪60年代学科结构运动的积极倡导者。他的研究和思想深受詹姆斯、杜威、格式塔心理学派、各种社会人类学家和皮亚杰"发生认识论"等的影响。在教学设计上,他提出了认知发展、学科结构、发现学习等一系列独具特色的教学主张。

布鲁纳认为,学习包括三个几乎同时发生的过程:①习得新信息;②转换,这是一种处理知识以便使其适应新任务的过程;③评价,即检查处理信息的方式是否适合于这项任务。由此,布鲁纳提出,学生不是被动的知识接受者,而是积极的信息加工者。对学生来说,学习的直接目标在于掌握学科的基本知识,但布鲁纳认为同时还要重视发展学生的智力。他说:"我们也许可把培养成绩优异的人作为教育的最一般目标,但是应该异常清楚上面这句话是什么意思。它在这里指的不仅要教育成绩优异的学生,而且要帮助每个学生获得最好的智力发展。"①因为,在布鲁纳看来,人类的学习本质上是一种认知生长(也称为智慧生长)、认知能力发展的过程。

对于认知生长,应根据什么来衡量其发展程度呢? 布鲁纳提出了六条标准:①生长是以反映日益独立于刺激的直接性为特征的;②生长取决于把事件内化到与环境相应的贮存系统中去;③认知生长涉及愈益能够用文字或符号对自己或他人说清楚已做了些什么或将要做些什么;④智慧发展有赖于指导者与学习者之间系统的和偶发的相互作用;⑤不仅利用语言媒介进行交际,还使之成为有条理地理解环境的手段;⑥认知发展是以愈益能够同时处理一系列不同的事物、在同一时期能顾全到若干序列,以及用一种适当照顾到多种要求的方式分配时间和注意等为标志的。

布鲁纳认为,一个认知发展达到成熟的人要能精熟于三种代表外在真实世界的表征模式(modes of representation),它们分别是:动作表征(enactive representation)、肖像表征(iconic representation)和符号表征(symbolic representation)。动作表征的特点是以动作的反应或操作来代表外在世界,肖像表征主要是以内在感官留下的心像如图片、文字或知觉影像来代表外在世界,符号表征乃是通过抽象的语言符号来代表外在真实世界。这三种表征系统的相互作用是认知生长的核心。这三种表征系统实质上就是三种信息加工系统,人类正是凭借这三个系统来认识世界的。

在此基础上,布鲁纳提出,如果能将学科内容加以转换,使之适合学习者目前认知发展水平的表征模式,那么任何学科都可以用理智上忠实的形式教给任何年龄的任何儿童。什么是理智上忠实的形式呢? 布鲁纳认为,是指适合于学生认知发展水平的学科的基本结构。布鲁纳的教学设计也因此被称为结构主义的(structurism)教学设计。

所谓学科的基本结构,他的解释是,"基本"就是一个观念具有既广泛而又强有力的适应性,"结构"就是指学科的基本概念、原理、法则之间的内在联系。学科的基本结构就是每门学科中那些广泛起作用的概念、原理和法则的体系。例如代数中的交换律、分配律、结合律和英语中的语法结构、构词规则与句型等。②

注重掌握学科的结构,而不是现成的正确答案,必然会强调学习的过程,而不是学习的结果。因此,布鲁纳提出,学生在掌握学科的基本结构的同时,还要掌握学习该学科的基本方法,其中发现的方法和发现的态度是最为重要的。在布鲁纳看来,学生的发现与科学家的发现仅属程度不同,没有本质差别。学习过程是人主动地对进入感觉的事物进行选择、转换、储存和应用的过程,是主动学习、适应、改

---

① [美]布鲁纳著,邵瑞珍译:《教育过程》,文化教育出版社 1982 年版,第 30 页。

② 参阅[美]布鲁纳著,邵瑞珍译:《教育过程》,文化教育出版社 1982 年版,第 4—35 页。

造环境的过程。从这个角度看，应该要求学生充分地发挥主动性、创造性，努力去探索、发现所学的知识和规律，使自己成为一个发现者。

如何设计教学程序？布鲁纳认为，教学程序是受多种因素影响的，必须根据多种因素的变化来制定，如学生认知发展的状况，学习材料的性质等等。教学程序没有专门定式，也不是一成不变的。但设计最佳的教学程序有一些基本的要求：一是要选择最有效地使学习者树立学习的心理倾向的经验。二是要以经济有效的方式安排教学顺序。将新呈现的学习材料作为一个结构模式教给学习者，这个模式将帮助学习者将已学到的知识技能迁移到类似的新学习情境。三是学习材料的呈现要与学习者的认知发展相适应。按照认知发展的正常历程，应该是由动作表征到肖像表征，最后到符号表征。当学习者具有发展完善的符号系统时，就可能超越阶段顺序，但这有一定的风险。布鲁纳提出，成功地组织学习材料的途径是发展一种螺旋式的课程（a spiral curriculum），它从学习者已有经验的基本知识开始，并在这个基础上增加更复杂和更精细的类目和编码，在教学向前进行的时候，它经常返回去在以前理解的基础上提高。四是要规定学习和教学过程中奖励和惩罚的性质和步调。布鲁纳要求重视学习者的内在动机，让学习者主动地操纵环境，并从学习自身得到满足。

布鲁纳的教学设计思想产生于 20 世纪 60 年代。它是对 60 年代"知识激增"背景下如何提高教育和教学质量、促进学生有效学习作出的一种尝试。他对学习过程、人的认知发展阶段、学习动机、发现学习以及直觉思维等方面都作了深入的研究。他的结构课程论、教学认识论、发展学习论影响深远，引发了教育和教学一系列改革运动，这场运动波及世界许多国家和地区。但是，诚如列宁所说："只要再多走一小步，仿佛是向同一方向迈的一小步，真理便会变成错误。"[1]布鲁纳的问题恰恰在于此。他重视知识结构，但把知识结构强调到不适当的地步，用它代替一切，混淆了学科和科学的界限；他重视发现学习，但忽视了其他各种学习方式的存在，这势必带来学生在学校里学习任何内容都采用发现法的适切性问题；他重视学习者的认知生长，但把这种生长推到极端。"他本人在 70 年代时也承认，他当初在论述儿童的生长时忽视了社会方面的因素。他自己说：'如果我现在有权选择，那么为 70 年代而进行的课程设计，应是寻找一种我们能借以使社会恢复它的价值观念和生活优先权的手段。'当然，他不可能有这个'权'，因为时代已经过去。"[2]

认知理论的产生和发展对教学设计理论、模式取向的转变有很大的影响。基于认知发展理论的认知主义教学设计模式在学习、认知、信息加工、感知等方面形成了新的研究和设计，大大改变了教学的现实。尽管人们对认知主义教学模式中

---

① 《列宁选集》（第 4 卷），人民出版社 1972 年版，第 257 页。
② 施良方著：《学习论——学习心理学的理论与原理》，人民教育出版社 1994 年版，第 229—230 页。

诸如把理智从完整的心灵中分离出来、把学术素养的发展推至极端等方面的问题以及模式本身的烦琐和机械颇为不满,但认知主义教学模式所发挥的作用,对教育和教学改革的引领地位是不允否认的,至今人们对认知主义教学模式可能的新发展依然兴趣盎然。

## (三) 建构主义的教学设计模式

在过去的 30 多年中,强调刺激—反应,并把学习者看作是知识灌输对象的行为主义的教学设计模式,已经让位给强调认知主体的内部心理过程,并把学习者看作是信息加工主体的教学设计模式。随着人们对学习过程认知规律研究的不断深入,在 20 世纪接近尾声时,认知主义教学设计模式的一种新的发展,或者说一种新的变体——建构主义的教学设计模式逐步开始流行。建构主义的教学设计模式以源于对客观主义的根本超越的建构主义认识论的建构主义学习理论为基础。建构主义是学习理论朝着与客观主义相对的方向的发展。客观主义认识论的基本主张是:"实在"是客观的,是外在于人的心灵,不以人的意志为转移的,知识是对"客观实在"的摹写。行为主义强调的正是不涉及内在的行为变化,关注的焦点是通过重复直至变化自动的一种行为的新样式,所以,是客观主义的、环境主义的和强化的。认知主义一改行为主义不谈内部过程的做法,将研究的中心转向认知活动的信息流程,看到了人对信息的主动选择、加工和存储,但它假定信息或知识是事先以某种预定的形式存在的,先要接受它们才能进行认知加工。这又承接了客观主义的传统——事物的意义是独立于个体之外的,对事物的理解过程就是把这种意义移到头脑中。

建构主义认识论是对客观主义的根本超越,它"极大地摧毁了经验—实在主义,经验—实在主义主张以独立于观察者的物质和现象表征现实"。建构主义强调人的心理表征与外部世界一样拥有"真实"的存在状态;"知识总是由个体建构的"[①];意义在本质上是合作产生的。因此,建构主义学习理论主张,学习是学习者主动地建构内部心理表征的过程,它不仅包括结构性的知识,而且包括非结构性的经验背景。学习过程不是从感觉经验本身,而是从对该感觉经验的选择性注意开始的。学习总是涉及学习者原有的认知结构,学习者总是以其自身的经验,来理解和建构新的知识和信息。建构一方面是对新信息的意义的建构,同时又包含对原有经验的改造和改组。学习者以自己的方式建构对于事物的理解,从而不同的人看到的是事物的不同的方面,不存在唯一的标准的理解。但是,通过学习者的合作,可以使理解更加丰富和全面。[②] 以建构主义学习理论为依据的建构主义的教

---

① M. Larochelle, etc., *Constructivism and Education*, Cambridge University Press, 1998, p. 5.

② 参阅陈奇、张建伟:《建构主义学习观》,《华东师范大学学报(教科版)》1998 年第 1 期。

课程与教学论

122

学设计模式,其其基本特征即在于:基于建构、为了建构、在建构之中。

### 1. 理论基础

作为一种学习的哲学,建构主义最早可追溯到18世纪拿破仑时代的哲学家维柯(Giambattista Vico)。他曾经指出,人们只能清晰地理解他们自己建构的一切。20世纪,对建构主义思想的发展作出重要贡献,并将其应用于课堂和儿童学习与发展的首推皮亚杰和维果茨基。皮亚杰是认知发展领域最有影响的一位心理学家,他所创立的关于儿童认知发展的学派,人们称为日内瓦学派。他坚持从内因和外因相互作用的观点来研究儿童的认知发展,他认为儿童的认知发展是以原有的有关世界的"图式"为基础,通过"同化"和"顺应"与环境相互作用,逐渐发展内部的"图式"。他提出,学习的最基本的原理就是发现,理解就是创造,或通过再创造去进行重构。相对而言,皮亚杰的建构主义主要在于解释如何使客观的结构知识通过个体与之交互作用而内化为认知结构,但对学习的社会性重视不够。

苏联杰出的心理学家维果茨基的研究则在这方面作了弥补,他深入地研究了"活动"和"社会交往"在人的高级心理机能发展中的重要作用,解释了社会和个体在共同建构知识过程中的动态的相互依赖关系,他把发展定义为社会共享的活动的内化过程。他还提出了"最近发展区"的概念,他坚信儿童是在摆脱日常概念和成人概念的"张力"中学习的,"如果仅仅将源于成人世界的预成的概念呈现给儿童,那么他就只能记忆成人有关这一想法所说的一切。为了将这一想法占为己有,成为自己的财富,儿童必须利用这一概念并将它跟首次呈现于他的想法联系起来"[①]。所有这些研究都使建构主义理论得到进一步的丰富和完善,并逐渐形成了当今较为完整的建构主义学习理论。

关于学习的涵义,建构主义认为,学习是获取知识的过程,但"知识不是通过教师传授得到,而是学习者在一定的情境即社会文化背景下,借助其他人(包括教师和学习伙伴)的帮助,利用必要的学习资料,通过意义建构的方式而获得"[②]。"情境"、"协作"、"对话"和"意义建构"是学习环境中的四大要素。所以,建构主义非常强调学习的过程,学习者在学习过程中,产生一种与人、事、物的互动或接触,这种互动是一种内化建构的过程。

建构主义提倡在教师指导下的、以学习者为中心的学习,即既强调学习者的认知主体作用,又不忽视教师的指导作用,但教师已不再是知识的灌输者,而是意义建构的帮助者、促进者,学生也由外部刺激的被动接受者和被灌输的对象转变为信息加工的主体、意义的主动建构者。

建构主义的学习是教师指导下的以学习者为中心的,这样的学习具有六个核

---

① 高文:《建构主义与教学设计》,《外国教育资料》1998年第1期。
② 何克抗:《建构主义——革新传统教学的理论基础》(上),《电化教育研究》1997年第3期。

心特征:积极的、建构的、累积的、目标指向的、诊断的、反思的。

### 2. 代表模式

强调教师指导下的以学生为中心的建构主义的学习理论对传统的教学理论、教学观念、教学设计提出了挑战,意味着在教学当中应当采用全新的教学设计思想、全新的教学方法、全新的教学设计模式。如果说传统的教学设计模式是:以教师为中心,教师利用讲解、板书和各种媒体作为教学的手段和方法向学生传授知识,学生被动地接受教师传授的知识。那么,建构主义教学设计模式则是:"以学生为中心,在整个教学过程中由教师起组织者、指导者、帮助者和促进者的作用,利用情境、协作、对话等学习环境要素充分发挥学生的主动性、积极性和首创精神,最终达到使学生有效地实现对当前所学知识的意义建构的目的。"[1]下面我们具体介绍一种有代表性的建构主义教学设计模式:抛锚式教学设计模式。

该模式主要强调以技术为基础的学习,是由美国温特比尔特大学皮波迪教育学院认知与技术课题组(Cognition and Technology Group at Vanderbilt,简称CTGV)在布朗斯福特(J. Bransford)的领导下开发的。其主要目的"是使学生在一个完整、真实的问题情境中,产生学习的需要,并通过镶嵌式教学以及学习共同体中成员间的互动、交流,即合作学习,凭借自己的主动学习、生成学习,亲身体验完成从识别目标到提出和达到目标的全过程"[2]。

抛锚式教学设计有两条重要的原则:一是教学活动紧紧围绕某一"锚"(anchor)来设计。所谓"锚"即某种类型的个案研究或问题情境。这种教学要求建立在有感染力的真实事件或真实问题的基础上,确定这类真实事件或问题被形象地比喻为"抛锚"(anchored),因为这类事件或问题被确定了,整个教学内容和教学进程也就被确定了(就像轮船被抛锚固定一样)。二是教学的设计应允许学生对教学内容进行探索。如允许学生探索问题的多种可能解答、发展有关体验的表征、学生自己生成项目等。

抛锚式教学由五个基本的环节组成:①创设情境。使学习能在和现实情况基本一致或相类似的情境中发生。②确定问题。选择出与当前学习主题密切相关的真实性事件或问题作为学习的中心内容,即"抛锚"。③自主学习。不是由教师直接告诉学生应当如何去解决面临的问题,而是由教师向学生提供解决该问题的有关线索。④协作学习。讨论、交流,通过不同观点的交锋,补充、修正、加深每个学生对当前问题的理解。⑤效果评价。这里不需要进行独立于过程的专门测验,只需在学习过程中随时观察并记录学生的表现即可。[3]

---

① 何克抗:《建构主义的教学模式、教学方法和教学设计》,《北京师范大学学报(社科版)》1997 年第 5 期。
② 高文、王海燕:《抛锚式教学模式》(一),《外国教育资料》1998 年第 3 期。
③ 何克抗:《建构主义的教学模式、教学方法与教学设计》,《北京师范大学学报(社科版)》1997 年第 5 期。

建构主义教学设计模式关注教学活动中学生的主体性作用,强调学生面对具体情境进行意义的建构,这相对于具有客观主义特点的行为主义教学设计模式和认知主义教学设计模式是一种进步。它使人们重新认识了学习的性质、教师的作用和教学的本质,重新认识了现代化、信息化、全球化时代教学的目的、任务和方法,为我们改革传统的教学和学习带来了良方。这是一种极具魅力的教学设计模式,其广泛实施将是一场学习的革命、教学的革命。当然,该类模式也还处在不断的争论、发展和完善中,需要研究和思考的问题很多,实施中的挑战亦不可低估。

[案例 4-2]　　　　　　　　压 强 的 现 象①

**一、引起动机**

牛奶糖也能当钉子:老师取一块牛奶糖,将一端捏成针状后,直立地面,让一颗椰子在牛奶糖上方自由落下,便可让牛奶糖钉入椰子中。

【学生活动】

学生观察牛奶糖是否钉入椰子中并推测可能之原因。教师示范后可邀请几位学生重复此实验,分析成功或不成功原因,加以修正后,重复做几次。

**二、说明主旨和目标**

1. 压强和受力面积的关系。

2. 压强定义公式和单位之介绍。

3. 压强的计算。

◎压强和受力面积的关系

1. 示范并请学生一起做:分别用两手的指头,同时压住钢笔的两端,并让钢笔保持不动,请问,手指有何感觉?手指的肌肉有什么现象发生?

试比较此时两手手指的不同点。

Q:两手手指施力的大小相同吗? 如何得知?

　　既然两端的施力大小相同,为什么有一端凹陷较深呢?

2. 将装满水的宝特瓶放在海绵上,让学生比较直立和倒立时海绵凹陷的程度。

Q:为什么?

◎压强和压力的关系

分别拿一瓶和两瓶大小相同装水量也相同的宝特瓶,让学生比较两者再直立时海绵凹陷的程度。

Q:要让海绵凹陷更深时,该怎么办?

【建构教学之观点】

分组活动后,请同学思考,并做经验分享,此时教师不宜采用传统权威式标准答案,教师尽量鼓励学生回答;若学生答案是合理,亦加以口头鼓励;若是回答不合理,不是学生不了解(not understanding),乃是学生了解方向和角度不同(understanding different)而已,教师不可严厉指责,必须加以正面鼓励,这就是建构教学的精神。

---

① 资料来源　张世忠著《建构教学:理论与应用》,台北五南图书出版有限公司 2000 年版,第 91—94 页。

【结果分析】

在压强和受力面积的关系阶段,与老师一起做并回答:按着笔尖的手指比较痛,而且肌肉凹陷比较深。学生回答:相同,因为钢笔静止不动,故得知合力为零;因为笔尖的面积比较小。仔细聆听并做笔记,观察并回答:倒立时海绵凹陷较深。

在压强和压力的关系阶段,观察并回答两瓶上下相叠时(总水量较多)海绵凹陷较深;思考并回答瓶子里的水越多越好,瓶盖越小越好。

◎压强的介绍

【定义】压强 ＝ 单位面积所受的压力。

【物理意义】受力面积相同,压力越大则单位面积承受的力越大。

【公式】$p = F/S$($p ＝$ 压强,$F ＝$ 压力,$S ＝$ 受力面积)

【种类】固体、液体、气体;固体对水平桌面只能产生垂直向下的压力。

【压强的计算】

1. 20 g 的力垂直作用在面积为 10 cm 平方的平面上,求压强的大小。

2. 20 g 的力垂直作用的面积为 0.1 cm 平方的平面上,求压强的大小。

【小组讨论】分组并给予题目相互讨论后抽一位同学上台解说。

题目:假设砖块的重量为 2 000 克,长、宽、高分别为 20 cm、10 cm、5 cm,求:(1)当砖块平放时施予海绵上的压强多大?(2)直立时压强多大?

(分组讨论后抽点同学回答。)

【问题思考】

1. 示范:一块豆腐放在一根钉子上,豆腐马上被刺破;但把它放在布满钉子的剑山上,则豆腐不破碎,这是为什么?

2. 牛奶糖为什么可以穿透椰子?

3. 为什么刀口钝了就很难切开东西?

【分组活动】

1. 两人一组一人拉住纸的两端使之张开,另一位同学以钢笔的笔尖或笔末端戳破纸张。做完后角色互换,并用心感受两者的不同,并说明原因。

2. 以刀口和刀背切开柠檬,比较两种切割情形的难易度。

3. 牛奶糖穿透椰子实验。

4. 举出日常生活中与固体压力有关的例子。


[案例 4-3]　　　　　　　　抛锚式教学

(澳大利亚"门尼·彭兹中心小学")①

试验班为六年级,有 30 名学生,教师名字叫安德莉亚,当前要进行的教学内容是关于奥林匹克运动会。

首先,安德莉亚鼓励她的学生围绕这一教学内容拟定若干题目,例如奥运会的历史和澳大利亚在历次奥运会中的成绩等问题(确定与主题密切相关的真实性事件或问题作为学习的中心内容——"抛锚"),确定媒体在解决这些问题的过程中所起的作用,并要求学生用多媒体形式直观、形象地把自己选定的问题表现出来。

---

① 资料来源　何克抗:《建构主义——革新传统教学的理论基础》(中),《电化教育研究》1997 年第 4 期。

经过一段时间在图书馆和 Internet 上查阅资料以后,其中米彻尔和沙拉两位学生合作制作了一个关于奥运会历史的多媒体演示软件。在这个软件向全班同学播放以前,教师提醒大家注意观察和分析软件表现的内容及其特点。播放后立即进行讨论。一位学生说,从奥运会举办的时间轴线,他注意到奥运会是每 4 年召开一次。另一位学生则提出不同的看法,他认为并不总是这样,例如 1904、1906 和 1908 年这几次是每两年举行一次。还有一些学生则注意到在时间轴线的 1916、1940 和 1944 这几个年份没有举行奥运会,这时教师提出问题:"为什么这些年份没有举办奥运会?"有的学生回答,可能是这些年份发生了一些重大事情。有的学生则回答发生了战争,有的则更确切地指出 1916 年停办是由于第一次世界大战,1940 和 1944 年停办是由于第二次世界大战。

经过大家的讨论和协商,认为有两点补充:①说明第一、二次世界大战对举办奥运会的影响;②对奥运会历史初期的几次过渡性(两年一次)奥运会作出特别的解释。这时候有位学生提出要把希特勒的照片通过扫描放到时间轴的 1940 年这点上,以说明是他发动了第二次世界大战。教师询问全班其他同学:"有无不同意见?"沙拉举起手,高声回答说:"我不同意用希特勒照片,我们应当使用一张能真实反映第二次世界大战给人民带来巨大灾难(例如大规模轰炸或集体屠杀犹太人)的照片,以激起人们对希特勒的痛恨。"教师对沙拉的发言表示赞许。

从以上课例可以看到,教师为这个教学单元进行的教学设计主要是让学生用多媒体计算机建立一个有关奥运会某个专题的情境,并以奥运历史或澳大利亚在历次奥运会中的成绩这类真实性事件或问题作为"锚"(学习的中心内容),用以激发学生的学习兴趣和主动探索精神,再通过展开讨论,把对有关教学内容的理解逐步引向深入。在这个课例中,学生始终处于主动探索、主动思考、主动建构意义的认知主体位置,但是又离不开教师事先所作的、精心的教学设计和协作学习过程中画龙点睛的引导;教师在整个教学过程中说的话很少,但是对学生建构意义的帮助却很大,充分体现了教师指导作用与学生主体作用的结合。

## 问 题 与 思 考

1. 比较课程开发与课程编制。
2. 说明校本课程开发的意义,并谈一谈自己的观点。
3. 评价不同的课程设计取向。
4. 你认为应如何进行课程设计。
5. 分析教学设计的价值和方法。
6. 探讨教学设计模式的发展趋势。

## 活 动 与 研 究

1. 参与校本课程的开发。
2. 进行素质教育的课程设计。
3. 以建构主义的观点设计教学活动。

## 推 荐 阅 读 书 目

1. [荷]罗伯特·D·坦尼森等著,任友群等译:《教学设计的国际观:理论·研究·模型》,教育科学出版社 2005 年版。
2. [荷]山尼·戴克斯特拉等著,任友群等译:《教学设计的国际观:解决教学设计问题》,教育科学出版社 2007 年版。

3. 刘玉玲著:《课程发展与设计》,台北桂冠图书股份有限公司 2003 年版。

4. [美]Jon Wiles 等著,徐学福等译:《课程开发:实践指南》,中国轻工业出版社 2007 年版。

5. [美]乔治·J·波斯纳等著,钟启泉等译:《学程设计:教师课程开发指南》,华东师范大学出版社 2003 年版。

6. 皮连生、刘杰主编:《现代教学设计》,首都师范大学出版社 2005 年版。

7. 吴刚平著:《校本课程开发》,四川教育出版社 2002 年版。

8. 徐玉珍著:《校本课程开发的理论与案例》,人民教育出版社 2003 年版。

9. 周韫玉等主编:《中小学校课程开发与示例》,清华大学出版社 2002 年版。

10. 钟志贤著:《面向知识时代的教学设计框架》,中国社会科学出版社 2006 年版。

11. J. A. Beane, *Curriculum Planning and Development*, Allyn and Bacon, Inc., 1986.

12. R. A. Reiser(Editor), *Trends and Issues in Instructional Design and Technology*, Prentice Hall, 2006.

13. D. Tanner, L. N. Tanner, L. Tanner, *Curriculum Development: Theory into Practice*, Prentice Hall, 2006.

14. W. H. Schubert, *Curriculum: Perspective, Paradigm and Possibility*, New York: Macmillan Publishing Company, 1986.

# 第五章　课程与教学的组织

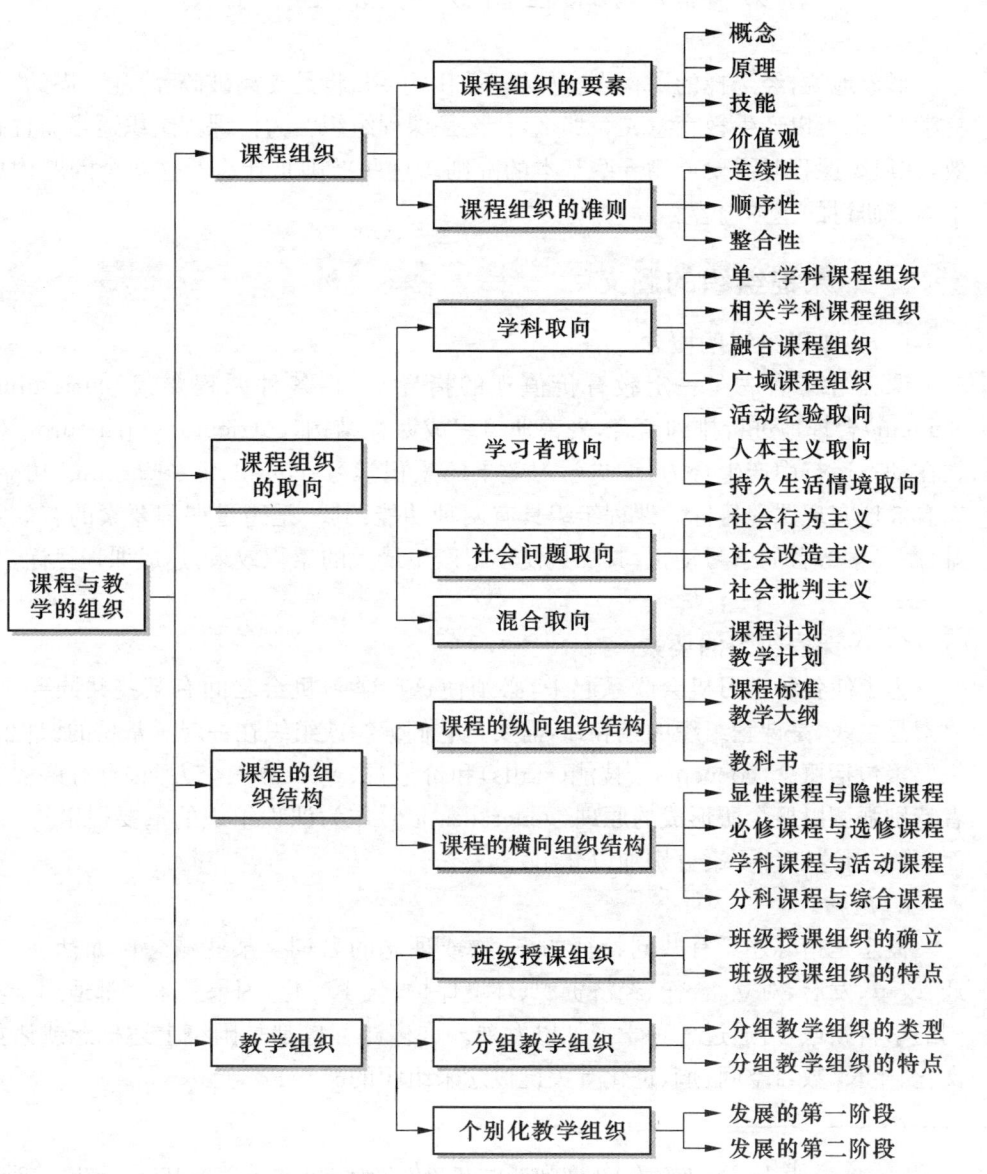

在课程学习中,"组织"(organization)是一个重要的问题,它不但大大地影响着教学效率,也深深地左右着主要的教育(或行为)改变发生在学习者身上的程度。本章将围绕"组织"问题,着重讨论课程组织的取向,课程的纵向结构、横向结构,班级授课组织、分组教学组织和个别化教学组织。

# 第一节　课程组织的涵义和准则

形象地说,经选择的课程内容如果不加以组织,将是支离破碎、凌乱不堪的,不易学习,也难以产生教育意义。那么,什么是课程组织?为使课程组织适当而且有效,在组织课程时需要遵循一些基本的准则。这些准则是什么?这两个问题构成了本节研讨的基本内容。

## 一、课程组织的涵义

### (一)课程组织的概念

课程组织就是在一定教育价值观的指导下,将各种课程要素(curriculum element)合理地进行排列组合,妥善地组织成课程结构(curriculum structure),使之在动态运行中产生合力,增进学习效果的累积学习(cumulative learning)功能,以有效地实现课程目标。课程组织具有两种功能:其一是通过课程要素的有效安排,激发学习者的学习动机;其二是使学习产生最大的累积效果,达成课程目标。

### (二)课程组织的要素

为了使各种学习机会联系起来,必须使这些学习机会之间有某些共同要素。要素是主线,是课程组织的经和纬,需要把它们编织或组织在一起。常见的课程组织要素包括概念(concepts)、技能(skills)和价值观(values)三个方面,也有课程学者特别强调以概念所形成的原理(generalization)作为课程组织的重要因素。[①] 下面,我们对这四种要素分别加以介绍。

#### 1. 概念

概念是指陈述具有共同特征的事、物或理念的名词。某些概念例如社会、变迁、改革、发展、对立、合作、经济资源、环境保护、化学变化、因果关系等都适用于不同的学科领域,可通过各种学习加以发展。许多课程也都是围绕上述概念或诸如文化、生长、数目空间、熵、进化等关键概念来组织的。

---

① J. McNeil, *Curriculum: A Comprehensive Introduction*, 5th ed., New York: Harper Collins College Publishers, 1996, Chapter 9.

当然,每一概念的作用不同,其抽象程度也因年级、科目和单元而异。例如,小学社会科学课程的组织,主要就以"差异"、"相互依赖"和"社会控制"等三个概念作为组织要素,各年级课程内容所处理的概念都是一样的。但是概念的概括性、复杂性和抽象性随年级而加深,并且用以说明的例证也有不同。

## 2. 原理

原理是指对两个或两个以上概念间关系的说明。例如,"在稳定的社会里,各方面的教育影响一致地对个体发展起作用;在不稳定的社会里,存在着不一致性和矛盾性"。这便是教育学中的一个原理。课程的组织需要依据各门科学中诸如此类的原理,通过精心设计的学习活动,帮助学生探讨有关的问题,以理解原理的正确性,或加以修正。

这一组织要素,不仅使学习者更能了解世界,也能探讨这些理论所显示的相互关系。不过需要注意的是,不可将原理视为真理,并以真理的方式教给学生。应该使学生理解原理不是放之四海而皆准的真理,只是一种要加以证明的叙述而已,只有了解了原理所代表的相互关系,原理才有价值。

## 3. 技能

技能包括技巧、能力与习惯。技能不仅使课程具有连续性,也有助于课程的相关和统整。举例来说,小学有时就围绕词汇再认或领会的技能、基本的运算技能以及解释资料的技能来组织课程的学习。

## 4. 价值观

价值观是指关于价值的一定信念、倾向、主张、态度的系统观点。例如,不分性别、种族、阶级、宗教、年龄的平等价值观与民主的信念,皆可作为学校的课程组织要素。这项组织要素是各学校、各年级的课程学习都需加以强调和重视的,而且这种重视不但体现在社会科中,其他各门学科的组织和学习概莫能外。

对组织要素的理解,是课程研究的一个显著属性。对学习者来说,可能直接意识到的仅仅是学习活动的具体形式,如当问及他们在学什么时,他们很可能回答在学有关印第安人的问题或者在学外语,但富有洞察力的课程组织者和设计者却始终要意识到更深层的意义,并把其洞察体现为有效的课程组织,除了要看到这种直接的学习活动,还要看到活动所表明的主要抽象观念。涉及印第安人的学习活动,目的可能并不仅仅在于了解他们的生活,还在于对所有人始终都具有的基本需要的理解。学说外语也不但是学会其他语言的表达,而是要说明人与人之间的交往。

此外,课程组织要素要根据课程目的、目标、预期结果加以选择和有所侧重。如果课程目的是属于技术和职业方面的,那么侧重点就是技能要素。如果课程目的强调具有整合作用的道德和伦理领域,就要注重价值观这一组织要素。总之,作为课程组织经纬线的基本组织要素是概念、原理、技能和价值观,它们对有效的课程组织而言,就像高楼大厦中的钢筋结构,尽管看不见,但对大厦的强固是极为必要的。在实际的课程组织中，要素的选择和侧重点，也不是一成不变的，可依据不同的课程目的、学科特点、预期的学习结果而加以确定。

## 二、课程组织的准则

课程组织包括两个维度：横向组织和纵向组织。为使课程组织适当而且有效，在组织课程时需要遵循一些基本的准则。这些准则是什么？在课程发展史上，许多课程学家都进行过研究。泰勒认为，课程的组织须符合三个准则，它们是连续性（continuity）、顺序性（sequence）和整合性（integration）。[①] 奥立佛（A. I. Oliver）认为，课程的组织应考虑三个方面：衔接性（articulation）、均衡性（balance）和连续性。[②] 奥恩斯坦（A. C. Ornstein）则认为，课程组织应遵循六项准则：范围（scope）、整合性、顺序性、连续性、衔接性和均衡性。[③] 布雷迪（L. Brady）则把整合性、顺序性和安排（arrangement）作为课程组织准则。[④] 而古德莱德提出的课程组织准则是连续性、顺序性、整合性、衔接性和范围。[⑤] 综合上述不同的研究，我们认为，作为课程组织的基本准则，应该包括连续性、顺序性和横向组织的整合性三个方面。

### （一）连续性

连续性是指让确定的各种课程要素在不同学习阶段反复出现，不断予以重复，以使学习者反复学习。课程组织的连续性，乃在于为学习者提供继续学习相关课程要素的机会，并根据学习任务的性质，形成长期的累积学习效果。它有助于学生获得机会进行更多、更复杂的学习，处理更艰深的材料，进行更精确的分析，理解更深广的概念，并进行相关推理与应用的学习，培养更精细、敏锐的态度和感悟。

### （二）顺序性

顺序性与连续性有关，但又高于连续性。顺序性是指每一后续学习的课程内容建立在前面学习的内容基础之上，但课程内容中对同一课程要素作更深、更广、

---

① R. W. Tyler, *Basic Principles of Curriculum and Instruction*, Chicago：University of Chicago Press, 1949.

② A. Oliver, *Curriculum Improvement：A Guide to Problems，Principles，and Process*, 2nd ed., New York：Harper & Row, Publishers, 1977.

③ A. C. Ornstein, & F. P. Hunkis, *Curriculum：Foundations，Principles，and Issues*, Englewood Cliffs, New Jersey：Prentice Hall, 1988.

④ L. Brady, *Curriculum Development*, 3rd ed., Australia：Prentice Hall Ltd., 1990.

⑤ J. I. Goodlad, & Z. Su, *Organization of the Curriculum*. In P. W. Jackson, Handbook of Research on Curriculum, New York：Macmillan, 1992.

课程与教学论

更复杂的处理,做到由浅入深,由简单到复杂。所以,如果说连续性关注的是课程要素的重复,那么顺序性侧重的就是课程要素的加深和拓宽了。不过,对于应该如何处理课程要素的加深和拓宽的问题,是依据学科内容的逻辑性,还是依据学习者的心理发展阶段,学者们的意见并不一致。泰勒最初在提出顺序性这一基本准则时,主要关心的是内容的顺序,即课程要素的逻辑顺序。皮亚杰和柯尔伯格则从人生成长过程的角度,强调课程的组织必须顾及学习者的心理发展阶段。皮亚杰强调课程组织应与学习者思维发展阶段相适应,而思维发展阶段是按顺序依次发展的。

事实上,有效的课程组织既需要顾及学科的实质性结构和逻辑,也不能无视学习者的发展和学习方式。泰勒的学生塔巴就曾指出,课程工作者在组织课程时往往只重视内容的顺序和处理内容所需的技能,这是一种有失全面的做法。[①] 她认为课程组织应兼顾学科逻辑顺序和学习者的心理顺序,她建议通过建立双重顺序(double sequence)把学习内容和预期的学习行为结合起来。

### (三)整合性

整合性是指课程要素的横向的联系或水平的组织,即在各种课程要素间寻求内在的联系,建立适当的关联,由此整合为一个有机整体,克服分科分割所造成的课程内容支离破碎的状态,以便达到最大的学习累积效果。整合性意味着打破固定的学科界限和传统的课程内容,强调广度而不是深度,关心知识的应用而不是知识形式。通过整合,加强了学科之间、课程与个人需要和兴趣之间、课程与校外经验和社会需要之间的广泛联系。整合的理念最早应该说是起源于卢梭的自然自由教育,现代的杜威则是整合观的集大成者。

对各种课程要素如何进行整合?总体而言,整合的方式不拘一格,有根据知识的内在逻辑联系加以整合的,以消除学科之间彼此分割甚至对立的局面;有根据学习者的兴趣或经验加以整合的,强调学习者的个性发展,侧重于学习者的需要、兴趣和目的;有围绕社会问题、生活主题加以整合的,即整合的重点是关于个人与社会生存的问题,加强学习者与社会的联系。

# 第二节 课程组织的基本取向

在课程组织的实践中,出现过多种类型的组织形式,各种类型都有其适用的范

① H. Taba, *Curriculum Development : Theory and Practice*, New York: Harcourt, Brace & World, Inc. ,1962,p. 436.

围和背景。但课程组织必然是一项涉及价值选择的活动,不同的价值取向导致不同的组织理念和组织形式。根据起支配作用的基本价值观的差异,我们可区分出课程组织的四种基本取向,它们是:学科取向的课程组织、学习者取向的课程组织、社会问题取向的课程组织和混合取向的课程组织。

## 一、学科取向的课程组织

学科取向的课程组织旨在围绕以人类已有的知识按其内在的逻辑体系形成的学科组织课程。这种课程组织取向强调学科的逻辑和知识的累积。支持学科取向课程组织的学者大多认为课程的基础应以学科所包含的知识和探究方法为主,他们期望通过这样的课程组织,学习者不仅能获得学科知识、求知方法,还能领略文化传统的精华,接受前人创造的伟大思想。

学科取向课程组织的形成已有漫长的历史。最早的萌芽可追溯到古希腊罗马时期的"七艺"课程和中世纪的教育课程。现代的学科取向理念源于19世纪美国的哈里斯(M. Harris),他强调学校课程应由许多独立的学科组成,每门学科有目的、有意识地陈述专门的和同质的知识体系。他认为这样的课程组织有利于学生掌握知识,能促进学生的成长。

20世纪,学科取向的课程组织得到了永恒主义(perennialism)课程流派、要素主义(essentialism)课程流派和结构主义(structuralism)课程流派的支持和发展。

永恒主义课程流派产生于20世纪30年代,代表人物有美国的赫钦斯(R. M. Hutchins)和艾德勒(M. J. Adler)。永恒主义主张以"永恒学科"作为课程组织的基础。"永恒学科"主要指历代的特别是古希腊、罗马的"伟大思想家"的著作。永恒主义认为真理具有普遍性和永恒性,人的不变本性是理性,教育的任务就是传授理性知识,加强理智训练,"永恒学科"是理智训练的最好材料,因而是课程组织的核心。

要素主义课程流派也出现于20世纪30年代的美国,代表人物是巴格莱(W. C. Bagley)、科南特(J. B. Conant)、里科弗(A. G. Rickover)等。要素主义主张把人类文化遗产中永恒不变的、共同的"要素"作为课程组织的基础。所谓"要素"即人类文化遗产中的精华。巴格莱认为,社会文化、各族遗产是人类宝贵财富,只有把它们一代代传递下去,人类文明才会绵延不绝。学校是保存传统价值,使人适应社会的机构,要负起传递人类文化要素的责任。学校课程要以读、写、算为主,开设语文、数学、物理、化学、历史、地理、外国语和古代语等基础学科。这些学科的知识要素是成人作为社会生产者所必需的。要素主义课程观的提出巩固了学科取向课程组织的地位,加强了基础知识和基本技能的学习。

结构主义课程流派诞生于20世纪50年代,美国的布鲁纳是积极的倡导者。结构主义主张以"学科结构"作为课程组织的基础。"学科结构"即学科的基本原理、概念和范畴。布鲁纳说:"学生对所学材料的接受,必然是有限的。怎样能使这种接受在他们以后一生的思考中有价值? 对这个问题的回答,在已经从事于新课程的准备和教学的人们占优势的观点是:不论我们选教什么学科,务使学生理解该学科的基本结构(the fundamental structure)。这是在运用知识方面的最低要求,这样才有助于学生解决在课堂外所遇到的问题和事件,或者日后课堂训练中所遇到的问题。"①

学科取向的课程组织有利于学习者系统地学习人类文化遗产,掌握丰富的学科知识,促进智力的发展,也有利于开展言语活动(verbal activities),知识和思想在言语中最能得以交流和储存。但这种取向的课程组织,缺陷也是显而易见的。学科取向在某种程度上限制了知识的范围,不具备包容性的特质,因而妨碍多重目标的追求;对学习者也不够重视,忽视了学生的需求、兴趣和经验;课程的组织明显注重逻辑系统,重记忆而轻理解;过于强调学科逻辑,难以培养学生在社会、心理、身体等方面的全面发展。

学科取向的课程组织下分单一学科(single-subject)课程组织、相关学科(correlated-subject)课程组织、融合课程(fused curriculum)组织和广域课程(broad fields curriculum)组织四种类型。

## 二、学习者取向的课程组织

学习者取向的课程组织旨在围绕学习者,围绕学习者的兴趣、需要、心理逻辑等组织课程。这种课程组织取向强调学习者的经验和发展。支持学习者取向课程组织的学者大都认为,有效的课程组织需体现学生的主体作用。课程学习活动以学生的需要和兴趣为基础,学生的学习动机是内在的,学习目的和学习任务也不是由外部强加的,学生就有可能主动地探究和获取学习内容。

学习者取向的课程组织理念源于卢梭在《爱弥尔》中提出的观点:教师的任务在于为儿童提供学习机会,让他们自发地发现和掌握知识。其后,不同的学者如裴斯泰洛齐、福禄培尔、杜威等都强调学习者取向的课程组织。

裴斯泰洛齐沿着卢梭的思想路线,进一步发展了学习者取向的观点。他说,"在儿童降生之前就在他身上存在着他一生中应当发展的禀赋的萌芽","只有当教育与教养的作用同人的成长的永恒法则一致时……人才能在实际上受到陶冶和教育。人的教养与教育的手段一旦同这个永恒的法则相矛盾,犹如树木受到外力的作用,树木的各个部分的物质有机体被搅乱、被扭曲了那样,人也会被损伤、被扭曲"。②他批评当时的课程、教学违背儿童的发展法则,是一种错误的形式,须进行改革。

---

① 钟启泉编著:《现代课程论》,上海教育出版社 1989 年版,第 112 页。
② [日]佐藤正夫著,钟启泉译:《教学论原理》,上海教育出版社 1996 年版,第 11 页。

福禄培尔从人的本质出发,提出教育应不断促进学生各方面的发展,课程、教学需适应学生的发展,强调以儿童为中心。

杜威把学习者取向的课程组织发展到了极致,他从主观唯心主义经验论出发,把儿童的本能作为他们获得"经验"的基础,作为教育的出发点。他认为决定学习的质和量的是儿童而不是教材,教育需要变革,需要实现重心的转移,教育的重心是儿童,儿童是太阳,教育的措施应围绕儿童组织。在这种思想指导下,学校课程的组织应当怎样安排呢?他说:"学校科目互相联系的真正中心,不是科学,不是文学,不是历史,不是地理,而是儿童本身的社会活动。"[①]这就是杜威所主张的儿童中心课程。

学习者取向的课程组织确认了教育的根本目的在于造就人,知识只是教育的手段,而非目的。这种课程组织适应和培养了学习者的个性差异,鼓励学习者主动学习,建立自己独特的知识结构。但它在重视学习者的同时,忽视了对教育具有关键意义的社会目标。过分偏重学习者中心的课程组织也不利于学生建立逻辑严密的知识体系和掌握各种必备的技能。

典型的学习者取向的课程组织包括:活动经验取向的课程组织、人本主义取向的课程组织、持久生活情境取向的课程组织。

## 三、社会问题取向的课程组织

社会问题取向的课程组织旨在围绕主要的社会问题(social issues)组织课程。这种课程组织取向强调对社会生活的适应或改造。支持社会问题取向课程组织的学习者大都认为,日趋成熟的工业社会已从政治、社会、精神一直到身体、健康等方面完全改变了传统的生活,课程必须使学生能够成功有效地适应这个新的世界,并让学生认清人类社会在发展的过程中同时面临的许多问题,这些问题不只是社会研究应该关心,而是每一个学科包括化学、数学、经济、艺术等都应关注。教育也要通过课程来改变社会秩序,课程是研究社会问题的工具。

社会问题取向的课程组织理念最早可以追溯到18世纪的斯宾塞,他首先提出了教育应为生活作准备,从而引起人们对社会生活问题的关注。20世纪初,斯特里默(B. Stremmer)进一步强调课程与社会适应的问题,主张课程组织关注社会的变化和社会生活问题。20世纪,社会问题取向课程组织的积极倡导者还有博比特、康茨(G. S. Counts)、布拉梅尔德(T. Brameld)、阿普尔(M. W. Apple)等。

博比特主张课程应该关心现实世界中那些有意义的社会活动和社会问题,教育主要是为了成人生活,而非为了儿童。学校中的儿童生活只是手段,未来社会中

① 华东师范大学教育系、杭州大学教育系编译:《现代西方资产阶级教育思想流派论著选》,人民教育出版社1980年版,第8页。

成功的成人生活才是目的。那么,学校课程应以理想的成人生活为目的来组织,而理想的成人生活归根到底是由社会决定的。所以,学校的课程组织理应是社会取向的。

康茨是改造主义教育的主要代表人物,他认为社会必须全面重组以达到共同的利益,学校应该在社会的重组中扮演积极的角色,课程需要担负改造社会的责任。布拉梅尔德也认为现代文化存在危机,教育应促进新文化的出现,应成为一种制定明确而严密的社会计划的主要手段。课程的组织需本着改造社会的目的,课程要成为培养社会现实的熟练规划者和完善民主社会的重要工具。

以阿普尔为代表的社会批判主义者则走得更远,他们把课程的本质概括为一种"反思性实践"(praxis),要通过对社会现实、社会文化的不断反思、批判而创造建构意义,要使课程能为"意识解放"服务。因此,课程的组织不仅是社会问题取向的,还是社会问题、社会现实的反思与批判取向的。

社会问题取向课程组织让学习者面对并意识到人类社会所面临的许多严重问题,并关注实际生活中问题的解决,便于学生发现课程内容的意义与价值,加强了学习者与社会的联系,使社会目标在课程中直接得到体现。通过倡导对社会问题的批判和对社会现实的反思,也提高了课程本身的解放意识,较好地发挥了课程促进社会发展、改善社会秩序的功能。但社会问题取向的课程组织没有充分揭示文化遗产、难以有效地区分恰当的社会问题是不争的事实,主张通过课程改变社会秩序,把课程作为培植社会不满的工具,这种高远的理想不可避免会带来普遍性与适用性的问题。

社会问题取向的课程组织具体说有三种组织方式,它们是社会行为主义的课程组织、社会改造主义的课程组织和社会批判主义的课程组织。

## 四、混合取向的课程组织

混合取向的课程组织旨在围绕学科逻辑、学习者的心理逻辑和社会问题几个方面组织课程。这种课程组织强调学科、学习者、社会彼此间的平衡与整合。支持混合取向课程组织的学者大都认为,学校课程的组织偏重学科知识、学习者的兴趣与需要或社会的问题与现实中的任何一个方面,都是失当的和不具生命力的,学习者素质的全面提高乃以多方面经验的统整为基础,因此,从本质上说,学校课程既不是简单地规定一些学术科目,也不是随意地积累一些个人体验,更不是零散地堆积一些社会问题,它应是学科知识、学生经验和社会需求的有机统一。

其实,从实践的角度看,几乎所有的课程组织形式都可以说是混合取向的。学科取向的课程在很多时候也强调学生的兴趣和动机,只不过将学科视为课程组织的核心和立足点。学习者取向的课程组织在发展的过程中也出现过许多具体的组织方式,其中不乏公正地对待学科知识价值的做法。社会问题取向的课程组织也同样不否认学习者的动机、兴趣和积极性。就目前各国的课程组织现状而言,多采取混合取向的课程组织。

在一定意义上,核心课程可说是一种混合取向的课程组织。20世纪四五十年代,核心课程尝试把学科内容、学生需要和社会问题结合在一起,这种核心课程组织"以学习者的需要以及社会生活的问题和领域为核心,融合必要的学科知识,以使学习者共同际遇人类经验的最重要的领域,由此达到平等(equity)与优异(excellence)兼得的教育理想"[①]。美国课程专家古德莱德认为,核心课程组织有五大特点:[②]包含学科间的联系,为广泛参与各种社会交往活动作准备,学习超越学科分类的问题,关涉学生作为参与者的学习形式和共通的学习经验。

# 第三节　课程的组织结构

课程的组织结构简称课程结构(curriculum structure)。在课程论中,对课程结构尚未形成一致的看法,顾明远主编的《教育大辞典》、胡森(T. Husen)主编的《国际教育百科全书》(*The International Encyclopedia of Education*)、利维(A. Lewy)主编的《国际课程百科全书》(*The International Encyclopedia of Curriculum*)中均未收录该词。国内的课程研究书刊中,学者们大多把课程结构理解为课程类型的组织体系。我们认为对课程组织结构的理解还可以更全面一些。根据《辞海》的解释,"结构"是指事物"各个部分的配合;组织"[③]。课程的组织结构应该是课程各要素、各成分、各部分之间合乎规律的配合、组织。这种配合、组织不是单一维度的,而是全方位的,包括纵向水平和垂直水平两个维度。因此,课程的组织结构可区分为纵向结构和横向结构。

## 一、课程的纵向组织结构

纵向结构涉及课程是如何展现的,即怎样从课程目标和课程理念,最终转化为学生在课程中的学习活动。换言之,纵向结构具体表现为怎样从最宏观的课程目标具体化为最微观的课程形式。目前,最常见、最一般的纵向结构为:课程计划(教学计划)、课程标准(教学大纲)、教科书。尽管名称有时不同,但这三个层次及相应的内容大致是相同的。我国自新中国成立以后,一直是采用这样一种结构来规范

---

① 张华著:《课程与教学论》,上海教育出版社2000年版,第280页。

② J. I. Goodlad, *A New Look at an Old Idea: Core Curriculum*, Educational Leadership, Vol. 44, No. 4, 1971, p. 11.

③ 夏征农主编:《辞海》,上海辞书出版社1999年版,第1412页。

课程的。在其他国家,这种课程结构也被广泛地采用。

## (一)课程计划(教学计划)

教学计划是根据教育目的和不同类型学校的教育任务,由教育主管部门制定的有关教学和教育工作的指导性文件。它体现了国家对学校的统一要求,是办学的基本纲领和重要依据。

我国的教学计划从体例到名称的确定,开始于1953年教育全面学苏联时期。1953年前后,我国教育界翻译出版了苏联各不同时期的教学计划和教学大纲。依照苏联教学计划和教学大纲的体例结构,1953年中央教育部制定了我国第一个《中学教学计划(修订草案)》。从此确定了我国沿用40余年的教学计划的基本结构和名称。后来我国曾先后编订过若干个中小学教学计划,虽然在内容和结构上不尽相同,但是这一名称却没有变化。80年代以后,我国启动了中小学课程教材的改革,重新制定义务教育阶段的教学计划。90年代初出台的新的教学计划,其外延和内涵已大大突破了数十年前的教学计划的外延和内涵,它的内部结构复杂了,功能扩大了,某些内容的性质变化了。一些教育学家提出应根据这些变革,重新确定原来称之为教学计划的这个教育指导文件的命名,建议改成"课程计划",新的"计划"的核心是课程设置和结构,"课程结构与以前历次的教学计划相比较有一定的突破,如将活动课程纳入课程,活动内容包括学校的各种教育活动和社会实践活动;增设了选修课,增加了职业预备教育的内容等等。总之,这个计划从总体设计来看,既有教师组织指导下的各种教育、教学活动,也有由学生个体或群体自主进行的学习活动,已经超过原'教学计划'所规定的学科教学活动。因此,延用'教学计划'的名称不妥,更名为'课程计划'更为与内容贴近"。更名后还可以避免与教师进行教学时自己安排的教学计划相混淆。所以,在我国1992年颁发的《九年义务教育全日制小学、初级中学课程计划(试行)》中,正式改称"课程计划"。下面我们均以"课程计划"相称。

课程计划的基本内容由培养目标、课程设置、考试考查、实施要求四个部分组成,具体包括七个方面:①培养目标。即预期的课程学习结果。②课程设置。即某一级或某一类学校应开设哪些学科。③学科开设顺序和各学科的主要任务。④课时分配。⑤学年和学周安排。包括学年阶段的划分、各个学期的教学周数、学生参加生产劳动的时间等。⑥考试考查的科目、要求、方法。⑦执行计划的若干实施要求。

科学、合理的课程计划的制定需要认真把握好这样一些问题:①指导思想明确。就我国而言,现在的教育培养的儿童、少年是要能面对竞争激烈的21世纪的挑战的,他们不仅应具有良好的思想素质,还要有过硬的生活、生存、建设的本能,能满足社会发展的需求,促进国家的繁荣昌盛。②目标层次清楚。一方面,目标的制定应全面、恰当。不仅要有知识、能力的要求，也要有思想品德、审美、体质、个性心理特征等方面的要求和标准。它们相互依存、前后衔接。另一方面，从课程的总目标出发，力求体现阶段性和层次性，使小学和中学的教育和教学要求有明显的阶段和层次之分。③整体结构合理。即要合理安排各类课程，实现课程门类设置的优化。

### （二）课程标准（教学大纲）

教学大纲是根据教学计划（课程计划）以纲要的形式编定的有关学科教学内容方面的指导性文件。教学大纲是我国学习苏联教育模式的一个重要表现。教学大纲实际上是规定教学工作的一个纲领性文件，其思维的角度和考虑的重点是教学工作的开展。但是，在教学大纲的使用过程中，大家普遍感到这种教学大纲便于教师学习和直接运用，但是不利于教学创造性的发挥，教学大纲的出发点毕竟是直接指导教学工作，作为国家的课程方案中应该规定的是国家对国民在各方面素质的基本要求，而不是过多地规定通过怎么一个教学过程达到这一素质要求。这样，从总体出发点和思路上就明确了国家课程方案中应该包括的是规定各方面国民素质基本要求的各科课程标准，而不是直接指导教学的各科教学大纲。国家课程标准规定国家对国民在某一方面或领域应该具有的基本素质所提出的要求。这是课程标准与直接指导教学工作的教学大纲的本质区别。课程标准对教材编写、教师教学和学业评价的影响是间接的、指导性的、弹性的，给教材、教学与评价的选择余地和灵活空间都很大。加之，原来的"教学计划"已经称为"课程计划"。所以，从20世纪90年代开始，"教学大纲"亦改称为"课程标准"。下面均称为"课程标准"。

课程标准规定了国家对国民在某方面或某领域的基本素质要求。它一般包括前言、课程目标、实施建议三个部分。如有"附录"则为四个部分。前言部分的基本内容是：课程的性质与地位、课程的基本理念和课程标准的设计思路。课程目标部分包括总目标和阶段目标。实施建议部分的内容有教材编写建议、课程资源的开发与利用、教学建议和评价建议。

课程标准的制定必须以课程计划为依据，并为后者的贯彻落实服务。在具体的编制过程中，需要注意这样一些问题：①在了解本学科现状及发展趋势的基础上，分析本学科的目的、要求和内容体系，通过必要的增删和组合工作，确定基本的学科体系和知识结构。②使学科逻辑与学生的心理结构有机结合起来。学科体系不同于科学体系，也不是科学知识的通俗化或浓缩，我们既需要考虑知识的内在逻辑和教学法的要求，又要考虑学生生理、心理发展的顺序，兼顾学生的认知方式、认知结构和已有的知识准备，要把几者结合起来。③研究本学科内部各部分内容之间纵向上的衔接，以及与其他学科横向上的相互联系与配合。④处理好理论与事实、观点与材料、知识与技能的关系,使学生既牢固掌握知识,又能灵活地加以运用。⑤重视培养学生的独立思考能力、自学能力、动手能力和创造力,设计好必要的参观、访问、社会调查、实验和观察。

### (三) 教科书

教科书名称的出现,在中国始于 19 世纪 70 年代。1877 年来华基督教传教士成立学校教科书委员会。1897 年上海南洋公学编辑的《蒙学课本》三册是近代中国最早正式出版的具有教科书体例雏形的自编教科书。①

教科书简称课本,是根据课程标准(教学大纲)系统阐述学科内容的教学用书,是课程标准(教学大纲)的具体化。凡在课程计划中规定的课程,一般都有相应的教科书。教科书是教学内容选择和组织的物化形态,教科书规定的内容限定了教学的范围,成为师生双方进行教学的最重要资源。对学生来说,教科书是他们在学校获得系统知识、进行学习的主要材料,它帮助学生预习、理解、复习和做作业,是学生系统、高效、有序地获取知识的主要工具,也是培养学生思维能力和形成社会道德的重要途径,亦为学生自学提供了便利条件。对教师来说,教科书是教师教学工作的主要依据,或者说是其"话本"或"剧本",它可以减轻教师的工作量,缩短讲述时间,为教师采用创造性的教学策略提供有利条件。它也为教师备课、布置作业、检查评定学生的知识等提供了基本材料。它更有利于统一规范教师的教学,有利于保证教学的总体质量。

教科书的采用或认可制度有国定制、审定制和自由制三种。国定制是由国家教育行政部门按照课程标准统一组织编制,适用于全国各地学校,各地方教育行政机构和民间不得自行编辑出版教科书。在我国,中小学教科书长期采用国定制。这种无视地区差异的大一统的做法一直受到有识之士的批评。20 世纪 80 年代以后,教育部决定在义务教育阶段进行多样化的教材实验,这一状况才得以改变。在多年实验的基础上,21 世纪初,教科书的编制才开始放开,人民教育出版社作为由国家控制的教科书专门出版机构一统全国所有中小学教科书的局面终于被打破,由国定制到审定制,竞争机制的引进必将有力地推动教科书编纂质量的提高;审定制一般由民间编辑出版教科书,经中央或地方教育行政部门根据所颁课程标准审查合格,供各地学校选用。

教科书的编写是一项复杂的工作,需要妥善处理好以下一些问题:

第一,科学性、思想性、效用性的统一。

第二,实现社会发展、个人发展的统一。教科书的编写从总体上是为社会发展服务的,但也必须与个人的需要相吻合,这样方能增强教科书的针对性和实用性。

---

① 参阅顾明远主编:《教育大辞典(增订合编本)》(上),上海教育出版社 1998 年版,第 698 页。

第三,学科逻辑、心理逻辑和教学逻辑相互结合。每门科学都有自身的系统性,编写每门学科的教科书必须考虑到这门科学本身的内在逻辑,要反映具有重要性、基础性和典型性的知识系统。教科书的编写还需考虑到一定年龄阶段学生的需要、心理特征和学习方式。

第四,教科书的编排要有利于学生的学习、阅读。

## 二、课程的横向组织结构

课程的横向组织结构探讨以下一些问题。

### (一)课程的类型

课程类型(curriculum categories)是课程的横向组织结构中,按照课程设计的不同性质和特点形成的课程门类。在漫长的发展过程中,课程的横向组织结构产生的一个显著变化在于,从"门"的增减逐步过渡到"类"的变化。20世纪中期以前,课程的横向组织结构的演变主要表现为"门"的增减,但无论怎样减,基本上还是学科课程一统天下。进步主义教育运动的兴起,使活动课程成为课程结构中的一个新的种类。其后,又相继出现其他的新的课程类型,从而丰富了课程的"类"。

### (二)基本的课程类型及其组织

让学生学习什么课程,各种课程如何有机地组织起来,这是国内外教育界探讨最多的一个问题,也是中小学课程改革难以逾越的一个问题,它直接关系到人才的培养质量。我们认为,合理、完整、有效的课程结构需要摆正下列各类课程的位置,并妥善处理各类课程间的诸种关系。

#### 1. 显性课程与隐性课程

(1)显性课程的涵义

显性课程(manifest curriculum)亦称正式课程、官方课程、公开课程、显露课程。它是指为实现一定的教育目标而在学校课程计划中明确规定的学科,以及有目的、有计划、有组织的课外活动,按照预先编订的课程表实施。它是教科书编定、学校施教、学生学习和考核的依据之一。一些国家由政府部门制定颁行,还有的以规定的科目考试加以检验。

在传统教育中,显性课程受到了极大的重视,甚至强调到了极端,以致忽视了隐性课程的存在。

(2)隐性课程的涵义

隐性课程(hidden curriculum)亦称非正式课程、非官方课程、潜在课程、隐蔽课程。它是指学校政策及课程计划中未明确的、非正式和无意识的学校学习经验。现代课程改革首先是课程观念的更新,其中一个重要方面就是隐性课程被公认为是学校课程的重要组成部分,并已将它纳入到学校课程的范畴。而且认为只有当显性课程和隐性课程相互补充、和谐配合时,课程的育人功能才会达到最佳效果。

隐性课程的理念,早在杜威、克伯屈的思想中就已出现,真正引起社会上的广泛关注,则是从美国课程界在 20 世纪 60 年代后期对传统课程观提出批评之后才开始的。1968 年,美国学者杰克逊(P. W. Jackson)在其《教室生活》(*Life in Classroom*)一书中首次提出了"隐性课程"这个概念。杰克逊认为,学生在读、写、算或其他学术课程上进步并没有说明学校教育的结果,除此之外,学生正从教室生活的经验——读、写、算之外感受、体验富有人生意义的那部分内容中获得态度、动机、价值和其他心理状态的成长。此后越来越多的学者开始加入研究行列,并影响到了学校的课程改革。

隐性课程有多种表现形式,其中包括:校园环境,雕塑、绿化、规划布局、建筑风格等;学校文化传统,校史、校歌、校训、校服、校徽、学校名人;校内课外生活,讲座、文体活动、兴趣小组、展览;民主管理体制,领导之间、教师之间、学生之间、教工之间以及领导、教师、学生、教工相互间的关系、交往和管理;教风、学风、考风,教师乐教,学生乐学,文明应试,学习自由。

（3）隐性课程与显性课程的关系

隐性课程与显性课程是两种不同的课程类型,其性质、特点、功能各不相同。显性课程是有计划、有组织的教学活动,师生自觉参与其中,而隐性课程是非计划、非预期和无组织的,随机性强,是师生不自觉地流露和接受的。学生通过显性课程的学习,获得系统的学术性知识,但学生从隐性课程中获得的更多的是非学术性的知识,是态度、价值观、行为方式等等。

隐性课程与显性课程之间也存在着内在联系。它们相互渗透,显性课程寓于隐性课程之中,隐性课程又凸现于显性课程之中;它们相互补充,如果说显性课程在学生的学术知识的学习、系统知识体系的建构、学习与研究能力的培养等方面起到了重要作用,那么,隐性课程则在陶冶学生的性情、发展学生的人格、提高学生的审美意识、养成学生的行为习惯等方面作出了重要的贡献;它们互相促进,显性课程通过普遍性的经验积淀逐渐形成新的隐性课程,推进隐性课程的发展。隐性课程则为显性课程提供直接经验的或价值体系的支持。

**2. 必修课程与选修课程**

（1）必修课程与选修课程的涵义

必修课程(required curriculum)是指由国家、地方或学校规定,学生必须学习的课程。它体现了国家和地方对各阶段所有学生发展的基础性要求,是普通教育、职业教育的共同基础,也是学校教育质量的根本保证。选修课程(elective curriculum)是指由学生根据自己的兴趣、爱好和特长自愿选择修习的课程。如果说必修课程的学习使学生得到基本素质的种种训练，获得必须具备的基本知识和技能，那么选修课程的学习则使学生开阔知识视野，培养兴趣爱好，强化素质训练，发展个性特长。

必修课程与选修是相对而言的，没有选修课程也就不存在必修课程。选修课程有很多种类。根据学习的要求，可分为限定选修课程和任意选修课程。前者是指在规定的范围内选修课程，如必须在指定的若干组课程中选修一定组数的课程，或在若干门指定的课程中选修一定门数的课程；后者是指不加限制、由学生自由选择修读的课程。根据学习的内容，可分为学术性选修课程、职业技术性选修课程和趣味性选修课程。其中学术性选修课程在实践中往往又包含两种类型：提高类和拓宽类。提高类以提高或加深相应的必修课程为宗旨。拓宽类以开阔学生的知识视野为宗旨，扩大对基础课程的学习。

（2）选修课程的出现与发展

在课程发展的历史上，选修课程的出现要比必修课程晚得多，其原因是知识的迅猛发展和分化与有限修业年限和授课时数之间的矛盾。为了不延长学制、膨胀课时而又能适应知识的发展、分化的需要，增设有弹性的选修课程便成为势在必行。最早的选修课程诞生在18世纪的德国。1747年，赫克(J. J. Hecker)在柏林创办的经济学、数学实科学校即允许学生自由选择课程，但未推广。18世纪末以前，美国高等学校开设的课程均为必修课程。1779年，独立宣言的起草者、美国第三任总统杰弗逊(T. Jefferson)提出改造威廉与玛丽学院的计划，其中有关于选修课程的建议，但未被接受。1810年，洪堡(W. von Humboldt)创办柏林大学，他对按照新的大学概念而创设的柏林大学提出学术自由的原则，教授可以自由地教他认为是最好的课程，学生可以自由地学他所愿意学习的课程。柏林大学开一代新风，标志着选修课程从此问世。但选修课程的改进和发展则在美国。1825年，弗吉尼亚大学率先开设选修课程，在美国开创了让学生自由选择课程的先例。此后，美国各地大学纷纷仿效开设。不过，把开设选修课程作为一种制度确立起来，则应归功于埃利奥特(C. W. Eliot)。1869年，埃利奥特就任哈佛大学校长，他谴责旧的教育制度让学生学习一切课程，使每门学科都显得平易而肤浅，也妨碍了学校增设新的学科，主张在课程增多的情况下，大学教育应当给予学生选择的自由，通过选课加深某些知识领域的学习，发掘每个学生的才能。[①] 在他的努力下，到20世纪初选修课程已在美国各大学普遍盛行。

埃利奥特的贡献不仅在于使选修课程得以在大学确立，而且还为选修课程在中学的实施争得一席之地。1893年，以埃利奥特为首的"十人委员会"在对美

① 参阅瞿葆奎主编：《教育学文集：教学》(上)，人民教育出版社1988年版，第164页。

课程与教学论

国的中学课程作了调查以后,向美国全国教育协会提出报告,建议在中学也开设选修课程。这样,19世纪末20世纪初,美国的中学也同大学一样,奠定了选修课程的地位。此后,选修课程在美国中学得到了稳定的发展,并且逐渐走向世界。

中国正式开设选修课程可以追溯到1919年。这年4月,教育部依据前一年全国中学校长会议关于中学课程应有伸缩余地的决议案精神,向各地下达咨文,要求中学酌情增减课程及时间。许多学校也感到有必要实行选修课程,于是纷纷开始探索,有的尝试着开设选修课程,有的则实行分流课程。咨文成为各地中学施行选修课程的滥觞。经过1919、1920年的实践,选修课程的开设在全国出现一派生机。当时,包括南京高师附中、江苏一中、上海浦东中学、中国公学中学部在内的一批学校,走在了全国的前列,积累了一些经验。1922年,北洋军阀政府颁布《学校系统改革令》,改旧学制为六三三制,并且规定改革中学教育,明令中等教育实行选修课程制。但好景不长,到了30年代选修课程竟被通令一笔勾销。①

新中国成立之初,全盘照搬苏联的课程模式,只设必修课程而排斥选修课程。后来,鉴于这种课程的弊端越来越突出,教育部在1963年颁发的教学计划中提出高三年级设置选修课程,第一学期每周2学时,第二学期每周5学时,全年总共111学时。但由于当时客观条件的限制,结果只有极少数学校在这方面进行了实验,而且实验也未能坚持下去。许多事实证明,忽视选修课程的开设既不利于学生的个性发展和全面素质的提高,也不利于教育的高质量和高水平。所以,改革开放之后,选修课程的问题开始重新得到重视。1981年,教育部制定颁发了《全日制六年重点中学教学计划试行草稿》,其中提出要在高中开设选修课程,高中二、三年级每周各安排4节选修课,开设什么课程,根据学生的要求、社会的需要和学校条件而定。从此,我国中学课程结构的封闭、僵化、萎缩的状态有了改变的趋势。

1986年4月12日,六届人大正式通过了《中华人民共和国义务教育法》。该法颁布不久,国家教委就组织人力开始义务教育教学计划的制定工作,并于1986年公布了《义务教育全日制小学初级中学教学计划(试行草案)》,规定在初中开设选修课程,初中三年级每周2课时,初中四年级每周3课时。这是新中国成立后第一次在初中阶段设置选修课程。

1990年,国家教委颁布《现行普通高中教学计划调整意见》,对普通高中课程作了改革。选修课程方面,增加了课时,高一年级每周3课时,高二4课时,高三16课时。选修课程分为两类:一是单科性选修课程,主要安排在高一、高二;另一是分科性选修课程,即在文科、理科、职业技术、外语等方面有所侧重的选修,主要

① 参阅瞿葆奎主编:《教育学文集:教学》(上),人民教育出版社1988年版,第166—175页。

安排在高三年级。

为了进一步改革普通高中教育，使之适应 21 世纪我国经济和社会发展的需要，国家教委从 1993 年底开始研制普通高中的新课程方案。经过多方听取意见和数易其稿，1996 年颁布《全日制普通高级中学课程计划（试验）》，又一次对选修课程进行了调整。将 1990 年规定的单科选修与分科选修调整为限定选修与任意选修。

但在教育实践中，由于人们对培养目标的错误认识和事实上的"升学教育"，致使大部分中学现在仍然只重视必修课程而忽视选修课程，有些学校虽开设有选修课，但形同虚设，这种现象严重地违反了人才发展及其培养规律。

面对新世纪的挑战，愈演愈烈的全球教育竞争，为贯彻《中共中央国务院关于深化教育改革全面推进素质教育的决定》和《国务院关于基础教育改革与发展的决定》，教育部提出，大力推进基础教育课程改革，调整和改革基础教育的课程体系、结构、内容，构建符合素质教育的新的基础教育课程体系。为宏观指导和统筹课程改革的推进，教育部组织制定了《基础教育课程改革纲要（试行）》，并于 2001 年 7 月 27 日正式颁布。《纲要》明确指出，初中阶段学校应努力创造条件开设选修课程，高中阶段，为使学生在普遍达到基本要求的前提下，实现有个性的发展，课程标准应有不同水平的要求，在开设必修课程的同时，设置丰富多样的选修课程。我们相信，随着基础教育课程改革目标的全面贯彻，以及《基础教育课程改革纲要（试行）》的真正落实，中学的选修课程将会得到更为有效的实施。

（3）必修课程与选修课程的关系

在学校教育实践中，必修课程与选修课程是教育适应社会要求、促进个性发展、培养学生全面素质的不可或缺的两种课程形式。从课程价值观的角度看，现代社会一方面要求每一个人必须具备一定的解决社会面临的问题的各种能力，另一方面又要求充分发挥各自的个性，这就产生了课程设置中的一对价值观：平等主义与能力主义的问题。平等主义承认一切人享有平等的教育机会，因而对一切人施以实质上同等的教育，能力主义则是指施以适合于每个人的能力、能倾的多样教育。平等教育、公平发展源于近代社会的人权概念，从保障每个人的人权角度出发，需要教育授予一切人以共同的课程。但平等教育也好，公平发展也罢，绝不意味着划一主义，正如《学会生存》(Learning to Be)一书中指出的："教育上的平等，要求一种个人化的教育学，要求对个人的潜在才能进行详细的调查研究。机会平等并不等于把大家拉平。机会平等不是不惜任何代价否认个人的基本自由。"[1]仍需要考虑每一个受教育者不同的多样的能力素质、能倾、出路去设置课程，这也正

---

[1] 联合国教科文组织国际教育发展委员会编著，华东师范大学比较教育研究所译：《学会生存》，上海译文出版社 1979 年版，第 115 页。

是能力主义的基本理念,在学校教育中需要设置能真正适应每个人自身的自然的、潜在能力的发现与发展的具有弹性的平等的课程。可见,必修课程与选修课程在课程价值观上其实具有内在的一致性。

其次,从选修课程与必修课程在学校中的地位看,选修课程与必修课程拥有同等的价值,处于同等的地位。选修课程既不是必修课程的附庸,也不应成为必修课程的陪衬。它是一个独立的课程领域,必修课程、选修课程、活动课程作为课程的三大领域相辅相成、互相补充,构成完整的课程结构。

### 3. 学科课程与活动课程

（1）学科课程

学科课程（discipline curriculum）是以文化遗产为基础组织起来的传统的课程形态的总称,由一定数量的不同学科组成。各学科皆具固有的逻辑和系统。这种课程是预先安排的。学科课程是一种古老的、应用广泛的课程类型。

学科课程又被不少人称为分科课程（separate subject curriculum）或科目课程（subject curriculum）。其实,这是不确切的。下面对科学、学科、科目作一点辨析。

从词源上说,"科学"（science）一词来源于拉丁文 scientia,而 scientia 又是从动词 scire 变化而成的,scire 意为"求实"。科学即"描述、解释和预言现实世界的过程和现象,揭示客观世界规律的理论表述。其职能是总结关于客观世界的知识,并使之系统化。追求普遍化、高度概括的客观知识,以概念思维为特征"[1]。科学的本质特征之一就在于知识的系统性,对于尚未纳入一个连贯系统中去的零散的知识的汇集就不能称之为科学。学科（discipline）"是在科学的基础上发展起来的,反映的是概念、范畴、定理等之间的逻辑关系:它把不同的知识汇总成一个有机联系的整体,按照一定的逻辑结构将科学所发现的概念、原理等整合起来"。科目（subject）又是在学科的基础上发展起来的,反映的是学科中的不同方面的内容,一般地说,一门学科可以分为几个不同的科目。学科和科目所关注的维度一方面是逻辑顺序,另一方面是教育对象的心理发展顺序。由此可见,学科、科目同科学既有联系又有区别。学科、科目的内容既要反映科学研究的最新成果,又要是科学上有定论的东西。这是二者的联系。学科、科目的体系不同于科学本身的体系,它要反映科学的体系,也要顺应学习者的认识规律,适合于教学。学科、科目不是科学内容的简略化、淡薄化或缩约,学科、科目内容是从科学中,遵照教学的目标、课题以及儿童身心发展的特点,选取那些可以传递各门科学、技术的基本概念的事实、知识与方法。所以,学科、科目决不能像科学那样作为毫无间隙的体系加以组织。这是二者的区别。

---

[1]　顾明远主编:《教育大辞典》,上海教育出版社 1998 年版,第 880 页。

学科课程有着悠久的历史。目前,学科课程仍然是世界各国中小学课程设计中的一种主要课程类型,在中小学课程中起着重要作用。

（2）活动课程

活动课程(activity curriculum)又称"经验课程"(experience curriculum)、"生活课程"(life curriculum)、"儿童中心课程"(child-centered curriculum)。与学科课程相对,它是打破学科逻辑组织的界限,以学生的兴趣、需要和能力为基础,通过学生自己组织活动而实施的课程。主要倡导者是美国实用主义教育家杜威。

活动课程的思想渊源于18世纪法国启蒙思想家卢梭,他站在反对腐朽的封建经院主义性质教育的立场上,反对从书本中学习,主张学生到大自然中去,通过身体锻炼、劳动、观察事物等活动,获得经验,吸取教训。裴斯泰洛齐的教育适应自然的原则,福禄培尔的儿童自动发展的思想对活动课程的形成均有重要影响。活动课程作为一种课程形态,从根本意义上说,是19世纪末20世纪初欧美"新教育运动"和"进步教育运动"的产物。杜威的芝加哥实验学校,是美国第一所采用活动课程并进行实践的学校。杜威给予活动课程以系统的理论基础。杜威在其一系列著作中,彻底否定传统教育及其学科课程的三中心(课堂中心、书本中心、教师中心),而主张以进步教育及其活动课程的三中心(活动中心、经验中心、学生中心)取而代之。在杜威看来,学科课程违反了儿童的天性,是一种为成人而牺牲儿童的设计类型,为此,他提出应根据儿童本能生长生活的需要,在模拟生活活动中,组织活动作业,让儿童"从做中学",通过主动的活动获得经验的转化与改造。基于这一认识,杜威摒弃了被动式的书本学习,发展了将木工、金工、编织、裁缝一类作业活动置于中心地位的课程。

活动课程在20世纪二三十年代前后风行一时,克伯屈(W. H. Kllpatrick)的设计教学法实际上即是实施活动课程的一种方式。他要求由学生自己计划,运用自己已有的知识与经验通过实际操作,在实际情境中解决实际问题。从本质上说,这与活动课程其实是一脉相承的,只是比杜威走得还要远。

活动课程以学生的需要和兴趣为基础,学习是真实而有意义的,兼顾了学生的个别差异。活动课程通过多样化的活动,充分利用自然环境和社会环境,促进学校与社会建立广泛和密切的联系。活动课程利用活动作用,促进问题解决,努力为学生提供所需的应付校外生活的技能。活动课程在一定程度上统整了学校各方面的生活,对各科知识也能以综合的方式进行整体性学习。但活动课程也夸大了儿童个人的经验,忽视了知识本身的逻辑顺序,影响了系统的知识学习,容易造成使学生只能学到一些片断、零碎的知识,导致教学质量的下降。此外,经验的组织难有共同一致的标准与计划,无法比较、评判其优劣。从实施方面来看,教科书的编书难度较大,学校是否能提供宽广的活动空间、教师是否具备指导活动的能力等都存在问题。

与欧美的一些国家相比,我国活动课程思想的孕育与发展,活动课程实践的起步都较晚。在漫长的封建社会,根本无视个体的兴趣与需要,而只重视知识的灌输和道德的陶冶。至清朝末年,随着西学东渐和"五四"前后的思想解放运动,特别是1918年以后教育界对杜威实用主义教育思想的介绍,活动课程的教育实践逐步在我国兴起。一些学校开始允许学生在相当范围内的自治,并鼓励课外服务,使学生在实际生活中增强办事能力。

新中国成立后,中小学的课外各项活动成了学校教学计划中的有机组成部分,成为学校教育活动的重要内容,这样,活动教育进入了一个新的发展阶段。20世纪80年代末期以后,我国部分中小学开始进行活动课程的实验,国家教委在实验的基础上,将活动课程正式纳入1992年公布的《全日制小学、初级中学课程计划》之中,明确规定开设两类课程:学科课程和活动课程。

但上述《课程计划》中的活动课程显然不同于以杜威为代表的实用主义的活动课程。为了加以区别,人们一般称之为"新型的活动课程"。新型活动课程与实用主义活动课程存在着密切的联系。它吸取了实用主义活动课程密切联系社会生活,引导学生获取一定的直接经验,重视学生的需要和兴趣,发挥学生学习的主动性和自主性,注重学生智能的发展等合理的成分。同时,对以"活动"为中心设计活动课程的课程设计思路,教学中所采用的许多教学形式与方法也给予充分肯定,在新型活动课程中得以继续采用。但它们又有质的区别。其一,指导思想方面,新型活动课程是在社会主义教育方针指导下,按照社会要求与学生需要相结合的原则全面确定活动课程的目标、内容与组织形式,促进学生基本素质充分、和谐而有特色的发展。实用主义活动课程则更多地侧重于儿童的兴趣与爱好,并以此为出发点设计课程。其二,课程结构方面,以学科课程为主,新型活动课程在中小学课程设置中处于辅助地位,其课时占总课时的10%—15%,活动课程的内容与学科课程的内容具有相辅相成的关系。其三,课程内容的选择方面,新型活动课程坚持社会要求和学生需要相结合的原则,同时还要考虑活动课程的计划、活动课程的内容结构、活动课程的教学规范。实用主义活动课程在内容的选择上取决于学生的兴趣与需要,局限于儿童日常的生活经验,甚至彻底否定了学科课程、分科教学,而完全以活动课程取代学科课程,变分科的组织形式为综合作业的组织形式,学生的学习内容随意性大、零散而不系统。

新型活动课程与课外活动也有本质的区别。活动课程属于课程的范畴,经过精心计划和设计,有明确的目标、内容、活动方式、指导纲要等,要求认真实施。课外活动不属于课程的范畴,不需要精心计划,更谈不上活动纲要、活动指导书和一定的结构,在活动内容的选择上存在着相当大的随意性,缺乏系统。

（3）学科课程与活动课程的关系

从活动课程诞生伊始,学科课程与活动课程的争论就未间断过,学科课程论者与活动课程论者开展了长时期的纷争,各派莫衷一是,相互指责,反映了各派对学科课程和活动课程不同价值观的冲突。

施良方先生从九个方面对学科课程与活动课程作了较为细致的划分:①认识论方面:知识本位/经验本位;②方法论方面:分析/综合;③教育观念:社会本位论,"教育为生活作准备"/个人本位论,"教育即生活";④知识的传递方式:间接经验/直接经验;⑤知识的性质:学术性知识/现实有用的经验性知识;⑥课程的排列:逻辑顺序/心理顺序;⑦课程的实施:重学习的结果/重学习过程;⑧教学组织形式上:班级授课制/灵活多样;⑨学习的结果上:掌握"双基"/培养社会生活能力、态度等。[①]

我们认为,学科课程与活动课程确实存在功能上的差异,但两者并非势不两立,也不存在孰优孰劣的问题。分科课程与活动课程是两种基本的课程类型,两者之间是一种相互补充而非相互替代的关系。从理论上说,学科课程比较地更符合认识和教学的规律,更能保证学生较好地认识世界,扎实地掌握一定的基础知识和基本技能,但由于只关注学科的逻辑体系,或只关注社会的要求,未充分考虑学生的需要、兴趣和个性发展,把准备生活和现实生活分开,从理论到理论而不结合实践,只顾学生学得知识而不问知识如何获得的方法和过程,必然导致与学生的生活相脱离,并且不易调动学生学习的积极性,影响教学质量和学习水平。而活动课程正好能弥补这一不足。不过与此同时,由于活动课程自身往往依学生兴趣、需要而定,缺乏严格的计划和逻辑体系,不易使学生掌握系统的科学知识。一正一反,利弊兼具。所以,在学校教育活动中,两类课程缺一不可,以牺牲任何一方为代价而张扬另外一方,都是不恰当的,也是不可取的。

### 4. 分科课程与综合课程

(1) 综合课程的内涵

综合课程是一种以对学校课程内容进行统整为特点的课程类型,是将具有内在逻辑或价值关联的原有分科课程内容以及其他形式的课程内容统整在一起,旨在消除各类知识之间的界限,使学生形成关于世界的整体性认识和全息观念并养成深刻理解和灵活运用知识综合解决现实问题的能力的一种课程。若具体剖析之,其内涵包括:综合课程涵盖的课程内容既有学科知识,亦有学生所获得的主体经验;综合课程以去边界的方式将所有课程内容组织在一起;其组织的依据是课程内容之间的内在关联;综合课程的主导价值表现为消除学生原有知识体系中各类知识之间的界限,培养学生对世界的总体认识和综合性地解决各种问题的能力。[②]

(2) 综合课程的历史发展

综合课程的实践尝试开始于 19 世纪,20 世纪以后得到进一步的、多样化的发

---

① 施良方著:《课程理论:课程的基础、原理与问题》,教育科学出版社 1996 年版,第 279 页。
② 参阅有宝华著:《综合课程论》,上海教育出版社 2002 年版,第 25 页。

展,但是关于综合课程的设想早在 18 世纪的一些教育家的课程理论中就已经出现了。后来的教育家又从不同角度将综合课程的思想逐步发扬光大。

在卢梭自然主义的教育思想体系中,他提出以获得儿童关于世界和现实生活的经验为目标,以儿童自然生长的需要为中心组织课程。他认为,学科知识只有通过儿童的个体经验才得以整合。他的思想对 19 世纪形成的综合课程的理念和实践产生了较大影响。

同卢梭一样,福禄培尔也主张自然主义教育。他认为,教育活动应当以儿童的经验和现实生活为基础。课程结构方面,则通过学生的自我活动和独立作业的形式将学校的课程体系整合在一起。这样,把学生作为整合的中心,以使学生获得完整的而非割裂的学习经验。

赫尔巴特从心理学的"统觉论"(doctrine of apperception)出发,提出了"学科(教材)联络"和"中心统合论"。他敏锐地看到学校里的学科把内容割裂开了,使学生学到的是知识碎片。于是,他提出一种新的设想:面向一定的教育目的的中心,不断地谋求多种学科内容的相互关联和统一。他期望通过学科内容的统一来保证儿童人格的统一。

帕克(F. W. Parker)是美国进步教育运动最早的提倡者。他以福禄培尔、赫尔巴特、齐勒等人的教育思想为源泉,结合美国的实际创立了儿童中心的综合课程理论。他认为儿童是统一的活动主体,为了有效地促进儿童的自我活动与自我努力,应当寻求课程内容的相关、统一和综合。他主张学校课程应当尽可能从儿童的实践活动中引申出来和综合起来。

推动 20 世纪 50 年代综合课程在世界范围内再掀高潮的一股最强劲的力量是社会改造主义教育流派,他们倡导的核心课程亦即社会本位综合课程,至今仍有顽强的生命力。社会改造主义者从学校必须敢于建立新的社会秩序出发,提出以社会现实问题为核心对学校课程进行综合,试图通过解决问题的过程使各门学科中与问题相关的知识得到整合。

综合课程在我国也有较早的历史,并非这几年才传入的"舶来品"。在我国古代,"四书"、"五经"、《千字文》、《三字经》等,就是以伦理道德教育为中心的综合课程。在儒学创始人孔子的思想中最早出现了综合教育与教学的思想萌芽。孔子曾经说过:"诗,可以兴,可以观,可以群,可以怨,迩之事父,远之事君,多识于鸟兽草木之名。"(《论语·阳货》)实际就是主张用"诗"作载体,进行多方面内容的综合教育与教学。在我国近代史上,1904 年《奏定学堂章程》中规定的"格致"就包括动物、植物、矿物等科,"格致"即属综合课程。1922 年学制改革后,初级中学把性质相同或相近的几门学科进行合科设置,课程结构中既有自然科和算术科,又有社会科(公民、历史、地理)、言文科(国语、外语)、艺术科(图画、手工、音乐)。这实际就是一种学科综合课程。1958 年,我国又将以前的世界历史、中国历史和世界近代史等科目合并为"历史"综合课程,将自然地理、世界地理、中国地理和中国经济地理合并为"地理"综合课程等。

20世纪80年代以后,朝综合化方向飞速发展的科学及社会需要对综合课程的设置提出了迫切的要求。设置综合课程已是大势所趋、势在必行。1989年,上海制定了《全日制普通高中课程改革试行方案》,规定在高中开设社会科学基础和自然科学基础,这两门课程打破了传统学科的知识界限,把历史、地理、社会学或者物理、化学、生物等相近学科的知识组合起来,成为综合性的课程。两年后,浙江也出台了《义务教育试行教学计划》,要求开设公民、自然、科学和社会等综合性课程。

90年代初,在小学阶段综合课程研究已经有了很大进展,部分学科已经取得较为成熟经验的基础上,1992年国家教委将小学开设的"社会"科纳入统一颁布的《九年制义务教育全日制小学、初级中学课程计划(试行)》。小学"社会"科就是在以前小学的历史、地理两科基础上整合起来的一门综合课程。

2001年7月,教育部颁布了《基础教育课程改革纲要(试行)》,纲要明确指出:小学阶段以综合课程为主,初中阶段设置分科与综合相结合的课程,从小学至高中设置综合实践活动并作为必修课程,其内容主要包括:信息技术教育、研究性学习、社区服务与社会实践以及劳动技术教育。

(3)综合课程与分科课程的关系

综合课程与分科课程存在相关而非对立的关系。根据前面我们对综合课程发展轨迹的扫描,不难看出,综合课程其实是以分科课程的改进形态出现的,而不是作为分科课程的对立形态出现的。

首先,作为一种课程形态,综合课程包含分科课程的特征。比如学科本位综合课程,根据综合的范围、强度和性质,它一般又分成相关课程、融合课程、广域课程三种,也即三个水平层次:相关科目水平、融合科目水平和领域综合水平。前两种水平层次的综合课程除强调学科内部的调整,更多考虑的是学科之间的联系,融合课程则更是力图突破学科的界限,以达到统整学生的知识,使学生形成对世界的完整认识,培养学生综合性地解决实际问题的能力。其次,综合课程与分科课程存在着功能上的互补性。综合课程、分科课程各有价值和特点,不存在主与次、优与劣、重要与不重要之分。

通过上述分析,我们认为,不可用简单的优劣标准评判综合课程和分科课程,它们各有所长各有所短,是两种功能互补的课程形态。两者共存于学校教育实践中,构成基础教育的完整的课程结构。

[案例 5-1]　　　　台湾中学辅导活动课程设计

## 台湾中学辅导活动课程设置的类型、项目及开设时间

| 项目/时间/类型 | 一(上) | 一(下) | 二(上) | 二(下) | 三(上) | 三(下) |
|---|---|---|---|---|---|---|
| 自我认识与接纳 | ▲怎样了解我自己 | ▲我的仪态 ▲我的个性 | ▲我的情绪 ▲我的兴趣 | | ▲认识接纳的需求 ▲怎样发挥我的能力 | ▲我的人生观 |
| 人际沟通 | ▲认识学校的环境 ▲我们都是好同学 | ▲我是团体的一分子 | ▲如何与人和睦相处 ▲如何促进班级团结 | ▲表现友善的行为 ▲怎样帮助别人 | ▲如何接受别人的关怀与帮助 | |
| 家庭生活与性教育 | ▲我喜欢我的家人 | ▲男性与女性的角色 | ▲我长大了吗? | ▲了解"性" ▲怎样与异性交往? | | ▲美满婚姻 ▲计划家庭 ▲家庭中各种可能的变化 |
| 学习态度与方法 | ▲我的学习态度与习惯 | ▲我的学习进步了吗? ▲怎样制定假期生活计划? | ▲如何克服学习困难提高学习效果? | ▲如何培养学习兴趣? | ▲如何选择适当的课外读物? | |
| 工作与休闲 | ▲怎样善用休闲时间? ▲认识各种行业 | ▲本地区的人做些什么工作 | ▲我适合什么工作? | ▲我的休闲活动 ▲职业道德 | ▲如何利用就业辅导机构寻找工作? ▲如何与同事相处 | ▲如何求职与应征? ▲就业座谈会 |
| 应付困难 | ▲谁能帮助我? | ▲如何求职? | ▲生活中意外事件的处理 | ▲我的烦恼 | | ▲步入社会可能遇到的困难问题 ▲克服困难计划未来 |

## 台湾中学辅导活动的目标及活动方式

| 目标及方式/活动项目 | 活 动 目 标 | 活 动 方 式 |
|---|---|---|
| 认识学校的环境 | 1. 熟悉校内与校外四周的环境。<br>2. 利用校内设备与校外资源,从事有关的社交活动。<br>3. 养成维护环境整洁及爱惜公物的好习惯。 | 讲述、参观、发现、讨论。 |
| 我们都是好同学 | 1. 增进同学间彼此的认识。<br>2. 了解同学间和睦相处的重要性。<br>3. 促进彼此的交往,建立良好的友谊。 | 访问、发表、比赛、短剧表演、唱歌。 |

| 目标及方式<br>活动项目 | 活 动 目 标 | 活 动 方 式 |
|---|---|---|
| 怎样了解我自己？ | 1. 了解"认识自己"的意义与重要性。<br>2. 知道"了解自己"的办法。<br>3. 知道"别人眼中的我"。<br>4. 了解"自我检讨"与"了解自己"之间的重要关系。 | 讲述、讨论、欣赏幻灯片、填表。 |
| 怎样善用休闲时间？ | 1. 了解休闲时间意义。<br>2. 能对自己的休闲时间作妥善的安排。<br>3. 了解一些休闲活动的方式。 | 填表、报告、讨论、短剧表演。 |
| 我喜欢我的家人 | 1. 了解自己的家庭。<br>2. 对自己的家庭有浓厚的感情。<br>3. 建立与家人相处时的正确态度。<br>4. 培养对家庭的责任感。 | 唱歌、讨论、发表、短剧、角色扮演。 |
| 谁能帮助我？ | 1. 了解能依据当时的情况，选择合适的帮助者。<br>2. 了解一些在日常生活中能帮助我们的人及能帮助的事情。<br>3. 了解一些公共机构的服务项目。 | 讨论、图片展示、游戏、发表。 |
| 我的学习态度与习惯 | 1. 熟悉正确的学习态度与习惯。<br>2. 了解自己的学习态度与习惯并加以改善。<br>3. 养成良好的学习态度与习惯，以促进学习效果。 | 讲述、讨论、发表、短剧、表演、比赛。 |
| 认识各种职业 | 1. 了解职业的意义与重要性。<br>2. 认识社会中的各类职业。<br>3. 了解职业内容，以作为将来选择职业的参考。 | 图片展示、讨论、角色扮演、游戏。 |
| 我的仪态 | 1. 了解维护自己仪态的重要性。<br>2. 知道如何保护仪容的整洁。<br>3. 能在各种场合中注意适当的仪态。 | 讨论、讲述、录音带、服装、表演会。 |

# 第四节　教　学　组　织

　　前面三节我们探讨了课程组织的有关问题，课程组织的实施，乃至课程设计、教学设计的体现等等，最终都要综合、集结、具体落实到一定的教学组织当中，要以各种各样的结构方式组织起来，开展教学活动，并表现为一定的时空序列，发挥其能量和作用。所以，教学组织问题如何解决，直接关系着课程、教学质量的高低。

## 一、教学组织的涵义和类型

### （一）教学组织的涵义

作为一种活动过程，教学必然包含师生一定的关系，涉及教学过程各因素的组合和相互作用，并考虑对时空条件的有效控制和作用。教学组织针对的正是这一问题。

所谓教学组织是指学生在教师指导下，根据一定目标从事教与学活动，掌握课程教材的形式和结构。这一概念的涵义是：①教学组织围绕一定的教学目标、教学内容而设计，不同的教学目标、教学内容需要有不同的与之相适应的组织框架；②从表现于外部的特点来看，师生都要服从一定的教学程序，要么是班级授课，要么是小组教学、个别教学，小组或个人在教师指导下完成既定的学习任务；③存在着师生的互动，教学作为学生在教师指导下的认识活动和自我发展活动，存在着教师与学生之间指导与被指导的关系，当然，这种作用、指导的方式可以是直接的，也可以是间接的；④师生的活动需要一定的时空安排，即师生的活动必须在一定的时空背景中完成，并结成一定的搭配关系。

### （二）教学组织的意义和类型

采用合理的教学组织，有助于教学任务和教学内容的有效落实和完成。教学组织形式是一切教学活动的基础，它具有重要的能动作用。在课程、教学的理论和实践中，教学组织处于真正落脚点的地位。

教学组织同教学方法及教学活动模式有密切的关系，因为课程、教学方法和教学手段等只有综合、集结到一定的组织形式之中，形成一定的人员、时空和程序结构，才会构成动态的教学活动。教学方法、教学手段的改革，抑或是教学思想的整体变革，都要通过一定的教学组织去实施。因此，教学组织合理与否，直接影响着教学活动的进程和效果。

教学是知、情、意和谐统一、互相促进的过程。教学组织对于学生个性的形成和情感的培养具有重要作用。教学组织表现了师生的互动，反映的是师生之间、学生之间的交流、交往方式，蕴藏着多方面的教育内容和精神生活内容，对学生的个性、情感和学习态度会产生不可忽视的影响。也可以说，教学组织为学生个性、情感等的发展提供了可实现途径。

在学校教学活动中，教学组织从来就不是单一的、不变的。根据学生组织方式的差异，可以把教学组织划分为三种类型：班级授课组织、分组教学组织和个别化教学组织。

## 二、班级授课组织

班级授课组织，是以固定的班级为基础，把年龄大致相同的学生编成一个班级,由教师按照固定的课程表和统一的进度,主要以课堂讲授的方式分科对学生进行教育的教学组织。从 19 世纪后半期以来,班级授课逐步成为全世界范围内广泛采用的、最基本的教学组织。

### (一) 班级授课组织的确立

班级授课组织产生于近代资本主义兴起的时代。15 世纪末叶,在科学技术的推动下,社会生产力迅速发展。在欧洲,工商业日益繁荣昌盛起来,新兴的资产阶级崛起。为适应社会生产力发展对学校教育在培养人才上的需要,推动生产力进一步发展,资产阶级要求扩大教育规模,增加教学内容。于是一些教育家适时地提出了"普及教育"的主张。同时,由于大机器生产的发展和科学技术的进步,也拓宽了人们的眼界,给教育家们以崭新的启迪,希望寻求一种与大工业生产的要求相适应的新的教学组织。正是基于上述背景,班级授课组织应运而生。

16 世纪,在西欧,有些国家创办的古典中学里已出现班级授课组织的尝试,如法国的居也纳学院,德国斯特拉斯堡的文科中学,均根据学生的能力分班,采用分级教学制度,每个班学生的年龄和水平基本一致,按固定的课程和教科书进行教学。这就是班级授课组织的萌芽。欧洲的俄罗斯、乌克兰、捷克兄弟会学校等也都有类似的教学组织。

17 世纪,捷克教育家夸美纽斯总结了前人和自己的实践经验,在其《大教学论》中奠定了班级教学组织的理论基础。夸美纽斯用太阳以它的光和热普照世界而"不单独去对付任何单个的事物、动物或树木"作依据,论证班级授课组织是必要的和可行的。他要求根据儿童年龄及知识水平分成不同班级,并把教学内容分为循序渐进的阶段,由一个教师对一个班级的学生同时授课。夸美纽斯认为,实行班级授课,能有计划地组织教学工作,提高教学效率,教员因此可以少教,但是学生可以多学,学校也可以接受更多的学生,从而有利于普及教育。另一方面,学生在班级中受教,可以相互促进,提高教学效果。他说:"青年人最好还是一同在大的班级里面受到教导,因为把一个学生作为另一个学生的榜样与刺激,是可以产生更好的结果与更多的快乐的。"[①]

班级授课组织在学校教育中的普及是极其缓慢的,它需要一定的社会和历史条件。夸美纽斯的时代尚不具备这样的条件。直到 18 世纪以后,随着产业革命的兴起以及随之而来的产业主义,产生了在广大民众中普及知识与技术的需要,再加上基于启蒙思想的社会民主化运动,促进了教育的民主化过程,教育面向国民、面向大众的呼声日渐增高。从 19 世纪后半叶开始,以普鲁士为先锋,许多国家都开始确立服务大众的国民教育制度,班级授课组织因此得到了广泛普及。即到 19 世

---

① [捷克]夸美纽斯著,傅任敢译:《大教学论》,人民教育出版社 1984 年新 2 版,第 50 页。

课程与教学论

纪后半叶班级授课组织才在实践中确立起来。

我国采取班级授课组织的时间较晚，只有近百年的历史。最早采用这种教学组织形式的是 1862 年清政府在北京开办的京师同文馆。真正普及推广是在 1904 年《癸卯学制》以后。

### （二）班级授课组织的特点

班级授课组织有如下特点：第一，以班为教学单位，每一个班有固定人数，班的成员是按照一定的年龄和知识水平编定的。达到规定入学年龄者通常归入第一学年的班级，每结束一学年，升入下一学年的班级。在基础学校、初等学校，一般认为班级定员以 25—40 名左右为宜。第二，按班级实行分科教学，不同学科由专业教师分别承担，教学内容基本统一。第三，教学以课时为单位，并严格按照上课时间来进行。课时单位可以是 50 分钟、45 分钟或 30 分钟，但都是统一的和固定的。国家课程计划规定了每周各科的教学时数。一周中每日教学时间分配及其次序由各班的上课时间表加以规定。

班级授课组织的优越性表现在：其一，一位教师能同时教许多学生，扩大了单个教师的教育能量，有助于提高教学效率。其二，教学内容被划分为彼此相关又相对独立的课，以课的形式安排教学活动，可使学生的学习循序渐进，系统完整。其三，班组授课中共同的学习目标、丰富的集体生活、多形式的互动，便于学生在学习上相互激励，互相促进，有利于学生个性的健康发展和社会化。其四，由教师设计、组织并上"课"，以教师的系统讲授为主而兼用其他方法，使教师的教育理想和智慧、才华得到充分展现，便于发挥教师的主导作用。其五，以班级为组织单位，并在固定统一的教学时间进行教学，便于学校合理安排课程内容和教学进度，实现了教学管理上的计划性和规范化，使教学质量有了保障。

但是，班级授课组织也有其局限性：第一，一个教师同时教几十个学生，容易从学生的"平均水平"出发施教，照顾了中间而忽视两头，难以兼顾学生的个别差异。第二，教学活动多由教师组织和设计，学生要尽力适应教师的教学，这在一定程度上限制了学生学习的主动性和独立性，影响了学生主体性的发挥。第三，以"课"作为教学活动的单位，而"课"的时间和内容又规定得较死，难以适应不同学科的特点，也容易割裂学习内容的完整性，造成学生学习上的困难和狭隘。第四，以"讲授—接受"为主的教学，旨在强化学生对现成知识成果的接受，学生参与的机会少，实践性不强，不利于培养学生的探索精神、创造能力和实际操作能力。第五，亦缺乏真正的集体性。从学生学习的总体情况看，每个学生基本上是独自完成学习任务的。

正因为班级授课组织固有的局限性，所以对它的批评、指责就未间断过。虽然班级授课组织仍是目前世界各国学校教育中教学的主要组织类型，但毕竟还需要进一步的完善。其实,班级授课组织在教学实践中的地位得以确立的同时,寻求教学组织改革的尝试就也在进行着。

## 三、分组教学组织

针对班级授课组织暴露出的重教轻学、机械死板等弊端,人们开始寻求进一步改革教学组织的新举措。改革试图从全面系统的角度,分析研究影响教学活动的各种因素,寻求既不失集体影响,又有个人独立自学的教学组织形式,实现以班级授课组织为基础的教学组织的多样化。分组教学组织便由此而产生。这是改革班级授课组织的一种尝试。分组教学是把学生按一定的标准(能力、成绩、兴趣、愿望等)编入不同的学习小组来进行教学的一种教学组织,目的在于以最佳方式为学生提供多种学习,使教学更好地适应学生的特点和需求。

### (一)分组教学组织的类型

分组教学组织大致可分为两种类型,一种是外部分组型,一种是内部分组型。

#### 1. 外部分组

外部分组即打破传统的按年龄编班,而按学生的能力、兴趣或学习成绩标准重新编组。其主要形式有以下几种:①

(1)跨学科能力分组

跨学科能力分组是把学生按智力高、中、低或测验成绩的好、中、差分成若干组,教师以不同的课业进行教学。这种分组的特点是按照学生在各门学科中的一般能力和平均成绩进行跨学科的分组,把他们编入被认为同质的小组里,以获得最佳的教学效果。

(2)学科能力分组

学科能力分组是按学生在个别学科上的学习能力或成绩,在一定学科中分为不同水平的若干小组。这种分组的特点是顾及到学生在不同学科中不同的能力和发展水平。

(3)选修课分组

选修课分组,亦称兴趣分组。主要是根据学生的兴趣爱好,让学生在学校提供的一系列学程或活动小组中进行选择。

(4)综合学校多轨分组

综合学校多轨分组是根据学生的学习能力和学习成绩,分设年限长短不一的课程,给"优等生"开设年限较长的、为升学服务的课程,给一般学生开设年限短的、为完成义务教育的课程。

---

① 参阅孙祖复:《分组教学模式种种》,《外国教育资料》1992年第1期。

### 2. 内部分组

内部分组是在保持传统的按年龄编班的班级教学条件下，根据学生的学习能力、学习速度和学习兴趣等因素进行分组，这种分组是一种经常变动的临时分组形式，不断分组和不断合并。其主要形式有两种：一种是不同学习内容和不同学习目标的分组。学生经过一段时间的班级教学后，进行诊断测验，根据测验成绩分成若干小组，分组后学生依据自身的不同情况学习不同的教学内容，或拓宽，或加深，或辅助，经过一段时间达到教学目标后再进行班级教学。另一种情况是相同学习目标和相同学习内容而采用不同方法和媒体的分组。具体说就是在班级教学的基础上，根据学生的不同情况、兴趣爱好进行分组。一部分学生借助教学机器或视听教学工具等进行自学；一部分学业成绩优异的学生和学业成绩不良的学生组成小组，由前者辅导后者；另外把一些成绩特别差的学生组织到一起，由教师辅导做功课。

### （二）分组教学组织的特点

分组教学组织的优点是：在分组教学中，学生的学习态度是能动的，可以大幅度地减少同步学习中常见的学习分化现象，出现所谓的"能动性的凝集"现象；分组教学是学生共同地、自主地解决学习课题，自觉地、创造性地掌握知识和技能。这种教学组织，使学生积极地获取知识，对症下药地提高能力，同时大大促进学生的自主学习；实施因材施教，切实照顾了学生的差异，既使学业成绩优秀的学生扩大知识面，早日成才，又可以保证学业成绩不良的学生扎实掌握基础知识，达到教学的基本要求。

分组教学组织的不足之处在于：加重了教师的工作职责，对教师的职业素养、教学能力提出了更高的要求；而且由于班级组织处于不断的变动之中，无形中影响了教学的连续性、有序性，也不利于形成良好、和谐的师生关系和同学关系。分组以后，学业成绩优秀的学生容易产生优越感、满足感；学业成绩不良的学生易于产生自卑感，造成心理压力。很多情况下，分组以后不同水平的学生之间缺乏足够的交流和沟通，可能不利于学生的全面发展。

就总体而言，分组教学组织倘若有充分的准备，审慎地加以应用，可以产生良好的教育效果。分组教学组织弥补了班级授课组织从学生平均水平出发，强调千篇一律、齐头并进的不足，能较好地适应学生的能力和要求。应该说，这是一种富有价值的教学组织形式。当前正处于一个高度发达的工业化社会，需要各种不同专业知识、能力和水平的人才，因此，教育机构还是需要进行分化性教育的。

## 四、个别化教学组织

个别化教学组织是改革班级授课组织的又一种尝试。它发端于世界各国古代学校的个别教学组织形式。当时的个别教学组织主要采取教师对一个或几个学生的个别辅导形式,顺应了个体手工业生产的要求,带有浓厚的师徒相从的色彩,随意性强,难以系统地进行教授。20世纪初兴起的个别化教学组织已超越了狭义的个别教学组织的理念,成为一种适应学生个别差异组织和调整教学过程以便因材施教的新型教学组织。在个别化教学组织演变的过程中,各种方式不断出现,而且个别化程度越来越高。

**（一）个别化教学组织发展的第一阶段:道尔顿计划和文纳特卡计划**

这一阶段的基本特征是,针对学生个别差异设计教学进程,调整教学步调,使学生可以按照自己的速度学习不同的教学单元。该方式始于20世纪20年代的道尔顿计划(Dalton Plan)和文纳特卡计划(Winnetka Plan)。

**1. 道尔顿计划**

道尔顿计划是帕克赫斯特(H. Parkhurst)于1920年在美国麻州道尔顿中学(Dalton High School)实施的一种个别化教学计划。道尔顿计划的特点在于采用自学辅导的方法,让学生依据自己的能力而进行学习活动,这样教学不但可以适应个别差异,也能考虑学生不同的需求。

道尔顿计划将课程分成学术性课程(academic subjects)和职业性课程(vocational subjects)。前者强调学生依个别速度自由学习,不受干扰。后者则以小团体的方式进行教学,其中包括职业性科目、社会性科目和身体的活动。

在实施方面,由教师先布置好供学习用的实验室或作业室,每一学科都有一间,室内有各类的参考书籍和学习材料、设施,也有专门的辅导教师。学生根据自己的能力和需求决定到实验室或作业室学习的时间和方式。学年开始时教师要把一年的学习功课告诉学生,然后与学生签订合同(contract),通常以月为限,所以又称为"月约",月约中详细规定了学生每月所要完成的各科学习任务或称作业。学生在完成一项月约之后,即由教师进行测验,学生必须通过测验才可签订次月的合同。学生的进度都绘成图表,教师及学生双方都要经常检查进展情况。

**2. 文纳特卡计划**

文纳特卡是位于美国芝加哥市郊外的一个有一万人口的城镇。文纳特卡计划是指于20世纪20年代在该城镇的4所中小学实施的一种个别化教学计划。计划的创始人是当时刚由旧金山师范学校应聘来文纳特卡担任教育局长的华虚朋(C. Washburne)。

文纳特卡计划旨在达成四方面的目标:①使儿童获得必需的知识和技能,以适应生活上的需要;②使儿童的生活快乐、自由而美好;③充分发展儿童的个性和才能;④发展儿童的社会意识,使儿童感到社会的利益就是个人的利益,个人的利益是建立在社会利益之上的。

为实现上述目标,学校必须有各种知识和技能的教学,并配合各种团体活动和创造活动。所以，文纳特卡计划将课程分成两部分：一是基本学科学习，基本学科指数学、社会科和语文科，完全采取个别化学习的方式；二是团体活动和创造性的活动，包括音乐、艺术、新闻采访、体育、手工、休闲活动、专题研究等活动，打破分科课程的限制。通常每天上下午都有一半的时间从事这些活动，以使学生能自我表现(self-expression)和社会化。

在追求教学个别化方面，文纳特卡计划比道尔顿计划更为激进，其采用的编写小步子自学教材使学生自测、小步子前进的做法，对于后来的程序教学产生了一定的影响。这两种改革班级授课组织的计划对于改变机械的定量课时，剔除死记硬背、教学整齐划一的弊端，对于适应考虑学习速度的个别差异，以及给予学生计划并执行自己的学习程序的自由，以培养学生的主动性、责任感等方面，确实存在相当的优势。道尔顿计划和文纳特卡计划很快得到广泛传播，各国纷纷效法。1920—1930 年期间，其影响达到了登峰造极的地步。此后因其本身的不足，如强调因材施教但又不彻底贯彻，强调学习环境，但对如何联系社会实际并无措施等而遭到指责，走向衰退。

### （二）个别化教学组织发展的第二阶段：个别化规定教学和凯勒计划

20 世纪 60 年代以后，个别化教学组织的进一步发展则将学生的自主性作为教学的出发点和归宿，以发展学生的独特性为目的，强调通过学生的自我指导、自我负责和自律达成自我发展，从而将目的与手段统一起来。如个别化规定教学、凯勒计划。

#### 1. 个别化规定教学

个别化规定教学(individually prescribed instruction，简称 IPI)又称为"个别处方教学"。是由美国匹兹堡大学的"学习和研究发展中心"(the Learning Research and Development Center)的博尔文(J. O. Bolvin)和格拉泽(R. Glaser)及其他同事在 1964 年倡导的一种个别化教学组织。

根据博尔文、格拉泽的设计，个别化规定教学的实施包含五个主要步骤。第一步，安置性测验(placement test)，在学年开始时进行，主要在于了解学生的起点行为，据此来拟定学生必须达到的掌握水平(the level of mastery)，并确定每个学生开始学习的单元。第二步，单元前测验(pre-unit test)，在每一学科每一单元学习之前实施，确定学生已有的知识基础、先前的学习经历、学习的性向，作为决定学科教学的参考。第三步，提供学习规定或称学习处方，明确某一单元应达到的学习目标以后，教师为每一学生提供合适的教学规定，可安排学生听课、看书、讨论、作业和视听教学等，视学生的学习风格、兴趣及特点而定。第四步，进行课程内容测验(curriculum embedded test，简称 CET)，教学活动进行至一阶段之后，进行 CET，目的在于了解学生是否已学习掌握到 85％的程度，达到者即能进入下一阶段的学习。

第五步,单元后测验(post-unit test),学生满意地通过各单元教学目标后,再进行更具综合性的单元后测验,通过者继续新单元的学习,未通过者返回原单元内容。

个别化规定教学组织使每个学生的学习能够适合他个人的需要、兴趣和能力,从目标的确定、目标的选择、评价的实施等,完全以学生的自主学习为中心,较好地适应了学生的个别差异。个别化规定教学中,教师以教学规定为指导,以形成性测验、教学前后的测验了解学生的学习状况,作为随时修正或调整教学的参考,有助于增进学生的学习成效。不过,其教学成本相对也高,还有各类测验的实施、学生学习的维持有相当的难度。

### 2. 凯勒计划

凯勒计划(Keller Plan)又称个人化系统教学(personalized system of instruction,简称PSI),是由美国哥伦比亚大学的心理学教授凯勒(F. S. Keller)及其同事于1965年倡导的一种由学生自定步调(self-pacing)的个别化教学组织。

凯勒计划深受行为主义心理学强化理论和程序教学理论的影响,视教学过程为学习者自行决定、调控的过程。一方面依据学习者的身心特点,给予充分的时间进行学习,由学习者自行控制学习进度,选择何时何地来学习以及接受检测的时间,以求适时及时地学习;另一方面,采用行为主义心理学和学习理论,具体化教学目标,有创意地设计教材,利用强化原理及时反馈来加强学生集中学习的功效。

凯勒计划的设计程序是:第一,建立具体明确的教学目标;第二,编制教材,划分单元,每一单元皆为达成特定的具体教学目标而设计;第三,教师在学习之初进行几次讲述(lecture),揭示有效的教学方法,并激发学生的学习动机;第四,为学生提供恰当的适用的教材,让学生独立自学,学习的时间、地点由学生自行选择;第五,学生学习至自认为可能达到预定的水准,就请求教师安排给予检测;第六,教师根据学生的请求立即给予评定考试,通过者教师给予强化并决定是否学习下一单元,未通过者则给予订正,并请学生继续进行自学活动,以备下次检测,直到完全通过才开始下一个单元的学习;第七,学期结束时,全体学生参加教师准备的总结性评价考试。

凯勒计划既能照顾学生的个别差异,使学生真正拥有了学习的自主性、主动权,满足了因材施教的需要,又能通过切实有效的措施保证学生掌握既定学习目标,所以在实践中取得了良好的效果。从1968年在美国的心理学会年会上,凯勒发表"老师,再见"(Good-bye,Teacher)的演讲,正式提出PSI的理论。到70年代,PSI在美国的许多学校实施,并进一步影响到德国、日本、巴西、荷兰、阿根廷、韩国、印度等许多国家。

纵览教学组织发展的历史过程,它经历了从个别教学组织到班级授课组织,再到班级授课组织与班级授课或突破班级授课限制的分组教学组织、个别化教学组织相结合的综合化、多样化的形式,表现出从单一到多元的发展趋势。但这种趋势并不意味着后一种形式对前一种形式的否定,而更多的是表现为一种补充和发展。因此,当代教学组织的现状是多种形式并存,共同发展。随着现代教育技术的飞速发展,人们对教学对象及其特点认识的科学化,对教学目的和任务认识的全面化,对课程和教学内容结构、广度、深度研究的深入化,教学组织的方式将更加生动活泼、丰富多样,并呈现出新的特点和变化,我们相信,未来的教学组织将融个体自学、班组讨论、统一授课、远距离通讯交流于一体,贯彻个别化与人际互动相结合的原则,从而促进学生个性和社会性的全面发展,造就能适应社会发展、面对未来挑战的新型人才。

## 问 题 与 思 考

1. 说明课程组织的涵义。
2. 比较课程组织的不同取向。
3. 分析课程的组织结构。
4. 评价不同类型课程的特点。
5. 谈谈自己对班级授课组织的理解。
6. 分析个别化教学组织的发展趋势。

## 活 动 与 研 究

1. 研究 21 世纪基础教育课程计划。
2. 选取某一学科,研究该学科课程标准。
3. 研究能适应我国社会发展、促进学生的自主性和人际互动的新型教学组织形式。

## 推荐阅读书目和网址

1. 陈伯璋著:《潜在课程研究》,台北五南图书出版公司 1985 年版。
2. 陈时见著:《比较教学论》,江西教育出版社 1996 年版。
3. 郭元祥著:《综合实践活动课程:设计与实施》,首都师范大学出版社 2001 年版。
4. 李臣著:《活动课程研究》,教育科学出版社 1998 年版。
5. 林宝山著:《教学论——理论与方法》,台北五南图书出版公司 1990 年版。
6. 林智中等著:《课程组织》,教育科学出版社 2006 年版。
7. [美]Leigh Chiarelott 著:杨明全译:《情境中的课程》,中国轻工业出版社 2007 年版。
8. 课程教材研究所编:《综合课程论》,人民教育出版社 2003 年版。
9. 课程与教学学会主编:《课程统整与教学》,台湾杨智文化出版公司 2000 年版。
10. 张华著:《课程与教学论》,上海教育出版社 2000 年版。
11. A. F. Loporchio, *The Hidden Curriculum*, Vantage Press, 2006.
12. D. Heacox, *Differentiating Instruction in the Regular Classroom*, Free Spirit Publishing, 2001.
13. E. T. Clark, *Designing & Implementing an Integrated Curriculum*, Holistic Education Press, 1996.
14. G. J. Posner, *Analyzing The Curriculum*, McGraw-Hill Humanities, 2003.

1. 中教网(课程标准)http://www.teachercn.com/Kcgg/Kcbz

2. 课程教材研究所(课程标准解读)http://www.pep.com.cn/xiaoyu/jiaoshi/xypx/biaozhun

3. 综合实践活动网 http://jxjy.com.cn:88/Index.asp

4. 综合课程指南(Integrated Curriculum Guide)http://www.archeworks.org/projects/tcsp/ic_guide.html

# 第六章　课程与教学的实施

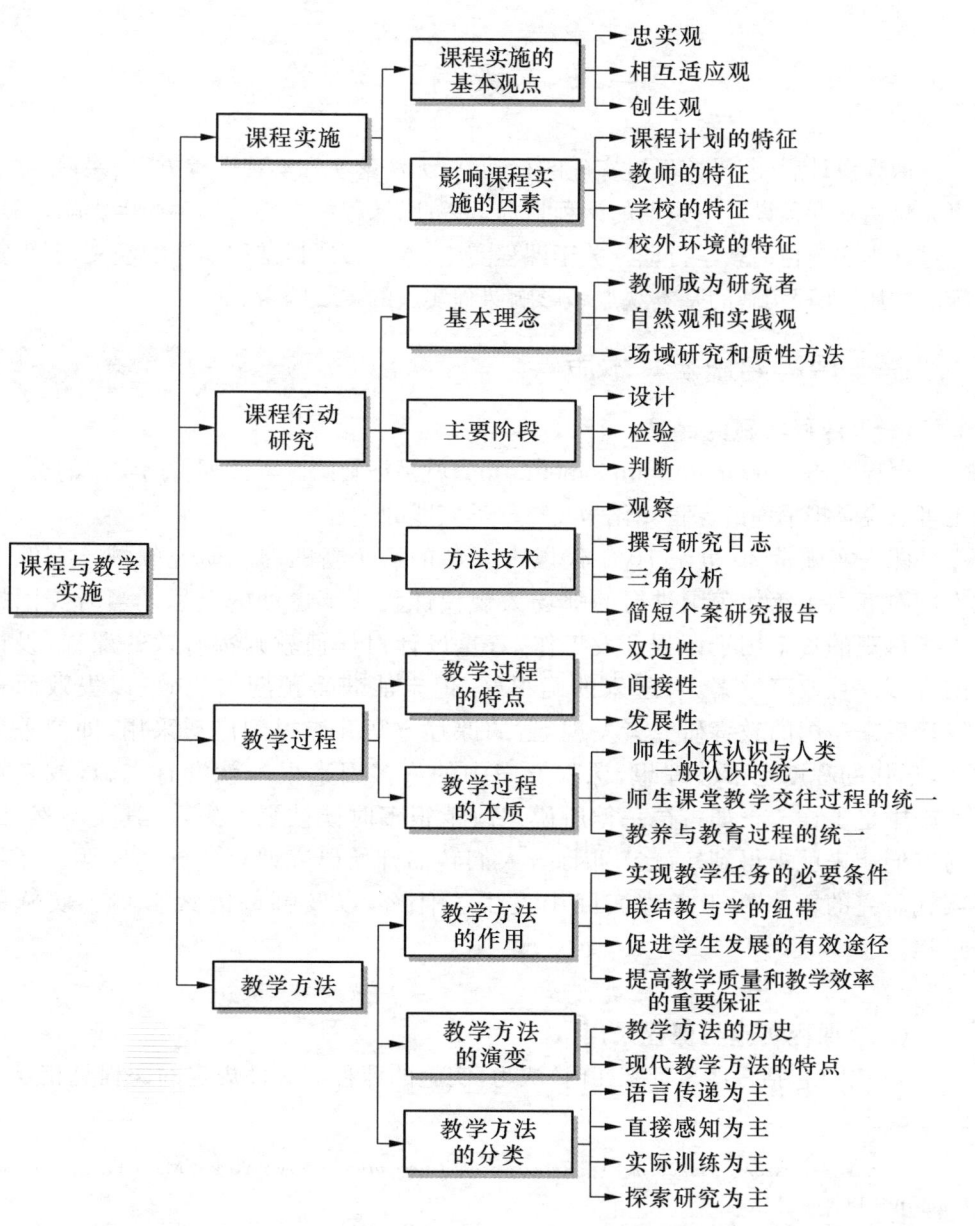

一个新的课程方案出台后,其最终的表达形式是官方正式颁发的课程政策文件,如课程计划、课程标准,它们以书面的方式存在。但是,只有当教师在学校里、在教学中实际执行或实施了这些文件、计划,新课程的理想或书面计划才能转化为学校"知觉的课程"、教师"运作的课程"和学生"体验的课程"。因此,完成课程与教学的设计和组织以后,课程与教学的实施就显得十分重要。它是迈向成功的课程改革与真正提高教学质量的重要保证。

第 一 节　课 程 实 施

课程设计后,若没有经过实施的行动,就无法落实和实现课程方案、课程理想,更无法达到课程设计中预期的课程目标。因此,课程如果要对学生产生影响,必须通过课程实施付诸教学行动。关于课程实施,本节拟研讨课程实施的涵义、课程实施的本质、课程实施的基本观点和影响课程实施的主要因素。

## 一、课程实施及其本质

### (一)课程实施的涵义

课程实施(curriculum implementation)就是把新的课程计划付诸实践的过程,也可以说是把书面的课程转化为具体教学实践的过程。

课程实施是 20 世纪 70 年代以来兴起的一个新的课程研究领域。它源于人们对五六十年代美国进行的那场大规模课程改革运动的反思。当时美国投入了可观的资金用于课程开发工作,着重设计对任何教师都有效的课程,设计的许多课程改革方案,看起来的确很好,但未能获得预期的成效,以失败而告终。后来美国的教育研究者发现,新的课程方案并未得到广泛采用,即使采用了,运作的程度也不够理想,课程方案中的许多因素根本就没有实施,或者在实施中走了样。正如古德莱德所说:"改革很多时候被视为失败,其实不然,因为它们从来就未得到实施。"[①]因此,人们转而开始研究课程实施的问题。课程实施研究的重点在于考察实际中发生了什么,以及哪些因素影响了实施的过程。

### (二)课程实施与课程采用

许多人(包括一些教育家在内)认为,实施的课程与文件规定的课程是相互一

---

① P. W. Jackson, *Handbook of Research on Curriculum*, New York: Macmillan Publishing Company, 1992, p. 403.

致的,其实不然,严格地说这不太可能,因为规定的课程是抽象的书面文件,实施的课程是有血有肉的创造。课程实施的过程不可能原原本本地、机械地按照文件所规定的方方面面去做,文件课程中所确定的基本理念,也不是每一个教师都能够理解和接受的。实施的课程与文件规定的课程之间的关系,有一个恰当的比喻,文件规定的课程如同一个剧本,实施的课程如同实际的演出。[1] 对剧本,即使是莎士比亚笔下的十分具有权威的剧本,不同的导演会有不同的理解和诠释,产生不同的构想,而不同的演员在理解导演的意图和所扮演的角色时也会有所差异,最后当经过改编把剧本搬上了舞台,实际的演出过程和台下观看表演的观众,又会有不同的诠释、体验和感受。课程实施的情况大致相同。教师就像一场戏的导演和实际参加演出的演员,虽然有如同剧本的"文件规定的课程",教师仍有诠释新课程的自由与空间。教师付诸实际行动的不同的课程实施方式,将使学生获得不同的课程经验。

从文件规定的课程到实施的过程还有一个过渡环节,这个环节通常称为"课程采用"(curriculum adoption)。课程采用是指作出使用某项新课程方案的决定的过程。20世纪60年代,"课程采用"的观念较为盛行,课程决策人员往往认为某一个地区或学校决定"采用"一项新的课程方案,便意味着课程的成功实施。事实上,这是一种普遍却天真的假设。课程采用不同于课程实施,课程采用是组织内部变化的第一阶段,关注的是在教育实践中选择和采用什么样的课程方案,课程采用既是对新的课程方案传播的终点,也是实施新课程方案的起点。课程实施关注的是在实践中真正改变的程度和影响改变程度的因素。研究表明,教育变革过程可划分为三个阶段:第一是启动(initiation)、动员(mobilization)、采用(adoption)阶段;第二是实施(implementation)、开始使用(initial use)阶段;第三是持续化(continuation)、常规化(routinization)阶段。[2] 课程采用是第一阶段,只有当新课程方案被采用后,才进入第二阶段,即课程实施。

新课程能否顺利地、有效地被采用,取决于以下一些基本因素:(1)课程本身的性质,有些新课程很容易为人们所接受而不使现行实践发生任何混乱,有的则要求对现行实践进行根本的调整和重新组织;(2)掌握可得到的课程的信息;(3)决策者、地区行政、校方的支持以及实际使用课程的人的提倡;(4)教育机构的环境;(5)所能获得的外部提供的资金;(6)配套的新法规和新政策。[3]

---

[1] C. J. March & G. Willis, *Curriculum: Alternative Approaches, Ongoing Issues*, 2nd ed., Prentice-Hall, Inc. , 1999, p. 223.

[2] M. Fullan, *The Meaning of Educational Change*, New York: Teachers College Press, 1982, p. 39.

[3] 顾明远主编:《教育大辞典》(增订合编本),上海教育出版社1998年版,第894页。

### （三）课程实施的本质

从本质上说，课程实施既不同于课程采用，也不是新课程计划的照搬，课程实施是一个过程，而不是一项事务，是一个动态的过程，而不是一种镜式反映。实施过程中必然涉及实施者的课程理念和个性化的工作，甚至涉及对课程方案的主要调整、修改和补充；课程采用之后的课程实施，需要由几方面的人员共同完成，这些人员包括教育行政人员、学校管理人员、教师、学生等，其中，教师是主要的实施者；在课程实施的过程中，实施者要根据课程方案的要求、实际的教学条件和学生的情况，确定实施方案，制定实施策略；课程实施应成为有计划、有组织的互动过程，一方面促进教师的专业成长，另一方面发展学生的课程体验，最终指向预期的教育目标实现。

## 二、课程实施的基本观点

课程实施的实质就是要使原有的课程要求转变为新的课程计划的要求。但如何转变，却存在着不同的观点。这里，我们总结出三种基本的观点，即忠实观（fidelity perspectives）、相互适应观（mutual adaptation）和创生观（curriculum enactment）。

### （一）忠实观

持这一观点者把课程实施看成是忠实地执行新课程计划的过程。衡量课程实施成功与否的标准是课程实施过程对预计课程计划的实现程度，实施的课程愈接近预定的课程计划，则愈为忠实，课程实施程度也愈高。若与预定的课程计划差距愈大，则愈不忠实，课程实施程度愈低。

课程实施的忠实观强调课程设计的优先性和重要性，认为事先经过规划的课程具有示范作用和明确的效用，能够被教师毫无疑问地接受，而且应该被教师忠实地执行，课堂中付诸实际教学行动的课程实施，必须完全符合课程设计人员事先计划的意图与理想，如果新的课程计划得不到忠实的实施，则投入了可观人力、物力、财力的最佳设计将付诸东流。即使教师通过调整、修改等方式来实施课程，课程实施的效果也会大打折扣。

人们开始提出课程实施的概念并进行课程实施的研究时，大多持这种观点。许多人认为新课程应该按照设计者原有的意图去实施。因为一般而言，教师常常对课程的理解不足、认识不深，而且也缺乏适当的课程实施能力，从总体上看，教师的课程素养（curriculum literacy）普遍不够。所以，新课程不仅需要预先规划，还需详细规划，要加以高度的结构化，而且必须给予教师明确的指导说明，以规范实际的教学行为。

课程实施的忠实观适用于某些特定的课程情境，特别适用于课程内容极为复杂、困难而且师生不容易准确理解、全面把握的新的课程计划,或是学生的理解需要建立在对课程内容作特定安排、详细说明的基础上,因此,课程实施的程度有必要预先加以具体的规定。

不过,就总体而言,忠实观并不利于课程的真正实施,而且还会产生负面效应。这方面是有经验教训可借鉴的。20 世纪 60 年代,美国的课程改革中,设计出的许多新课程,将忠实观的课程实施发挥到了极致,由课程专家规划"套装课程辑"(课程包)(curriculum package),甚至设计出"提防教师"(teacher-proof)的"套装课程辑"。也即是说:"课程材料具体规定了教师必须知道、讲解和要做的每一件事情,以及学生需要作出的各种反应。教师几乎没有任何改动的余地。因此,教师的技能丧失了(deskilling)。教师经过多年辛勤而形成的技能都丢失了。而事实上,没有什么比失去对工作的支配更容易引起异化和失落感的了。"[①]在教学实践中,严格意义上的忠实观其实是不太可能的,不管对教师作出怎样具体、明确的规定,每个教师对课程的理解和教材的领会依然会有一定的差异,而且他们也总是会根据自己的教学经验和学生的具体情况,对课程内容作有意或无意,以及或大或小、或明或暗的调整与改编。

### (二) 相互适应观

持这一观点者把课程实施看作是一个连续的动态过程,相互适应意味着课程实施是一个由课程的设计者和课程的实施者共同对课程进行调整的过程。调整包括两个方面:一是课程计划为适应具体教学情境和学生特点而进行的调整;二是课程实际以及教师和学生为适应课程计划而作出的调整。

课程实施的相互适应观强调课程实施不是单向的传达、接受,而是双向的相互影响与改变。课程并不是固定不变的,规定的课程与实施的课程可能是不同的,会在一些方面存在差异或不一致。在教学实际中,每个教师面临的情况都不同,每个教师解读课程的能力亦有高低之分,需要根据各方面的情况与可能作相应的调整。实际上,所有预先计划好的课程,在实施的过程中都必须经过修正、调整,才能满足特定且变化的教学情境。也只有这样,教师才能使学生的学习获得最大的效能。

与忠实观相比,相互适应观的基本特征如下:其一,良好教学的知识技能大部分是隐含的,是教师与教学对象及教师间在阅读、讨论、观察中相互学习而获得的,而非由外部专家教导的;其二,课程实施是教师多元诠释的过程,他们会根据教学层面的不同情况,确定实施方案,选择教学策略,为学生提供更多的学习契机,促进学生的发展;其三,课程实施是一个复杂的、非线性的和不可预知的过

---

① 施良方著:《课程理论:课程的基础、原理与问题》,教育科学出版社 1996 年版,第 133 页。

程。教师是预定课程计划的主动、积极的消费者；其四,学校组织的变单、实施者知觉的转变,尤其是在职教师的培训是影响课程实施程度的重要因素；其五,课程实施并非由一套预设目标所引导,而是由一套有关教师与教学、学习者与学习、学科内容与其潜在意义,以及学校教育与社会政治力量的关系等理念作指引；(6)其方法论基础更为宽广,既包括量化研究,也包括质性研究。所以,课程评价不再拘泥于标准、系统化的方法,课堂观察、非结构性访谈、作业分析等得到广泛运用。评价的目的不在于衡量达标程度,而在于从教师和学生的观点理解课程。

### (三) 创生观

持这一观点者把课程实施过程看成是师生在具体教学情境中共同合作、创造新的教育经验的过程。也就是说,课程并不是在实施前就固定下来的,课程是经验性、情境化和人格化的,课程实施本质上是在具体的教学情境中缔造新的教育经验的过程,在课程创生的过程中,已有的课程计划只是可供选择的一种参考。

课程实施的创生观强调教师与学生的实际教学活动,认为借助讨论、对话、沟通建构出的实际经验才是课程。课程知识不是外在的课程设计者的知识,而是个人建构的知识。相应地,课程变革也不只是外在可观察的行为变化,而是教师和学生个性的成长与发展过程,涉及师生思维、情感、价值观等诸多方面的变化。课程实施关注的焦点转变为:教育经验的产生与生成问题,外部情境因素如何影响经验的衍生,各种情境、背景对课程实施的意义何在等等方面。

依据创生观,教师的作用、师生关系都呈现出新的特点。教师不再"按图索骥"或"小修小补",教师是课程的开发者,是课程设计的主体,其价值观、兴趣、教学经验、个性特征、教学才能都得到充分体现。师生不再单向授—受,教师与学生成为合作者、互助者,彼此配合,共同制定课程目标和课程内容。

创生观有四个基本理念:一是信任我(trusting me),即相信教师、学生对课程的理解,并具有基于教学实践的缔造才能；二是展示给我看(showing me),即每个教学情境都是独特的,需要教学者和学习者在选择教学资源、确定教学方案等方面均发挥创造才能；三是做我需要做的事(doing what I want),即不受预定计划的限制,不以达标的程度为指向,追求意义的统整和师生持续的发展、成长；四是与你一起(being with you),即完整的教育经验是在互动、合作、交流、沟通中形成的。

课程实施的创生观重视真实的教学情境,强调教师和学生的主体性、创造性,最大限度地调动了师生的教学积极性,发挥了教师和学生在课程改革、课程实施过程中的作用。但也对学校"环境素质"、师生的创造才能提出了极高的要求,是否能适合大多数的教育实际情况,尚待进一步的研究。

上面分别探讨了课程实施的三种基本观点,每种观点都有各自的特点和适用之处。我们认为,对所有的学校与教师而言,并没有一种最正确的课程实施方法,因为课程实施的过程极为复杂,不仅涉及课程设计人员事先的精心规划,也必然涉及学校教育与课堂教学的独特情境,以及教师与学生之间的多形式互动。课程实施应当采取弹性的观点和适中的观点,根据不同的实施层面、学校组织特点、师资条件、学生的需求,灵活选择不同的课程实施方法。

## 三、影响课程实施的因素

设计好的课程,到了教学实践中,为什么有的得到实施,有的却得不到实施?为什么新课程中,一部分得到了实施,而另一部分却没有?为什么在有些地方、学校、课堂中可以有效地实施新课程,而在其他地方却不可以?这里涉及影响课程实施的因素。从 20 世纪 70 年代开始,国外的一些学者就开始关注这个问题,对影响课程实施的因素进行了较广泛的研究。加拿大学者富兰(M. Fullan)1982 年归纳了影响课程实施的主要因素,包括四类 15 个因素。[1]

第一类是变革的特征(characteristics of change),包括课程变革的需要和迫切性、课程变革目标与意义的清晰性、课程变革的复杂性、课程变革计划的质量与实用性。

第二类是学区的特征(characteristics of the school district),包括学区从事课程变革的历史传统、学区对课程计划的采用过程、学区对课程变革的行政支持、课程变革人员的发展水平和对变革的参与程度、课程变革的时间安排与信息渠道、学区教育委员会与社区的特征。

第三类是学校的特征(characteristics of school),包括校长的角色、教师之间的关系、教师的价值取向。

第四类是外部环境的特征(characteristics external to the local system),包括政府机构的作用、外部社会的支持。

美国学者帕森(J. L. Patterson)认为,容易被忽视的影响课程实施的主要因素是课程改革策略的运用、对课程实施的计划和教师的专业发展。[2]

我国学者陈侠将影响课程实施的因素区分为人和物两大类,人的方面主要指学生和教师,物的因素主要指教科书和教学设备。[3]

综合国内外学者的研究,我们认为,影响课程实施的主要因素有四个方面:课

---

[1] N. R. Tumposky, *Staff Development and Curriculum Implementation*, The Educational Forum, Vol. 51, No. 2. , 1987.

[2] J. L. Patterson & T. J. Czajkowski, *Implementation: Neglected Phase in Curriculum Change*, Educational Leadership, 37(December), 1979.

[3] 陈侠著:《课程论》,人民教育出版社 1989 年版,第 266 页。

程计划的特征、课程计划主要使用者教师的特征、课程计划使用机构学校的特征、课程计划使用氛围校外环境的特征。

### （一）课程计划的特征

课程计划本身的一些特征是影响课程实施的重要因素。第一，课程计划设计的合理性。如课程计划包含了哪些主要的因素，各因素间是否协调一致，课程计划有没有体现良好课程的要求，是否确实改进了已有的课程。第二，课程计划的明确性。课程计划本身如果缺乏明确性，就容易造成使用者的混淆，增加在使用上的困惑并产生挫折感，导致课程实施不完全。第三，课程计划的复杂性。若课程计划过于复杂，如在教育哲学观、教学方法、师生关系、学校组织、行政措施等方面作了很大的调整，课程内容关联的范围和深度大幅度增加，则不易为使用者所理解，或让使用者无法接受，不容易完全吸收，或是造成转化上的困难和问题。第四，课程计划的实用性。在某些情况下，课程计划能不能顺利实施还取决于计划本身是否符合实际的需要和具有效用，如是否方便教师的操作、是否能配合正常的教学活动、是否满足了教学实践的需求并引起师生的积极反应。

### （二）教师的特征

许多研究表明，教师是导致成功课程实施的决定性力量，特别是在课堂教学层面，教师成为课程实施的核心。影响课程实施的其他因素，一般都要通过教师这个因素发挥作用。教师对课程实施的影响主要体现在以下几个方面：第一，教师的参与。课程实施的必要前提，是教师自觉以课程计划为依据，设计教学活动，确定教学策略，通过把课程的实施直接作为课程的一部分，让教师始终参与课程计划的拟定，就可以增强这种自觉性。换言之，如果使用课程的教师参与了课程计划的设计工作，就能促进课程的实施。第二，教师的课程决策。在课程实施过程中，教师不是一个被动的执行者，而是一个主动的决策者，他们要面对许多与课程有关的问题，需要依据不同的情况随时作出相应的专业判断。这种专业判断就形成了教师在课程实施过程中的决策。其决策的正确性与准确性直接影响着课程实施的质量。第三，教师的态度。教师在教学中拥有一定的自主权，对待这种自主权，有的教师会采取开放式的态度，关注改革的进程，愿意投身改革，乐意接受新课程、新方法，对改革怀有信念。还有的教师则采取封闭式的态度，不愿观察别人的教学，不愿被别人观察，不愿影响别人的教学，也不愿教学被影响。对课程改革缺乏关注，不愿意投入，也不易接受新的理念和方法，具有明显的惰性。对新课程的实施，往往缺少热情和动力，形成对活动开展的无力感，影响课程的有效实施。第四，教师的能力。教师的个人背景、智力水平、知识才能也存在差异，这样就会形成不同的教师在实施同一个课程计划过程中的差别。

有的教师具备承担课程实施职责的能力，将课程内容有效地传达给学习者。那些能力不足的教师显然就难以承担起课程实施的责任。第五，教师间的合作。"改革"涉及学习新的事物，而互动是社会学习的基础，因此，如果教师之间能广泛合作，增加相互的交流和沟通，提高相互间的配合、支持和帮助，课程实施便有了较多的成功机会。

### （三）学校的特征

学校是课程计划的使用单位，成功的课程实施离不开学校对课程改革方案的管理、领导和各种行政配合。具体表现为：

第一，校长的工作。校长强烈地影响着改革的可能性，在学校这个层次上，校长常常创造了交流、支持和作出决策的条件，这种条件能够促进或者阻碍新课程的实施。如何促进改革、如何促进新课程的实施？通常有三种领导风格：反应者、管理者和发起者。前者具有民主的风格，允许教师和其他人有参与和领导的机会，认为自己的角色主要是维持学校的正常运行。中者以管理为中心，旨在忠实地实施国家或地方的课程计划。后者表现为具有强烈的创新意识，他们对实施良好的教育有着坚定的信念，而且努力致力于实践这些理想。他们希望创造性地实施国家或地方发起的课程改革，并能与教师、学生一起创生适应学校实际的新的课程。毋庸置疑，校长的领导风格如果能由"反应者"发展成为"发起者"，就能更有效地促进课程的改革和实施。

第二，学校行政的工作。一方面是学校行政人员的工作态度，当他们不关心课程实施工作，或者未领会课程实施的重要性，课程实施工作就会软弱无力。相反，当行政人员与教师分担系统的实施课程的重担时，工作就具有说服力，当行政人员接受充当课程系统的主要工程师的角色，并积极地、创造性地开展工作时，就会有力地推动课程的实施。另一方面是学校行政人员的工作策略，如怎样对教学活动进行科学的管理，如何调动师生的教学积极性，怎样做好与教师及学生的沟通等等。

第三，学校的支持系统。一是经费上的支持、人力和活动上的支援，帮助教师实践新课程和解决困难，为课程设计者和课程实施者之间提供交流与合作，建立畅通的信息和反馈网络，聘请实施指导顾问，赋予教师更广泛的参与权，鼓励教师的课程决策活动。二是加强师资培训，通过系统的、有针对性的培训，转变教师的观念，提高教师实施新方法和新材料的能力。

第四，学校的环境。包括物理环境和心理环境，物理环境是指教学的硬环境，如校舍、教学设备、教学资料等。心理环境是指教学的软环境，如学校的氛围、人际交往。如果学校民主、团结、朝气蓬勃、士气高昂，人与人之间友爱、和谐、互助、合作，则对课程实施有正面的意义。

第五,学生的学习。在教室层面,学生的学习,尤其是对创新的理解,对课程实施也有影响作用。研究表明:影响学生致力于学术工作的因素有三大类,即学生对希望获得的能力的程度,他们在机构内所享有的合法身份(legitimate membership),以及他们要完成的特定学术任务的性质。① 从这些因素看来,要成功地实施课程创新,必须具备下列条件:学校人员应致力于营造一个有利于学生学习的环境。学习任务应具有弹性,能适应不同学生的学习进度,并鼓励学生使用自己的语言创生知识,增强学习的自主性。学习任务还应与外在的真实世界相关联,并适当增加趣味性,以使学生对学习产生满足感。

### (四) 校外环境的特征

校外环境是课程计划使用的地区和社会的总体氛围,这种外部氛围与学校的课程实施有着千丝万缕的联系。校外环境大致可分为两层:第一,学区或地区,即学校所在的行政区域。一般来说学区或地区的支持及政治的稳定性越高,课程实施的程度则越高。加拿大学者富兰通过研究指出,若学区或地区注意做好五个方面的工作,就能极大地推动课程实施工作。这五项工作是:确立目标并提供训练和跟踪计划,允许并鼓励校长负起校内实施教育创新的责任;按变革的需要,建立教师帮助制度,并不断在实施期间给予技术上的指导,包括提供良好的教材、教学资源,在职训练,如有需要,可给予个别帮助;获得家长及校董会对变革方向的支持,包括让校董会愿意为实施活动投入经费;理解实施过程需要假以时日,放宽时间限制,并且配合实施,建立一整套监管系统和信息收集系统;采取必要的措施,减轻教师的工作负担。② 第二,社会。从外部大环境来说,课程的实施需要社会各界的支持,如政府机构、新闻媒体、家长、社会团体等。社会各界的理解、支持以及帮助,可能成为课程实施的巨大推动力。

在具体课程实施的过程中,可能对课程实施产生影响的因素很多,不同的因素对一个确定的课程所产生的影响也不同。上面我们探讨的是影响课程实施的四个主要因素。这四个因素在不同水平上,以不同的程度影响着课程的实施。

了解影响课程实施的因素,掌握各种内、外在因素并妥善应对,寻求控制的适当方法,才能在课程转化的关键处,化阻力为助力,引导教师从事课程实施工作,贯彻落实课程计划,实现预期的课程目标。

下面我们用一幅图(图 6-1)对前面所谈的课程实施情况作一简要的概括。

---

① 李子建、黄显华著:《课程:范式、取向和设计》,香港中文大学出版社 1996 年第二版,第 334—335 页。

② See M. Fullan, *Research Into Educational Innovation*. In R. et al. Glatter, Understanding School Management. Milton Keynes:Open University Press,1988.

课程与教学论

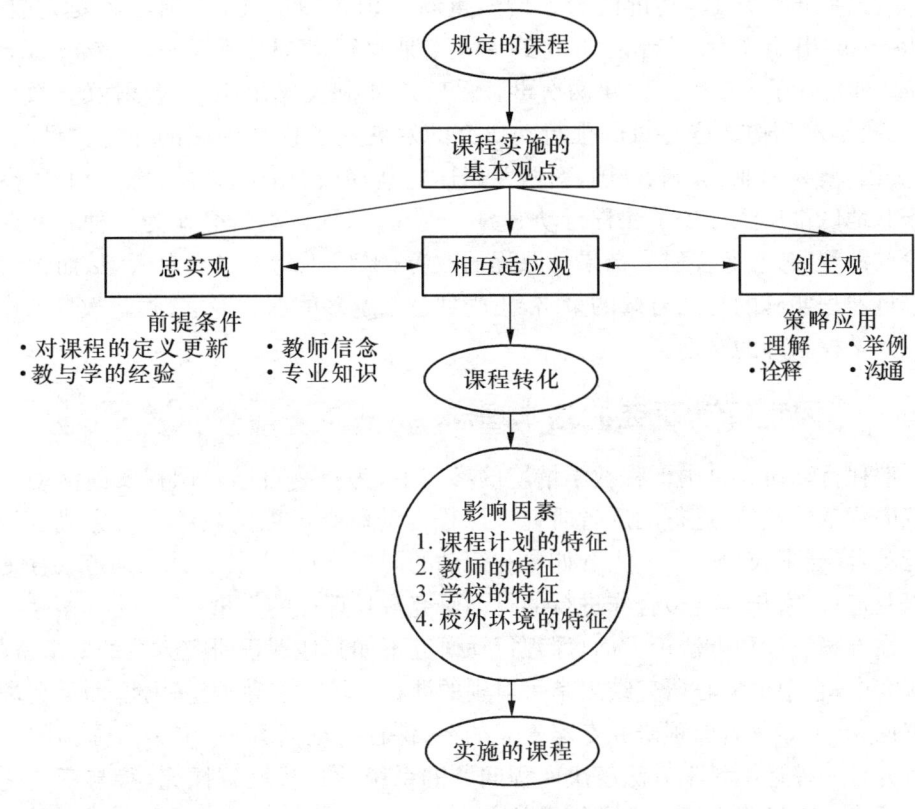

图 6-1 课程的实施

资源来源 参阅林进材著:《教学研究与发展》,台北五南图书出版公司 1999 年版,第 283 页。

## 第二节 改善课程实施的策略:课程行动研究

课程行动研究(Curriculum Action Research)兴起于 20 世纪 50 年代,兴起的主要原因在于局外的课程研究人员、课程专家等对当时的一些教育问题特别是课程教学问题难以妥善地对症下药,使之得到及时、直接和有效的解决,而要求在此处于有利地位的教师成为研究者,以参与者、当事人的身份,在实际的课程教学情境中采取行动,提高教学质量,改进课程实施。但由于一些专家学者指责课程行动研究缺乏精确的科学标准,算不上是一种真正的研究,也由于在实际应用中,教师缺乏必要的训练,而只能经常地进行一些几乎没有控制的实验,使之从 50 年代晚期开始的近十多年中始终处于低落状态。70 年代以后,在施瓦布(J. Schwab)、斯坦豪斯、埃里奥特、凯米斯(S. Kemmis)等著名课程专家的积极倡导和支持下,课程行动研究再度兴起，其价值为人们所重新认识。1991 年，美国学者麦克纳（J. Mckernan）出版了课程行动研究的专著《课程行动研究》（*Curriculum Action Research*），并于 1996、1997 年两次再版。1993 年起英国出版了国际性的《教育行动研究》学术刊物。这些对课程行动研究的发展起了推波助澜的作用。目前，英国、美国、澳大利亚、法国、德国、新西兰、日本、新加坡、瑞典、挪威、意大利、香港等国家和地区都广泛开展了课程行动研究。现在，课程行动研究作为一种联系课程理论与课程实践、课程研究结果与课程的改善、课程研究者与学习者，从而切切实实推进课程实施的行之有效的策略，正受到越来越多的课程专家、师范教育工作者和广大学校教师的欢迎。

## 一、课程行动研究的基本理念

课程行动研究是由课程教学情境的参与者，为提高自己对课程实施活动及其依赖的背景的理解，进行的反省研究。课程行动研究可以由教师个人完成，但是，由行动者（当事人）与"局外人"（如参与行动的同事、研究人员、督学、师范教育工作者以及校长、家长、学生）合作进行的行动研究最具理性的力量。

在方案设计和方法论方面，课程行动研究不如其他课程研究方法的要求苛刻。在研究中，它很少关心研究结果是否对别的课程情境具有普遍适用性，而重在进行反省探究，正如著名课程研究专家麦克纳在《课程行动研究》一书中所强调的："行动研究是一种运用科学方法解决课程问题的系统的自我反省探究；参与者是这种批判反省探究过程和反省探究结果的主人。"[①]

课程行动研究一般来说，其研究的对象较为有限或局限，研究的人群常常很小（如一所中学的上数学课的班级）。假如一名小学语文科的教师要考察朗读教学的效果，是按计划在课堂上提高效率还是应该在课后增加训练和进行个别辅导，那他进行的课程行动研究只涉及上语文课的学生，以此来判定这两种方法的相对效率和效益。在此，教师只关心自己的课程教学实践情形，并不考虑能否将研究普及到其他学科和学校。

课程行动研究是用以诊治特定课程情境中的问题，或在某种程度上改善特定课程实施、教学实践环境的一种手段。这是教师自我进修的一种方式，由此帮助教师获得新的课程教学技能和方法，增强实施能力，提高自我意识；是将不同的或改革的方法引入课堂教学的一种途径，让以往拒绝改革和变化的一成不变的课程教学系统成为不断发展和变化的流动的系统；是扩大实践的教师与学术研究者之间的沟通与交流的一种渠道，弥补传统研究者对课程实施有时难以对症下药之不足；是为课堂教学中的问题解决提供了更具主观性、针对性和可选择性方法的一种研

---

① J. Mckernan, *Curriculum Action Research*, Kogan Page, 1997, p. 5.

究形式,当然尽管与真正意义上的科学研究相比,其严谨性要略逊一筹。

根据国际教育行动研究学家凯米斯的观点,课程行动研究不同于其他课程研究方法之处是:课程行动研究是通过研究、改进、变革课程教学实践,并从改进、变革的结果中获取知识、经验,从而提高课程教学质量的一种方法;课程行动研究是一种自我反思性的螺旋式上升的循环研究过程,其循环程序是设计、行动、观察、反思、再设计、再实施、再观察和反思;课程行动研究是参与性的,教育工作者为改进自己的实践而成为研究者;课程行动研究是合作性的,所有涉及行动与行动改善的均参与其中,相互协作进行研究;课程行动研究对数据没有严格的要求,通常需要的是记录、收集、分析关于背景、观点、行为、行动结果、互动情况等方面的资料。其中既包括对课程实践的研究,也包括对研究过程本身的了解;课程行动研究规模不大,一般是从小范围或小步子的改进、革新开始的,有时就是一个教师独立地开展工作,研究过程展开后,视情况的变化,也可能革新的范围会扩大,涉及、参与的人员会增多;课程行动研究是一种在实际教学情境与自然条件下进行的研究,研究者对工作场景作出批判性分析,问题的解决也总是在实际情境中。[①]

上述分析虽然尚未达到缜密和公式化的境界,但是课程行动研究有别于其他研究策略的基本理念已经显现:其一,由那些面临问题的参与者对自然状态下的课程实施、教学实践作最佳的探讨和研究;其二,行为受到其所产生的自然环境的极大影响;其三,质性的方法也许是研究自然状态的最合适的方法。下面分别加以阐述。

### (一) 教师成为研究者

既然参与者本身适合研究紧迫的专业问题,那么作为教育实践者的教师就应该从事课程研究,以便提高自己的教学技能,改进课程教学实践。据此进行的研究实际就是一种自我批判的方式。

不过,以前人们的看法并非如此。教师和校长碰到问题后大多是向外部的专业研究人员求教,这些人能熟练地运用社会科学的话语和方法为他们提供解答,但他们的解答常常是隔靴搔痒。

让教师成为研究者这一理念源于对自然状态、现场或案例研究范式的思考。主要由于实证主义者的"基础研究",以及作为教育之基础的传统学科,如心理学、社会学、历史学、哲学等,均不能有效地解决课程教学实践中面临的问题。

正是基于上述背景,大家开始看好课程行动研究,通过让教师进行反思性实

---

① J. P. Keeves, *Educational Research Methodology, and Measurement: an International Handbook*, Pergamon, 1997, p. 175.

践,成为研究过程的主人,成为发现问题、解决问题的当事人,而不是旁观者、局外人。

### (二)自然观和实践观

人的行为在很大程度上受行为赖以产生的环境的影响。那么,人们不禁要问:"环境是如何影响行动者的? 支配行为的角色、传统和规范是什么?"其实,参与者或当事人最明了这一切。在学校文化氛围中,教师对上述规范、角色期待最清楚、最有发言权。局外人当然也可以研究,但作为外部的研究者,其研究有时会使学生的行为及正常的研究背景受到干扰或影响,难以保持应有的自然状态。为弥补这类研究之不足,就需要采取非大张旗鼓、不引人注目、最好是随堂进行的研究方法。换言之,课程实施、教学实践的研究需在课程、教学现场或情境中,由课程实践者,也可以在合作小队的协助之下进行。

### (三)场域研究和质性方法

场域研究需要立足理解和描述,而不是测量和预测。因此,其侧重点在启发性、现实性和相关性。这是一种自然状态下的"追溯性的"研究。该研究涉及调查自然背景下产生的和与自然背景相关的现象。其假定是在研究现场会存在具有推动的自然理论,这种研究现场独立于我们的推理,它创造着我们所观察到的秩序。

场域研究的一个主要问题是主—客观的问题。研究者需要设法避免偏见,减少主观性。传统的量化—经验主义者是相信自己的感觉而不是研究对象的。质的研究,研究者首先考虑的是研究背景中研究对象的情感、陈述和价值观。研究者不仅要认定事实、感受,还要通过自己的双眼观察,并从被试的角度去思考问题。现场中的质性研究者不事先预想理论,也不在研究中强行纳入某种框架,而是由事实自然出现,在过程中、在事情的发展中寻求理解。

这种现场式的课程行动研究最终要解决的是课程实施、教学实践中的问题。要达此目的,显而易见的一点就是教师必须参与课程研究,能控制研究过程和结果,并通过研究不断提高课程教学质量,改进课程实施。

## 二、课程行动研究的发展及其理论基础

### (一)课程行动研究的产生与发展

1946 年,德国社会心理学家勒温(K. Lewin)在其《行动研究与少数民族问题》一文中,提出"没有无行动的研究,也没有无研究的行动"[①],强调行动与研究间的

---

① 陈立:《行动研究》,《外国心理学》1984 年第 3 期。

密切关系,正式提出了"行动研究"的概念、功能和操作模式。勒温在自己的研究中首次使用"行动研究",当时主要是用来指专家与实际工作者针对实际问题而进行的合作研究。当他和他的同事、学生们开始与教育工作者一起研究课程教材编制等问题时,行动研究很快就被广泛地运用于教育领域。

哥伦比亚大学师范学院院长科利(S. N. Corey)在 1953 年出版的《改进学校措施的行动研究》一书中,不仅将行动研究法引入教育管理、课程、教学等各个方面问题的解决中,而且详细介绍了行动研究法的理论基础、特点、实施原则和实施程序。他认为行动研究更容易引起教育实践的改进。教师应该成为课程实施、教学实践的研究者,而不只是作为课程专家的被试,和课程计划的被动的、机械的实施者。

60 年代末和 70 年代初,课程行动研究在英国、澳大利亚等国家受到重视,施瓦布、艾特金(J. Atkin)、斯太克(R. Stake)、坦纳夫妇(D. Tanner & L. Tanner)、斯坦豪斯、埃里奥特、斯基尔贝克等著名专家积极倡导,用行动研究来解决教师面临的各种问题。1967 年,斯坦豪斯在他主持的"人文课程计划"(Humanities Curriculum Project)中,把目标主要集中在帮助教师成为自我反思的研究者,让实际工作者批判地、系统地考察自己的实践。斯坦豪斯明确地提出"教师应该成为研究人员",这对当时及后来的课程行动研究发生了深远的影响。

1991 年,美国学者麦克纳出版其专著《课程行动研究》。1993 年,英国出版国际性的《教育行动研究》学术刊物。至此,课程行动研究为更多的教育工作者所认识。作为一种研究方法,作为一种改善课程实施的策略,其规定性和方法技术在广大研究人员和教师的运用中日益丰富、明确、严谨。

## (二)课程行动研究的历史与哲学基础

回顾其发展历程,课程行动研究的出现并非偶然,它与下述历史背景、哲学思想或思潮有着直接的相关。[①] 也可以说是它们激发、推动了课程行动研究的发展。

一是 19 世纪末 20 世纪初的科学教育运动。此间先后有数本关于科学研究方法的论著问世。贝恩(A. Bain)、布恩(R. G. Boone)等积极倡导将科学方法运用于教育领域。

二是进步主义教育思想,尤其是杜威关于教育的主张。他将归纳法作为解决问题的一种逻辑运用于教育领域。事实上,他提出的"反思性思维阶段"包含了战

① J. Mckernan, *Curriculum Action Research*, Kogan Page, 1997, pp. 8 - 11.

后概念重建主义者如塔巴、科利等倡导的科学的课程行动研究的全部特点。① 由于美国两项著名的研究计划——"八年研究"和"南部研究"的推动，1930 年以后，教师开始更直接地参与课程研究与课程开发。"南部研究"使用了行动研究的方法，让课程实施者教师通过课程小组和严格运用科学方法的研究小组等形式，参与了解和解决课程设计、教材编制的问题。

三是社会心理学和人际关系训练中的小组动力学运动。由于贫困、住房、城市生活等方面社会问题的大量涌现，导致在 19 世纪形成了社会研究领域的质性研究方法。但 40 年代战争的洗劫，使钟摆摆了一圈又回到了原地，新的团体关系、社会重建、歧视以及其他各种社会问题都需要社会科学作出应答。出于对理解和解决社会问题的需要，实践者研究再次复兴，行动研究被认为是值得信赖的应答方法。

40 年代中期，勒温将行动研究作为一种建立在小组经验问题之上的实验研究形式加以探讨。勒温认为社会问题是社会科学研究的目标。他提出了行动循环的研究模式，包括分析、查找事实、概念化、计划、实施和行动评价。他的着眼点是小组背景下的行动，小组动力学问题是他的研究兴趣之所在。

由于勒温的贡献使课程行动研究在英、美得到进一步的发展。美国麻省理工学院及其小组动力学研究中心、英国的塔维斯托克人文学院都开始尝试课程行动研究。塔维斯托克学院的《人际关系》(Human Relations)杂志还辟专栏刊登了许多课程行动研究计划，为现已得到广泛应用的合作式行动研究奠定了研究的基础。合作式行动研究高度重视目标小组的研究者而不是专业的研究人员。

四是战后美国"科利时代"(Corey-era)概念重建主义者的课程开发活动。战后许多社会概念重建主义学家积极支持和推动行动研究在教育领域的运用。科利是这场运动的杰出领导者，他认为行动研究能极大地改进课程实践，因为实践者使用的是他们自己研究的经验成果。整个 50 年代，人们对课程行动研究倾注了极大的热情和兴趣，把它作为设计课程、实施新课程计划、改善教学实践等问题的基本策略，并针对性地制定了一些具规模的课程开发计划。这一时代常被看作是"合作式行动研究"(cooperative action research)阶段。在此期间，教师、学校成了"当事人"(clients)，教师、学生皆可参与课程研究，他们与外部的研究者合作，共同为改善课程实施、提高课程教学质量而尽力。

五是借鉴了社会科学领域中新的评价模式、质性研究方法的"教师—研究者"运动。该运动标志着课程研究观的转变，课程研究不再是过去人们一直认可的专家的特权。在英国，得益于斯坦豪斯的教学观和他所主持的"人文课程计划"的影响，课程行动研究获得更广泛的应用。斯坦豪斯将"教师—研究者"思想贯穿于其

① J. Mckernan, *Curriculum Action Research*, Kogan Page, 1997, p. 8.

"中立的领导者"(neutral chairperson)策略,用于解决各种有争议的问题。斯坦豪斯在 1975 年出版的论著《课程研究与开发导论》(*An Introduction to Curriculum Research and Development*)中,用一章专门论述了"教师成为研究者"的问题。明确提出所有的教学都应该建立在研究的基础上,研究和课程开发应成为教师的领地,课程研究也应成为一种研究确定教学路线、其实施结果与问题的手段。由此,实践者获取对自身工作的理解,从而改进教学活动。

埃利奥特和阿德曼(C. Adelman)主持的"福特教学计划"(Ford Teaching Project)也有力地推动了"教师—研究者"运动。所有参与"福特教学计划"的人员,都投入到关于教和学领域的调查、讨论等实践中去,他们认为自己既是一个研究者,也是一个"扩展的教师"。另外,英国还建立了"课堂教学行动研究网络"(CARN),通过网络的扩展,支持研究人员和实际工作者的对话与合作,从而为课程行动研究的发展奠定了基础。

## 三、对课程行动研究的需要

### (一) 学校的现实

赛泽(T. Sizer)曾说:"好学校总是显现出有组织性,并总是处于建设性的和理智的运行状态。"[①]那么,现实生活中的学校情况到底如何?

可以说,公众对提高学校教育质量的要求和压力是年复一年,经久不衰,甚至逐渐呈上升趋势。因为至少一个世纪以来,大众传媒一直在批评学校,认为造就的学生在语言、历史、数学、科学等方面水平低下。家长们则抱怨:不当的中小学教育使孩子缺少升学能力。20 世纪 90 年代以后,学校更成为业主、雇主的攻击对象,他们纷纷指责学校未能培养年轻人具有足够的与工作相关的社会技能,如制定小组计划、与人合作、解决问题等等。21 世纪不断壮大的信息工业对年轻人在快速变动工作环境和信息化社会适应各种未知挑战的能力提出了更高的要求。知道怎样学习新东西、创设新颖的解决问题的方法、在新的环境中与他人合作工作变得比学习专门的术语、技术更重要。也许,公众很快就会与赛泽产生共鸣,希望学校成为"有组织性,并总是处于建设性的和理智的运行状态"的场所。

学校要处于建设性的和理智的运行状态,就需要学校管理者、家长、学生、教师齐心协力来改革课堂,使学会学习、发展创造力、有效地与人合作成为教学的常规。学校要保持有组织的发展,就需要每一个人,尤其是教师在课程实施与教学实践过程中持之以恒地思考、研究:为什么要做现在正在做的事;他们所做的哪些是有效的,哪些是无效的;在课堂上他们意欲何为;怎样才能达到既定的课程目标。这些

---

① R.C. Schmuck, *Practical Action Research for Change*, IRI/Skylight Training and Publishing, Inc., 1997, p. 27.

皆需要反思性实践,需要进行课程行动研究。用施穆克的话说就是"反思性实践和行动研究应成为有组织的学校的密不可分的组成部分"①。麦克尼夫(J. McNiff)曾耐人寻味地指出:"行动研究的行动意味着人们生活的改变,也因此意味着其所生活于其中的制度的改变。"②

课程行动研究意味着教师应该独立或合作开展课程研究工作,探讨教育的方向、学生的成就、教学的内容,积累研究资料,评价教学过程。他们应该围绕行动研究的行动,提高课程教学质量,并寻求自己的生活及学校生活的持续改善。

### (二)课程行动研究的对象

课程行动研究的对象是课程实践。这里的实践既不是当作"现象"(phenomena)(如与物理现象相类似,好像是独立于实践者而存在),也不是当作"处理方法"(treatment)(如与技术革新或农业研究相类似,其价值仅表现为达到已知的或期望的目的而采取的或多或少是有效的方法),更不是当作实践者意图、观点的传达(如与诠释性研究相类似,好像只有参考实践者的观点,其意义才能得到理解)。

课程行动研究者的实践是理智的、负责的行动:反思行为。反思行为的本质是实践者承担义务在实际情境中采取明智而谨慎的行动。行动一方面受实践理论的指导,另一方面也通过行动进一步丰富和完善理论。但我们不能把实践仅仅理解为行动,实践应该是针对当下的、直接的问题的行动背景所采取的策略性行动。实际行动总是需要冒险,所以在实践中还要求实践者始终作出明达的判断。

实践的问题说到底就是做什么的问题,其解决方法当然也就只有在做中寻找——行动。行动既是对承担义务的检验,也是实践者赖于判定其理解及所出现的实践情境恰当与否的手段。

既然只有实践者才有可能承担这种义务和把握指导实践的理论,那么也只有实践者最有资格研究实践。因此,行动研究作为一种对实践的研究就必然是研究自己的实践。行动研究者需要有策略地制定行动路线,监控行动的过程、环境和结果,以对特定背景下行动的诠释作为建构进一步行动的基础。通过这种方式获得的知识一方面丰富和提炼了为所研究的实践制定的专门计划,另一方面也充实了实践者的实践理论。另外,其他参与者对实践情境的观点、诠释对行动研究和实践者来说也是至关重要的,它们可能会为实践者提供关于实际行动之社会结果的信息,或者作为行动研究合作参与者的观点为进行合作式的重新建构提供参考,或者

① R. C. Schmuck, *Practical Action Research for Change*, IRI/Skylight Training and Publishing, Inc., 1997, p. 27.

② Ibid., p. 28.

課程與教學論

成为研究共同实践活动的实践者群体的话语。

总而言之，"只有实践者才能获得和承担作为反思性实践的特定行动的观点和义务，因此，反思性实践只能由行动者自己来研究。行动的逻辑和对行动的理解是个人理性建构和重构的独特过程"[1]。

### （三）教师的目的

课程行动研究背后隐含的观点是让学校成为研究中心，让教师成为研究者。教学质量的改善归根结底取决于学校特别是教师是否具有开放的、调查的、探究的态度。课程教学的革新、学校面貌的改变与教师的研究呈正相关。

早在 70 年代初，贝斯特(E. E. Best)就主张教师应重新成为实验家、研究者。他认为："通过仔细阅读别人的研究成果，同时在自己的班级进行系统的小规模的实验，教师就能成为一个技术高超的真正的专业人员。"[2]利斯(J. Lesse)、弗拉苏尔(R. Frasure)、约翰逊(M. Johnson)均认为教师应成为课程研究者和教学大纲的实验者。

从某种意义上说，教师的专业化程度往往取决于其对待研究准则和研究过程的探究态度。施瓦布在《实践：课程的语言》(*The Practical: a Language for Curriculum*)一文中提出："学校是行动的场所，教学是主要的行动。"不过教学行动可能会很好，也可能会很糟，行动有可能是深思熟虑的，也有可能是草草了之的。能否设计得好、实施得好，教得好、学得好，很大程度上取决于是否具有反思性探究精神，这也是建构富有成效的教学行动的首要环节。教师只有认真思考、深入研究其特定课程、教学情境中的各种因素，努力尝试最好的教学行动，才能真正实现有效的课程实施和反思性教学。教师在思考其实践情境时，如有必要还需通过小规模的实验来支持自己的反思行动，如特定背景下的教学设计、课程决策。这里的实验，目的不是要产生新知识，而是支持反思、帮助决策，并直接指向自己课程、教学实践的改进。

## 四、课程行动研究的基本阶段

课程行动研究大致可分为三个阶段。[3]

① M. Hammersley, *Educational Research: Current Issues*, Paul Chapman Publishing Ltd, 1993, p. 183.

② E. E. Best, *The Classroom Teacher as Educational Researcher*, Independent School Bulletin, Vol. 30, No. 1, 1970.

③ See R. C. Schmuck, *Practical Action Research for Change*, IRI/Skylight Training and Publishing, Inc., 1997, p. 51.

## （一）设计

如搜寻课程资料、决定新的课程材料，诊断学生的能力、态度、观念、情绪、感受，兼顾男女学生的差异、关系，了解学生自我观念的各个侧面，引进新的课程教学方法。

设计要求行动研究者具有超前意识，研究首先采取什么样的行动。这个阶段也可以说是为了行动而研究（research for action）的阶段。在前摄性行动研究（proactive action research）中，行动的设计先于资料的收集，因此为了行动而研究的过程包括反思过去的经验、阅读已有参考资料、与同事讨论。应答性行动研究（responsive action research）中，资料收集先于行动，其研究行动的过程包括通过问卷、访谈、观察、文献等收集资料。

## （二）检验

如与学生面谈，了解他们对新课程材料的看法，观察具有不同能力、态度、观念、情绪、感受的学生对教学各环节的反应，寻求能吸引男女学生参与教学活动的课堂氛围，观察自尊心强的学生和不强的学生在语言方面及非语言方面的特点，每周一次通过问卷收集资料，了解学生对新课程实施方案、教学方法的看法。

检验要求行动研究者不断调整和控制自己的行动。检验涉及对现状的反思。该阶段可称为行动中的研究（research in action）阶段，主要侧重于过程分析。

## （三）判断

判断分为优点判断和价值判断。

优点判断方面，如评估学生对新课程材料不同方面的态度，衡量具有不同能力、态度、观念、情绪、感受的学生对教学各环节的评价，评估男女学生对不同课堂活动的接受程度或疏远程度，测量学生在语言艺术、科学、数学、社会研究等方面的自我感受，评估学生对新课程实施方案、教学方法不同方面的态度。

价值判断方面，如考查学生对新课程材料要点的回忆与理解情况，观察具有不同能力、态度、观念、情绪、感受的学生中有多少在掌握课堂学习任务方面存在困难，观察男女学生在合作式小组计划中完成任务及扮演社会情感角色的次数，考查学生对诸如语言艺术、科学、数学、社会研究等学术科目的理解情况，考查学生如何运用通过新课程实施方案、教学方法获得的知识与技能解决社会问题。

判断阶段，研究者收集在漫长的研究过程中（从一个月、几个月、一年到几年不等）自己的行动结果和学生行动结果的资料。该阶段可谓关于行动的研究（research of action）阶段。这里的判断还是为行动研究本身服务的，而不是针对教育决策者的。判断是一种对过去的反思，在考察一段时间的行动后，系统研究已经取得了一些成果。

在收集有关学生的结果的资料时，行动研究者需要对结果的优点和价值作出判断。一个结果有内在价值才有优点。学生的成果优点何在,是通过衡量学生的心理反应。在课程行动研究过程中,教师收集学生的各种主观反应,如态度、情绪、感受等方面的资料,评估优点所在。一个结果有外在的价值才有价值。学生的成果价值何在,是通过测量学生的行为及其后果。在课程行动研究中,教师和学生收集学生开展行动时有关知识、技术、能力方面的资料。与优点判断不同的是,价值判断一般是通过教师称之为考试或考查的方式进行的。通过考试或考查,看看学生是否掌握了相关知识、技能。

## 五、课程行动研究的方法技术

课程行动研究不需要运用专门的方法技术。课程行动研究者经常会针对其实践的某个方面记日记,追踪记录其轨迹,把教学或讨论的一些情况用磁带录下来,课后与学生面谈等等,这些方法其实都不是课程研究所独有的。同样,分析资料的技术也不是其专利。事实上,就总体而言,其所使用的形成和积累实践证据的技术以及分析和阐述该证据的技术更像阐释性研究者(如人种史研究者、案例研究者、历史学家等)使用的技术,而不像经验—分析研究者(相互关系分析、比较实验等)使用的技术。这主要是因为其研究对象不仅仅是行为,而是行动(实践)以及使这些行动富有意义和影响的观点、环境。

具体运用什么方法进行课程行动研究,各国学者对此有不完全一致的理解。埃里奥特列举的方法包括:观察、访谈、日记、问卷、备忘录分析、照片记录、音像记录、档案、文献、暗中观察、项目对照清单、三角分析、个案研究、轶事分析。温特(R. Winter)提出的方法是:观察、访谈、日记、问卷、暗中观察、照相、文献收集、音像记录、三角测试、协商及记录。麦克纳则将各国行动研究中采用的方法分为四类:观察陈述、非观察性调查及自我报告、环境分析与问题解决、批判反省与评价。下面分别介绍专家们普遍认可、在实际的课程行动研究中运用得较为广泛的四种方法。

### (一)观察

观察可分为参与性和非参与性两种,到底是参与性的还是非参与性的,要看所研究的问题的性质以及研究者的观念与技术。

若是参与性观察,则研究者正常地成为小组的一员,他(她)全心全意地加入小组的活动、参与小组的事务、融入小组的文化。在融洽的关系中、在不设防的状态下从事观察活动。所以,参与性观察的优势在于,不仅能观察到被观察者行动的方式、行动的时间背景等,而且还能通过"参与",了解甚至分享被观察者采取行动的原因、态度、努力程度、行动决策依据等。

非参与性观察,则研究者并不作为小组一员参与小组的活动或担当角色,而是脱离或远离行动,不假装成小组成员。研究者更关心参与者的行为而不是通过个人参与获得对行动的了解。非参与性观察的重点在于运用不引人注目的资料收集策略,有效地记录行为,其间不干涉事情的自然发展过程,并注意不要用外部强制的活动去影响观察对象固有的精神和文化特质。

观察法的优点在于:第一,是自然式的研究,研究在参与者呈自然状态的环境,而不是在人造的或创设的环境中进行;第二,在时间的选择上,观察者可以根据需要选择要花费的时间,只要能获得有代表性的行为案例,多花时间亦无妨;第三,可了解非言语行为,观察者能观察并记录如面部表情、手势、动作等非言语行为,这些是运用调查等方法所难以获得的。

观察法的缺点在于:第一,资料难以量化,非结构性的观察模式主要依赖于描述而不是测量和计算过程。要为大量的定性资料设计一个分析框架常常比较困难;第二,囿于观察本身的局限,观察只能是小范围的;第三,结果难以推广,因为案例本身就是小规模的,结果有一定的局限性,所以不可能将其结果在更大范围推广;第四,真实性问题,在参与性观察中,观察者置身于观察现场,可能不知不觉地影响到实际情境,引起反常行为,形成非自然的结果。

### (二) 撰写研究日志

撰写研究日志就是参与者每天将自己的研究实践记录下来,并且进行反思。这是一个伴随着研究全过程的重要方法。通过撰写日志,研究者以一种更具个性化和人性化的方式理解课程及教学。

研究日志的类型有三种:个人日记,这是一种个人文献,其中有个人对事情的见解、评论,融入了丰富的个人情感和喜好,通常是每天记或定期记;备忘录,属非个人文献,记录的范围较小,记录中力求客观,不加入个人的感情、观点;记录,类似于"流水账",事无巨细地记下发生的事情、处理的情况。

撰写研究日志的意义在于:这种方法为实践者所熟识,比较简单可行;可以记录很多方面的资料,包括那些可以通过参与观察、访谈和对话等方式收集到的资料;可以随时记下自己的灵感和偶发事件,反省每天的研究结果,对原始资料作解释性评论;可以对研究者自己的身份和使用的方法进行反思,增加对自我的了解;研究日志中记录的思想可以发展为理论架构,凭借这个架构可以进一步收集资料和分析资料。[①]

### (三) 三角分析

三角分析是将不同类型的证据组成一个更加一致的参考框架或关系,以至它

---

① 参阅陈向明著:《质的研究方法与社会科学研究》,教育科学出版社 2000 年版,第 457 页。

们相互比较和对照。这种方法最初用于测量学和军事学，其基本内涵是，要测定某一个点的位置和距离，不能只从一个点去观测，而至少从两个点去观测才比较准确。20世纪70年代，埃里奥特把"三角分析"引入课程行动研究，要求行动研究者不仅用不同的技术去研究同一问题，而且应该从不同的角度，让不同的人去分析评价同一现象、问题或方案。他们观点之间的一致性和差异对行动研究的结果都极为重要。埃里奥特认为"三角分析是一种对课堂责任的民主的、专业的自我评估的方法"①。

福特教学计划（Ford Teaching Project）是一个两年的行动研究计划，它旨在通过课程行动研究，使用教师研究者来发现中小学课程教学中使用探究发现教学方法的一般规则，建议和测试教学问题如何被解决的一般假设。该计划成功地运用了三角分析的方法，从三种不同的观点（教师、学生、参与观察者）来收集关于教学情境的记录。从三种不同的立场收集资料的过程其实就是一个认识论的判断过程，每一种观点都表示一种独特的认识论立场。处在最易获得对教学情境的目的和意向内省位置的实践者就是教师，学生则处在最易解释教师的行动怎样影响他们对情境的反应的最佳位置，参与观察者则处在收集可观察到的教师和学生之间互动特点资料的最佳位置。最后通过比较从一种立场获得的资料与另一种立场获得的资料，三角形的一端据此获得更加充足的资料来测试和修正。

### （四）简短个案研究报告

撰写个案研究报告的目的，是科学地总结已有的研究工作，用简洁的、容易理解的写作形式反映研究成果，让研究对象、参与者、合作者、研究者自己及时掌握研究信息。课程研究方面的问题一般都历时较长，会花费实践者很多的时间。简短的研究报告恰好使实践者从繁忙中理清思路，及时地报告试验的内容和对行动结果的设想。

简短的个案研究报告经常被作为同事之间就教学的一些重要问题开展讨论的基础，进行合作式课程开发的基础，甚至有关课程教学改革公共大讨论的基础。简短的个案研究报告允许采取很多不同的写作形式，并把"他人"纳入研究报告的写作中，让所有的参与者都参与写作，让具有批判能力的朋友、协同研究者和同行参加到对研究报告的评议中。

## 六、课程行动研究的问题与争论

从20世纪50年代兴起、60年代衰落，到70年代再度兴起至今，课程行动研

① J. Elliott, *Classroom Accountability and the Self-monitoring Teacher*. In Harlen, W.（Ed.）Evaluation and the Teacher's Roles，1978.

究经历了曲折的历程,它受到众多课程学家、教师的欢迎,也受到一些专家学者的批评、指责。

有人认为,研究工作主要由教师在没有咨询帮助的情况下进行,即学校试图在缺少懂得研究设计的人员的支持下开展研究工作,这样的研究注定要失败。就像在 50 年代,如果教师能将研究深入到真实的问题情境,就应该会显著地提高课程实施效果和教学质量,但结果并非如愿。所以课程改进工作应从课堂上移。①

也有人认为,许多课程行动研究者运用的是勒温的行动操作模式,侧重于改变小组成员的态度。该模式是从社会心理学借用的,试图用来解决教育问题:帮助教师设计课程研究。所以不奇怪在使用中发现该模式并非恰当。不系统阐述与教育情境的独特背景相关的研究假设、研究程序,而只是一味应用心理学的研究成果来解决教育问题,这样的研究最终只能是不到位的和缺少优势的。②

还有人提出,从课程行动研究的类型来看,有独立型,即教师一人独立进行研究;同事合作型,即一组教师共同合作进行研究;专家合作型,即专家(或传统意义上的"研究者")与教师一起合作,共同进行研究。在最后这种类型中,行动研究将两种具有不同目标和价值取向的专业人员拉到了一起。专家们关注的是精确、控制、重复并试图从特定的事件中概括出普遍原理加以推广。而教师则不同,他们关心的是行动,是教学活动本身,总想将普遍原理运用于特定的情境、行动。在这些方面,行动和研究间的不相容性就会成为引发问题的导火索。③

另外,课程行动研究中资料的阐释也让许多教育专家担心。在资料的收集方面,行动研究有自己一套富有成效的方法。但如何阐释所收集的资料却往往不得而知。描述性的日志、备忘录、公开的访谈展示给我们的是实践者针对当下的实践设想和界定创作的对事件的陈述,显示的是整个过程的潜在价值。教师是如何或应该如何处理收集的资料却并不清楚。

课程行动研究的批判的社会科学观强调行动研究的相关因素在理论与实践上的联系,而不是分离,认为这些因素具有辩证的关联性,所以特别寻求在行动研究中、在教育实践中加强个人和社会之间的联系,加强认知(实践者的观念)与理论(为教育研究人员和其他教育工作者所运用的正规话语)的联系,加强行动研究实践中理论与方法(在教育情境中,课程行动研究作为一种系统的教育实践,在提供发现和解决教育研究问题途径方面所起的作用)的联系。但是,在实际的课程行动

---

① D. Tanner, D. *Curriculum Development: Theory Into Practice*, New York: Macmillan Publishing Co., Inc., 1980, pp. 647 - 648.

② Ibid.

③ L. Cohen, *Research Methods in Education*, London: Croom Helm, 1985, p. 218.

研究过程中,上述关系却常常不自觉地被忽视,甚至被看成是分离的。一些行动研究者认为行动研究只涉及个人的工作,本质上不具有社会性。还有的认为行动研究只涉及实践者的观点而没有认识到这些观点也具理论性,或至少是前理论的(pretheoretical)或原理论的(prototheoretical),不管其是否意识,他们是引用了作为教育者或研究者使其工作富有意义的公共话语。

随着时间的流逝、环境的变化,人们对课程行动研究的理解也在变化、更新、完善,而且还将继续变化、更新、完善。就像人类的思想始终是在发展中,不可能是十全十美的,课程行动研究作为一种方法也好,作为一种新的理念、策略也好,也不可能尽善尽美。在过去的 50 多年中,它加强了研究与实践的联系,发挥了教师的研究者作用,不同程度地改进了课程实施与教学实践。应该说课程行动研究是一种已经而且仍然可以用来解决当代课程与教学问题的有效的实践方法。

# 第三节　教　学　过　程

课程实施最终要落实到具体的教学活动中,教学是课程实施的核心环节和基本途径。下面我们将深入教学实施的层面。概括地说,教学实施是指实施教学活动的过程和方法。本节着重讨论实施教学活动的过程。

## 一、教学过程的涵义及特点

### (一)教学过程的涵义

任何事物都是作为一个过程展开的,教学也是一个过程。教学过程极其复杂,它具有丰富的内容,也有很大的动态性。它是诸多教学任务的一种有目的、有先后顺序的更替和教学的各个组成部分的变化,这种变化按客观规律进行,并借学生参与掌握社会经验内容的活动来形成他们的种种特性作为自己的最终结果。

教学过程在教学实践中实际的形态纷繁复杂,具有多种形式。但是,各种具体形式的教学过程都是教师和学生协同活动的过程,是学生在教师指导下,依据课程计划和课程标准的要求,积极主动地掌握系统的文化科学知识和基本技能,发展身体素质、心理素质和社会文化素质,并形成一定思想品德和心理品质的过程。这个协同活动过程中,教与学都必须通过教学内容才能进行。可以说,教学过程是由教师、学生、教学内容三个要素构成的。三要素相互作用,产生复杂的教学过程。

如果确立了教师、学生、教学内容这三者的相互作用,那就意味着教学已能进行。考虑这三个要素的关系,便决定着教学思路的性质。不过,教师、学生、教学内容只是必不可少的、具有决定意义的要素,并非囊括了作为完整客体的教学过程的全部成分,但它们制约着教学过程全部必要的属性。

**（二）教学过程的特点**

从上述教学过程存在的基本要素及其相互关系中,可以看出教学过程具有如下特点。

第一,双边性。教学过程是教师和学生、教和学的双边活动过程,是教师指导学生进行学习的过程。既包括教师教的一面,也包括学生学的一面,教师和学生,教和学,相互对立又相辅相成,各以对方的存在为自己存在的前提条件。教师的教是为学生的学而存在,教的有效性仅仅表现为对学的有效引导。教学活动中,学生的认识是从不知到知,从知之较少到知之较多,这个过程必然要经过教师的组织与指导。这种教师引导下学生进行学习的双边性活动不仅是构成教学过程的主要支柱,而且贯穿于教学过程始终。

第二,间接性。教学过程中学生以掌握间接知识为主,这些间接知识是人类社会长期实践经验的总结,是人类历史上的优秀文化成果。这些经过无数次实践总结出来的认识成果主要以书本知识的形式出现,学生要掌握的是经过精心选择、编辑的社会科学和自然科学的基础知识和基本技能。这是感性知识和理性知识在一定程度上的结合。学习以书本知识形式出现的间接经验,可以使学生大大提高认识的起点,缩短对客观世界的认识过程,在相对短的时间内掌握大量系统的文化科学知识基础,迅速使自己的认识提高到社会需求的水平上。

第三,发展性。教学是实现全面发展教育的最有效途径,教学是使学生获得全面发展的过程。首先,教学是一种创造性的认识活动,是发展智力和能力的基础。在学生主动掌握知识和运用这些知识的过程中,会使学生的认识能力得到培养和发展。掌握知识是智力发展的基础。智力和能力的发展又加速掌握知识的速度。其次,教学中学习和掌握知识与学习动机、兴趣、情感和意志的定向、调节和控制等心理活动密切相关。认识水平的提高,会使兴趣、情感、意志、个性特征、行为、习惯等同时得到培养,而良好的情感、意志、行为、习惯等的养成,又会反过来促进认识能力的进一步发展。再次,教学也为体育提供了有利条件,能够促进学生身体素质的提高,增强体质,促进身体各部分器官及其机能的正常发育,为智力的发展打好生理基础。

## 二、教学过程的本质

事物总是以其最主要最本质的属性与其他事物相区别。教学过程的本质属性就是教学过程所固有的,由其内在矛盾的特殊性所规定的,使教学过程与其他非教学过程区别开来的根本属性。它不只是对教学过程作归属范畴的划定,而且进一步揭示为教学过程所独具、与其他非教学过程根本不同的特殊规定性。这些特殊规定性表现为如下几个方面。

### （一）教学过程是师生个体认识过程与人类一般认识过程的统一

马克思主义辩证唯物主义的认识论,是从人类一切认识活动中概括出来的共同规律,人类的任何一项认识活动莫不遵循从特殊到一般,又由一般到特殊,从感性到理性,又从理性到实践的规律。因此,这条认识规律是我们分析、观察、研究包括一切认识活动的根本理论基础。人类认识活动的形式是多种多样的,生产活动、科学实验、艺术创造、教学活动等,都是一种认识活动。马克思主义的认识论是对人类各种形式的认识活动的科学概括。显然,教学活动是人类的一种认识活动,那么在教学活动中,不论是教师的教授活动,还是学生的学习活动,都不能不受到人类普遍认识规律的制约。

但是,教学过程又不完全等同于人类的一般认识过程。教学过程是人类认识过程的一种特殊形式,其特殊性表现为:第一,教学认识是个体认识,而不是历史总认识。后者是在历史发展过程中进行和完成的,往往要经过长期的,甚至几代人的反复实践。前者是在个体发展过程中进行和完成的,即要在较短时间内掌握人类千百年来所积累起来的已经达到的认识成果,而无需事事亲身去体验。第二,教学认识是教师、学生的个体认识,而不是如科学家、艺术家等的个体认识。在教学过程中,教师是教育者、引导者,学生是受教育者、学习者,学生的认识是由教师引导着进行的。第三,教师、学生作为认识主体都具有特殊性,学生是处于发展中的各方面尚未成熟的人,其认识结构、智能结构、个性品质结构皆处于形成期,具有不稳定性和可塑性。教师的认识对象不是物而是人,是学生,所以教师不仅要具有专业素养,还要具有教育素养,既要掌握学科专业知识,又要掌握如何教授学科专业知识的知识。第四,教师、学生面临的认识任务也具有特殊性,通过教学认识活动,学生需要掌握、教师需要促使和帮助学生掌握基础知识、基本技能、科学的认识方法,还要发展智力、能力,增强体质,形成科学世界观、道德品质,综合、全面地提高自身的素质。

### （二）教学过程是师生课堂教学交往过程的统一

教学过程是师生课堂教学交往过程的统一,包括以下两方面的意思:

一方面,教学过程是教的过程与学的过程的统一。即教学过程既不是单纯的教授过程,也不是单纯的学习过程,它是教师的教授活动与学生的学习活动的统一。教师的教是为了学生的学,学生的学又影响着教师的教,两者相互依存,缺一不可。其中,任何一方活动都以另一方为条件。在教学过程中,教师努力向学生传递教学内容,并使学生掌握。从这个角度说,教师是教育的主体,只有通过教师的组织、调节和指导,学生才能迅速地掌握知识,并使自身获得发展。唯有当学生独立思考,积极地钻研教学内容,主动地展开活动,真正的学习过程才能形成。这里,学生则是学习的主体,教师对学生的指导和调节只有当学生本身积极参与学习活动时,才能起到应有的作用。也可以说,"只有当教师激励、指导、组织学生自我活动的教授活动与学生受教师的教授活动激励、指导、组织的学习活动开始结合时,学生才能掌握教学内容"①。所以,教师的教和学生的学相互依存、相互支持、相互渗透、相互转化,教师发挥教育主体的作用,学生发挥学习主体的作用,教师不能代替学生学习,学生也不能离开教师的指导、激励。这种交互主体性成为教学过程的一大本质属性,并在整个教学过程中表现出来。

另一方面,教学过程是教师与学生以课堂教学为基础的人际沟通、交往过程。没有沟通、交往就不可能有教学,这是当然的基本公理,失去了沟通、交往的教学是不可想象的。教学是集约化、高密度和多元结构的沟通活动,在这种活动中形成了教师与学生之间、学生与学生之间、教师与学生群体之间等多种多样的人际交往关系。教学沟通中各种主体性角色的关系创造着各种主体的复杂的角色关系,教师和学生分别是该沟通活动与角色关系中拥有主体地位的集体性主体,他们"作为拥有各自不同语言文化和沟通文化的前代与后代,作为成人与成长中的新一代,作为各自在现代社会中生存的个人,在沟通与沟通关系中进行心灵的碰撞,从而提供了'发现世界'、'发现自我'乃至'相互发现'的契机"②。这样,教学活动是在交往过程中不断生成变化的,是按照教师与学生的交往活动的变化而变化的,同时也是在师生对语言的共同使用中进行的。

教学过程是一种人际交往,但传统的教学因种种原因使得这种交往产生阻隔与缺失,成为一种非交往或不充分的交往,这种非交往或不充分的交往压抑了师生在教学交往中应有的创意而变得单调、呆板甚至僵化,由教师主体取代学生主体,由满堂灌取代发现与探索,由教师权威取代教学自由,由指令取代对话,由教师的"孤军奋战"取代智慧的"学习共同体",扭曲了教学过程的本质。

### (三)教学过程是教养与教育过程的统一

教学过程的基本课题在于教养,即传授各门学科的知识、技能,使学生掌握从事社会、政治、经济、文化等活动所必需的知识、技能、技巧。但教学过程又不是单纯的教养过程,它同时也是教育过程,是教养与教育过程的统一。所以,教学并不仅仅传授人类千百年来积累的经典文化知识、技能,它同时也传递社会立场、自然观、人类生活的价值和基本态度等等方面。在教学过程中,学生不仅知识增长、能力发展,而且思想情感、精神面貌、道德品质也同时受到熏陶、发生变化。

---

① [日]佐藤正夫著,钟启泉译:《教学论原理》,人民教育出版社 1996 年版,第 200 页。
② 钟启泉:《对话与文本:教学规范的转型》,《教育研究》2001 年第 3 期。

不过,需要指出的是,教学中的教育又不是单纯地源于接受的内容。教学过程首先是一种社会活动,作为其中起主导作用的教师,是已具一定世界观的社会成员,他的政治思想观点、道德观念、价值观念等,很自然地会在教学活动中表露出来,并同教学内容中与社会上层建筑紧密联系的那一部分内容糅合在一起影响着学生。学生是学习过程的主体,但也是发展中的、可塑性很大的受教育者,他们在心理和生理发展上不同程度的依附性,决定了他们思想道德行为形成过程中的一定的模仿性。在学习过程中,他们都自觉或不自觉地接受着来自教授过程的那些有计划或无意识的感染教导,不时改变自己的社会观念和行为规范且逐渐稳定化。

# 第四节　教　学　方　法

在教学过程中,教师、学生必须采取一系列的教学手段才能使教授活动、学习活动得以进行。无论教师、学生采取怎样的教授和学习流程、组织形式,完成什么样的教学任务,都必然会用到教学方法。

## 一、教学方法的涵义和作用

### (一)教学方法的涵义

方法一词,源自古希腊语 metodos,意指做事的步骤或手续。在哲学中,方法是指根据研究对象的运动规律从实践上和理论上掌握现实的一种形式。一般说来,方法具有主观性,是人们认识世界与改造世界的工具和手段。总体上,认识方法或思想方法是在认识世界中所采用的方法,工作方法或行动方法是在改造世界中所采用的方法。具体到教学活动,教学方法是在教学活动过程中所采用的方法,是指在教学过程中,教师和学生为实现教学目的、完成教学任务而采取的教与学相互作用的活动方式的总称,它既包括教师的教法,也包括学生的学法,是教授方法与学习方法的有效组合。

上述定义在一定程度上揭示出教学方法的三个本质特征:第一,教学方法必须为实现教学目的、完成教学任务服务,即方法要服务于目的,任何一种教学方法都要以实现一定的教学目的为前提,否则教师就不可能进行有目的的教学活动。第二,教学方法是师生共同进行教学活动所采用的方式,而非单指教师的工作方法,说明教学方法包括教的方法与学的方法,教法与学法密切联系,没有学生的学习行动或者是没有教师的控制影响行动,都不是教学方法而只是教授方法或学习方法。第三,教学方法种类、形式是多种多样的,每种方法都有自己的独特功能,适用于所有教学条件的单一方法、万能方法是不存在的。只有多样化的教学方法才能帮助师生顺利达成教学目的。

### （二）教学方法的作用

教学方法的作用表现在多方面，但主要有以下几点：

#### 1. 实现教学任务的必要条件

工作方法问题对于任何工作都是十分重要的，教学工作也不例外，要完成教学任务，就得有一定的教学方法。在目的和任务确定之后，方法问题解决得好坏，就成为决定性的因素。如果没有运用适当的教学方法，就不可能实现教学的目的和任务，进而也就影响整个教学系统功能的实现。

#### 2. 联结教师教与学生学的纽带

在教学过程中，正是通过有效的教学方法，使教师的教授活动与学生的学习活动有效地联系起来，为共同实现教学目的服务。正如古人所云：事必有法，然后可成，师舍是则无以教，弟子舍是则无以学。

#### 3. 促进学生发展的有效途径

科学的教学具有促进人的生理和心理由低级到高级，由不全面到全面，由不和谐到和谐，由不充分到充分发展的作用，可以增进学生的效能，激发学生学习的主动性、积极性。

#### 4. 提高教学质量和教学效率的重要保证

教学方法涉及有普遍性的课堂变量，如学习的准备状态、动机作用、呈现的步骤与设施，强化、智慧和情绪方面的功能，以及个人的满足。良好的教学方法旨在唤起准备状态，维持注意与兴趣，运用强化来调节学习行为，及时解决妨碍教与学的智慧问题和情绪问题，尽力扩大因教学成就带来的满足感，从而取得良好的教学效果和教学质量，提高教学效率。

## 二、教学方法的演变

### （一）教学方法的历史

教学方法是随着社会的发展、教学实践和教学理论的发展而发展的，其中最根本的制约因素是社会生产和科学技术文化的发展。在一定的社会生产和科技水平条件下，社会制度的（经济制度和政治制度）不同，也使教学方法具有不同的特点。所以，各个时代的教学方法除了继承以前的教学实践中行之有效的方法之外，都有一些反映某一时代特征的具有代表性和倾向性的教学方法。远古时代的教学只能口耳相传。古代教学主要运用讲、听、读书、谈话、练习等方法。中国春秋末期和古希腊时期，就出现了讲解、问答、练习、复习等方法。

在长期的封建社会里，教学方法发展缓慢。教学方法一般都具有脱离实际、强迫灌输、死记硬背的性质，这突出反映了封建社会专制的性质和当时文化科学不发

课程与教学论

达、教学内容以诵经读书为主的特点。

到近现代,由于科学技术和工商业的发展,学校增添了大量自然科学的课程,教学内容比以前丰富了,但是毕竟学生学习时间有限,这就在客观上要求改进教学方法,以加快教学速度,提高教学效率。这一时期唯物主义的思想逐步发展,更加重视感性经验的获得。在这种情况下,学校教学中出现了演示、实验、参观等一系列新的方法,并改进了讲解、谈话等方法。这些方法的综合运用,既有助于学生理论联系实际,牢固地掌握教学内容,又有助于发展他们的智力,培养他们的能力。

在当代,生产和科学技术得到迅猛发展,知识总量急剧增长,而且更新过程空前加快,这种状况反映在教学领域中,是人的不断探索、研究各种新的教学方法,以解决人类知识总量无限膨胀和人类个体掌握知识量有限的矛盾,于是一系列新的教学方法应运而生。

美国的斯金纳设计了程序教学法,教师把教材按照逻辑程序设计成一系列小步子,运用条件反射的原理向学生提供反馈,通过强化来及时进行对照,使学生独立学习。

美国的布鲁纳积极倡导"发现法",即教师在学生学习概念和原理时,只是给一些事实(或事例)和问题,让学生积极思考,独立探究,自行发现并掌握相应的原理和结论。问题教学法最早由美国实用主义教育家杜威提出,后来得到苏联教育家马赫穆托夫、斯卡特金等的进一步发展,这是师生合作共同解决一个实际问题,以达到启发学生思维和培养学生解决问题能力为目的的一种教学方法。

保加利亚心理学博士洛扎诺夫创设"暗示教学法",它是利用暗示手段,激发学生的心理潜力,加速学习进程的一种教学方法。

德国教育家瓦根舍因和克拉夫基首倡"范例教学法",由教师在教学中选择真正基础的本质的知识作为教学内容,通过"范例"内容的讲授,使学生达到举一反三掌握同一类知识的规律的方法。此法的特色在于促使学生独立学习,而不是要学生复述式地掌握知识,要使学生所学的知识迁移到其他方面。

美国哈佛大学教授兰·本达(L. Brenda)创立"探究—研讨教学法",学生在教师指导下运用实物材料,发挥集体智慧进行学习,其优点在于能够使学生通过自己动手动脑来获得知识、概念、技能。

美国教育家布卢姆提出"掌握学习"教学法,通过在教学中有效使用反馈、矫正,为学生提供各自所需的时间和帮助,使绝大多数学生达到学业规定的要求。

在国内,20世纪60年代以后各地中小学在教学方法方面也曾作过多种改革和尝试。湖北大学黎世法提出六课型教学方法,又叫异步教学法,是一种以充分发挥学生的主体性、取得最优教学活动效率为目的、形成课外"环节"与课内"六课型"紧密结合的特殊教学活动结构的教学方法。中国科学院心理研究所卢仲衡设计了"自学辅导教学法",这种教学方法突破了传统的课堂教学形式,变以教师讲授为主为在教师的指导、辅导下的学生自学为主。江苏常州教育科学研究所邱学华倡导"尝试教学法",即不是由教师先讲,而是让学生在旧知识的基础上先进行尝试练习,在尝试的过程中,教师指导学生自学课本,引导学生讨论,在学生尝试练习的基础上教师再进行讲解。上海育才中学在教学改革试点的基础上总结出"读读、议议、练练、讲讲"八字教学法。

从以上对教学方法历史与发展的简要回顾中,我们可以看出,教学方法不是一成不变的,而是随着教学实践内外部条件的变化以及教育教学的发展而不断变化和发展的。20世纪50年代以后,由于科学技术的迅猛发展、知识总量的急剧增加,教学方法的改革浪潮选起,一系列的新教学方法不断问世。诚然,传统的教学方法,如讲授、谈话、实验、观察、演示、练习等仍在当今课堂教学中发挥着无可替代的作用,但也正逐渐被融入新的教学方法中,成为观念全新的现代教学方法的组成部分。

### (二) 现代教学方法改革与发展的特点

教学方法改革是当今教学改革中的一项重要内容,也是现代教学研究中一个十分引人注目的研究领域。20世纪后半叶,随着一些创新的教学方法的出现与流行,现代教学方法体系又呈现出新的态势,探讨这些新的特点,对于我们把握现代教学方法的发展趋势,推动教学方法科学化的进程,具有重要意义。

#### 1. 注重发展学生的智能,培养学生的创造力

传统的教学方法重视和强调它在传授知识中的职能作用。而现代教学方法,则更注重教学方法在发展学生智能、培养创造力中的职能作用。现代社会由于科技的发展,科学成果应用周期缩短,知识更新速度加快,学科趋于分化和综合,新兴学科与边缘学科不断涌现,劳动结构变化,劳动过程智能化,创造力成为现代和未来社会生存与发展的条件,要求教学把发展学生的智能、创造力放在重要地位。这个任务的实现,教学方法发挥着直接的职能作用。

现代教育家顺应这一社会发展的要求,致力于探索和研究发展学生智能的方法,如布鲁纳的"发现法"、瓦根舍因的"范例教学法"等,都是在发展学生智能研究方面取得的重大成果。这些方法不仅注重于培养学生强烈的创造欲望和创造意识,而且更注重组织学生的创造行为和鼓励学生自己去发现问题,找出解决问题的条件、方法和途径。

#### 2. 以学论教,重视对学习方法的研究

教学方法包括教师教的方法和学生学的方法。但长期以来,传统的教学方法只重视研究教的方法,忽视了对学生学习活动的研究,割裂教学方法中教与学活动的统一性,使教学活动难以协调,学生学习的主动性、积极性难以发挥。现代教学方法明确突出了学生的主体作用,认为教师的教法归根到底是通过学生主体活动

来获得效能,主张把"教"建立在"学"的基础上,并在改进教法的同时,通过多种途径对学生的学习方法进行有效的指导与培养。"教学生学会学习"已成为教育面向未来的重要对策之一。基于此,现代教学方法不仅强调教与学活动的辩证统一,而且从学生是学习主体这一原理出发,非常重视研究学生的学习方法,注重培养学生的自学能力、创造能力。

苏联的赞科夫在其"教学与发展"实验教学理论体系中,提出让学生理解学习过程,即让学生不仅明确学习什么,而且明白应该怎样学习。布卢姆的"掌握学习"教学法,主张通过学生自己的努力,掌握学习内容。这些教学方法都体现了在教师引导下学生独立获取知识的特点。但需要指出的是,现代教学方法注重学生学法的研究,并非要贬低教师的主导作用,这只是研究重心的转换,是对教学本质深刻认识的表现,最终目的还是要实现教与学的最佳结合。

### 3. 重视学生情感在教学中的作用

教学过程中,以学生的心理活动来说,首要的是认识活动,而在进行认识活动时,必然会有情感的伴随。传统的教学方法倾向于把学生的智力和情感割裂甚至对立起来,只注重学生的智力因素在学习活动中的作用,而忽视了非智力因素所起的作用。强调教师按照固定知识,照本宣科式地机械讲授,严格要求学生认真听讲,使教学变得枯燥无味。现代教学方法立意超越理性主义,把智力与情感统一起来,主张培养学习兴趣,激发学习动机,使学生感到学习是满足求知欲的一种快乐。赞科夫非常重视学生的情绪体验在学习中的作用,主张教学既要依靠和利用学生的情绪,又要培养和发展儿童的情绪生活,"教学法一旦触及学生的情绪和意志领域,触及学生的精神需要,这种教学法就能发挥高度有效的作用"[①]。洛扎诺夫的暗示教学法在运用中,十分强调情绪、情感的教育作用,要求学生在轻松愉快的气氛中学习,不使学生感到有任何精神压力。我国广大教师创造的教学方法中,有相当一部分属于富有情趣的一类,如情境教学法、愉快教学法等等,这些教学方法使学生兴趣盎然,从中产生各种情感体验,因而增强了教学效果。

### 4. 强调教学方法的整体化、综合化

传统的教学方法无论是在理论的论述上还是在实际的运用中,常常是把各种教学方法和手段机械地割裂开来,孤立地研究和运用,从而带有较大的片面性。现代教学方法是体系化了的一般教学方法,它吸收了系统论的观点,"把现代教学方法本身看成是一个有机的系统,这个系统是由多种多样的教学方法相互作用与联系组成的。每种方法作为一个要素,均有各自的特点、范围和条件。它们在具体的教学情境中有机配合,发挥整体功能与作用"[②]。即多种不同教学方法之间的相互

---

① [苏]赞科夫编,杜殿坤等译:《教学与发展》,文化教育出版社 1980 年版,第 106 页。
② 李秉德主编:《教学论》,人民教育出版社 1991 年版,第 224—225 页。

关系,不是排他性的,而是相互联系、部分复合,相互借鉴、互相启发、互相促进的辩证关系。只有把各种不同的教学方法加以合理组合,正确使用,使之互相取长补短,才能产生整体综合效应。

## 三、教学方法的分类

在教学方法理论中,分类是一个十分重要且复杂的问题。现代教学论中暂时还没有一个统一的、公认的教学方法的分类法。不同的研究者总是根据不同的标准,从不同的需要出发,将多种多样的教学方法划分为若干种类。我们借鉴国内外教学方法分类的经验,结合我国常用的教学方法的情况,并根据教学方法的外部形态和这种形态下学生认识活动的特点,将其概括为以下四类。

### (一)以语言传递为主的教学方法

以语言传递为主的教学方法,是指在教学过程中以口头语言或书面语言为主要传递形式,其特点是能较迅速、准确而大量地使学生获得间接经验。而且对学生来说,语言的锻炼与发展也是培养思维品质的一个重要方面。在教学过程中,以语言传递为主的方法主要有讲授法、谈话法、讨论法和读书指导法。

#### 1. 讲授法

讲授法是教师通过口头语言向学生系统连贯地传授知识、思想观点和发展学生思维能力的方法,包括讲述、讲解、讲读、讲评等方式。讲授法是一种历史较长、使用范围较广的教学方法。其优点在于,教师有较充分的主动性,易于控制所传递的知识内容,可使学生在较短时间内获得较多的系统连贯的知识。其弱点是单向的"传递—接收"形式,不利于学生的积极参与,学生主体作用、能动性的发挥受到限制。

为使讲授法取得应有的成效,运用讲授法时需注意:讲授内容要有科学性、系统性、思想性;讲授的语言要准确、精炼、生动、形象;讲授的过程要具有渐进性,由浅入深、突出重点、抓住难点;讲授的方式要多样、灵活,并配合适当的板书和体态语。

#### 2. 谈话法

谈话法又称问答法,是教师根据学生已有的知识和经验,通过师生间的问答对话而使学生获得知识、发展智力的教学方法。它一般包括四种类型:启发性或开导性谈话;复习性或检查性谈话;总结性或指导性谈话;讨论性或研究性谈话。谈话法也是一种历史悠久、行之有效的方法。其特点是便于激发学生的思维活动,培养学生独立思考能力和语言表达能力,唤起和保持学生的注意力和兴趣。

这种教学方法有效使用的条件是:教师具有较强的驾驭能力与应变能力;在谈话前有充分的准备,对谈话的内容、提问的进程等作周密的安排;注意提问的方式、技巧;善于启发诱导,并能及时做好归纳小结。

### 3. 讨论法

讨论法是学生在教师指导下为解决特定问题而进行探讨、磋商,辨明是非真伪以获取知识的方法。讨论可以多种方式进行,既可以是整节课的讨论,也可以是几分钟的讨论,既可以是全班性的,也可以是小组讨论。学生通过讨论、争辩,掌握的知识更深刻、准确,思考问题和语言表达的能力更敏捷。运用讨论法,学生都参与其中,还可以激发学生的学习兴趣,提高学习热情,培养钻研问题、思考问题的习惯。

科学地运用讨论法,要求讨论前精心拟定讨论的题目和要求,指导学生收集资料,做好准备;讨论中,教师要做到"导而弗牵,强而弗抑,开而弗达";在讨论结束时,要及时概括讨论情况,使学生获得正确的观点和系统的知识,纠正错误、片面、模糊的认识。

### 4. 读书指导法

读书指导法又称阅读指导法,是教师指导学生通过阅读教科书和参考书,使学生加深理解和牢固地掌握知识,以扩大学生的知识面,培养自学能力的一种教学方法。包括指导学生预习、复习、课上阅读和课外阅读。进行读书指导要教育学生具备认真的学习态度,抓住篇章结构的内部联系和中心思想,注意联系已有的知识经验,学会使用工具书和作读书笔记。运用读书指导法的要求在于,提出明确的目标、要求和思考题,教给学生读书的方法,加强辅导,适当组织学生交流读书心得。

### (二) 以直接感知为主的教学方法

以直接感知为主的教学方法,是教师在教学过程中以实物教具进行直观演示,或带领学生进行教学性的参观等,使学生利用各种感官直接感知客观事物或现象而获得知识的方法。其特点是生动形象,具体真实,学生视听结合,记忆深刻。以直接感知为主的方法包括演示法和参观法。

### 1. 演示法

演示法即教师展示各种直观教具、实物,或进行示范实验,学生通过观察获取对事物和现象的感性认识。演示的种类很多,按演示对象的不同,可有单个物体或现象的演示、事物发展全过程的演示。按演示的教具分,有实物、模型、标本、图画、相片、幻灯、录像、影碟、教学电影及具体实验的演示等。演示法不仅能理论联系实际,为学生学习新知识提供丰富的感性材料,而且能激发学生的学习兴趣和热情,提高学习的效果。

使用时要求根据教学内容选择演示教具,做好演示准备;演示时,使学生尽可能运用多种感官去感知,要配以讲解,引导学生关注演示对象的主要特征和重要方面;演示后,要指导学生把观察到的现象同书本知识联系起来,及时地根据观察结果作出结论。

### 2. 参观法

组织学生到大自然或社会特定场所观察、接触客观事物或现象以获得新知识或巩固、验证所学知识。一般分为学生学习新内容前的预备性参观,学习新内容过程中的并行性参观,以及学习新内容后的总结性参观。参观法能有效地帮助学生更好地去领会所学的内容,扩大学生的眼界,激发学生的求知欲望。

科学地运用参观法有三个基本要求:参观前在校内外做好充分准备、妥善安排;参观时根据不同的参观类型提出不同的参观要求,引导学生主动询问、全面了解,必要时认真记录;参观结束后,教师要检查参观计划完成情况,并把学生参观时获得的知识予以概括。

## (三)以实际训练为主的教学方法

以实际训练为主的教学方法是以学生的实践活动为特征,通过练习、实验、实习等实践活动使学生认识向高一层次发展,把技能转变为技巧。其特点是学生在获取知识的过程中,手脑并用,学以致用。以实际训练为主的教学方法包括练习法、实验法和实习法。

### 1. 练习法

练习法即学生在教师指导下运用知识反复完成一定的操作以形成技能技巧。练习的种类很多,按练习的目的可分为预备性练习、训练性练习和创造性练习。根据练习的内容有心理技能练习、动作技能练习和行为习惯练习。按练习的形式又可分为口头和书面练习、问答和操作练习、课内和课外练习。练习法的特点在于,技能技巧的形成以一定的知识为基础,练习具有重复性。

练习法在使用时要求提高练习的自觉性,注意循序渐进逐步提高,练习中还应严格要求,及时引导学生从练习的差错中加深理解和巩固。

### 2. 实验法

实验法是学生在教师指导下,运用一定的仪器设备进行独立实验作业,以获得知识或验证知识,培养操作能力的方法。实验法是自然科学教学最重要的方法。实验法的类型主要有三种:学习理论之前进行的感知性实验、学习理论之后进行的验证性实验和巩固已学知识时进行的复习性实验。实验法最大的特点在于让学生亲自动手动脑,眼看、鼻嗅、耳闻,从事实践活动。应用实验法,不仅可以使学生加深对概念、规律、原理、现象等知识的理解,而且有利于培养他们的探索研究和创造精神,学会进行科学实验的一些基本技能,形成严谨求实、一丝不苟的科学态度,更好地体现学生的主体作用。

运用实验法,要求教师事先编制好实验计划,做好实验前的准备工作;实验开始后,教师既要教会学生正确地进行观察、测验和做记录,又要注意巡回指导,确保实验程序科学、操作规范;实验后,要求学生报告实验的进程和结果,需要时再由教师作出简短的概括和小结,并指导学生科学地撰写实验报告。

### 3. 实习法

实习法又称实习作业法,是教师指导学生根据教学要求,在校内外一定场所进行实际活动,以培养学生实际操作能力的方法。实习与练习、实验一样,都是为了运用知识于实际,但实习的实践性、独立性、创造性更强,能使学生学到书本上学不到的知识。实习法有很多形式,按场所分,有课堂教学实习、校内外工厂实习、农场和实验园地实习等。按学科分,有数学的实地测量、地理的地形测绘、物理与化学的生产技术学习、生物的植物栽培和动物饲养等。

实习法的应用,首先要制定好实习计划,选好地点,准备好所需工具、设备或设施、条件。其次,做好实习中的指导工作,确保实习任务的完成。最后,教师要指导学生撰写实习报告,并全面、客观地总结、评价实习情况。

### (四)以探索研究为主的教学方法

以探索研究为主的教学方法,是指教师组织和引导学生通过独立的探索和研究活动而掌握知识、培养能力、开发潜力、形成研究意识和探究精神的方法。这类方法的特点在于,学生具有较大的活动自由,由学生积极主动地研究问题、探索解决问题的方法,学生的主体性得到充分彰显,学生的独立性得到高度发挥。教师的地位与前几类方法中的情况有所不同,教师成为学生的参谋、咨询者、指导者、合作者、研究伙伴或助手。以探索研究为主的教学方法主要包括发现法。

发现法又称探索法、研究法,是学生借助于教师提供的适宜于进行"再发现"的问题情境和学习内容,积极开展独立的探索、研究和尝试活动,以掌握认识和解决问题的方法和步骤,研究客观事物的属性,发现相应的原理或结论,培养创造能力的方法。发现法的基本过程是:创设问题情境、提出假设或制定设想、从理论上或实践上检验假设、发现和总结。

发现法对于激发学生学习的兴趣,培养学生分析问题、解决问题的能力,形成敏锐的洞察力,发展创造性的思维品质和积极进取、勇于探索的精神有较大的优越性。但是它对教学时间、教学条件、学生的知识经验和思维发展水平、教师的专业素养都有非同一般的要求,也是不争的事实。

科学地应用发现法的基本要求:第一,确定有价值的课题,使学生产生"发现"的愿望;第二,明确"发现"的目标,提供探索的条件;第三,鼓励学生独辟蹊径,运用发散思维,多角度研究问题,大胆假设、自主推测;第四,广泛收集资料,分析资料,综合各种信息,拓宽研究思路;第五,开展自由讨论,检验假设,补充和修正问题的答案;第六,进行科学总结,妥善解决问题。

## 问题与思考

1. 分析课程实施有哪些难点。
2. 试评价课程实施的不同观点。
3. 说明课程行动研究的现实意义。
4. 比较国内外学者对教学过程的种种认识。
5. 如何进行教学方法的改革。

## 活动与研究

1. 研究一个具体的课程实施案例。
2. 尝试设计课程行动研究方案。
3. 选择相关学科教学内容进行个别化教学的研究和设计。

## 推荐阅读书目

1. 陈时见主编:《课程与教学理论和课程与教学改革》,广西师范大学出版社 1999 年版。
2. [美]比彻姆著,黄明皖译:《课程理论》,人民教育出版社 1989 年版。
3. [美]T·L·古德等著,吴文忠译:《课堂研究》,台北五南图书出版公司 1997 年版。
4. 李晓文、王莹编著:《教学策略》,高等教育出版社 2000 年版。
5. 林宝山著:《教学论——理论与方法》,台北五南图书出版公司 1990 年版。
6. 林进材著:《教学理论与方法》,台北五南图书出版公司 2000 年第二版。
7. 刘舒生主编:《教学法大全》,解放日报出版社 1990 年版。
8. 王兴举著:《课堂教学设计与实施》,四川教育出版社 1993 年版。
9. 杨小微主编:《现代教学论》,山西教育出版社 2004 年版。
10. 郑慧琦等主编:《教师成为研究者》,上海教育出版社 2005 年版。
11. Barrow, R. (1992). Giving Teaching Back to Teachers. London:Wheatsheaf Book Ltd.
12. J. E. Adams and A. Lieberman, *Taking Charge of Curriculum:Teacher Networks and Curriculum Implementation*, Teachers College Press, 2000.
13. J. K. Lemlech, *Curriculum and Instruction Methods for Elementary and Middle School*, 6th ed., Prentice Hall, 2005.
14. J. Mckernan, *Curriculum and Imagination:Process Theory, Pedagogy and Action Research*, Routledge, 2007.

# 第七章 课程与教学的改革

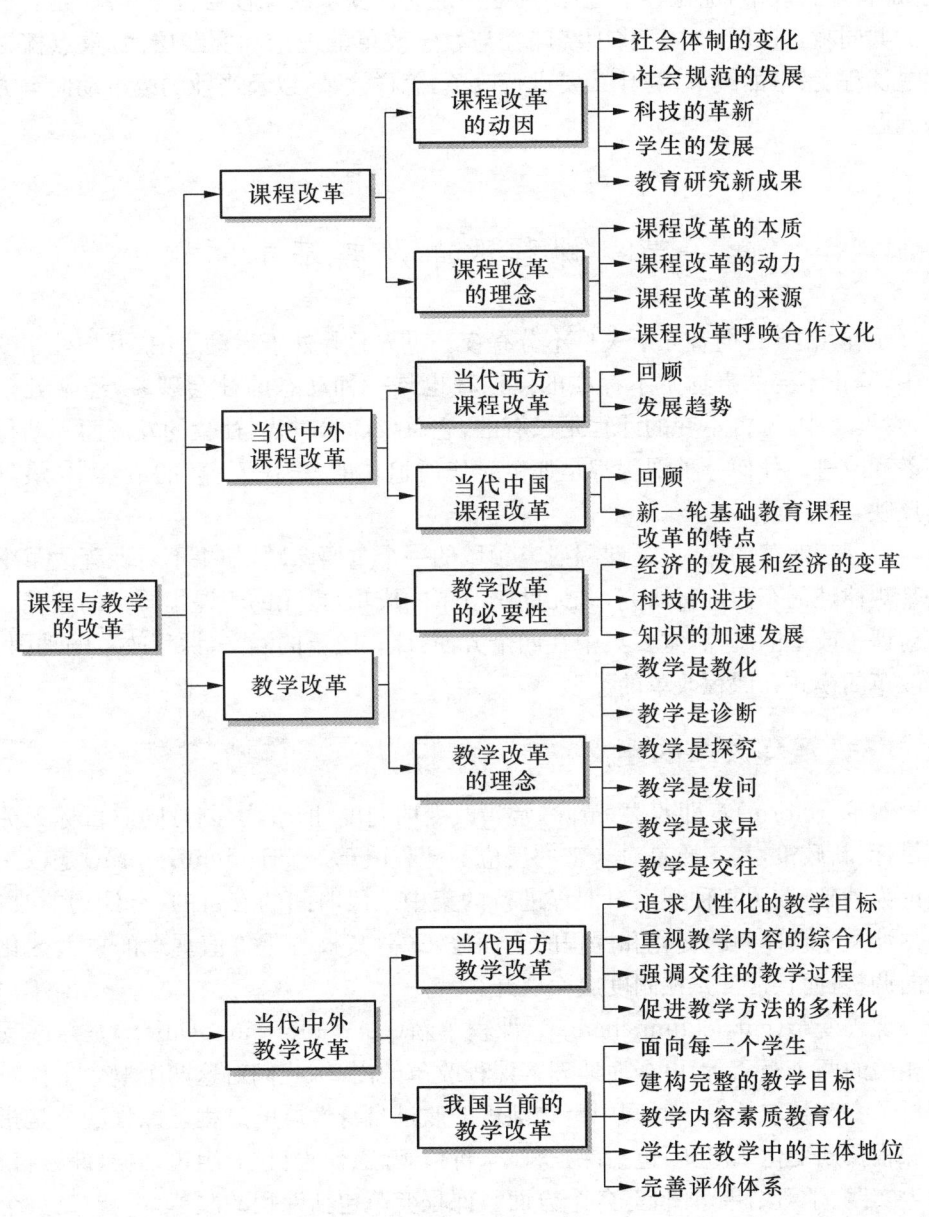

```
课程与教学
的改革
├─ 课程改革
│   ├─ 课程改革
│   │   的动因 ─┬─ 社会体制的变化
│   │           ├─ 社会规范的发展
│   │           ├─ 科技的革新
│   │           ├─ 学生的发展
│   │           └─ 教育研究新成果
│   └─ 课程改革
│       的理念 ─┬─ 课程改革的本质
│               ├─ 课程改革的动力
│               ├─ 课程改革的来源
│               └─ 课程改革呼唤合作文化
├─ 当代中外
│   课程改革
│   ├─ 当代西方
│   │   课程改革 ─┬─ 回顾
│   │             └─ 发展趋势
│   └─ 当代中国
│       课程改革 ─┬─ 回顾
│                 └─ 新一轮基础教育课程
│                    改革的特点
├─ 教学改革
│   ├─ 教学改革
│   │   的必要性 ─┬─ 经济的发展和经济的变革
│   │             ├─ 科技的进步
│   │             └─ 知识的加速发展
│   └─ 教学改革
│       的理念 ─┬─ 教学是教化
│               ├─ 教学是诊断
│               ├─ 教学是探究
│               ├─ 教学是发问
│               ├─ 教学是求异
│               └─ 教学是交往
└─ 当代中外
    教学改革
    ├─ 当代西方
    │   教学改革 ─┬─ 追求人性化的教学目标
    │             ├─ 重视教学内容的综合化
    │             ├─ 强调交往的教学过程
    │             └─ 促进教学方法的多样化
    └─ 我国当前的
        教学改革 ─┬─ 面向每一个学生
                  ├─ 建构完整的教学目标
                  ├─ 教学内容素质教育化
                  ├─ 学生在教学中的主体地位
                  └─ 完善评价体系
```

人类已经边人新的纪元,新的时代是一个追求变革与超越的时代,是以知识的创新和应用为重要特征的知识经济时代,科学技术迅猛发展,国际竞争日趋激烈,人力资源的重要性高于以往任何时代,国家的综合国力和国际竞争能力越来越取决于劳动者的素质。这对教育提出了严峻的挑战,为适应这一挑战,教育必须培养出高质量的创新人才以适应国际间的竞争及教育自身的发展。课程与教学的改革是教育改革的核心,任何国家的教育改革都无法回避课程、教学领域的革新。因此,加快课程改革,优化教学过程,确立适应时代要求的课程与教学体系,是各国面临的共同教育课题。本章将围绕课程与教学改革的理论和实践层面,重点探讨什么是课程、教学的改革,为什么要进行改革,怎样改革,以及当前的改革动向等方面的问题。

# 第一节　课程改革及其基本问题

子在川上曰:逝者如斯夫! 不分昼夜。世界总是处于运动之中,万物处于变化之中,静止不变的事物是不存在的。课程也是一种动态的社会现象,经常处于改革、发展之中,万古不变的课程是没有的,它总要随着时代、社会的发展而不断得到变易和改进。任何一种课程都是那个时代所追求的"国民素养"的最集中、最具体的反映。

对课程改革的探讨,是课程研究领域的一个重要课题,如果不对课程改革中一些带规律性的东西进行研究,既无助于改革的成功,也无助于课程质量的改善。本节对课程改革的研究,主要集中在四个方面:课程改革的涵义、课程改革的动因、课程改革的模式和课程改革的类型。

## 一、课程改革的涵义

改革(reform)意即改去、革除,常指改变旧制度、旧事物,制订同旧目标无关的新目标、新政策,其实质是对未来的反应。课程改革(curriculum reform)是以一定理论为基础,按照某种观点对课程进行的集中一段时间的有目的、有计划的改造,往往涉及学校体制的变化和课程的全面修正等,其核心是价值观念的重大变化或方向调整,而且常常先在制度层面展开。

课程变革(curriculum change)、课程革新(curriculum innovation)是与课程改革相关的两个概念,为更全面地理解课程改革的内涵,我们对这两个概念也作一点分析。变革是较长一段时间中事物渐进的改进自身性质的过程。课程变革是指有关课程长期变化或演变,包括课程哲学、价值观念、课程目标、组织结构、课程材料、学生实践、学习结果、评价等各个方面。课程变革包括课程的改革、革新,是一个较为宽泛的概念。[①] 与课程变革相比,课程改革是形容具体变革的一个概念,是指综合性更强、深度更深的变革,是人们有意识地为改进某一方面而进行的变革。应该说,课程改革是课程变革的一个方面,是短期的、深层的、激进的课程变革。关于"革新":"'革新'通常是指学者所建构的一项物件(object)、或新观念(idea)、或新措施(practice)等另类变通选择的教育理想本身,或这些新物件、新观念、新措施等另类选择的教育理想被某一团体或个人采纳使用的历程,'革新'往往是一种企图达成'变革'(change)的过程与结果。"[②]课程革新是指一项新的课程计划、思想或实践,或是指它们被个别团体、组织选用的过程,也是课程变革的一种形式,通常具有相对明确的范围和特定的目标。课程革新与课程变革相比,范围要小一些,与课程改革相比,强度要弱一些。

总之,课程方面发生的变动究竟属于什么性质,一般可以从课程变革、课程改革、课程革新中选取一个加以说明。它们在范围、特性、激进程度等方面各有侧重。不过三者在本质上是相同的,是一种思想活动,是深思熟虑的、有目的、有方法的行动,旨在解决特定的课程问题并改善课程实践。虽然对其间的细微差别作了上述分析,但在课程研究过程中或在实际工作中,这些概念的使用并不总是很严格的,也常常会有不一致或相互取代、混用的情况。

让我们再回到"课程改革"这个概念。我们认为课程改革在本质上是对课程系统中理论与实践进行的有计划的复杂的改革,使其达到预期目标的过程,它涉及社会系统的各个层面,可以直接与间接地建构与改造社会。概言之,课程改革是一项系统工程,不是虎头蛇尾的零打碎敲。它包括界定目标、制定计划、设计条件、组织评价等各个方面;课程改革是有计划、有目的的,不是盲目、随意的,它需要遵循教育科学的规律,进行科学的规划、实验等研究工作;课程改革不是简单的课程内容的增删,而是产生质的飞跃,形成具有新理念的新课程。当然,"新的课程"是否就一定是进步的、有积极意义的,则另当别论。"新"只是相对被改革的"旧的课程"而言的。[③]

课程改革具有适应和自我更新两种功能。所谓适应乃指改革、调整课程系统以适应产生于其他社会系统的变化而带来的新的和紧迫的要求。自我更新意味着重新认识课程目标、课程内容、教育对象等等方面,创造性地完成满足社会发展需要的任务。两大功能反映的正是课程改革应遵循的四条规律:第一,课程改革受社会发展的制约,课程改革是社会改革在教育领域的折射,社会改革是课程改革的动力源,课程改革离不开特定的社会背景;第二,课程改革与科技的革新与进步密切

① See G. M. Blenkin, etc. , *Change and the Curriculum*, Paul Chapman Publishing Ltd. , 1992, p. 30.

② 顾明远主编:《教育大辞典》(增订合编本),人民教育出版社 1998 年版,第 895 页。

③ 蔡清田著:《课程改革实验——以研究发展为根据的课程改革》,台北五南图书出版公司 2001 年版,第 47 页。

关联,科学技术的迅猛发展,对学校课程有着直接的影响,它促进了知识的增长、学科的演化,并进一步推动课程的改革;第三,课程改革受学生身心发展特点的制约,课程改革既要研究特定时代学生的整体特征、个性差异,又要促进学生全面、健康、和谐的发展;第四,课程改革与课程理论的发展有直接的相关,课程理论是课程改革的思想基础。

## 二、课程改革的动因

课程的改革不是自然衍生的,它的发动和进程往往受着许多因素的影响和推动。归总起来,其动因有外部与内部两大类。外部动因包括社会体制的变化、社会规范和文化知识的发展、科技革新,内部动因包括学生的发展和教育研究的新成果。对课程改革动因的揭示,有利于预测和控制改革,提高改革的主动性和有效性,同时也更能指导改革的实践。

### (一) 社会体制的变化

英国学者霍伊尔(E. Hoyle)指出,社会的发展变化是影响课程改革的重要动因。这里的"社会"有两个层面,一是体制上的,包括政治体制、经济体制等;二是规范方面的,包括维持社会系统及其体制的价值和标准。[1]

课程是一个开放系统,它不断地与社会的其他系统相互交换信息与能量,从而使自身得以发展和改善,社会政治体制、经济体制等的任何变化都会促成课程改革,使课程的目标、结构、功能、内容等发生新的变化。就政治体制因素而言,其对课程改革的影响是多层面的、深刻的、更为直接的,任何国家的课程改革都不免受到社会政治体制变迁、社会政治气候和社会政治集团的影响、控制。当然,这方面的影响既可能是积极的、进步的,推动课程的进步和发展,也可能是消极的、倒退的,抑制课程改革的进程,影响课程的发展。经济体制方面,经济体制的改革是课程改革的必要保证。从历史发展来看,课程的发展与经济体制的改革总体上是一致的。以我国为例,随着经济体制改革的深化,社会主义市场经济体制逐步建立,市场经济的发展对现有的学校课程产生了直接的冲击和影响,要求按市场经济的发展要求改革学校课程,更新课程观念,调整课程结构,完善课程内容,重视学生的个性发展,培养学生的主体意识、创造能力,全面提高学生的综合素质。

### (二) 社会规范和文化知识的发展

社会规范是影响课程改革的潜在动力。课程改革既离不开社会的政治、经济

---

[1] See:A. A. Bellack & H. M. Kliebard, *Curriculum and Evaluation*, Berkeley:MrCutrhan Publishing Corporation, 1997, p. 519.

背景,但也需要具有凝聚、吸引作用的潜在力量,因为课程改革的过程从动态上看是复杂的,在一定程度上也是难以预见的。不过,"无序在科学的意义上并不是混乱,而是各种矛盾和复杂事物各自在活动,拼接成若干群集。科学家说'奇异的吸引物'是推动混沌状态进入周期性运动格局的力量"①。社会规范即是课程改革过程中奇异的吸引物之一。

文化知识的增长是影响课程改革的一个主要因素。文化知识是课程的重要源泉,科学知识的不断涌现,使课程也不断更新,推动课程重点的转移和课程结构的完善。20世纪中叶以后,随着知识的激增,知识量之大、信息之多,使得任何一个人都不可能用头脑把它们全部储藏起来。计算机的普及也使人们没有必要去记忆所有这些知识。信息储存上的这种革命性变革,使课程的重点和课程设计方式必然发生变化:课程所强调的再也不应是让学习者获得知识,而应强调如何查找和使用知识。课程设计不仅需要在精选内容和基本学科上下功夫,而且应该广泛采取选修课的形式,为广博、精深的知识进入课程领域创造条件。

### (三) 科技革新

课程是时代的产物,它总是最敏感地反映时代对教育的要求和社会前进的步伐,与科学技术的发展息息相关。随着人类社会的发展,科技的进步与革新对学校课程的影响日益加剧,尤其是当代新技术革命,对学校课程的改革起着直接的推动作用。一方面,当代新科技的发展,使社会生产力的构成要素通过科技的渗透而发生了质的变化,科学技术成为生产力的加速器。现代社会依靠的主要是人的智力和所掌握的科学技术,而不是人的体力。这一变化将有力地促进学校课程目标的改革,学校课程既要为培养各种技术专家和专业研究人员奠定基础,也要为培养大批熟练的普通劳动者普及科学技术、提高劳动效率服务;另一方面,当代科学技术革命的突出特点是既高度分化又高度综合,高度分化意味着大量分支学科的涌现,高度综合表现为学科的交叉、融合,出现了许多边缘性、综合性学科。这一趋势要求学校课程调整学科结构,改革原有的单一的分科课程设计,加强课程的整体化和综合性。

### (四) 学生的发展

课程承担的主要任务之一是要促进学生个体的发展,课程改革必须兼顾学生的身心特征、发展状态和学习需求。课程改革若无视学生的存在,其效果是可想而知的。

学生身心发展的特性表现为整体性、连续性、阶段性和个别差异性。学生的心

---

① [加拿大]迈克·富兰著,中央教育科学研究所加拿大多伦多国际学院译:《变革的力量——透视教育改革》,教育科学出版社2000年版,第27页。

理活动与生理活动是密切联系、相互影响的,心理活动离不开生理活动,生理活动也受心理活动的制约。同时,在学生的心理活动方面,智力、情感、意志、性格的发展也是密切联系的。课程改革要体现学生品德、才智、审美、体质等发展的整体性,以使学生身心都得到充分发展;学生的身心发展又是一个持续不断的渐进的过程,呈现出连续性、阶段性,要求课程改革既有不同的重点,又不能超越学生身心发展的特定阶段;从心理活动的状况看,每个学生的心理活动各有特点,在兴趣、爱好、能力、气质、性格等方面都存在着差异,这就要求课程改革要考虑不同学生的个性差异,满足学生多方面的兴趣,加强课程结构的改善,重视开设选修课程和丰富多彩的活动课程。

### (五) 教育研究的新成果

毫无疑问,理论对实践具有巨大的指导作用。课程改革受一定的教育思想或观点的指导,这一点并不难理解。对课程改革影响最直接、最关键的思想或观点就是教育研究的新成果——新的教育理论、课程理论。课程改革若没有科学的理论指导,就会成为盲目的改革,最终会迷失方向,改革也不会取得预期成效。

关于理论的重要指导作用,古今中外的课程改革实践都证明了这一点。例如,20 世纪 20 年代,桑代克关于训练迁移的"共同要素说",就曾推动人们对以官能心理学为基础的训练迁移理论进行批判,并促使人们探求课程与当代生活的关联。杜威的实用主义教育理论引发了几乎波及全球的进步主义课程改革运动。50 年代末期,布鲁纳的课程论思想,更是直接影响了美国 60 年代的课程改革。

除了上述带有普遍性的外部和内部动因,不同的国家或同一国家的不同地区和学校,也可能由于一些偶然的事件、原因或对现有课程的强烈不满而引起各种规模的课程改革。

## 三、课程改革的模式

课程改革是一个复杂的过程。对于如何进行课程改革,可谓见仁见智。不同的学者有不同的观点,不同的国家有不同的做法。这里撷取三种不同的课程改革模式。

### (一) "研究、开发与传播"(RD & D)模式

"研究、开发与传播"模式(Research, Development and Dissemination model)是课程改革的基本模式,在美国、德国、英国等地得到广泛使用。美国的 PSSC 物理课程[①]、BSCS 生物课程[②]等诸多课程改革方案均是成功运用"研究、开发与传播"

---

[①] PSSC 物理,是美国物理科学研究会开发的高中物理课程。——作者注
[②] BSCS 生物,是美国生物科学研究会开发的高中生物课程。——作者注

课程与教学论

的很好例证。

该模式产生于 20 世纪 50 年代的美国。它是从改革的发动者和新改革计划的开发者的角度来看待改革过程的，形成了一个决定回应确定者的使用要求。其理论基础是理性主义和权威主义。

"研究、开发与传播"模式有五点理论假设：第一，课程改革过程是一个理性活动的过程，这个过程从确定问题开始，通过形成和完善新的改革方案，最终指向预定目标的达成；第二，长时间的大规模的改革，其有效进行，需各方面的分工和合作，共同完成改革任务；第三，传播是将改革信息从中心传到外围的有效手段；第四，人是理性的动物，其行为受理性的支配，一个符合理性的改革方案总会受到多数人的欢迎，研究—开发—传播的过程就是一个理性的过程；第五，在研究、开发过程中，为预测改革投入更多的时间和精力，能更有效地推动改革。

以上述理论假设为基础，"研究、开发与传播"模式把课程改革视为一种技术化、理性化的过程，包括四个分离的、有顺序的阶段：第一，研究阶段，主要是确立课程改革的基本价值取向和指导原则；第二，开发阶段，将研究阶段获得的基本原理运用于新课程的开发，由此形成新课程；第三，传播阶段，即把新课程传播给教师，供其在具体教育教学情境中使用；第四，采用阶段，教师实际使用新课程。[①]

"研究、开发与传播"模式把课程改革当作一项研究工作，其间既重视运用已有的研究成果，又重视在改革中进行研究，努力把课程改革建立在科学研究的基础上。对具体的改革步骤也作了明确的划分，使之形成清晰的工作阶段，具有可操作性。但"研究、开发与传播"模式借鉴了工业生产的流程，将课程改革视作类似于工业生产过程的技术化、线性发展的过程。它指向课程改革的技术本身，而不是学校中教学的性质，把教师视作被动的消费者，认为他们所持目标与课程专家、课程开发者等相同，能心甘情愿地、全力以赴地与他们合作。课程改革就是这样一种过程：通过研究和开发获得新的课程产品，然后推出，在具体的教育情境中由教师进行消费。[②] 在此过程中，"研究"、"开发"工作一般由政府选定的专家、学者负责，推广也主要由权力机构进行，依靠的是专家和权威。这种线性、机械的改革过程显然忽视了教育情境的复杂性，人际关系和情意因素的重要性，教师的主动性、积极性和所能发挥的重要作用，教师甚至被完全隔离到课程改革之外，沦落为只需忠实推行新课程的外围人员。

## （二）"社会互动"（SI）模式

"社会互动"模式（Social Interaction model）产生于 20 世纪 60 年代初，本来是

---

① G. J. Posner, *Analyzing the Curriculum*, New York：McGraw-Hill, Inc., 1992, p. 209.
② See：G. J. Posner, *Analyzing the Curriculum*, New York：McGraw-Hill, Inc., 1992, p. 208.

社会学家用来研究农业改革中的推广问题的。后被教育学家借鉴,转用于研究课程改革过程。依据这一模式,教育体系被看作是一个由各种社会关系组成的复杂网络,课程信息就是沿着这个网络传播的。在这个网络中,某些机构和个人居于中心,某些则处于边缘。新的课程产生于该教育体系的不同部位,并通过这个网络传播到其他部位。① 在此过程中,由于传播课程信息的人对课程改革,对新的课程信息持有不同的观点或有不同的侧重和倾向,便会影响到课程信息的传播。所以,课程改革过程是一种民主化的、相互作用的过程,其进行既取决于每一个"卷入者",也取决于他们的相对位置。

社会互动模式的理论基础是自卢梭以来的社会合作主义和现代人际理论,强调人与人之间的沟通与合作。它有五点理论假设:第一,每一个接纳改革的个体都处于影响他(她)采取行动的社会关系网络之中;第二,每一个接纳改革的个体在网络中所处的相对位置较好地表明了其对改革的接纳程度;第三,在进行改革的过程中,非正式的接触发挥着重要的作用;第四,群体关系和相互间的认同在改革的过程中也是至关重要的;第五,课程改革的传播呈 S 型,先有一段缓慢的传播期,接着是快速的传播,再后来又慢下来。②

社会互动模式将课程改革过程的重心下移,主张课程改革应由具体教育情境中新课程的使用者共同参与,换言之,就是要有教师甚至学生和家长的参与。一个民主社会中的学校,也是那些卷入者——学生、教师和家长的学校。因而他们对课程改革的参与是十分必要的。正如鲁尔克尔所说:"只有课程改革的重要代表人物成为他们活动的核心,只有当这些重要人物以改革者形象受到鼓励,并且以改革者面目参与学校的日常工作,课程改革才可能成功。"③相反,如果只让教师机械、忠实地接受和使用规定的课程,必然导致他们独立性的丧失。

根据社会互动模式,课程开发应在学校进行,或者应与学校有直接合作关系。课程改革应从教和学的具体问题入手,那么课程改革的重心在学校、在课堂,教师的作用才能得以发挥。在课程改革的任何维度和阶段都应采取合作的形式,要平等地看待改革中不同职能的承担者,在每个阶段突出其彼此互动的重要性。

20 世纪 60 年代以后,许多国家都采取了这种模式进行课程改革,如由美国科学促进会推动的"小学理科课程设计"改革,英国的"纳菲尔德工艺设计"改革等等。与"研究、开发和传播"模式相比,运用这种模式的改革是非行政的、非权威的,它重视每一个"卷入者"的作用,强调民主的分工和合作。应该说,这种模式非常适合学校的课程改革,因为学校里的课程改革既不是暴力革命,也不是政治运动。

① 参阅[英]菲利浦·泰勒著,王伟廉等译:《课程研究导论》,春秋出版社 1989 年版,第 74 页。
② See: G. M. Blenkin etc. , *Change and the Curriculum*, Pall Chapman Publishing Ltd. , 1992, p. 37.
③ 江山野主编译:《简明国际教育百科全书:课程》,教育科学出版社 1991 年版,第 21 页。

### (三) 兰德模式

兰德模式(Rand model)是由美国兰德社团在对联邦政府资助的 20 世纪 70 年代四项主要课程计划的评价过程中形成的。研究人员详细考察了四项改革计划和多种多样的教育革新实践,并进行了长达四年的调查、研究。他们发现,在基层学校决定采用新的课程计划之后,课程改革的主要障碍存在于学校的组织动因之中。困难在于人们已经习惯于原来的一套做法。根据这一发现,兰德模式特别强调了对改革过程各阶段中组织变量的充分关注,无论它们是支持性的还是抵制性的,都要引起充分的重视,以减少改革实施的可能障碍。

兰德模式将课程改革过程划分为两个阶段:第一阶段是启动阶段。课程改革的发起者努力使人们支持课程改革计划,这就需要对课程改革计划作出解释,使课程使用者能够理解与接受。第二阶段是实施阶段。这个阶段是合作阶段,此时,新课程计划已成为现行课程制度的一部分。为使新课程能按既定方式继续下去,需要给予必要的实施支持,如人力、物力、培训,还需要校内外各方面的广泛合作。

兰德模式侧重的是改革的动因,认为成功的课程改革需要特别注意组织机构的动因。缺乏促进改革的动因,长期以来一直被认为是学校采取改革新措施不力的一个因素。不过,在课程改革中谁应成为改革的动因,人们的观点并不一致。一些人认为,学校校长应起这种作用,因为校长能在学校层次上起组织支持的作用,然而,要校长起培训者和政治辩护者等其他作用看来是困难的;另一些人主张让课程工作者负起这个责任,使教育机构对广泛的课程改革要求作出反应,因为课程工作者具有权威性,他们有作出影响他们行为抉择的法定权利,并有进行这些抉择的能力;还有的人提出应该由教师发挥这种作用,因为课程改革成效的真正发挥是建立在教师对课程改革的态度和实施课程改革能力的基础上的。形象地说,来自外部的改革可视为在布置舞台或向教师提出研究实施改革策略的挑战,演员或应战者主要还是要由教师来担当。

## 四、课程改革的基本理念

在世界各地,课程改革是教育界最迫切关心的问题,也是当前关于教育问题讨论的重要主题之一。如何进行课程改革,以什么样的理念指导课程,是其中首先应当认真考虑的问题。我们认为站在宏观的角度分析课程改革的基本理念至少可以概括为如下四个方面。

### (一) 课程改革的本质是转化而不是强制

不可否认,从一定意义上说,强制是重要的,课程改革政策的制定者有义务确定政策、设立标准并监督其实施。但是能不能真正地达到课程改革的目标,就不是强制所能做到的。因为对于有效地达到改革的复杂目标来说真正重要的是技巧、创造性思维和投入的行动。仅有强制是不够的,强制性的要求叙述得越详细,目标和手段就变得越狭窄,效果就可能越差,教师毕竟不是按图索骥的技术员。不管什么样的课程改革,落实到具体的教育实践情境中,几乎都要依靠教师及其合作者的技巧、能力、义务、动机、信息、见识和现场的审慎判断力。任何新的课程改革若想富有成效,都需要有对新的课程改革计划的深刻理解,具有完成改革计划的技术和能力,并认真地付诸实施。

以往的许多课程改革,由于依据不恰当的假定和前提,过于侧重强制性,因此遭受失败的命运。如许多课程改革都是理所当然地将新的课程改革方案视为客观存在的物化实体,与教育实践工作者的知觉和实际的建构以及改革方案接受者的个人意义毫不相干。认为只要把由课程专家研究、开发的新计划传达到学校、课堂,课程改革就能生根落实。这显然是一种过于理想化的境界。事实上,课程改革方案的落实是在各种不同的、独特的、复杂的情境中的教和学的过程中,所有的改革涉及者如课程改革的设计者、校长、教师、学生和家长将不同的生活经验、价值和意识形态带到这个情境中,彼此交互作用,共同转化改革的意义、创造新的课程。

总之,课程改革不是新课程模式的简单移植,不是由研究者到开发者而至教师的线性的、直接的、强制的过程,而是协商和转化的过程。学校、教师以适合他们的方式来落实改革方案。课程改革既不是产品也不是事件,而是涉及新课程的实质建构。转化性的课程改革强调的是建构,师生和相关人员通过情境性思维、批判性反思,探讨他们的决定、判断、行为及其中隐含的规范价值和信念,建构课程改革的意义。转化性的课程改革不在于控制,而在于如何有效地达到改革的目标,增强涉入者的能力,提高判断和自我管理的层次。

### (二)每一个人都是课程改革的动力

加拿大著名教育家富兰曾指出:每一个人都是改革的动力,每一个人都有责任参与建立一个良好的组织环境,使个人和集体都能不断地探究和发展。只有每一个人都采取行动,改变自己的环境,才能导致真正的改革。[①] 因此,了解每一个人如何界定其角色,他(她)有哪些能力,他(她)对学校和课程改革方案如何知觉等,是探讨课程改革的起点。

校长是学校发展的关键,也是影响课程改革的动力之一。校长的价值观、献身精神和工作能力是课程改革的成功保证。民主型、转化型风格的校长,而非独权型、强制型风格的校长,无疑有助于课程改革的全面落实。这样的校长相信自己的

---

① 欧用生、杨慧文著:《新世纪的课程改革——两岸的观点》,台北五南图书出版公司 1998 年版,第82 页。

价值和能力，勇于表明自己的立场，忠实于课程计划但不是做新课程改革计划的绊脚石，敢于面对各种崭新的课程尝试但又不是做亦步亦趋的过于忠实的随从。他能在学校的多元、复杂的教育情境中与学校中的教师、学生、工作人员等一起从事改革意义的建构。他能及时提供支持课程改革的环境、条件，有效地规划丰富的、有效的课程改革探究活动。他能以关怀的伦理和他人交互作用，以人化、民主的原则作为课程改革行动的指南，以解脱束缚、鼓励创新、倡导责任来培育具体落实课程改革的学校。

教师是推动课程改革的主要力量。教师的价值、信念和意识形态直接影响着课程的改革。例如，教师对课程知识各有根深蒂固的观念，有人坚持心理测量的传统，认为知识存在于儿童的心灵之外，儿童是可接受任何东西的容器。有人主张儿童发展的观点，认为知识是在参与解决问题的过程中产生的，儿童是主动的学习者，他们在与教师、同学的互动和对话中建构知识。新的课程改革方案，若不能改变教师的知识观，则改革成效堪忧，教师的潜在信念在一定程度上会阻碍改革理想的实现。只有教师积极主动地投入改革过程，认同改革理念，在改革中学习和成长，担负起重要的职责，做改革的行动者，架起自下而上的联系桥梁，才能达到改革的目标。

学生是影响课程改革的又一动力源。对于学生是什么、课程改革为了什么，人们似乎不难达成共识，学生是人，是成长、发展中的人，是以学习为主要任务的人。课程是用来培养学生、促进学生发展的一种手段，课程改革归根结底是要促进学生的发展，提高人才培养质量。但真正进行课程改革时，便常常"见物不见人"，对学生的态度、需要、能倾往往视而不见。许多课程改革表现出明显的极权性，旨在训练学生以便日后就业，视他们为手段而非目的，甚至是"产业的诱饵"，仅为促进经济发展服务。所以，重记忆、服从和顺应，轻探究、自我管理或主动参与。这样的课程改革多半算错了经济账。如果课程改革的结果是使大部分学生学业水平下降，学习积极性消退，学习精神丧失，那损失的不仅是新的课程改革计划，而是一代人的质量和民主的力量。

### （三）课程改革应植根于实施的组织和结构之中

明智的改革家无不认为，改革方案应能嵌进实施的组织和结构之中，"课程改革若不同时改革组织的制度特征，结果将流于表面或无疾而终"，"课程改革不仅只是将一个课程元素代替另一个课程元素，这种新的元素也需要相符合的组织结构才能维持下去。不改变革新方案赖以生存的环境脉络，课程改革将是短命的"。①

---

① 欧用生、杨慧文著：《新世纪的课程改革——两岸的观点》，台北五南图书出版公司 1998 年版，第84 页。

具体实施课程改革方案的场所是学校和课堂。学校不应成为权力型组织,而应成为学习社区或称学习型组织,是一个提供其成员继续学习和成长的组织。无论是校长,还是教师、学生、家长,学习社区的每一个人都应该成为学习者,拥有继续成长和发展的机会。改革方案要求于学生的,也要求于教师。教师需要与同事、家长一起探讨教学工作、改革过程、价值观念。在学习社区中,每一个成员都应该不断地充实自己,自我实现,自我超越,同时发展批判思维和反省能力。学校还应该成为一个有活力的组织,每一个人都有参与的权利,能发表看法,能发出声音。每一个人都能与他人共同思考,共同参与情境,在相互尊重的关系下进行沟通和对话。通过这样的权力和控制的新分配,突出了每一个声音的重要性,再也没有一种声音能支配另一种声音。阶层结构也渐趋模糊,参与者皆拥有了发表的空间,都可自由地、积极地表达自己的见解。

课堂应成为知识建构的场所,形成新的教学规范。教师要相信学生有强烈的学习欲望,尊重学生的选择、意志和行动;要倾听学生的声音,了解并关怀他们;要重视学生了解和观察世界的方式,统整学生的脑和心、思想和行动、理论和实践;要激发学生的学习热情和好奇心,鼓励他们主动探究和大胆创新,引导他们建构、修正各科知识以及求知的方法。

### (四)课程改革呼唤"合作文化"

所谓"合作",即联合起来行事。合作的目的在于迅速、有效地达成预期的目的,完成相关的任务。课程改革本质上是一项社会改革,涉及校内外各个方面,与个人的、专业的、政治的、社会的利益密切关联。课程改革的成败不仅取决于改革计划本身的科学性、合理性、实施组织的完善性、实施人员的认同性,还取决于个体之间、群体之间、组织之间等多层次的合作。

在许多人眼里,学校中的关系规范是个人的、竞争的互动模式,教书一直被称为"一种孤独的职业",教师只有同辈(peer),没有同事(colleague),更缺少同事情谊(collegiality)。教师职业的孤独限制了他们吸收新的思想和交流有益的经验,以获得较好的改进方法;限制了他们对成功的认定和赞美,导致形成保守性和对改革的抵触。合作文化(culture of collaboration)的建立,需要重塑教师间的人际关系,应建立关怀的、信赖的和有共同目的的关系规范,要增加同事间的对话、讨论、交流和协商,同事间应合作起来,共同开发课程,研究教学,共享经验和理念,将合作精神和同事情谊体现于每天的教学生活中。

同样的合作也应体现于教师与学生之间,有合作精神的教师懂得尊重学生的人格,维护学生的权益,关心学生的生活,让学生参与教学过程,视学生为知识的建构者。在平等合作的过程中,善于倾听学生的见解,鼓励学生的独立探究和大胆质疑。教师与学生以课程为基础,共同合作设计教学方案,创设教学方法,并在此过程中，引起学生挑战和建构知识，引导他们了解外面的世界，推论原因、影响及其关联。使学生树立信心，重新定位自己的角色——学习者、研究者、合作者、行动者。

校长与教师不能对为什么进行课程改革和如何进行课程改革达成共识是影响改革成效的主要障碍之一。在学校组织中，这样的共识是非常重要的，因为它为改革提供了焦点和能量。今天，"共识"是许多校长常挂在嘴边的一个词，但当透过表面现象仔细看时会发现，此"共识"其实只是某个人（校长）或某个团体（校行政）的"见解"，是强加于教师和学校组织机构之上的。这种"共识"至多是一种依从，而非赞成。真实意义上的"共识"是一种许多人真正赞同的共识，因为它反映他们自己的见解。共识的达成，需要校长和教师间建立真正的合作关系，改变学校中的权力关系，使教学现场的教师拥有相应的权力，能够作出课程决策。教师与校长之间平等对话、广泛沟通、共同发布，最终形成共识。当然共识的形成，是一个逐渐深化，不断增强清晰度、热情、交流和责任的过程。就像过来之人常告诫的，需要认真试验、探索、再试验，把这些结合起来，合作双方变得更熟练了，思路更清晰了，共同的责任感更强了，那么，课程改革就将成为大家共同的关注和旨趣。

## 第二节　当代中外课程改革

### 一、当代西方课程改革的回顾

课程是学校教育改革系统中的软件，是教育建设的重点工程，它集中地、具体地体现了教育要求。课程的改革，是 20 世纪尤其战后教育改革的理论家、实践家们所普遍关注的重大问题。自 1945 年以来，由于在世界范围内发生了科学和技术、经济和政治、人口和社会结构方面的一系列变革，所有国家都经历了极为迅猛的环境变化。教育制度的发展与变化比过去任何时候更快。能够改变课程结构和本质的源泉也空前地增多了。这一切对课程产生了实实在在的影响。各国因此掀起了或大或小、或长或短的课程改革运动。

同科学技术的迅猛发展相比较，战后各国中小学课程尤其是科学课程相当落后，同科技发展极不适应。许多科学家吃惊地发现，孩子们的科学教科书自 20 世纪以来没有明显的改变。很多知识领域早已大踏步前进，可是这些进步却未反映到学校课程中。另一方面，战后又是知识爆炸的时代，如何对待科学研究所带来的无限增多的知识量，成为课程面临的重大问题。加之，20 世纪 50 年代后半期，围绕着保持人力资源和开发创造能力问题，各国之间开展了激烈的竞争。这一切促使了各国教育课程的现代化，尤其是 1957 年苏联发射了第一颗人造卫星，各国为之震惊,纷纷致力于学校教育内容的现代化、科学化。所以,1957—1967 年,掀起了一场发端于美国、波及全球的以"教学内容现代化"为中心的课程改革运动。这次课程改革主张采用学科主义课程,强调课程现代化,就是着眼于充分反映现代科学的成就,强调科学的基本概念与掌握科学的方法的课程设计。这次改革汲取结构主义心理学的观点,主张按照"学科结构"来设计课程,还要求学生用探究法来从事学习。在这场课程改革运动中,产生了形形色色的体现学科主义课程理论的新课程设计,诸如 PSSC 物理、BSCS 生物、CBA 化学、IPS 物理、ESS 理科等等。[①] 这是一场风靡全球的重视科学学科的课程改革运动。

从 20 世纪 60 年代末至 70 年代,学校教育的现实受到了严酷的批判。人们对于课程、基础学力、教育评价等"学校教育"的现状产生了疑虑和愤懑。学科主义课程被认为具有强制性、驯服性、分离性,使学生"非人性化",妨碍了"完整人格"的实现,而遭到抨击。自 70 年代开始,世界各国兴起了一场强烈关注个人的价值、注重个人的目的和需要的以人为中心的课程改革运动。这场课程改革运动强调人性及个性开发。使学生通过课程的学习,不仅具有社会技能,还能获得全面发展(成为有人性的、自我革新的、自由的个人);不仅具有适应社会的能力,而且还能培养起建设更美好社会的能力。所以课程的作用是为每一个学习者提供令人满意的完全的经验,帮助学习者实现自我,并加以引导,而不是迫使他们按照别人预先设计好的模式去发展。增进学生自己认为正确的经验,反映当前经验的内容是新一轮课程改革关注的中心。但以人为中心的课程改革运动,在倡导尊重人的价值的同时,助长了反理智主义,造成儿童学业水准的低落与纪律训练的松弛。在这个背景下,到了 20 世纪 80 年代,学科主义课程又重新复活,出现新的发展趋势,形成了新学科主义课程改革运动。[②]

1983 年,美国高质量教育委员会(The National Commission on Excellence in Education)发表著名的报告《国家在危险中:教育改革势在必行》(*A Nation at Risk: The Imperative for Educational Reform*),主题是提高所有学生的学术成就。报告举出了大量教育质量下降的事实,并列举了 13 项危险指标,认为美国的教育正在培养一代科学和技术文盲的美国人。根据存在的问题,报告提出了一套改革中小学课程的具体方案,主张加强学术教育,制定"新基础课程",它们是英语、数学、科学、社会研究和计算机科学,并指出这五项新基础课是现代课程的核心。此次课程改革既没有像 50、60 年代那样大张旗鼓,也没有编写核心教材,但却在不断地进行。

---

① CBA 化学,是美国化学会、化学教育学会开发的高中化学课程;IPS 物理,是美国科学研究会开发的初中物理课程;ESS 理科,是美国小学科学研究会开发的小学理科课程。——作者注
② 参阅汪霞著:《课程改革与发展的比较研究》,江苏教育出版社 2000 年版,第 172—174 页。

自 1983 年的改革报告以后，美国科学促进会（American Association for the Advancement to Science）历经四年的潜心研究，又于 1989 年推出了另一份较具影响力的改革报告《普及科学——美国 2061 计划》（或译作《全体美国人的科学》，*Science for All Americans*）。该计划试图通过对美国教育改革蓝图的勾画引起人们尤其是国家和地方政府对教育未来发展的充分关注，并希望通过这一计划的实施为美国培养出能够适应 21 世纪将要发生的科学技术和社会生活巨大变化的人才。为此，科学、数学和技术将成为教育的基础。

20 世纪 80 年代，英国也开始了新一轮课程改革。20 世纪 60、70 年代，英国中小学课程始终存在这样几个问题：课程范围较窄，过于专门化；课程具有不平衡性；学校控制课程。80 年代的课程改革正是针对上述问题展开的。在 1980 年出版的《一种课程观》（*A View of the Curriculum*）中，皇家督学建议拓宽课程学习内容，并据此提出了八个经验领域，其顺序是：审美和创造、伦理、言语、数学、体能、科学、社会与政治、精神，这八种经验构成了课程的基础。1985 年，英国政府公布《把学校办得更好》（*For Better School*）白皮书，提出课程改革的基本原则：中小学课程应是广泛的（broad）、平衡的（balanced）、适切的（relevant）。1988 年课程改革明显体现了宽广和平衡的要求。

20 世纪 80 年代新学科主义课程改革运动总的特点在于，主张加强基础学科、更新学科内容、提高教学质量。反映了在 80 年代社会对于大量培养高质量专门人才和普遍提高劳动者文化、科技程度的要求。新学科主义课程运动要求加强学校的基础教育和基本训练，但是"基础"的涵义有了进一步发展。它不仅仅指读、写、算，而且包括信息技术、解决问题的技能以及现代化科学技术的各种素养。新学科主义课程运动还强调课程的统合，以适应当代社会变化及知识综合化的要求。总之，80 年代的新学科主义课程改革运动是以重视基础知识、理论、方法和技能为特征的。同时也不忽视社会的需求和个人的兴趣爱好，努力形成一种使人性、理智和社会互相协调的新型课程。

20 世纪 90 年代以后，学校教育所依赖的社会背景发生了极大的变化，伴随着人类即将迈进 21 世纪的门槛，以高新技术为基础的信息革命浪潮席卷了全球。各国以经济和科技实力为基础而展开的综合国力竞争日益激烈。这是一个高度科技化、国际化与多元化的脑力密集时代，也是一个充满竞争与挑战、充满机遇与希望的时代。新的时代对社会所需的人才提出了新的不同要求，个性化、创造性、自我学习能力、团队精神、合作意识、生存能力等成为对人才的基本素质要求。教育如何适应时代的挑战这一问题引起各国的高度重视，新一轮课程改革又成为当今世界各国教育改革的主旋律。

美国于 1990 年以《国家教育目标》（*National Education Goal*）改革报告首先拉开了美国 90 年代基础教育课程改革的帷幕。《国家教育目标》对美国未来教育的发展进行了规划,其中包括要求增加学生在学习时间、地点、方法上的选择性,学生在四年级、八年级和十二年级三个阶段结束时必须在关键的学科,英语、数学、科学、历史和地理中,显示出应有的能力,教学方法和课程都必须具有更大的灵活性,美国学生的科学、数学成绩将是世界一流的。

1993 年 4 月 21 日,新一任美国总统克林顿(W. J. Clinton)宣布了题为《2000 年目标:美国教育法》(Goals 2000:Educate American Act)的国家性教育改革方案,从而开始了又一轮中小学课程改革。此次改革继承了布什政府的改革宗旨,它是一份具有一贯性或延续性的改革方案。该方案推出了八项国家教育目标,新推出的国家教育目标新增加了公民和政府、经济、艺术三门课程,使国家界定的核心课程在数量上增至八门,表明国家对于公民素质要求的进一步提高。编订全国性的课程标准是此项改革计划的重中之重。从 1993 年开始,根据《2000 年目标:美国教育法》的规定,美国的诸多学科专业机构或团体迅速组织力量制定相关领域的中小学课程标准。数学、艺术、地理、科学等学科的教育标准已经出台,其他学科教育标准正在拟订。

规定"国家课程"是英国 1988 年教育改革法案最重大的举措,也是 20 世纪 80 年代英国中小学课程改革的最重要的内容。但是国家课程颁布之后,实施工作并不顺利。究其原因,主要还是由于国家课程本身的不足,由不足而引发的诸多的问题和矛盾。

1999 年 9 月 9 日,英国教育大臣布伦基特宣布,"英国中小学将从 2000 年 9 月起开始实施新的国家课程"[①]。此次课程改革,英国政府特别强调的是课程的精神价值,以及着眼于迎接新世纪挑战的重要问题,以为学生的未来生存作准备。

新国家课程以公立学校的适龄儿童为对象,由英语、数学、科学、设计和技术、信息和交流技术、历史、地理、现代外语、艺术和设计、音乐、体育、公民 12 门必修学科组成。在 12 门必修学科以外,学校还有义务对学生进行宗教教育、性教育、升学与就业指导、人格培养、社会性的形成及健康教育,这些作为横跨各门学科的学习主题。此外,社区活动、劳动体验等活动课程也被纳入学校课程体系。统整上述各部分,即构成实际的学校课程。

2002 年,布什总统签署了《不让一个孩子掉队法》(No Child Left Behind Act),从而发动了一场涉及全美每一所中小学包括课程与教学在内声势浩大的教育改革。该法是 1965 年以来美国最重要的中小学改革法,其内容包括:①建立中小学教育责任制;②给地方和学校更大的自主权;③给孩子父母更多的选择;④保证每一个孩子都能阅读;⑤提高教师质量;⑥检查各州学生的课程学习成绩;⑦提高移

---

① *Blunkett Details New Curriculum: Focus on Raising Educational Achievement Next Century.* (1999).

民儿童的英语水平。

《不让一个孩子掉队法》实施以来,绝大部分就读于美国公立学校的学生学习成绩正在逐步提高,不合格学校的数量也在减少。2005年,在全美9.2万多所公立学校中,目前,有78%达到法案的要求,现在达标的学校比去年同期增加了13%。

对英国中小学而言,2007—2008学年可被称作是新的"改革年":历时两个多月的11—14岁阶段课程改革草案咨询于2007年4月底结束,随后英国颁布了课程改革的正式方案,并拟于2008年9月开始实施新课程,这是英国对中学课程进行的较大规模的改革。英国2007年掀起的新一轮课程改革的特点是:加强课程内容与儿童生活的联系,强调让学校课程适应社会需要,特别重视儿童的"生活技能",要求学校培养出适应知识经济需求的"候选人"。

## 二、当代西方课程改革的发展趋势

各国于20世纪90年代掀起,有的至今仍在进行的中小课程改革,是一场全球性的课程改革运动,它不仅重塑了今天各国新的课程体系,也将影响到明天各国的教育水平和民族素质。虽然各国的国情不同、教育体制各异,课程传统也不尽相同,各国都努力立足于本国经济的变迁、社会的发展、科技的进步,致力于中小学课程的现代化,但在课程改革的总体方向、基本原则、体系结构等方面仍呈现出某些共同的特点或趋势,它们代表着世界课程改革的基本方向。

### (一)重视价值观教育和学生精神、态度、道德的发展

文明的进步要求公民素质的普遍提升,但无可否认,科技的发展给人类带来进步的同时也带来了负面的影响,也可以说是工业文明给人类带来正面作用的同时带来的负面作用,它是造成人们精神世界的空虚和极端利己主义行为的根源。在现代社会,物质生活的充实并不能代表精神世界的充实,经济的发展并不能避免价值观的失落与道德沦丧。因此,各国在课程改革中都十分关注精神、道德等方面的问题,强调学生价值观的培养和促进学生精神、态度和道德发展。

英国新的国家课程改革,其诸目标中最基本的是传递国家政治形态的核心价值(core value),而居于中心地位的是自我确定的价值(the value of self-determination)。改革方案明确提出学校教育应该反映有利于达成促进机会均等、形成健康和公正民主、生产经济和可持续发展基本目的的永恒价值,包括自身、家庭及相互的关系、学生所属的更广泛的群体、社会的多样性及生存的环境,并肯定了对真理、正义、诚实、信任、责任感等美德的信念。可见,新国家课程的目标即在于帮助学生逐步成长为"自由民主"的国家公民,就是使受教育者具备摆脱贫穷、毒品、恐惧、被忽视、受支配等诸种束缚的能力,而能自由地选择一种有价值的生活。

## （二）以基础学力为中心，提高课程标准

中小学教育是基础教育，学习社会的来临，更需要提高儿童的基础学力。各国课程改革达成的又一项共识就是，读写算能力和信息素养等是未来公民所不可或缺的，基础学力是儿童适应未来发展的前提，是开展终身学习、促进自我完善的基础。所以，各国都将发展学生的基础学力列为课程改革的重点。

英国 2000 年新实施的国家课程不仅调整了课程的基本结构，还以提高学力为基本方针。从提高学生基础学力的立场出发，新课程特别强调要加强对本国语和数学的指导。在中学的本国语教学中，特别重视阅读能力的培养，要求除现代作家外，必须阅读包括两部莎士比亚作品在内的古典作品。在初中段，为适应不同学生的学习水平和需要，分别实行基础性学习计划和提高性学习计划。基础性学习计划中，不要求学生学习所有的内容。在小学，政府则推行了"国家读写战略"和"国家计算战略"，统称"国家基础学力战略"，从 1999 年 9 月开始实施。该战略确定的学力目标是，读写方面，到 2002 年，80％的 11 岁儿童，其语文水平达到要求该年龄段儿童达到的标准；[1]计算方面，到 2002 年，75％的 11 岁儿童，其计算水平达到要求的标准。[2]

美国也吸取了以往课程改革的经验教训，力主各校恢复严格的学术课程，以此取代那些肤浅、混乱的"自助餐式"的课程。还史无前例地推出了由国家界定的八门基础核心课程，统一国家课程标准。提出大力推行"识字计划"，帮助所有儿童提高阅读能力。另外，还要求加强学生的计算能力，使学生的数学成绩达到世界一流。

## （三）加强信息素养教育，促进课程的现代化

信息社会的标志是以电子计算机为核心的信息革命，这场革命影响着社会、经济、文化等各个方面，也使学校教育面临严峻的挑战。为迎接信息时代的挑战，适应信息化社会，从浩瀚的信息海洋中获取所需的信息，必须提高学校课程的现代化和科学化水平，将信息教育内容和形式全面地渗入学校课程，培养学生具备必要的信息素养能力。20 世纪 90 年代以后，各国都积极地将信息技术教育引入课程。

英国政府敏锐地关注到这一问题，并快速对此作出了反应，为全面提高学生的信息和交流技术能力，在新的国家课程中，将以前的"信息技术"（Information Technology）改为"信息和交流技术"（Information and Communication Technology，简称 ICT）。正如国家课程改革方案所强调的，这门学科旨在为学生

① *The National Literacy Strategies*．（2000）.
② *The National Numeracy Strategies*．（2000）.

课程与教学论

有能力参与快速变化的世界生活作准备,多样化的、发展中的技术使社会工作和其他各种活动都处于不断变迁之中,学生可以运用 ICT 工具负责地、创造性地、明察秋毫地发现、探究、分析、交换、提供信息。他们学会如何使用 ICT 迅速地从他人、社区、文化中获得思想和经验。使用 ICT 能力的提高将推动学生创造性地和独立地学习,使之对何时、何地使用 ICT 以取得最佳效果,以及从现在和未来的角度对生活和工作的意义,能作出理智而正确的判断。另外,要求在数学、理科、历史以及其他所有学科的教学中,也要根据具体内容,加强对学生的信息和交流技术的指导。

为使 ICT 的教育落到实处,英国政府还制定了"信息高速公路计划",并提出"人人上网,校校上网"的口号。2000 年 9 月 6 日,英国技术和学习部长威尔斯(M. Wills)在接受记者采访时说,ICT 教育正在受到全社会的广泛关注:"到目前为止,已有 86% 的小学上网,即 18 158 所小学中已有 15 610 所上网,而 1999 年时只有 62%,1998 年仅为 17%;目前上网的中学已达 98%,即 3 550 所中学中已有 3 470 所上网,而去年是 93%,前年是 83%……越来越多的学生可从网上获取令其兴奋不已的教学资料。信息和交流技术的提高正在促进学生的交流、探究等技能的发展,正在促进教育质量的提高。"①

### (四)尊重学生的经验,实施个性化课程

以往的课程改革过分强调课程的工具性,课程要适应经济建设的需要,为社会服务,导致在课程设置上统一性有余,灵活性不足。20 世纪 90 年代以后,各国的课程改革更强调学生的发展,尊重学生的经验,重视学生的个性。认为教育是儿童的教育,课程是儿童的课程,新时代的课程应该向学生的生活世界回归,应该赋予学生展示和发展独特个性的选择的权利。

在英国,虽然 2000 年开始实施新的国家课程,有了明确的国家课程标准,但并未因此忽视学生的个体经验和课程的个性化。例如,统一规定的国家课程并不囊括中小学课程的全部内部,同时国家也没有规定统一课程的课时数,仍然强调学生学习计划的针对性、多样性,强调个别差异和灵活的个性化课程组合。

在日本,长期以来,人们批评日本的教育由于渗透过多集团主义的东西而忽视学生的个性发展。新的改革方案开始调整这一偏向,明确提出了尊重个性、重视个性发展的原则。课程设置上,小学阶段实施以生活为中心的合科课程,中学阶段扩大选修的自由度,既增加了选修课的种类,也增加了选修课的课时。还强调因人而异的教学和体验学习。

---

① *20200 Schools Connected to the Web.* (2000).

## 三、中国课程改革的回顾

新中国成立 50 多年来,我国曾对中小学课程进行过多次改革或调整,制订过若干个教学计划或颁发过数个调整教学计划的通知,每次改革或调整都是依据特定的社会背景,出于特定时期的需要,试图解决中小学课程、教学中存在的有关问题。若对各次的改革、调整进行细分,我们可以将新中国成立后至今的课程改革分为七个阶段。

### (一) 1949—1957 年:改造旧课程,建设新中国中小学课程体系

这一时期共制订与修改过两次小学教学计划、七次中学教学计划、三次中小学的各科教学大纲。编写过两套中、小学通用教材。该时期又分为两个阶段:前一阶段(1949—1952),主要完成改造旧中国中小学课程体系的任务。在新中国成立后颁布的第一个小学和中学教学计划中取消了国民党政府规定的"党义"、"公民"、"军训"课程,规定了小学开设语文、算术、自然、历史、地理、体育、图画、音乐等八门课程。中学开设政治、语文、数学、生物、物理、化学、历史、地理、外语、体育、音乐、美术、制图等课程。这些课程一律都是必修课。1950 年 12 月,成立人民教育出版社,由国家统一供应全国中小学教学用书,开始了统编和编管的课程体制。第一套全国的中小学教材就是由人民教育出版社(以下简称人教社)从已经出版的教材中选择较好的进行修订或改编的。

后一阶段是着眼于建设比较系统的新中国课程体系。这一阶段中小学课程变动比较频繁,尤其是中学,国家先后颁布五个中学教学计划。课程变化突出的特点是课程的时数和内容逐步精简,小学增设手工劳动,中学增设生产技术教育课程,力求把提高教学质量和减轻学生过重的负担与促进学生身体健康发展结合起来。人教社于 1954 年开始编写第二套全国通用中小学教材,这套教材自 1956 年开始使用。

总的看来,这一时期的课程改革,在系统地总结解放初期课程设置经验的基础上,更多地着眼于探索和构建比较系统的中小学课程体系,这是一种以学科为中心的体系。从历史的角度看,这一体系为中小学课程的进一步发展奠定了重要的基础,为新中国的教育发展带来了进步。

### (二) 1958—1965 年:总结经验教训,构建我国自己的课程模式

1957 年开始,由于中苏关系的裂缝以及国内政治发展的情况,为纠正在学习苏联教育经验中出现的失误,总结中国社会主义革命的建设和经验,建立我国自己的教育体制,1958 年,国务院发布了《关于教育工作的指示》,规定:"党的教育工作方针,是为无产阶级政治服务,教育与生产劳动相结合。"这一时期的课程改革正是

在这样的教育方针的指引下展开的。

1958年,教育部颁发《中学教学计划》,对现行教学计划作了必要的调整,同时要求各地因地制宜,新的教学计划在实施时可作适当变革,可以酌量减少一些科目或一定科目的教学时数,除语文、数学、社会主义教育和生产劳动等科都应该开设,其他学科可以根据条件开设。但在实施过程中,出现了不少过火的、违背教育规律的做法,如随意对课程大砍大并,削弱了对基础知识、基本理论的学习和基本技能的训练。随意停课,让学生参加过多的政治运动、生产劳动。1960年人教社在中宣部和教育部领导下编写的第三套教材就是把原来12年学完的内容压缩到10年内完成。

在总结1958年以来经验教训的基础上,1963年又重新修订了中小学的教学计划、教学大纲,强调中小学要重视基础知识和基本技能,语文、数学、外语的课时增加较多,也适当增加了物理、化学的教学时数,减少历史、地理的课时。高中设置选修课,突破了50年代单一的必修课形态。人教社组织修订第四套教材。1966年"文化大革命"开始,修改后的第四套教材没有继续出版。

### (三) 1966—1976年:课程发展的大倒退

"文化大革命"时期,中小学正常教学秩序遭到破坏,教学计划、教学大纲、教材建设处于无政府状态。中学的历史课被砍掉了,政治和语文合并,基本教材被"语录"取代,课程的科学评价标准也被取消。中小学教学片面强调突出政治,大幅度削弱基础知识,教育质量受到严重破坏。

### (四) 1977—1984年:拨乱反正,恢复中小学的课程秩序

1977年党的"十一大"以后,我国的社会主义建设事业走上了一条健康发展的道路,教育也很快复苏了。1978年1月,教育部颁发《全日制十年制中小学教学计划试行草案》,统一规定中小学学习年限各五年。小学开设政治、语文、数学、外语、自然常识、体育、音乐、美术八门课程,中学设置政治、语文、数学、外语、物理、化学、地理、历史、生物、农基、生理卫生、体育、音乐、美术14门课程。新的教学计划清除了"左"的思潮的影响,剔除了到处引用语录、口号,生拉硬扯地联系政治运动、生产实际的做法。废除所谓"三机一泵"教材。这套课程恢复了基本学科应有的地位,突出了中小学阶段的基础教育性质。从全面发展的角度说,课程门类也比较齐全,小学三年级起还开设了外语。课程中初步吸收了一些现代科学技术发展的新成就,并加强了理科的实验。人民教育出版社组织编写、出版了十年制的配套的通用教材(第五套)。不过,这一教学计划也存在一些问题,如学制较短,只有十年,课时也较少。可见,这套课程只能说是初步恢复时期的一套过渡性的课程。

教育工作自1981年起,进入调整改革的新阶段。1981年,国家颁布了新的中

小学教学计划。小学实行五年一贯制，开设 11 门课程。中学有五年制和六年制两种，都设 14 门课程。中学重开选修课。重新修订或改编十年制统编教材，新编增设课程和六年制高中课程的教材。这套课程体系，一方面为整顿恢复教育秩序提供了标准，另一方面也适应当时高考的需要，求得一个统一的测量标准。

### （五）1985—1993 年：基础教育课程改革的深化

我国中小学的课程改革，自 80 年代中期进入了一个新的阶段，改革开始向深度和广度进发。改革以实施九年制义务教育为核心，实现了课程观念、课程结构体系、课程管理上的重大突破。

1985 年 4 月，《中华人民共和国义务教育法》颁布。5 月，中共中央公布了《关于教育体制改革的决定》，提出教育改革的根本目的是提高民族素质，多出人才，出好人才。在此背景下，中小学课程改革逐步展开。

1986 年 9 月，全国中小学教材审定委员会成立。次月，国家教委颁发《义务教育全日制小学、初级中学教学计划》（试行草案），学制分"5·4 制"、"6·3 制"两种。课程结构方面，分两大块，学科课程和活动（包括自习、班队会、体育活动、时事政策、班团队活动）。初中开设少量的选修课程。课程管理方面，除了国家统编计划、大纲和教材外，北京、上海、浙江编写地方通用计划、大纲和教材。

1988 年 5 月，国家教委在山东召开教材规划会议，正式确立了"一纲多本"和"多纲多本"的改革方向。至此，我国中小学多样化课程方案与教材体系格局已初步形成，昔日"大一统"的课程与教材开发体制及划一的课程与教材体系已不复存在。课程改革取得了阶段性成果，课程开发方法论的转制也获得了突破性进展。在此期间，国家教委组织力量制订了各科的教学大纲，根据教学大纲，组织编写了八套不同特色、风格的教材。并于 1990 年 9 月起在全国范围内进行较大规模的实验。

实验过程中，逐步发现这个教学计划还有许多不足之处，主要表现在以下三个方面：①在加强德育、坚持坚定正确的政治方向，面向广大农村，适应基础教育内部向职业教育分流的需要，因地制宜地增加职业技术教育内容方面存在明显不足。②课程设置模式比较死板单一，缺乏灵活性。适应地方建设需要的课程、发展学生个性特长的课程薄弱。③课程内容在一定程度上表现出脱离实际、脱离社会、脱离生活。以经济建设为中心的社会主义建设向中小学提出了许多新问题和要求，如要求增加人口、环境、国防、统计等方面的教育。

基于存在的问题，遂于 1991 年 6 月开始对教学计划、教学大纲进行修改。1992 年 8 月 6 日，国家教委正式颁发《九年制义务教育全日制小学、初级中学课程计划（试行）》（以下简称《课程计划》）和 24 个学科的教学大纲（试用），自 1993 年秋季起在全国逐步试行。

新的课程计划以"三个面向"和培养德、智、体全面发展的各类建设人才为指导思想。既立足于现实,又面向未来。既考虑到社会主义建设需要,也考虑到遵循儿童、少年身体、心理发展的规律,力求为学生生动、活泼、主动地得到发展创造条件、提供保证。

用发展的眼光看,《课程计划》作为面向 21 世纪的育人的蓝图,较以前的教学计划有不少改进,但仍有不合人意之处,有些问题还未得到比较满意的解决。比如,课业负担过重的问题还没有得到根本性的解决。由于史、地合并,小学减少了一门学科。初中开设的课程门类不变,仍为 13 门。另外,反而还增加了一些短期课程。从课时总量看,虽然语文、数学、外语、历史、地理等学科的周课时总量低于历年教学计划中的比例,但课时总量还是偏高。初中各年级的周活动总量为 3 536节,仍然偏高;其次,地方安排的课程比例偏低,仍不能很好地适应当今各地经济、文化发展不平衡的需要;再次,新课程方案在体现"健康发展个性"方面,似乎未有太大突破。个性的健康发展,体现了教育导向作用。为了体现健康地发展学生的个性的精神,必修课仍需适当减少,进一步加强选修课和活动课,增加时间、放开品种,给学校和学生以更大的自由度,让学校的特色、教师的特长和学生的个性爱好得到更好的发展。

### (六)1994—1997 年:适应性的课程调整

1994 年 6 月,为了执行国务院颁布的每周 44 小时工作制的规定,以实行新工时制为契机,减轻中小学生过重的课业负担,国家教委在多方听取意见、广泛调研和论证的基础上,对我国普通中小学教学计划进行了调整。调整后,义务教育阶段"6·3"学制九年课时总量共减少 912 节,"5·4"学制九年课时总量共减少 946 节,高中三年课时总量共减少 252 节。

这次调整在保持全日制中小学课程计划总体结构不变的前提下,适当调整了各类课程的课时,减少了周课时总量。为保证中小学校的德育工作和教育与生产劳动相结合的教学时间,没有调减小学思想品德、劳动和初中思想政治、劳动技术课的课时;为有利于教学秩序的稳定,各层次各类课程的变动尽可能少,避免造成课时比例大的涨落。调减课时的学科有小学语文、数学、社会、自然、音乐和体育,初中语文、数学、英语、历史、地理和体育,高中语文、数学、外语、物理和化学。此外,还适当地减少了中小学的活动课的课时,小学、初中的地方安排课程。调整后的小学、初中学科教学每周最高时数分别为 26 和 29 课时,周活动总量分别在 30和 33 课时以下。该课程计划于 1994 年秋季开始实行。

### (七)1998 年—现在:全面推进素质教育的新一轮基础教育课程改革

90 年代,我国中小学课程虽经较大幅度的改革、发展,但从整体上看,改革措施仍难以适应社会发展变化及全面推进素质教育的要求,与今天对人才培养需求之间不相适应的矛盾亦未得到解决。其具体表现为：人才规定的多样性与课程目标单一性之间的矛盾日益突出；偏重知识记忆和学科技能，造成学生基本能力和人格发展方面的问题；地区社会的差异性与课程内容方式统一性之间的矛盾；以选择为基本目的构建的课程内容，学习分量重、脱离实际、脱离学生的需要，使学生负担减而不轻，也使学生失去了用于问题解决、科学探究等能力发展的时间和机会；由于过分强调学科及其完整性，强调面面俱到，有些科目中的少数内容超出学生的接受能力。

新世纪即将来临，这将是一个以知识的创新和应用为重要特征的知识经济时代，科学技术突飞猛进，国际竞争日趋激烈，国力的强弱越来越取决于劳动者的素质。面对新世纪的挑战，基础教育课程改革势在必行。

1998 年，教育部颁发《面向 21 世纪教育振兴计划》，该计划要求 2000 年初步形成现代化基础教育课程框架和课程标准，改革教育内容和教学方法等。由此拉开了新一轮基础教育课程改革的帷幕。次年 6 月，党中央召开了改革开放以来第三次全国教育工作会议，公布《中共中央国务院关于深化教育改革全面推进素质教育的决定》，为我国基础教育课程改革指明了方向。

新一轮基础教育课程改革是完善基础教育阶段素质教育体系的核心环节，确立面向 21 世纪的适应时代要求和我国国情的新的基础教育课程体系，是关乎国民素质提高和民族复兴的大业。经过充分的酝酿，《国务院关于基础教育改革与发展的决定》于 2001 年 6 月 15 日公布。为贯彻《中共中央国务院关于深化教育改革全面推进素质教育的决定》和《国务院关于基础教育改革与发展的决定》，也为宏观指导和统筹课程改革的推进，教育部决定组织制定《基础教育课程改革纲要》。通过反复的协商、讨论，在对世界各国课程改革趋势和政策进行比较分析，对我国课程实施现状调查研究的基础上，总结了改革开放以来我国基础教育课程改革的经验，广泛听取了各方面的意见，集中了众多专家、学者及一线教师的理论思考与实践经验。2001 年 7 月 27 日，教育部正式颁发了《基础教育课程改革纲要（试行）》（以下简称《纲要》）。

依据《纲要》的精神，新一轮基础教育课程改革实验于 2001 年秋学期启动。教育部确定了 27 个省、自治区、直辖市的 38 个国家级课程改革实验区。从 2002 年秋季起，国家级实验区增加到 29 个省、自治区、直辖市的 42 个，另外设置以县为单位的省级实验区，总计约 470 个。这样，从 2002 年秋季起，实验区扩大到全国 500 多个县（区、市），进行实验的中小学生由 30 万名扩大到 1 000 万。2003 年秋季，全国又有 1 072 个县区进入新课程，参加新课程的学生总数约占同年级学生数的 40%—50%。新课程进入从点向面过渡的阶段。2004 年秋季全国范围内有 2 576 个县（市、区）实施义务教育新课程，约占全国总县（市、区）数的 90%。2005 年义务教育阶段起始年级全面进入新课程。

## 四、我国新一轮基础教育课程改革的特点

本次课程改革是以提高国民素质为宗旨,全面推进素质教育、培养学生创新精神和实践能力为根本指导思想。新课程的培养目标体现了时代的要求,即使学生具有爱国主义、集体主义精神,热爱社会主义,继承和发扬中华民族的优秀传统;具有社会主义民主法制意识,遵守国家法律和社会公德;逐步形成正确的世界观、人生观、价值观;具有社会责任感,努力为人民服务;具有初步的创新精神、实践能力、科学和人文素养及环境意识;具有适应终身学习的基础知识、基本技能和方法;具有健壮的体魄和良好的心理素质,养成健康的审美情绪和生活方式,成为有理想、有道德、有文化、有纪律的一代新人。

新的课程体系涵盖幼儿教育、九年义务教育和普通高中教育,小学阶段以综合课程为主,初中阶段设置分科与综合相结合的课程,高中以分科课程为主。但为使学生实现有个性的发展,设置了丰富多样的选修课程,开设技术类课程,积极试行学分制。义务教育课程整体设置,九年一贯。新课程方案强调课程的综合性,加强了课程内容与学生生活以及现代社会和科技发展的联系,使它们有效地融合起来。重视学生的主动学习,倡导学生主动参与、乐于探究、勤于动手,从而学会学习、学会思考、学会创新和发展,同时具备收集和处理信息的能力、获取新知识的能力、分析和解决问题的能力以及交流与合作的能力。

新的课程标准体现了国家对不同阶段的学生在知识与技能、过程与方法、情感态度、价值观等方面的基本要求,规定各门课程的性质、目标、内容框架,提出教学和评价建议。其中,义务教育课程标准适应普及义务教育的要求,让绝大多数学生经过努力都能够达到体现国家对公民素质的基本要求,着眼于培养学生终身学习的愿望和能力。普通高中课程标准在坚持使学生普遍达到基本要求的前提下,有一定的层次性和选择性,并开设选修课程,以利于学生获得更多的选择和发展的机会,为培养学生的生存能力、实践能力和创造能力打下良好的基础。

课程体系中增加了新的课程门类。"综合实践活动"是从小学到高中的必修课程,内容主要包括信息技术教育、研究性学习、社区服务与社会实践、劳动与技术教育。"科学"综合了生物、物理、化学学科的内容,增加了贴近学生生活、科技新发展、技术应用以及实践操作等方面的知识,强调科学意识、科学方法、科学道德的教育。"历史与社会"整合了历史、人文地理和其他人文社会科学的相关内容,重在培养当代中国公民的人文素养和民族精神。"艺术"不再局限于传统的音乐和美术课,而是结合我国各地的文化传统,将舞蹈、戏曲等多种富有特色的艺术内容纳入其中。

新一轮课程改革明确了课程的三级管理体制,即实行国家、地方和学校三级管理。教育部总体规划基础教育课程,省级教育行政部门制订本地实施国家课程的计划,规划、开发地方课程,学校在执行国家和地方课程的同时,结合当地社会、经

济发展的具体情况和学校的实际,研制、开发或选用适合本校的课程。总的课时比例为,国家课程占 80%—84%,地方和学校安排的课程占 16%—20%。

实验新课程的教材具有新的特点。教材研究和编写采取开放的组织方式,任何个人、团体、机构经资格审查,皆可组织教材的编写,通过审定可供各学校选用。由教育部课程教材研究所编写、人民教育出版社出版的义务教育新教材,目前通过审查,根据教育部的部署,今年秋季开始在部分地区、部分学校实验。这是一套面向21 世纪的九年一贯制的教材,与以往的同类教材相比,新教材具有六方面的特点:对教材体系、结构进行了革新;注重教材内容的现代化和开放性;重视教材内容的综合性和相关学科的整合;及时更新基础,着力培养学生的创新精神和综合实践能力;立足于促进学生学习方式的改革;有利于改进教学设计和教学策略的选择和运用。

[案例 7-1]　　　　　　　资源和环境是我们生存的家园①

一、活动主题的确定

我们住在长沙市开福区捞刀河镇。1998 年我国遭遇了百年一遇的洪水,就连我们学校前面的马路上也积满了两尺多深的水,影响了学生的学习。由此,同学们产生了了解积水的原因和解决该问题的想法。大家通过讲座觉得解决这些问题必须用事实说话,以理服人,向有关部门和当地群众提出切实可行的建议,使之解决。于是,我们决定让学生以“资源和环境是我们生存的家园”为题,开展系列社会实践。

二、活动计划

围绕“资源和环境是我们的家园”这一活动主题进行社会调查。

1. 调查时间 2—3 周,每周半天。

2. 调查内容:马路积水的原因;积水对当地人民生产和生活带来的影响;不合理开发和利用水、土地资源带来的影响。

3. 调查方式:

(1) 实地考察本地区的地形、工农业生产的具体情况;

(2) 走访当地居民,了解土地和水资源的开发与利用情况;

(3) 问卷调查。

4. 初中三年级(6)班学生自由组合,构成不同的小组。

三、活动实施

1. 访谈。走访当地居民,了解这里建小城镇掩埋了多少条水渠和堰塘。

2. 实地考察。实地考察当地的地形、水资源的开采和利用情况。

3. 社会调查。调查有关管理机构,了解地方对水资源的管理、土地管理的情况。

4. 学生小组撰写社会调查和考察报告。

5. 得出解决水患问题的对策,全班学生进行交流并讨论。

6. 集体形成问题解决的方案,并提交给政府部门,同时张贴在社区,提高居民的认识水平和

---

① 资料来源　郭元祥著:《综合实践活动课程——设计与实施》,首都师范大学出版社 2001 年版,第 205—206 页。

环境保护意识。

# 第三节　教学改革及其基本理念

教学是学校教育最本质的职能。1457 年在弗赖堡（Freiburg）①建造大学时，特意在基石上刻着"在此建造教学之家"的字样。由此可见，没有教学的学校简直难以想象。迄今人们对这一点已明确无疑。但是如何改进教学以切实提高学校教育质量仍是一个最为复杂的、争论激烈的、尚在探讨中的问题，称教学改革是学校教育改革中的一场攻坚战，恐不为过。

## 一、教学改革的必要性

教学改革是旨在促进教育进步，提高教学质量而进行的教学内容、方法、制度等方面的改革。其成效直接关系到人才培养的水平。

推动教学改革的原因很多，但主要原因有三个方面：

第一，经济的发展和经济的变革。经济的发展有两个方面与教学改革密切相关。一是经济结构的调整和对劳动力需求的增加。经济发展后首先带来经济结构的调整。现代社会，分工更加精细，行业变动更加频繁，传统的行业逐渐衰弱，新兴的行业不断出现，技术要求愈益提高。这就对劳动力提出了新的要求。学校的教学也因此需要调整教学的观点、内容、方法和形式。在传统社会，经济发展水平低下，学校教育主要是培养未来的统治者，所谓"学而优则仕"，因此教育只限于少数人，其生活方式又属于某种特定的生活方式，教学也就可以特定的方式来进行，教学内容、方法、组织形式、手段等可以长期不变。现代社会的教育是培养劳动者，需要为社会各行各业输送合格的人才。教学的性质有了极大的改变，传统的一成不变的教学方式显然不能适应把学生培养成各行各业的高质量的劳动力的要求。只有以经济发展为指南，改革教学中不相适应的方面，才能有效服务于社会，服务于经济的增长。二是经济的变革也会产生改革教学的要求。如我国改革开放以后，加快了经济体制改革的步伐，对外开放，对内搞活，建立社会主义市场经济体系，经济发展越上了一个新台阶。经济的变革使学校教育面临严峻的挑战，人才培养模式不转变就可能出现"社会拒绝使用学校的毕业生"，导致教育的失败，教育投资的浪费。所以，无论是教学思想、教学内容的改革，还是教学方法的改革，都迫在眉睫。陈旧的教学内容、呆板的教学方法、不重视实践环节、视学生为"容器"，不仅会极大地限制学校教育的发展，也将难以适应经济变革的新态势。

---

① 弗赖堡：原西德西南部的一座学术城市，创建于 12 世纪。——作者注

第二,科技的进步。科学技术是最先进的生产力,它对包括学校教学在内的全社会的影响,具有最不可抗拒的、最不以人的意志为转移的力量。"现代科学技术呈现出加速发展的特征,它会无情地打破与之不相适应的种种保守观念和规章,逼迫你去改革,去适应它。"①随着现代科技的发展,电子技术、信息技术开始广泛地运用于社会,对学校教育、教学的意义将是难以估量的。它不仅可以在更高的意义上实现个别教学,真正做到因材施教,还可以立体的、多维的形式传播信息、展现世界。如果教育工作者意识不到这一点,不能建构新的教学体系,还固守传统的教学模式,企图以不变应万变,其结果恐怕是不容乐观的。

第三,知识的加速发展。现代知识积累呈加速发展的趋势。研究表明,现代人类的科学知识每 10 年增加一倍,人类所有的知识每 25 年增加一倍。处于知识"爆炸"的现代,照本宣科、死记硬背的教学方式已不仅是不合时宜,而且可能成为制约教学发展、影响教育质量的"瓶颈"。知识的加速发展需要学生学会学习、学会求知、学会主动探究、学会解决问题的方法,而不是学会储存、学会背诵、学会接受标准答案。

## 二、教学改革的基本理念

就本质而言,教学是通过教师、教材和儿童三者的相互影响而求得彼此的不断变化。儿童借助这种相互影响,获得新的知识、技能和人生观,完成自身的人格。当然,儿童是千差万别的,要使他们自由地发展各自的人格,不是一桩易事。教师必须全力以赴地认准教学促进人格发展的方向,推敲展开的程序,下功夫研究儿童,进行生动活泼的教学。教学倘是真正教化性的、诊断性的、探究性的、发问性的、求异性的、交往性的,"那么,它就会达到艺术般的高度,给人以艺术般的魅力。并且唯有借助这种教学,儿童也罢,教师也罢,才会满足,才会成长,才会获得自我变革"②。

### (一)教学是教化

在学校教育中,教学是系统地传授知识和传播文化的主渠道。文化作为人类创造活动所积累的文明成果,不仅可以充当人作为主体进一步认识和改造客观世界的工具,而且能够为人自身的发展提供丰富的精神养料,即文化本身是具有双重价值的。更进一层说,文化本身是一个用历史的文明成果对人进行改造、提升的过程,即"以文教化"的过程。所谓"观乎人文,以化成天下"。如果不对人自身产生改造、提升的作用,它就只是文,而不是文化。改造、提升什么?改造、提升的正是人的人格。从这个意义上可以说,教学是一个从客观文化价值到个人的主观精神生活的转化过程,也即是个人在接受文化、创造新文化的同时,内在地创造了掌握文化财富的新

① 袁振国著:《教育改革论》,江苏教育出版社 1992 年版,第 58 页。
② 钟启泉编译:《现代教学论发展》,教育科学出版社 1992 年版,第 209 页。

人。因此,创造文化是手段,而通过创造来促进个人的人格"生成"和灵魂"唤醒"才是目的。由此出发,教学的重心就不可日益偏向于智力和技术的训练而忽视人文教化,或强调文化的工具价值而忽视甚至挤压文化的精神价值。教学中需要教学科专业知识,但更需要教学生如何做人、如何思考,使学生具备文化底蕴。这种底蕴在人身上并不表现为某些具体的知识和技能,而是作为价值观念和思维方式渗透在人的信仰、情感、品格、学识和气质中。文化底蕴构成了个体人格的根基。

### (二)教学是诊断

许多教师在自己的教学中,念念不忘的是自己应当教的东西:能够收集哪些基本素材,可以避免哪些重复,施教分哪几个步骤,这一类问题萦绕心中。显然,他们视教学为"治疗",而学生的"疾病"是固定不变的。在这种情形下,学生在课堂上或心不在焉,或茫然失措,或不甚了了,也就不足为奇了。

教学是什么? 教学应首先是"诊断",其次才是"治疗","诊断"先于"治疗"。充分全面地了解学生在思考些什么,应是教学的前提条件。人是抱着维持自己的构造或是强化自己的构造,有所侧重地学习的。这是同问题意识、自我主导相联系的。因此,学生理应是教学关注的中心,学生在教学中要达到什么目的? 学生究竟想学什么? 我们怎样才能使学生顺利地学习与成长? 总之,教是一种理解学的活动,为了促进学生科学概念的发展,教师必须弄清学生思考问题的过程,成为帮助学生学习的专家。如果说学习是改变学生的观念,那么教学就是发现学生已有的观念并帮助他们的观念得到发展。为此,教师必须通过对学生学习的研究,充分了解学生对某门学科知识的现有观念和概念模式,运用学生的观念进行教学。同时充分了解学生对教育背景的知觉,我们不能离开学生对学习环境的理解去谈什么样的条件最能促进有效学习这个问题,而应根据学生个人对环境的知觉去理解该条件所产生的作用。

### (三)教学是探究

从符号—互动的角度分析教学过程,教室就不是"教室",而是"学室";课堂不是"教堂",而是"学堂";班级是由学生和教师在一段时间里共同创造的文化圈。教师不是学生的主导,而是向导,教学过程不是一种知识传输过程,而是一种使学生产生稳定的探究心向并积极探究的过程。教学应把要学习的知识置于多种、具有一定复杂性的问题情境中,或镶嵌于活动背景中,使学生对知识形成多角度的丰富的理解,或结合自己的原有经验来学习探究新知识,建构自己对各种问题的观点和见解,建构自己所坚持的判断和信念。这种通过高级思维活动学习的方式,会使学生对知识、对学习表现出更深的卷入和更高的批判性,知识的对错会牵动他们的神经,而不是让他们感到无动于衷。通过教学中不断的思考、探究、分析,基于他们整合的、结构化的、灵活的、属于他们的知识经验体系，他们的思维和探究能力可以得到更好的发展。

### （四）教学是发问

教学离不开提问，甚至可以说，恰当、有效的提问是课堂教学成为真正的课堂教学的必要条件。从科学的角度说，提问是为了唤起学生自觉的学习活动，并给这种学习活动制定方向，使之持续深入地发展下去。教学中教师不应以寻求"确切的答案"为目的来提问，提问不是检验学生对已经学过的东西巩固了多少，也不是调查对今后要学习的东西知道了多少，这些都是质问。质问着眼于回答，着眼于回答是否"正答"。教师的提问触动了学生，唤起和组织学生在头脑里产生（设计）问题，共同制定学习方向，这就是发问。发问着眼于学习活动和学习行动。无论结果怎样，对的、错的、会的、不会的、懂的、不懂的，都能使学习得以进行、发展。即便是"有答"或"正答"，一旦推翻后也能使学习得以进行、发展。教师提问的目的应该是最终把学生培养成提问题的主体，使学生主动参与教学、勇于发问、敢于探究。由教师的启发式发问和学生的触及式发问组成真正的课堂教学的提问。

形象地说，质问是一种"检阅"形式，教师只关心设计好的、期待的、正确的回答，或只热衷于把自己预先预定好的答案、结果公之于众，这种提问方式会抹杀多少学生的求知欲望、探究热情，使其成为"落伍者"、"失败者"，从而等于教师自己亲手制造了不能进行真正的课堂教学的原因。

发问发挥的是教与学的媒介作用，发问是使教授主体与学习主体交锋的过程，是使学习主体与教材交锋的过程，也是使学习主体与学习主体交锋并组织集体思考的过程。发问的功能就是以这样的形式来唤起每个学生的学习活动，并作为保障每个学生身心发展的策略来组织被唤起的学习活动。

### （五）教学是求异

可能每个教师在教学中都会问学生"还有没有其他意见？""与此不同的想法有没有？"等问题，但是在这种询问的背后，教师其实事先已在自己的头脑中考虑好了"正答"或"正解"，并期待学生的回答与之相符。如果得到的回答是"没有了"，那么教师就会心安理得。反之，如果出现了与教师的预想相反的答案，教师却并不予重视或采纳，而是反复地问"还有没有其他意见"，直到与教师的预想相符合的答案产生为止。可以说在很多时候，"还有没有其他回答"这个问题貌似"求异"，而实则"求同"。这种"求同"型教学毋宁是一种"正答主义教学"，它使学生丧失的不仅是学习的兴趣，更是学习权的自我意识。

虽然学生都拥有同样一套系统，包括其感官和基本的情感，但它们是以不同方式整合成为每一个脑，每一个脑都是独特的。此外，学习本身也在改变着脑的结构,学生答得越多,就变得越独特,为了使所有的学生都能表达视觉的、触觉的、情感的或听觉的偏爱,教学应该是各式各样的、变化的、求异的,它不是寻求把教育上的所有东西都变得具有同一性,而是强调各种各样的"差异性",它寻求各种"不同的声音",而不是现今在教学中的一种"权威的声音"。这样的教学是"去中心"的,是"边界松散"的。换言之,在教师与学生之间、学生与学生之间,应该允许差异的存在。这并不是说教师应该消极地认为对某件事来说,存在会做的与不会做的,懂的与不懂的是理所当然的。为了把差异,或者说是会做与不会做、懂与不懂的区别作为展开教学的原动力,必须首先着眼于差异和区别,这就是"求异"。但这种"求异"并非以上下关系来看待学生之间的差异与区别,而是在表明差异和区别的基础上,教师和学生展开共同统一这种差异和区别的活动,并使之成为深入到教材素质内部中去的活动。当教师本着"求异"的精神去教学的时候,教学活动也就同时转化为促进一个个学生成长的活动。

### (六)教学是交往

在教学实践中,假如我们注意一下师生关系对于学生学习的影响,那么不难发现,某些学生一旦与某门学科的任课教师关系闹僵了,这些学生往往就会对这门学科失去兴趣,甚至产生反感。显然,糟糕的师生关系使学生在教学过程中产生了消极的情感。交往是师生关系得以建立和表征的最基本形式和途径。在课堂中,交往是一个有目的的活动过程,它是师生之间或是生生之间为了协调、沟通、达成共识、联合力量去达成某一个目的而进行的相互作用。这种相互作用是由内容与关系两方面组成的,关系也是一个独立的、重要的成分,而不能把处理好师生关系仅仅作为搞好教学的一种方法。因此,教学中不仅要重视所教学的内容,而且要重视师生在教学内容中的交往关系。作为教学的关系性内容,它不仅仅是一种教学方法因素,也是一种教学的内容因素,师生在教学中对这两方面都不能有所偏颇。在学校教育领域,教室是一个观念的生态圈,也是一个权力的生态圈,教师是看守这个生态圈的管理员。学生在这个生态圈中接受教师提供的信息,同时在与教师的交往、对话的过程中增强其沟通能力及文化读写能力。

当教师与学生的关系不再是主体对客体的单向灌输关系,当教师不再以自己为中心进行包干教学,代之以教师与学生是一种"我与你"的"对话"关系、一种互为主体的关系,那么教育主体性就真正产生了。

[案例 7-2]　　　　　　　　语文老师的一节"数学"课①
同学们都好奇地瞪大眼睛看着黑板上的一道题:

---

①　资料来源　严先元编著:《课程实施与教学改革》,四川大学出版社 2003 年版,第 99—102 页。

试比较$\sqrt{3}+\sqrt{6}$与$\sqrt{2}+\sqrt{7}$的大小。

对高二年级的同学来说,这是一道简单不过的数学题,他们之所以好奇,是因为今天出题的不是数学老师而是语文老师。

数学课代表忍不住站起来说:"洪老师,这道题我们几天前刚做过,只要两个数平方一下就可以得出$\sqrt{3}+\sqrt{6}>\sqrt{2}+\sqrt{7}$了,太简单了。"话音刚落,引来了一阵笑声。

"很好,很好。"我并不在意同学们善意的笑声,又继续说:"如果要再比较$\sqrt{4}+\sqrt{5}$与这两个数的大小呢? 语文课代表来回答一下吧。"

只停顿了一会儿,语文课代表干脆利索地答道:"老师,应该是$\sqrt{4}+\sqrt{5}>\sqrt{3}+\sqrt{6}>\sqrt{2}+\sqrt{7}$。"

"嗯,很好,请坐下。看来语文课代表数学也是学得挺不错的嘛。"我的这句话又引来一阵笑声。"不过,"我话锋一转,"你们思考过没有,本来$4+5=3+6=2+7$,一戴上个帽子(指根号)就变得不一样了。这当中有什么规律? 你们思考过这个问题吗? 让我们先来看看在数轴上这六个数的位置。"

教室里顿时鸦雀无声,也许他们都没想到语文老师还会讲解数学题呢?

画完数轴,给六个数安排完"座位"后,我把同学们从沉思中唤醒:"你们看,在数轴上,$\sqrt{4}$和$\sqrt{5}$是亲密的朋友,他们靠得最近。$\sqrt{3}+\sqrt{6}$呢,关系就疏远了些,最不友好的是$\sqrt{2}+\sqrt{7}$,离得远远的。也就是说越靠近的那一对和就越大。我打一个并不怎么恰当的比方,本来这三对兄弟力量是相同的($4+5=3+6=2+7$),但当他们向着一定的目标努力时(就如加上一个根号),靠得越紧、越有凝聚力的力量才越大,这条原则我称它为'凝聚力原则'。"

同学们都听得入迷了,静静地坐着,静静地听着他们熟悉的语文老师用陌生的方法讲解着熟悉的数学题。还是数学课代表反应快,率先打破了沉寂:

"老师,我明白了。周长一定的长方形,边长相差越小,其面积就越大,这个定理也是'凝聚力原则'的具体体现,对不?"

"不错,真不愧为数学课代表,"我赞许地竖起了大拇指,"其他课也有运用这个'凝聚力原则'的例子吗? 请讨论一下,由各课课代表来回答。"

一石激起千层浪,教室里响起热烈的讨论声。几分钟后,课代表们纷纷有了答案——

物理课代表:两个物体距离越近,引力越大(万有引力定律);两点电荷距离越近,电场力越大(库仑定律)。

化学课代表:键长越短,键能越大。

历史课代表:国共两党两次合作均取得成功,一次取得了北伐战争的胜利,一次打赢了抗日战争。

…………

听着各课课代表的回答,我的脸上露出了满意的微笑。尽管有的回答颇有些牵强,但我的目的达到了,看来,船儿已下水,该顺风起航了。于是,在对这些回答进行评价后我继续说:"其实,社会生活中也有很多'凝聚力原则'的例子,如我们常说的'家和万事兴',还有,一个班级凝聚在良好的班风、学风中才能发挥出它最大的优势,推而广之,一个单位,一个民族乃至一个国家都是如此,越有凝聚力则越是强大。"不过,我故意顿了一下,才接着说:"今天我可不是在开班会课,我要讲的是语文的学习方法问题。平时常有一些同学问我该怎么学语文,这节课就是特意来回答这个问题的。你们看,如果你仅仅是会比较$\sqrt{3}+\sqrt{6}$和$\sqrt{2}+\sqrt{7}$的大小,那只是会完成作业,这是很一般的;假如你经过思考,再得出$\sqrt{4}+\sqrt{5}>\sqrt{3}+\sqrt{6}>\sqrt{2}+\sqrt{7}$,就有点不一般了,因为你动了脑筋

课程与教学论

了；倘若再进一步归纳出'凝聚力原则'或什么的并且联系到数学上其他的相似问题，那就不一般了，因为你进一步思考了；假若你从数学学科推及其他学科，那就很不一般了；假使你更进一步联系到社会生活中存在着'凝聚力原则'的例子，那你就非常不一般了。而读书，就是要把这种"非常不一般"化为"一般"，也就是说要能在广泛积累的前提下举一反三，纵横联系，学习语文尤其需要这样。明白了吗？"

"明白了。"同学们响亮而又整齐地回答，原来兜了一个大圈子，语文老师还是"三句话不离本行"。接下来，我让同学们思考并讨论该如何具体落实到语文学习中，于是，教室里又重新响起热烈的讨论声。这此起彼伏探求知识的声音，和着窗外跳动的阳光，宛然一曲优美的校园晨曲。

不知不觉中，一阵急促的铃声打断了同学们的讨论，也结束了这节课。我知道，这堂课后，他们不一定能马上掌握语文的学习方法，但他们一定会记得：

一个春日融融的早晨，一个语文老师给他们上了一堂别开生面的"数学"课。

# 第四节　当代中外教学改革

教学改革已成为当前和今后教育改革的主旋律。这是一种必然。从学校工作规律看，教学是学校的中心工作，是提高教育质量的主渠道。开展任何选题的教育改革，都离不开课堂教学。开展教学改革，也是深化教育改革，并从根本上提高教育质量的关键。所以，从 20 世纪下半叶开始，形成了世界性的教学改革浪潮，各国都根据本国的原有基础将教学改革不断向前推进。

## 一、当代西方教学改革的趋势

### （一）追求"人性化"的教学目标

世界一些主要发达国家在教学目标的改革上，经过多年的探索，由过去热衷于"工具型"、"知识型"逐步向追求"人性化"教学目标发展。"工具型"、"知识型"就是把教学目标看作只为将来的劳动作准备，只注重学生掌握劳动的本领，发展劳动能力。"人性化"的教学目标则关注学生的整体素质、健全个性。

20 世纪 90 年代的教学改革中，美国的教学目标既不同于 50 年代的"充分地开发全国男女青年的脑资源和技术技能"，也不同于 60 年代的"侧重于开发学生的智力，培养学生的创造能力和探究能力"，或 70 年代的"加强读、写、算基本技能的训练，注重基础知识的掌握"，而是在提出学术目标的基础上，进一步扩充了个人目标和社会、公民及文化目标。前者强调情感、身体健康、创造性、美学趣味及自我实现，后者注重人际了解，公民素质的养成，文化价值观、伦理道德的培养。

20 世纪末，法国在教学改革中明确提出培养学生的个性和才能，极大限度地发挥他们在智力、手工、体育和艺术等方面的潜力，使每一个学生在各个方面都将得到充分的发展。

### （二）重视教学内容的综合化

各国在教学内容的改革上,跨学科组织教学内容的趋势正在改变以分科为中心的教学传统。从社会层面看,教学内容的综合化有利于增进和有效地解决现实社会问题、增进学校与社会的联系,从个体层面看,教学内容的综合化有助于学生构建完整而非割裂的知识和技能体系,并使其形成审视和解决现实问题的意识和能力,有助于激发学生学习和探究的动机和兴趣,有助于学生社会化程度的提高,也有助于学生个性和特长的发展。

从 20 世纪 80 年代开始,美国许多州把历史、地理、经济学、政治学、人类学和法学等有关内容综合成"社会研究"进行教学,把物理、化学、生物、生态、实用技术综合为"自然科学"进行教学,把文法、阅读、写作、戏剧、电影、电视、新闻和实用语言等综合成"语言艺术"进行教学,把绘画、美工、雕塑、音乐、舞蹈、工艺、广告等综合成"创造艺术"进行教学。

1988 年英国的教育改革,提出在课程设计计划及其具体教学进程中应当将交叉内容的要素渗透其中,并确定了五个基本的交叉主题:对经济与工业的理解、健康教育、职业教育和指导、环境教育、公民教育。

1998 年的教育改革中,日本规定小学三年级以上每个年级平均每周安排两课时的"综合学习时间",尽管"综合学习时间"的学习内容由学校自行决定,但这些内容主要体现为国际理解教育、信息教育、环境教育和人权、福利等现代社会的课题以及学生感兴趣的、学校和地区社会的实际课题。

### （三）强调交往的教学过程

教学过程不是教师唱独角戏的单向信息灌输过程,而是师生交往、积极互动、共同发展的过程。将教学视为交往,是对教学过程的正本清源。真正确立了学生的主体地位,明确了学生的主观能动性,也重新认识了师生间、生生间动态的信息交流。通过这种广泛的信息交流实现师生互动,相互沟通、相互影响、相互补充,从而达到共识、共享、共进。由此形成一个名副其实的"学习共同体"。

西方主要发达国家在教学改革中都十分重视学生的主体作用,要求在教学过程中尊重学生的人格,赋予学生充分的学习权,让每一个学生都参与教学过程,成为主动的学习者。为使学生在教学过程中积极交往,各国都采取了很多具体的做法。这里我们以英国为例加以说明。

2000 年英国的课程改革对于国家课程的教学提出了一些参考性建议。希望一堂课的教学中既包括"直接教学",又包括"全体会议"。[①] 高质量的"直接教学"是口述的、互动的、生动活泼的,教学是一个双向的过程,学生通过回答问题、参与

---

① *How to Plan the Lesson.* （2000）.

讨论、向全班学生解释和展示自己所采取的方法，而在其中发挥着积极的作用。要进行富有成效的"直接教学"，需要综合地、平衡地考虑如下各个方面：①指导，与全班学生分享自己的教学目标，保证学生清楚该做什么，把学生的注意力吸引到需要他们特别关注的要点上；②教授，传输信息并精心组织；③演示，用恰当的资源、可视的陈列展示、描绘相关问题与现象；④解释、说明，参照前面学过的内容、方法，给予确切、得当的解释；⑤提问、讨论，问题要与教学目标、教学步调相一致，保证所有学生都参与、仔细倾听学生的发言，并给予建设性的反馈，以促进学生的学习，同时让学生在讨论中各展所长、献计献策；⑥巩固，提供尽可能多的机会让学生发展和巩固所学内容，包括在课上的一系列活动，让他们结成对子或组成小组讨论、反思所学内容，鼓励学生拓宽视野和推理，要求他们思考解决同一问题的不同方法，就某个陈述进行概括、给予例证；⑦评价学生的反应，捕捉学生的错误，通过介绍这些错误及由其引发的误解，把它们作为教学的有效切入点，讨论学生为自己采用的方法、资源所进行的证明，评价学生向全班所作的学习展示；⑧总结，邀请学生总结自己的学习，概括重要观点，密切联系其他的内容和学科，赋予学生对自己下一阶段学习的洞见。

"全体会议"是课堂教学的一个重要组成部分。此时，教师可以帮助学生评估他们与所定目标相比，知识、技能方面的长进情况，让他们亲眼目睹或亲身体验自己的进步。具体来说，这段时间可用于：让学生展示和解释自己的工作，或为学生独立完成的书面练习打分，这样可就此向学生提问，给予非正式的评价，纠正错误或对概念的误解；讨论、比较学生们提出的或采用的不同计算方法的优劣；帮助学生从由不同小组、对子、个人提出的例子中抽象、概括规律与规则；一起总结所学内容，反思本堂课的要点，概述重要的事实、观点、词汇以及需要记忆的内容；讨论能运用已经学过的观点、技能解决的问题；扩大横向和纵向的联系，简短地讨论下一步的教学；提醒学生注意他们的个人目标，充分重视学生已经取得的进步；向学生布置家庭作业，以扩大、巩固课上所学内容。

### （四）促进教学方法的多样化

教学方法的改革历来是各国教学改革的重点之一，不少国家在改革课程的同时往往也进行教学方法的改革，使二者相互促进，从而提高教学质量。

美国早在 19 世纪后期在引进欧洲教学理论的基础上就开始进行教学方法的改革。经过漫长的探索，教学方法从陈旧落后走向繁荣与多样化，从效仿欧洲而一跃成为世界的样板。美国教学方法突破性的改革始于杜威，杜威认为学校中求知识的真正目的，不在知识本身，而在学习获得知识以应需求的方法，因而主张"从做中学"。20 世纪 60 年代，为有力地推进课程改革，又相应进行了教学方法的改革，大力提倡启发式教学，推广"发现法"或"探究学习"、"程序教学"。80 年代以后，科学技术日益发达,推动了教学技术的改善,为学生主动学习提供了良好的条件,个别化教学、个性化学习、个别处方教学等备受青睐。与其他的教学方法配合使用,收到了良好的教学效果。

与此同时,其他国家也进行了教学方法的改革,更加强调发展学生的智力、能力和创造力,在进一步改善传统教学方法的同时,纷纷采用了一些新的教学方法。如范例教学法、问题发展性教学法、暗示教学法、问题解决法、分组教学法、个别化教学法、计算机辅助教学法、研究性学习等等。这些方法既要借助于学生的模仿使学生获得现成的知识,又需要借助于学生的创造活动使学生获得新知识,其目的在于培养学生的创新能力,使学生学会学习、学会探究、学会发展,成为推动社会进一步发展的新一代。

总之,随着科学技术的发展,国与国之间距离的拉近,各种学派的教学理论相互渗透、相互借鉴,各国教学方法、手段的改革呈现出多样化、现代化的特点。其多样化和现代化具体表现为三个方面:一是着眼于学生的个别差异,从不同的角度,依据不同的理论,采用了不同的有利于促进学生发展的教学方法;二是立足于班级教学,重新认识教学关系,重视师生合作、生生合作,也从不同的角度,依据不同的理论,采用了不同的教学方法;三是高度重视现代化教学媒体的研究和使用,以此为依托,采用了不同的教学方法,如微型教学法、训练教学法等。这类教学方法的出现极大地丰富了教学,是教学方法上的重大改革。

## 二、我国当前的教学改革

当前,我国的教学改革正以全面推进素质教育为目标,在一个更高、更深、更全面的层次上展开。

### (一)当今教学的缺失

近代以来,我们的学校教育、教学被深深地打上了应试教育的烙印,教学变成了一种具有背离人性的超权力性质的活动,在它的面前,每一个学习个体都感到压抑而无行动的自由和调控这种活动的可能性。

在几乎各门学科的教学中,完成认识性任务,成为课堂教学的中心或唯一目的。教学目标设定中,最具体的是认识性目标,教学被看成是学生的特殊认识活动,而且,还把这种哲学上的概括仅仅理解为是知识的学习和掌握,因而课堂教学以学习书本知识为主,其他的任务,或抽象或附带,并无真正的地位。有时甚至把对学生的道德教育、审美教育、情意教育等都简单地套用知识教育的方式和形式,这种唯认知教学在强化了知识的同时,也就从根本上失去了对人的生命存在及其发展的整体关怀。这种以科学的精确性,以一种纯然客观的态度对待教学的做法,"忽视了人的内心世界的复杂性和人的潜在性,没有看到人不同于动物的能动性和主动性,甚至丧失了教育中贯穿的'主体间性'的教育的爱"①。这样的教学"必然走向重认知,而不重情感和意志,最终因丧失学生的内在人格和精神世界的丰富性而生出成批的犹如一个模子铸出来的'机器人'"②。教学不顾"人这一整体事实",不从"总体的人"出发,无异于以一种僵化的尺度去衡量充满生命活力的对象,无异于以鱼在岸上的存活时间去衡量鱼的生命力。狄尔泰也对教学中把知识作为唯一追求点的做法深恶痛绝,认为这样做无异于扼杀人的生命,提出应使教学过程成为人的体验过程和"追体验"过程,由单一的"知识教育"变为知、情、意全生命的活生生的教育,从而把"总体的人推到教学的前台"③。

令人更为深恶痛绝的是,当今的这种知识传递模式,又是一种畸形发展了的模式,它通过反复灌输,强化作业,以及无休止的评优、竞赛和考试等手段以外在的压力所推动,使学生的学习动机依赖于外部促进,把知识作为预先决定了的东西教给学生。其实,知识在被个体接受之前,它对个体来说是毫无权威可言的,我们不能用我们对知识正确性的强调作为让个体接受它的理由,不能用教师、课本的权威压服学生,"学生对知识的'接受'只能靠他自己的建构来完成,以他们自己的经验、信念为背景来分析知识的合理性。……学习知识不能满足于教条式的掌握,而是需要不断深化,把握它在具体情况中的复杂变化,使学习走向思维中的具体"④。这样的教学观才能使学到的知识成为创造力的翅膀,而不是羁绊。现实中许多学生拥有大量的事实知识并顺利通过了考试,但却无力表明对所学知识是真正理解的,是很有讽刺意味的,说明他们对知识的理解有极大的偏颇,他们不能用自己的话去解释、表述所学的知识,不能基于相关知识作出推论和预测,不能运用相关知识解决变式问题,不能综合相关的知识解决问题,不能将所学的知识迁移到实际问题中去。

教学最终成为执行教案的过程。上课开始,教师根据教学计划先给学生一些指示,接着把这些指示通过语言或非语言形式传达给学生;学生也根据教师的反应来确定被期望的行为,并且用语言或非语言的形式反映出来。教师看到这些反应,猜测学生的进步,选择和发出一两个矫正的暗示,把学生的学习引向预设的方向。教学最理想的进程是完成教案,教师期望的是学生按教案设想作出回答,教师的任务就是引导学生,直至得出预定的答案。学生实际扮演着配合教师完成教案的角色。杜威所批判的传统教育的弊端在今天的课堂教学中仍然根深蒂固,"重心是在儿童以外,重心在教师,在教科书以及在你所喜欢的任何地方和一切地方,唯独不

---

① 邹进著:《现代德国文化教育学》,山西教育出版社 1992 年版,第 162 页。

② 同上注。

③ 同上书,第 46 页。

④ 陈琦、张建伟:《建构主义学习观要义评析》,《华东师范大学学报》(教育科学版)1998 年第 1 期。

在儿童自己的直接的本能和活动"①。由此,教学的外在目的完全代替了教学的内在目的,教师教的活动掩盖了学生学的活动,教学中教师是统治者、操纵者,学生是被统治者、被操纵者,当师生关系变成了一种统治者与被统治者的关系的时候,这种统治与被统治的关系,由于一方在年龄、知识和无上权威等方面的有利条件和另一方的低下与顺从的地位而变得根深蒂固了。

人的个性是有差异的。学生的学习、发展被教师牵着走,强迫学生直接屈从教师的意志,或者屈从教师所监管的一套固定的知识,教师不管或很少理会来自学生的反应,不顾及学生各不相同的知识生长点上的差异,全班学生同样地接受来自一个相同源的信息。这是一种单向、平面、同步、求同式的教学,是制造"标准件"的典型方法,其结果必然导致学生个体的接受的差异被摒弃,学生在学习中的主体性被践踏,学生的个性发展遭压抑。日本学者香山健一曾一针见血地指出它的恶果,"从文明史的角度看,进步基于差别。单调就是死亡,再生于对比之中。如果没有一点理想的境界,我们的智慧就将冬眠,与此同时生命力、行动的欲望也将沉睡。追求单一的心理,使人类贫乏。它从共同事业中抹去了每个人的独特因素"②。

总之,当今的课堂教学,忘却心智能力的整体,只强调认知能力;无视学生的需求结构与思想,只强调能力发展;牺牲学生的个性而去企求共性资质的形成;突出教师的主导作用,降低学生的主体性;重视教的设计,忽视学的心理活动;追求"授—受"模式,窄化了教学交往活动。如此,教学的动力不是发展作为主体的人的人格,而只是片面获得大堆知识而已。受教者的被动性使学生觉得课堂成了"现代精神地狱",人的主体性迷失了,学习没有成为活生生的文化创造活动,反而成了一种讨厌的累赘,一种使人片面发展、窒息心灵的反文化、反教育活动。人成了教育的中介、手段,为了外在的目的(分数、升学、留学)而异化自身。

### (二)构建以素质教育为指导的教学新体系

#### 1. 素质教育的特性

《中国教育改革和发展纲要》中明确指出,中小学要由应试教育转向提高国民素质的轨道,面向全体学生,全面提高学生的思想道德、文化科学、劳动技能和身体心理素质,促进学生生动活泼地发展。这是符合马克思关于人的全面发展的教育观的,同时也进一步确立了基础教育以素质教育为中心的根本原则。

但如何实现转轨,需要我们对应试教育和素质教育有一个正确的认识。实施素质教育,不是对应试教育全盘否定。应试教育也有素质教育的因素,不能说应试教育模式下培养出来的学生都没有好的素质。现代教育离不开评价,我们在衡量

---

① [美]约翰·杜威著,赵祥麟等译:《学校与社会·明日之学校》,人民教育出版社 1994 年版,第 43 页。
② 朱永新等主编:《当代日本教育改革》,山西教育出版社 1992 年版,第 177 页。

学生身心发展状况时,目前还找不到更好的方式来取代考试。无论是应试教育还是素质教育,考试和升学都是不可缺少的。高中阶段教育和高等教育属于非义务教育,囿于目前的经济发展水平,不可能人人升入普通高中或大学学习,升学竞争是不可能避免的。"升学率"客观存在,素质教育也不可避免地要遇到这个问题。

应试教育向素质教育转轨,素质教育应该有所创新,对应试教育应该有所舍弃。怎样创新,如何舍弃,就成为构建素质教育教学新体系的根本问题。为此,需要对素质教育的特性进行探讨。

（1）素质教育是面向全体的教育

实施素质教育是为提高整个民族素质打基础的,而提高全体民族素质就必须面向全体学生,使每个学生都具有作为新一代合格公民所应具备的基本素质。所以,素质教育不是面向部分人而是面向全体人,不是一种选择性、淘汰性、大一统的教育,而是一种使每一个人都得到发展的教育,每个人都在他原有的基础上有所发展,都在他天赋允许的范围内充分发展。换言之,素质教育不允许以任何形式或手段,对入学儿童按照种族、性别、肤色、宗教、语言、经济地位等标准进行筛选,当然也包括纯粹以分数进行非正常的淘汰。正确认识并支持素质教育的全体性,既可保证整个民族的文化素养在最低可接受水平之上,杜绝新文盲的产生,又可贯彻社会主义的"机会均等"原则,为每个人的持续发展提供最公平的前提条件。

（2）素质教育是着眼于基础的教育

中小学教育属于基础教育,需着力为学生打好对他们一生发展影响最大,乃至起决定作用的基础素质。素质教育向学生提供的只能是"基本素养",而不是职业素养或专业素养;是让学生拥有"一般学识",而不是成为某一专门领域的"小专家"或某一行业的"小行家"。通过素质教育,使每个个体在一个较高的层面上具有经过内在积淀而成的新的身心特点,使进入社会或者继续接受其他教育的不同类型的个体,具有更高水平的"原有的"、"本来的"性质。如同素质教育的全体性一样,素质教育的基础性也是素质教育的重要特性之一。如果说全体性是对素质教育对象的最关键要求,那么基础性便是对素质教育内容的最关键要求。

（3）素质教育是寻求整体发展的教育

合理的素质结构具有整体性的特点,构成素质结构的诸因素间是互相渗透、互相依存、互相促进、互相制约的。从素质功能的整体效应性来看,任何一个人的素质水平都是各个要素的综合性表现,是各因素的统一。因此,一个具体的实施素质教育的过程,应在构成因素的各方面同时对学生进行培养,即德、智、体等各方面并重,全面发展学生的生理素质、心理素质和文化素质。这里的"全面发展"有两方面的具体规定性:第一,针对每一个个体来说,它是"一般发展"和"特殊发展"的统一;第二,针对班级、学校乃至整个社会群体而言,它是"共同发展"和"差别发展"的协调。

（4）素质教育是弘扬主体性的教育

学生不是容器，不是机器，而是具有主体性的人。中小学教育要培养学生的主体意识，要发展学生的主体精神。作为对应试教育的直接反拨，素质教育正是着眼于唤起学生的主体意识，发展学生的主动精神，帮助学生创造自信、谦爱和朝气蓬勃的人生。依据主体性要求，素质教育首先不是把人看作物而是把人看作人，重视开发学生的智慧潜能；其次，不仅把学生作为认知体，还把学生作为生命体，为学生指导完整人生；更重要的是充分重视个性：既承认人与人之间在基本素质上是相同或相近的，又承认人与人之间及个体的不同心理特性之间存在着巨大的差异。

（5）素质教育是促进发展的教育

发展是人的自我完善的一种需要。每个人自我完善的动机和需要是有差异的，不仅发展的目标和内容不同，而且其表现形式也不同。素质教育就是要把促进每个学生各方面的发展作为教育的出发点，不仅注重学生现在的一般发展，不仅重视学生现在一般发展对于未来的发展价值和迁移价值，而且重视直接培养学生自我发展能力，把教育重点转移到开发潜能、启迪心智、增强后劲上来，使学生会学习，并充分具备终身学习的能力和信息加工能力。

### 2. 构建以素质教育为指导的教学新体系

教学是一项极其复杂的人类活动，教学的发展总是在传统的变革的互动中进行的，其中观念的转变为第一要义。反思应试教育的弊端，不难发现，在教学领域应试教育的弊端表现得最为充分。虽然应试教育并非由教学活动孕育而生，但应试教育的存在却会使教学活动无法摆脱其阴影的笼罩，并使一切在观念尚未获得转变的情形下所实施的教学改革变得缺乏成效或事倍功半。

20 世纪 80 年代末以来，随着教育改革步伐的加快，素质教育的观念逐步形成并趋于成熟，由应试教育向素质教育的转轨成为人们的共识，教学改革也逐步朝着转轨的方向上努力，对学生的学习负担问题、学习积极性问题都作了有益的改革和探索。但从总体上来看，改革中的绝大多数仍是在应试教育的轨道上进行的，且局部的单项的改革和操作性的修修补补居多，局限性较大，尚未能构建出一种可以使学生的素质得到整体性发展的教学新体系。根据前面所谈的素质教育的特性，我们不难看出，素质教育是优质教育，是如何使每一个学生适应其能力与能倾，同社会要求相一致，实现其最大限度的发展的教育，是旨在人人成功、个个发展的教育。其实质在于，积极创造和利用一切有利的外部条件，使受教育者能够主动而非被动地将人类的文化成果内化为自身的较为全面的素养，使身心两方面的潜能都获得提高，使发展呈现出一种生动活泼的态势。因此，我们所构建的教学新体系应是一种能够让全体学生都能在主动学习中得到生动活泼的较为全面的发展的体系。这就要求教学所涉及的主要因素都需作出新的调整，以体现素质教育的实质。

（1）教学应该面向每一个学生而不是面向大多数

素质教育是面向全体学生的教育，要使每个学生在原有的基础上得到应有的发展。课堂教学应该有统一的、基本的要求，但不应该也不可能要求学生发展一律。教学中提倡面向大多数，实际上是对面向全体的一种偏移。它常常使一些人（资质优秀的学生）受到扼制，使另一些人（学业成绩相对较差者）受到忽视。资优学生应通过课堂教学在知识视野、思维品质等方面得到更佳发展，而不仅仅是取得考试的好成绩，从而为他们以后更高层次的发展奠定坚实的基础。学业成绩相对较差的学生，更多的是其潜能还未得到发现和开发，我们的教学需要对他们给以足够的关注。产生学业成绩未能达到要求的所谓"差生"并不可怕，可怕的是课堂教学忽视他们的存在，更为可怕的是对他们心存偏见。这已成为实现教学面向每一个学生的致命障碍。

事实上，任何一个智力正常的学生，都具有学习的基础和潜能。况且，教学本身就负有开发学生潜能的任务。学生不懂，老师要设法让学生懂；学生不会学，老师要教学生如何学。从理论上讲，没有学不好的学生，但学生之间的个别差异，诸如知识基础、学习能力、兴趣爱好、个性品质等方面的差异是必然存在的。素质教育的课堂教学应考虑到学生存在的个体差异，既保证每一个学生在诸多方面得到一定程度的、没有缺陷的、合格的发展，又应当使每个学生都能在原有的基础上得到可持续的发展。针对这些各自有着不同的发展水平和特点但都有巨大潜力的学生，必须同等重视和区别对待，使他们在原有的基础上，皆获得最大的发展。这样才能使素质教育的全体性要求在教学中真正得以落实。

（2）建构完整的教学目标

教学目标是指教学活动的主体在具体教学活动中所要达到的预期结果、标准。教学目标是一切教学工作的出发点，直接关系到教学活动的实施，影响到教学效果的好坏。不同的学科，教学的具体要求不同，但总的教学目标是一致的，那就是最大限度地促进人格的全面发展，而不是只重视智育，只重视知识的传授。教育，作为一种社会活动现象，无疑要造就未来的社会行为主体。但它直接面对的是正在成长的精神实体——人。因此，它的最基本的功能是建构人的精神世界，塑造人格。只有塑造完满人格的教育，才是完整的教育。如果教学仅仅着眼于学生的智力发展，甚至只是机械地传授知识，那么教学是不完整的。

素质教育是追求完整性和高质量的教育，坚持把受教育者培养成为具有创新素质的、人格丰富的开拓型人才，具体落实到教学中，就是要实现全面发展的教学，即以促进学生人格的全面发展为目标。于是，学科教学中，全面实现素质教育的要求，就是要落实掌握知识和技能技巧，发展体力、心理素质和能力，陶冶品质的"三维教学目标"，使学生成为既有丰富知识、又有高尚人格的具备主体性的一代新人。

令人遗憾的是，目前普遍存在着的应试教育以及一些素质教育实践在确定教学目标上存在着三个误区：第一，重视实质性目标，忽视发展性目标，即热衷于知识、技能的反复操练，忽视学生心理素质的发展。第二，重视知识的学习，忽视社会性的培养。当今世界，人类相互依存、相互依赖与日俱增，面临共同的问题越来越多，这就需要人们"学会关心"、"学会合作"、"学会共同生活"。国际 21 世纪教育委员会向联合国教科文组织提交的报告指出，教育有四大支柱——学知、学做、学会共同生活、学会发展，其时代意义十分深远。因此，我们在教学目标的确定上不仅要发展学生的个性心理品质，还应当着力培养其社会性，使个性与社会性协调发展。第三，重视认知层面，忽视情感层面。教学活动并不是一个"纯认知"的过程，人的心理活动具有整体性，认知过程与情意过程的产生与发展是互相交织、相互作用的。学生情绪情感反应的性质，对于教学活动效果的高低具有重要的影响。

爱因斯坦曾指出："只教给人一种专门的知识和技术是不够的，专门的知识和技术虽然使人成为有用的机器，但不能给他以一个和谐发展的人格，最要紧的是人要借着教育得到对于事物及人生价值的了解与感觉，人必须对从属于道德性质的美和善有亲切的感觉，对于人类的各种动机、各种期望、各种痛苦有了解，才能和别的个人及社会有合适的关系。"[1]素质教育教学目标的确定，既要有知识技能方面的要求，也要有人格发展方面的要求。在人格发展目标中，既要重视认知层面，也要重视非认知层面。在发展学生个性心理品质的同时，还要着力发展其社会性，促进学生全面发展。

（3）教学内容素质教育化

长期以来，我们的教学重心是力求把各门学科业已积累的经典内容按学科教育的要求，较为系统地传授给受教育者，使其通过熟谙一些基本的现象、事实、规律，能够解决一些简单的问题，教学多为基本学术性教育。仅就学科的学术性特征而言这是对的，也是基本的。但是，这又在很大程度上造成了整个教学内容面偏窄，缺乏迁移性地提出问题和创造性地发展问题能力的培养以及方法、态度、品质的训练。对此，必须更新教学观念，改革内容体系的构成。

提出教学内容素质教育化，旨在使教学内容的确定必须以提高受教育者的整体文化素质为出发点和归宿，它既不是由学科的科学体系本身决定，也不是由某些方面的知识所组成。它应该是人类创造的现代文明精华中最基础、最具有教育作用的部分，一句话，是"基础文明"与"素质发展"二者相统一的东西。具体表现为：第一，强化基础，保证最具有基础性作用的教学内容，包括最基本的知识、技能和有利于完善素质结构的内容。第二，综贯横联，加强教学内容相互间的联系、渗透和融合，不能为教学而教学，还应注意从横向上加强概念、原理、课题以及知识、技能、情感各部分之间的协调衔接。第三，系统致用，素质的构成与发展是素质的内在性

① 吴也显：《面向 21 世纪：知识价值的革命和课程改革》，《教育研究与实验》1994 年第 3 期。

和外在性的统一。素质的外在表现不仅在教学过程之中转化为内在的潜能,同时也在教学过程中获得由内在的潜能转化为现实的经验。只有坚持"学以致用"的教学内容,才能达到上述目的,即坚持学习直接经验和间接经验并重,知识、经验、方法有机地结合在一起。第四,突出相融,既要规划好教的内容,还要规划好学的内容。因此,素质教育的教学内容就不能完全是"教的内容",也应当有"学的内容"。

(4) 实现学生在教学中的主体地位

教学过程是一个转化过程,是人类认识成果向个体认识的转化过程,是社会发展要求向个体发展现实的转化过程。该转化过程的不断进行,促使着学生个体的品德、智力、体力、审美诸方面的不断发展,促使着个体社会化、个性化、主体性的不断完善与提高。但要实现转化,仅有单向的活动是不够的,教授不能直接地规定个体的发展。"学习活动不是学生被动地接受所求的东西,不是单纯的接受。学生只要不是终究以自身的力量从所求的东西中引出客体化了的人类的能力,化为自身的能力,他就不能将外在的能力化为自身的能力。只有当他积极地、能动地作用于客体时,外在的客体化了的人类的能力才能化为自身的能力。"①

教学是一种双向交流而不是简单的信息输出和摄入。它是学生对教师传递的各种信息进行筛选、消化、吸收的内化过程。只有当学生处于一种积极的接受状态,才能收到较好的效果。因此,教学活动需要重视发挥学生的主体作用,切实保证学生在教学中的主体地位。

所谓学生的主体地位,就是把学生作为接收和加工信息的主体、认识客观规律的主体,不断完善自我的认知结构并获得自身主体性实现的主体。学生的主体地位是进行教学的出发点、依据和归宿,是教学过程中实施素质教育的核心。按照这个立足点,教学的设计、组织、进行,教师的一切努力都应该围绕着树立和巩固学生的主体地位来进行。其一,教师要善于不断地创造具有激发性的教学情境,去诱导学生的主体意识,促进能动性的实现。其二,坚持自主活动,发挥学生的独立自主性、主动性和积极性,让学生真正成为学习的主人,使他们在尝试、探究、交往等自主活动中,获得生动活泼的发展。其三,提供创造的机会和条件,切切实实地开展创造性教学,满足学生追求新的活动方式和成果的内在需求和意向。创造是人类的本质,是人的主体性的充分表现,学生也不例外。其四,创设宽松、和谐的教学环境与课堂气氛,让学生在这样的教学氛围中心情舒畅、思维活跃,个性倾向得以充分发展。在此基础上,教师进一步对学生的个性特点、特长或潜在的优势进行有针对性的教学和训练培养。

(5) 完善评价体系

教学评价是依据一定教学目标和标准,对教学活动结果进行价值判断,为教学

① 钟启泉编译:《现代教学论发展》,教育科学出版社 1992 年版,第 49 页。

决策服务的一种活动。它是教学过程的基本要素之一,在教学过程中居于重要地位,对学生的学习和教学过程的进行起着激励、调节、诊断、管理和促进发展的作用。从系统论的角度说,教学评价实质上是教学过程中的一种反馈—调节系统,素质教育教学模式和系统的构建,毫无疑问应有相应的科学的评价机制来保证。评价机制与前述的教学目标、教学对象、教学内容等机制结合在一起,从而构成完整的素质教育教学新体系。

不同的教育思想,对教学评价的认识是不同的,在教学实践中的评价方法也是不同的。应试教育模式下的教学评价,片面理解评价的实质,实施中的弊端是多方面的:第一,评价对象片面,对教学结果的评价过分偏爱,这既是"应试评价"的惯性使然,其结果导致把评价凝固于考试结果、知识信息量的多少等静态的、浅层次的冰封之中。由于评价较少介入学习过程,缺乏对学习过程和认知能力形成轨迹的评价,"高分低能"现象的泛滥也就事出有因了。第二,评价目标唯量化,把完整的教学评价窄化为学生的学业成绩。学生的学业成绩又以各阶段的考试、会考为主。而成绩的评定必须具有可比性,必须具有相对统一的标准,这样才能甄别学生。因此,评价目标只有量化才能比较客观地评定出学生的等级,这就导致评价目标唯量化现象。第三,评价标准、手段单一,对教学的最终评价是以考试(测验)为手段,以分数为教学质量的衡量标准。

素质教育教学新体系包含的教学评价应是完善的和科学的,这种评价是根据素质教育目标对教学活动及其效果进行状态描述和价值判断,并对增值途径进行探索从而为教学决策提供科学依据的过程。其实施应有以下几点要求:第一,教学评价的主要目的不是分等,是帮助学生学会评价,发现自己,发展自己。第二,评价的出发点是激励,使教学评价在正确判定教学状况的前提下,给师生一种促进和鼓舞,激发其向更高目标迈进的积极性和主动性。第三,建立能较全面反映教学水平的指标并合理分配权重,实施多维评价。既评价教学结果,也评价教学过程;既评价教,也评价学。在对学生个人的评价上,也应该建立能全面反映学生文化素质、道德素质、心理素质的项目指标,并根据素质各组成要素间的关系合理分配权重。这样,以新的维度全面评价学生的动机、兴趣、态度、知识、技能和行为。第四,兼施考试之外的种种手段与方法,日常观察、调查、考查等也都可经常用来评定教学效果。并且,形式也可以多样化,如组织多种形式的活动让学生在轻松愉快中展现学习结果。第五,评价主体广泛化,一方面多让学生参与评价,使他们学会评价、自我评价和相互评价;另一方面,适当吸收有关的教学研究人员、行政管理人员、家长等参与教学评价,以保证评价的民主和公正。

总之,我们在认识素质教育的意义时,不应忽视作为素质教育主要实施途径的教学。素质是可教育的,学生素质的提高主要靠教学。教学必须以素质教育为指导,针对素质教育的特点,以提高学生的素质为己任,才能主动适应社会发展对人的要求,才能保证教学质量的提高,真正实现教学实践中由应试教育向素质教育的转轨。

问 题 与 思 考

1. 试述课程改革的必要性和可能性。
2. 结合国内外课程改革的实际,了解课程改革的多种模式。
3. 分析课程改革的"钟摆现象"。
4. 教学改革要解决的主要问题何在,为什么?
5. 谈谈对我国当前教学改革的看法。

活 动 与 研 究

1. 选取一个国家或地区的课程改革作为研究案例,探讨其课程改革的成败得失。
2. 解读作为我国新一轮基础教育改革纲领性文件的《基础教育课程改革纲要(试行)》。
3. 跟踪研究一项教学改革计划。
4. 参与一门学科的教学改革活动。

推荐阅读书目和网址

1. 傅道春编著:《新课程中教师行为的变化》,首都师范大学出版社 2001 年版。
2. 胡定荣著:《课程改革的文化研究》,教育科学出版社 2005 年版。
3. [加拿大]迈克·富兰著,中央教育科学研究所、加拿大多伦多国际学院译:《变革的力量——透视教育改革》,教育科学出版社 2000 年版。
4. [加拿大]迈克·富兰著,中央教育科学研究所、加拿大多伦多国际学院译:《变革的力量——深度变革》,教育科学出版社 2004 年版。
5. [加拿大]迈克·富兰著,中央教育科学研究所、加拿大多伦多国际学院译:《变革的力量——续集》,教育科学出版社 2004 年版。
6. 巨瑛梅、刘旭东编著:《当代国外教学理论》,教育科学出版社 2004 年版。
7. [美]David G. Armstrong 著,陈晓端主译:《当代课程论》,中国轻工业出版社 2007 年版。
8. [美]吉纳·E·霍尔等著,吴晓玲译:《实施变革:模式、原则与困境》,浙江教育出版社 2004 年版。
9. 全国课程专业委员会秘书处编:《21 世纪中国课程研究与改革》,人民教育出版社 2001 年版。
10. 钟启泉、崔允漷主编:《为了每一位学生的发展:〈基础教育课程改革纲要(试行)〉解读》,华东师范大学出版社 2001 年版。
11. C. Haynes, *Innovations in Interdisciplinary Teaching*, American Council on Education, 2002.
12. J. Rudduck, *Understanding Curriculum Change*, University of Sheffield, 1986.
13. M. Kennedy, *Inside Teaching*: *How Classroom Life Undermines Reform*, Harvard University Press, 2006.
14. K. M. Benson, *Conversations of Curriculum Reform*, Peter Lang Publishing, 2006.

1. 全美教育协会(NEA)(美国课程与教学改革)http://www.nea.org/index.html
2. 课程与资格局(QCA)(英国课程与教学改革)http://www.qca.org.uk

3. 课程教材研究所（中国课程与教学改革）http://www.pep.com.cn/kcs

4. 澳大利亚课程研究协会（ACSA）（澳大利亚课程与教学改革）http://www.acsainc.com.au/pages/pozcr.php

5. K12 课程与教学 http://www.k12.com

# 第八章 课程与教学的评价

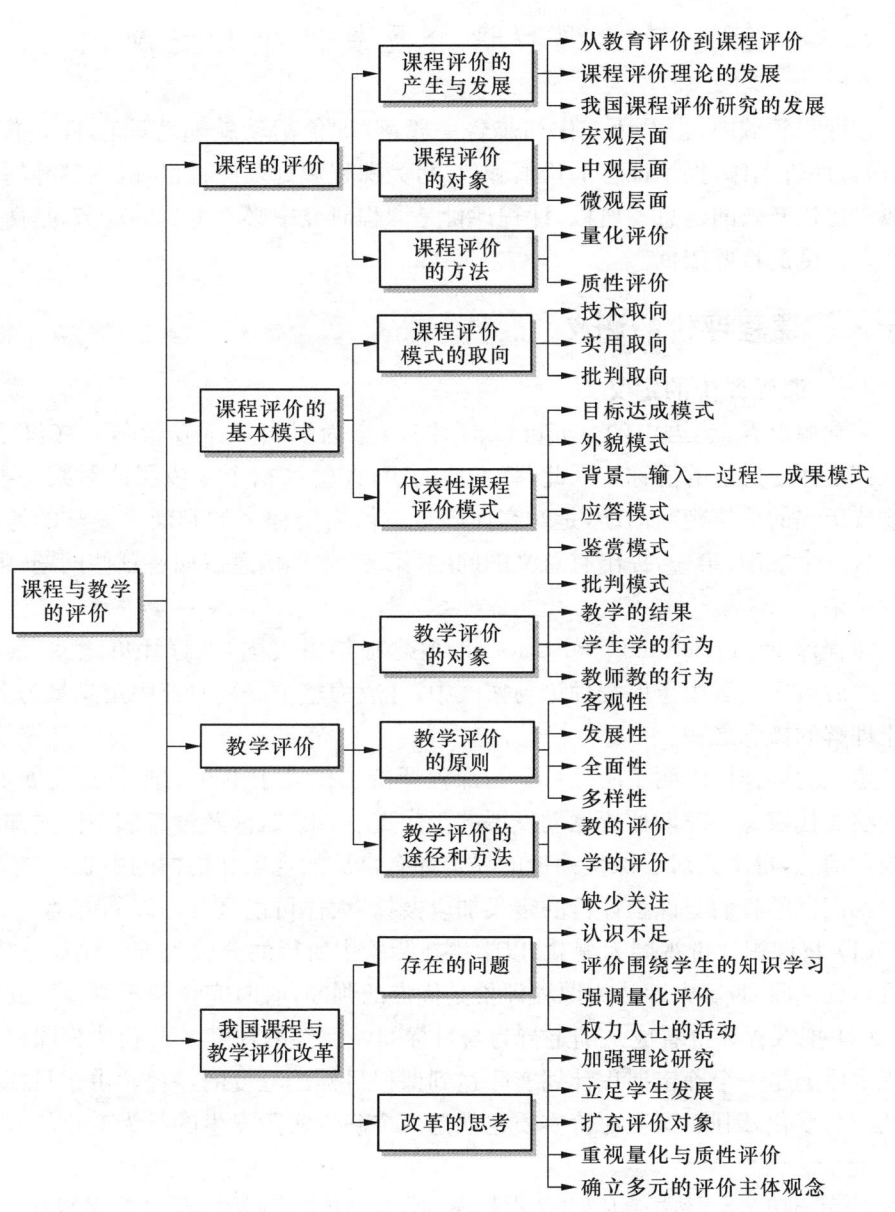

课程与教学的评价
- 课程的评价
  - 课程评价的产生与发展
    - 从教育评价到课程评价
    - 课程评价理论的发展
    - 我国课程评价研究的发展
  - 课程评价的对象
    - 宏观层面
    - 中观层面
    - 微观层面
  - 课程评价的方法
    - 量化评价
    - 质性评价
- 课程评价的基本模式
  - 课程评价模式的取向
    - 技术取向
    - 实用取向
    - 批判取向
  - 代表性课程评价模式
    - 目标达成模式
    - 外貌模式
    - 背景—输入—过程—成果模式
    - 应答模式
    - 鉴赏模式
    - 批判模式
- 教学评价
  - 教学评价的对象
    - 教学的结果
    - 学生学的行为
    - 教师教的行为
  - 教学评价的原则
    - 客观性
    - 发展性
    - 全面性
    - 多样性
  - 教学评价的途径和方法
    - 教的评价
    - 学的评价
- 我国课程与教学评价改革
  - 存在的问题
    - 缺少关注
    - 认识不足
    - 评价围绕学生的知识学习
    - 强调量化评价
    - 权力人士的活动
  - 改革的思考
    - 加强理论研究
    - 立足学生发展
    - 扩充评价对象
    - 重视量化与质性评价
    - 确立多元的评价主体观念

课程与教学评价是教育领域中教师、教育管理工作者或有关人员经常进行的一种特殊认识活动,其目的在于对课程与教学作出各种决策,保证课程与教学的有效性、合理性。近几十年,课程与教学的评价已成为教育领域中极其活跃的部分,在理论与实践中受到极大的重视。本章将着重探讨有关课程与教学评价的一些基本问题。

# 第一节　课程评价及其产生与发展

在课程领域中,当设计工作初步告一段落,评价活动就随着课程的实施而展开,通过评价工作,揭示课程的价值和效果,为课程规划及课程目标、内容等的开发和改进提供有效的信息。所以,课程评价是课程研究中必不可少的环节,是衡量目标实现程度的重要依据。

## 一、课程评价的涵义

### （一）课程评价的定义

从词源上看,英语中的 evaluation(评价)意为引出和阐发价值。在汉语中,“评价”是评定价值的简称。因此,就本质而言,评价系指个人或团体对某一事件、人物或历程的价值判断活动,是对客体满足主体需要程度的判断。完整的评价活动包含三个层面:第一,提出有意义的问题;第二,收集信息以回答这些问题;第三,阐释结果。

课程评价(curriculum evaluation)的概念最早由美国“课程评价之父”泰勒提出。随后被广泛运用于课程理论与实践中,并成为整个课程研究中定义最为多样、最难理解的概念之一。

定义的多样性说明了两点:第一,课程评价工作处于不断的改革与发展中,定义的演变代表每一时期评价运动发展的工作重点;第二,涉及学者们不同的知识价值观和信念,每个人对于课程评价的界定都有自己的观点和把握的中心。

我们把学者们对课程评价的定义加以概括,大体可以区分出以下五类:

（1）将课程评价视同为测验,以学生在测验中所得的分数为准。例如桑代克、埃贝尔(B. Ebel)等人即认为课程评价是优点的判断,有时完全基于测验分数。[①]

（2）把课程评价看成是确定行为与目标间一致性的程度。泰勒认为课程评价过程实质上是一个确定课程计划实际达到课程目标的程度的过程,“由于目标是指人的行为变化,因此,课程评价实质也就是一个确定实际发生的行为变化的程度的

① ［美］拉尔夫·泰勒著,施良方译:《课程的基本原理》,人民教育出版社 1994 年版,第 85 页。

过程"①。

（3）把课程评价理解为给课程决策提供信息的工作，属于非判断性描述。如美国学者克隆巴赫（J. Cronbach）指出课程评价是为作出有关课程的决策，收集和使用信息。美国的斯塔夫尔比姆（D. L. Stufflebeam）也认为"课程评价就是描述、获得、提供、运用信息的过程"②。

（4）课程评价是对成绩或价值的判断。英国课程专家凯利（A. V. Kelly）认为，课程评价是"评估课程价值和效用的过程"③。美国的桑德斯（J. R. Sanders）认为，课程评价是"研究一门课程的某些方面或全部的价值的过程"④。艾斯纳指出，课程评价"就是要就某些价值评估不同课程方案的长短，评价的主要问题在于抉择的焦点、复杂性和综合性"⑤。

（5）课程评价是对课程形成判断、作出决策的过程。这种课程评价观，视评价为课程方案设计的促进者、课程价值的仲裁者，评价的对象是课程方面所有值得注意的中心因素或边缘因素，不只是行为目标和学生的表现。评价的基本活动也不单是描述课程实施的程序和结果，而是包括价值判断和作出决策两个方面。坦布林克（T. D. TenBrink）把课程评价分为准备、资料收集、评价三个阶段，评价就是取得资料、运用资料，以形成判断作出决定的过程。

综上所述，可以看出，课程评价的概念从偏重量化的测量、粗糙的定性，再到逐步重视定量与定性、效用与价值判断、描述与形成决策的统一，经历了曲折的历程，反映了人们对课程评价认识的深化，也从不同角度揭示了课程评价的本质特征：判断课程的效用和价值。

我们认为，所谓评价，是一定事物或对象的价值在人们意识中的反映，离开对价值的反映，就没有什么评价活动可言。课程评价是根据一定的课程价值观或课程目标，运用一定的科学手段，通过系统地收集信息、资料，分析、整理，对课程方案、课程实施过程和结果等的价值或特点作出判断，从而为课程决策提供可靠信息的过程。

若对该定义作具体分析，可揭示课程评价的实质：第一，课程评价是价值或优点的判断，不是纯技术性的工作，也不单是现象的客观叙述；第二，课程评价不只是针对个人特质，即所谓"对人不对事"，也是针对课程方案或行政措施的；第三，课程

① 黄政杰著：《课程评鉴》，台北师大书苑有限公司1990年版，第14页。

② 廖哲勋著：《课程学》，华中师范大学出版社1991年版，第272页。

③ A. V. Velly, *The Curriculum: Theory and Practice*, London: Paul Chapman Publishing Ltd., 1989, p. 187.

④ 江山野主编译：《简明国际教育百科全书：课程》，教育科学出版社1995年版，第168页。

⑤ E. W. Eisner, *The Educational Imagination: On The Design and Evaluation of School Programs*, 2nd. ed., New York: Macmillan, 1985, p. 152.

评价既包含对评价对象的量的描述,也包含对评价对象的质的描述,即定量评价与质性评价兼容并蓄,并趋向于以定性评价为主;第四,课程评价除了为评定成就、结果,也是为了作出决定。

### (二) 课程评价与课程评定、测量和测验、课程研究

课程评定(curriculum assessment)和课程评价在北美是同义语,但是在英联邦国家有一些区别。英国学者劳顿(D. Lawton)认为,课程评定是课程评价的一个组成部分。学校在开设课程时,对于拟开设课程的性质和必要性需作出价值判断,可以根据何以认为其是合乎需要的、学生应当学的以及应当如何学等进行初步评价。课程一旦实施,其价值就要在实践中进行检验,这就涉及了评定,即要评定实际发生了一些什么情况,课程的可行性和有效性达到了什么程度,据此决定课程的总的实际价值。从侧重点来说,评定的重点是学生以及课程学习的进展,主要是针对学生学习反应的标准或成绩水平而言的[1],显示学生经过一个阶段的学习,在知识技能、态度和行为等方面所产生的变化。评定有多种方式,包括测量(measurement)和测验(testing)、教师对学生的系统观察和记录、学生自我评定的记录、研究工作者对儿童发展的长期研究等等。

测量和测验的目的在于度量个人拥有某项特质的程度。为了更客观精确地表示个人特质,常常将此特质加以量化,并指出个人特质在其所属团体中的相对位置,不含有价值成分,需要测量者或测验者尽量排除价值观等主观因素的影响,以保证结果的客观性。评价则是一种主体活动,是作价值判断的活动,是实践与认识的中介。测量和测验是课程评价的工具之一。课程评价是采用各种工具收集资料,以判断课程价值的过程。

课程评价和课程研究均须采用科学方法和程序,从资料收集的设计到结果的报告。近年来,评价和研究有逐渐结合的趋势,但评价和研究尚不能划等号。评价和研究在目的、方法上均有差异。从目的方面看,研究是要从研究设计上变项的相关及假设的证实获得概括化的新知识,研究的结论不一定立即可以应用。评价则是应用的或是应用研究的一种形式,它需要获得即刻的、有关的资料作为判断方案、成就、程序或目标价值之用,增进决策者的智慧。所以,价值判断和用途在评价中很重要,但在研究中并不重要。关于方法方面,研究者可依自己的需要决定研究的问题和范围,提出研究假设,研究假设通常由理论演绎出来,或经由有组织的知识归纳出来,研究的设计可以随机分派,有系统地消除干扰因素。研究时,所需资料大都依问题和假设决定。评价者对问题不能自己选择,所要探讨的情境几乎完全限定了评价的问题。评价难以拟定精确的假设。评价的情境是正在进行中的计

---

① R. Barrow, *Giving Teaching Back to Teachers*, Sussex: Wheatsheaf Books, 1984, p. 233.

划或已实施的方案,所以无法加以严密的控制。评价时,资料的收集受到可行性的影响极大。总之,评价与研究不能划等号,"评价是作出判断的过程,研究是为了作出判断而收集资料的过程"[①],两者在研究目的和方法上均有差异。

## 二、课程评价的产生与发展

### (一)从教育评价到课程评价

教育是人类有目的、有计划、有组织的一种培养人的社会活动,尤重质量、效率,力求圆满地达到预期的目的。因此,教育从它产生之日起即包含着一定的检查、衡量。也就是说,评价自古就普遍存在于教育活动中,评价是价值判断的活动,而教育又是充满价值成分的,它何能排除评价活动?

评价虽然是教育活动中普遍且持续存在的事实,然而系统而正式的评价,在人类历史中为时仍较短暂。有学者指出,中国的科举考试是比较正式的评价活动,自隋代开始的科举考试分为秀才、进士、明经、明法、明书、明算六科,采用帖经、诗赋、时务策等形式的笔试。[②] 测验是评价的工具之一,因此测验运动的历史又是系统和科学评价的始端。系统和科学的评价是 20 世纪左右的产物,均在美国发展开来。

美国莱斯(T. M. Rice)的研究,可说是第一个系统的教育评价。1897—1898年间,莱斯对 3 万多名学生实施拼字测验,目的在评价拼字教学时间不同的学校,其学生的拼字成就如何。20 世纪以后,教育测试在美国蓬勃发展起来。比—西智力量表、西肖乐的音乐才能测验、桑代克的书法量表、斯坦福成就测验等,如雨后春笋般地出现。

然而,第一个系统研究课程评价理论、提出课程评价模式的是美国课程理论家泰勒。从泰勒开始课程评价理论经历了一个逐步发展、完善的过程。泰勒的课程评价理论是在"八年研究"(1934—1942)的实践基础上产生的。"八年研究"是美国进步主义教育协会(PEA)为解决大多数高中毕业生就业的需要与中学课程只面向大学的矛盾而组织的关于中学课程改革的实验。为了正确说明课程改革实验的结果,须正确进行课程评价。当时美国教育界尚未建立科学的课程评价制度,所运用的教育测验问题较多。进步主义教育协会对此提出批评,认为测验是片断的,不能全部了解人格的发展与知识的获取过程;测验只是注目于客观的信度,对于质的妥当性说明不足;学业测验仍是课本中心;测验促成了学生被动的学习态度。

为了改变这种状况,正确评价新课程实施的结果,进步主义教育协会成立了以泰勒为首的专门的课程评价委员会。该委员会以全面发展人的才能为主要目标,

---

① P. F. Oliva, *Developing the Curriculum*, New York: Harper Collins Publishers, 1992, p. 479.

② 黄政杰著:《课程评鉴》,台北师大书苑有限公司 1990 年版,第 4 页。

接受新心理学的观点,经过多年的调查与追踪研究,设计了一套课程评价原则与方法,指出评价要从各个侧面进行。不仅要有分析,还要有综合;课程评价过程就是看课程目标实际达到了什么程度;评价方法不能限于纸笔测验,还应包括行为观察等多种手段。

泰勒的课程评价理论发表后,引起一些教育理论家和心理学家对课程评价乃至整个教育评价的积极探讨。在 50 年代,学者们多在赞同泰勒原理的前提下,对课程评价作进一步的补充和发展性的探讨。

布卢姆等人继承和发展了泰勒的评价理论,于 1954 年创立了"教育目标分类学",强调课程、教学与评价的统一。布卢姆将课程活动所要实现的整体目标分为认知、情感和动作技能三个领域,并明确提出了各领域在实现最终目标过程中要依次完成的目标体系。布卢姆等人在教育目标分类研究上所取得的成果,使一直被人们模糊理解和定义的教育目标具体化,并使课程评价工作者有了较为一致的目标框架,弥补了泰勒评价理论在目标问题上的不足。

60 年代以后,越来越多的研究者开始强调尊重受教育者的人权和人格,反对用统一的框框衡量所有的学生,提倡使每一名学生的个性都得到充分的发展。评价的领域因此变得欣欣向荣,课程评价研究亦呈百花齐放之势。

### (二) 课程评价理论的进一步发展

20 世纪 60 年代以后,泰勒的以行为目标为基础的评价模式受到了多方面的批评和批判,一些有威望的教育专家从不同的角度提出改进课程评价模式的主张,推动了课程评价理论的丰富和发展。

1966 年,斯塔夫尔比姆对泰勒的评价理论提出批评,主张采用以决策为中心的评价模式。他将背景评价(context evaluation)、输入评价(input evaluation)、过程评价(process evaluation)、结果评价(product evaluation)结合起来,提出了 CIPP 模式。他认为课程评价是一种过程,旨在描述、取得及提供有用的资料,作为进行判断的参考。评价是为了作决定,作决定便是选择,从而改变行动,促进改革。

次年,斯克瑞文(M. Scriven)也批评了泰勒的评价模式。斯克瑞文认为评价是一种方法上的活动,这种活动是根据一组加权(weighted)的目标标准,收集和合并有关的表现资料,以形成比较的或价值的判断,并且说明资料收集工具、加权数和目标选择的合理程度。

同年,斯太克在《师范学院学报》(*Teachers College Record*)发表了重要论文《教育评价的外貌》(*The Countenance of Educational Evaluation*),肯定了判断是评价的两大基本活动之一(另一活动是描述)。论文还提出了一个完整的、包含描述与判断两个方面的评价模式,即外貌模式(countenance model)。

进入 70 年代,学者们对传统的课程评价模式的批判与反思迈出较大的一步,发展出新的评价理念——解释的评价（illuminative evaluation）。解释的评价不是测量预期的教育效果，而是对整个课程进行整体而深入的研究，并强调运用质性研究的方法。

新的评价观主张，评价的重心应当放在学习环境的多样性和复杂性上，评价者应采取的是人类学家的态度，应当关心的是进行描写和转述而不是进行测量和作出预言。这种描写和转述当然不是与事先定好了的标准相联系，而是与参加者如何评价课程的教育价值相联系。

艾斯纳可说是新的课程评价理论研究的中坚、质性评价观的积极推动者。1976年，艾斯纳在对传统的课程评价领域进行全面检讨的基础上，提出了课程评价中的教育鉴赏与教育批评模式。所谓教育批评，"就是把组成课程计划和课程活动的那些必要的、不可言喻的特质，翻译成有助于他人更深刻地理解这些计划和活动的语言。从这个意义上说，批评执行着理解的中介的职责"[1]。关于教育鉴赏，鉴赏就是"有见识的感知行为，亦即鉴别对象的精妙、复杂及重要特质的洞察过程"[2]。把这种认识推广到教育上，就是教育鉴赏。他要求人们对课程要具有"批评"和"鉴赏"的能力，教师、评价者和有关的人员，对课堂上所发生的教育现象的范围、丰富性和复杂性要逐渐有充分的认识。在艾斯纳看来，对各种形式的成功的课程经验进行"鉴赏"应居于评价的中心地位。

课程评价研究再掀高潮缘于80年代末著名评价专家古巴（E. G. Guba）和林肯（Y. S. Lincoln）合著的《第四代课程评价》（Fourth Generation Evaluation）的问世。该书把迄今为止的课程评价发展历史划分为四代。

第一代盛行于19世纪末至20世纪30年代，在此阶段评价被认为就是测量，可称为是"测量"时期。第二代评价随"八年研究"而兴起，视评价为一个过程，而不仅仅是一两个测验。评价过程中不仅要考察学生的成绩，更要描述目标与结果的一致程度，形成一个以"描述"为标志的评价时代。第三代介于1957年至60年代末，以强调"判断"为标志。第四代始于70年代以后，评价的出发点是斯太克提出的"回应性聚焦方式"（responsive mode of focusing），即评价的意义在于服务，评价者首先需要关心服务对象关注的问题、兴趣和焦点，以"回应"服务对象为起点。这样的评价需要运用质性研究的方法，并通过协商形成共同建构的途径。第四代评价理论对"评价"这种活动的本质进行了有益的探讨，突出了评价中的价值问题，使评价的理念发生了质的飞跃。第四代课程评价理论提倡的"回应—协商—共识"的方法，给评价注入了一种民主的精神，使评价成为一种民主协商、主体参与的过程，而非评价者对被评价者的控制过程，体现了多元主义的价值观。90年代以后，古

---

[1] 李雁冰:《课程评价的新途径:教育鉴赏与教育批评》,《外国教育资料》2000年第4期。
[2] 同上注。

巴和林肯概括的这种评价思想和方法引起了更多学者的共鸣，成为课程评价研究发展的主导趋势。

### （三）我国课程评价研究的发展

以上阐述的是西方国家，主要是美国课程评价理论产生、发展的概况。在我国，由于诸多政治、历史因素的影响，现代教育评价的研究和实践基本上是从 20 世纪 60 年代开始的。至于课程评价则更晚。到目前为止，我国的课程评价理论正在形成之中，评价工作尚未走上科学化、规范化的轨道。长期以来，我国在教育管理上实行的是引自苏联的中央集权制，实行全国统一的课程计划和教材，在这样的课程管理体制下，评价的唯一目的就是检查学校或教师是否忠实地贯彻执行。评价的方法就是考试。受"应试教育"的影响，考试成绩又常常被过分重视，以至于人们自觉不自觉地把课程评价等同于考试，对评价作了片面的、简单化的理解。

"文化大革命"以后，随着国家改革开放和教育事业的复兴，课程理论研究开始起步，课程评价问题亦逐渐进入我国学者的研究视野。80 年代，钟启泉的《现代课程论》、陈侠的《课程论》和王伟廉的《课程研究领域的探索》三本我国最早出版的课程研究著作中，都分别探讨了课程评价的一些基本问题。90 年代以后，出版了一批课程研究的论著、专著，其中有许多专章介绍课程评价的理论和实践。《外国教育动态》、《外国教育资料》、《教育研究》、《课程研究》、《教育理论与实践》等杂志上还刊载了多篇课程评价研究的论文，课程评价的理论研究有了长足的发展。

## 三、课程评价的对象

在设计课程评价时，决定要评价的范围是什么，十分重要，它有助于确定应收集哪类信息，应如何来进行分析。明确对象有助于保持评价的集中，也有助于澄清与解决评价者和可能受评价影响的其他人之间的价值分歧和潜在引领问题。课程评价涉及的面很广，拟从三个层面加以考察。

### （一）宏观层面

宏观层面，涉及课程决策与管理成效的评价。课程决策类型大致有三种：为课程的改进而进行的决策，这种决策类型在于确定什么课程材料和教学方法使人满意，哪些需要进行改革；对个人所作的决策，这种决策旨在为每个学生拟定学习计划，确定他的需要究竟是什么。在进行课程选修或学习分组时，判断学生的特质。使学生了解自己的进步状况和不足之处；行政管理方面的决策，这种决策用来判断学校运行的情况好坏和教师工作情况的好坏。对三方面决策的科学性、可行性都需给予实事求是的评价。课程管理是直接地规定课程活动的管理活动,是教育管理工作中具有最重要意义的工作。对管理活动成效的评价,是据以进行课程的改善、革新的必要基础。

### (二)中观层面

中观层面,涉及课程开发过程的评价和课程整体系统的评价。对课程开发过程本身的评价是一个相当复杂的工作,它要求对课程开发过程中所采取的一切步骤的合理性都加以验证。从目前的情况看,这方面的研究还不多。课程整体系统的评价是学校教育认可制度的一种体现,它要求全面评价学校的课程计划,课程计划与培养目标的一致性,学校课程与社会要求之间的符合程度,学校课程与学生的身心发展,课程教学的组织安排等等。对这些方面的评价所得到的反馈,有助于改进系统本身,并为它的连续性及逐年的发展奠定基础,使之保持系统整体的活力。

### (三)微观层面

微观层面,涉及课程目标、课程材料、课程组织、课程实施等方面的评价。课程目标是课程学习的起点和方向,目标制定得如何,是否全面、科学,是否符合社会、学生、教育本身发展的需要等,将直接影响课程实施的结果。评价课程目标主要是看它是否符合国家的教育宗旨和学校的培养目标,表述是否清晰,是否适合于特定的教育水平和智力发展阶段学生的学习,并使之通过努力能够达到目标,是否十分重要,以能促进学生的进一步学习。[①] 课程材料是指为课程实施服务的材料。评价课程材料主要是看它们准备是否充分。课程材料的核心成分是教科书(或称课本)。教科书是各科学习方案、各单元学习方案中具体学习活动的载体,教科书评价包括评价教科书中编写的具体学习活动乃至所蕴含的课程(学习方案)的各个方面是否合理,还包括对课文设计、练习设计、配图设计、版式设计、纸张品种和质量等进行评价。课程组织的评价是对课程纵向、横向组织结构合理性的考察。评价课程实施通常以评价课程实施的结果为主,而且比较多的是侧重于学生的成绩。

上面以广角的形式,较为全面地介绍了课程评价的各种对象。在现实的课程评价中,我们在课程评价对象的研究方面还很缺乏经验。课程实施是最为普遍的评价对象,但它只是局限于评价课程实施的结果,甚至窄化为就是评价学生的成绩,至于其他的评价对象,如对课程决策与管理成效的评价、课程开发过程的评价、课程整体系统的评价等,实际上被忽视了。这方面有许多问题值得认真

---

① J. G. Saylor, et al., *Curriculum Planning: For Better Teaching and Learning*, 4th. ed., New York: Holt, Rinehart and Winston, 1981, p. 336.

探讨。

# 第二节　课程评价的类型

　　传统的课程评价类型比较单一,主要局限于对结果的评价,即往往以结果来判断课程的效果和价值。这种评价明显存在着缺陷。20世纪中叶以后,随着评价一跃成为引人注目的研究领域,课程专家相继开发出各种评价类型,极大地丰富了评价的内涵。根据评价时间的不同,可把评价分为形成性评价与总结性评价;根据评价者身份的不同,可把评价分为内部人员评价与外部人员评价;根据评价者的注意力是集中在课程实施的过程还是结果,可把评价分为过程评价与结果评价;根据评价与目标的关系,可把评价分为目标本位评价和目标游离评价。

## 一、形成性评价与总结性评价

　　形成性评价(formative evaluation)是指为改进现行课程计划或为正在进行的课程活动提供反馈信息而从事的评价,它是一种过程评价。一般而言,形成性评价不以区分评价对象的优良程度为目的,不重视对被评对象进行分等鉴定。总结性评价(summative evaluation)是在课程实施或进行以后关于其效果的评价,是一种事后评价。它与分等鉴定、作出关于学习者个体的决策等相联系。

　　形成性评价与总结性评价都是为了检验某个对象的价值。有时即便是同一个评价,在一个需求者看来是形成性的,而在另一个需求者看来则可能是总结性的。两者的区别在评价的目的、时机、评价听取人、使用评价结果的方法。形成性评价最主要的目的,在探明计划或活动的问题或失当之处,以便为修订或改进提供证据。着重于分析、比较、诊断、改进。总结性评价的直接目的是作出关于课程效果的判断,从而区别优劣和等级。形成性评价直接指向正在进行的活动,是在过程中进行的评价,一般不涉及活动的全部过程。总结性评价是在计划实施之后或课程活动结束以后,通常是对全过程的考察。形成性评价是一种为内部人员采用的评价,而总结性评价是外部导向的评价,为的是满足某些外界听取人或决策者的需要,评价结果主要供外部人员使用。

　　与形成性评价、总结性评价相关的还有诊断性评价(diagnostic evaluation)。诊断性评价是在课程计划或教学活动开始之前,对准备、需要、条件、不利因素的一种评价。诊断性评价的目的,不是给课程计划或教学活动贴标签、下结论,证明其"行"与"不行"或"好"与"不好",而是根据诊断结果设计一些"长善救失"的措施,最大限度地发挥课程计划、教学活动的长处或优势,努力改善课程活动。

## 二、内部人员评价与外部人员评价

这是依据评价者的身份所作的分类。这种分类的标准是看评价者是课程开发、设计的单位或个人，还是未参与其中的单位或个人。前者是内部人员评价（insider evaluation），其主要目的在于改进课程开发、设计的过程，首要任务是弄清预先设定的目标是否已经实现。后者是外部人员评价（outsider evaluation），主要有两种方式：通过测试等手段评价课程的产品，由外部人员对课程过程进行观察。形成性评价基本是一种内部人员评价，总结性评价则基本是一种外部人员评价。

## 三、过程评价与结果评价

结果评价（outcome evaluation）是一种"底线式的或清算结账式的评价"[①]，也是一种传统的、常用的评价形式。狭义的结果评价是指学科目标实现结果的评价，着重考察各学科是否达成预定的学科目标。广义的结果评价是指根据课程实施的结果来判断课程的价值和效果。结果评价中的结果通常都是以操作性的方式来界定的。从评价的目的看，结果评价主要在于了解课程计划对学生所产生的结果，但也可用于掌握受课程计划影响，教师和行政人员产生的结果。结果评价采用的基本方法是通过对前测与后测之间、实验组与控制组之间的差异来作出判断。不少人认为结果评价能提供确定课程对学生所产生的结果的可靠信息，因而在实践中乐此不疲。但也有人对此不以为然，认为结果评价只关注结果不关注过程，乃为暗箱式的评价（back-box evaluation）。

过程评价（process evaluation）是对课程计划实施过程以及教学活动过程的评价。打个比方说，如果想评价斧头这一工具，你可能会研究刀刃的设计、重量的分布、所用的合金钢、斧柄木头的质量、使用的方法、影响使用的情况等等，或只研究一位好斧匠用其砍物的数量与速度。那么，后一种方法属于结果评价，前一种方法就是过程评价。类推至课程评价，过程评价的旨趣在于课程计划所包括的特定内容、课程内容的正确性和组织方式、课程计划实施过程中的影响因素及其相互作用、教学的方式方法、教学的组织、教学中的互动等等。

## 四、目标本位评价与目标游离评价

目标本位评价（goal-based evaluation）是以目标为基础进行的评价，旨在测定教育目标在课程中究竟被实现了多少。教育目标是指学生行为的改变，因此，评价最终是考察这些行为改变究竟实际发生到什么程度。目标本位评价的典型代表是泰勒的评价模式和布卢姆的评价体系。目标本位的评价要点明确、重点突出、操作

---

① G. J. Posner, *Analyzing the Curriculum*, New York：McGraw-Hill，Inc，1992，p. 235.

性强,为判明学生学业的进展提供了有用的帮助,实践中运用广泛,在课程评价中至今仍占有重要的地位。但目标本位评价过分强调目标,往往窄化评价的内容,忽略教室生活的丰富意义,压抑教学的自主性,是一种狭隘的评价观。

目标游离评价(goal-free evaluation)正是针对目标本位评价的缺陷而提出的一种评价类型,它要求脱离预定目标,重视课程的所有结果,包括非预期结果。目标游离评价的倡导者提出,事先不应把课程的目的、目标告诉评价者,而应当让评价者全面地收集关于课程实际结果的各种信息,不管这些结果是预期的还是非预期的,积极的还是消极的,这样才能真正对课程作出正确的判断。他们认为目标本位评价容易受计划的目的的限制,因而也就太容易使计划受使用者和设计者的影响。而且正式规定的目的,往往内容狭窄,易于简单化、表面化。严格按目的行事往往会大大地限制评价的范围及其深远的意义。采用目标游离评价则评价重点由"计划想干什么"转变为"计划实际干了什么",评价者就可以在没有偏见的情况下自由地肯定其优点。

但也有学者对目标游离评价提出批评,指责它简单地以评价者的目的替代计划管理者的目的,另外评价者毕竟还应有判断赞成或不赞成的准则。还有学者觉得,在理论上目标游离评价似乎是可行的,但却不切实际。即使评价对象很明确,要了解评价的情境依然需要花费大量的时间。缺乏对目的的预知,目标游离评价者要么会陷入盲目,要么会形成一家之见。盲目和一家之见显然比预定目标更主观。[①] 所以,虽然目标游离评价对许多评价者的工作产生了影响,但由于涉及管理人员地位、评价者职责等方面的重要变化,以及理论自身的不完善,使之未能在实际评价中得到广泛的应用。

# 第三节　课程评价的模式

## 一、课程评价的模式化研究

在科学研究中,模式被看成是对某一过程或某一系统的简化与微缩式表征,目的在于使人们能够形象地把握那些难以直接观察或过于抽象复杂的事物或对象。评价模式是在一定理论指导下对评价者干些什么的描述,或是对他们应该做些什么的规定。通常,评价者关心的是确定事物或事态的价值或现状。评价模式有两种表达方式:一是为指令性的,这是最常见的。它有相对固定的评价程序,对评价

① See: W. H. Schubert, *Curriculum: Perspective, Paradigm, and Possibility*, New York: Macmillan Publishing Company, 1986, p. 272.

的基本范围、内容、过程和程序有明确的规定或指令。二是为描述性的，包括一些说明或概括性论述，是对评价活动的描述、预测和解释。

课程评价的模式是评价者依据一定的教育理念、课程思想建立的系统化、整体化课程评价体系，它对课程的评价活动作了基本的规定或概括性的说明。推动课程评价的模式化研究，根本动力源于 20 世纪 60 年代以后课程评价领域自身的发展、繁荣，层出不穷的课程评价思想、方法上的联系和理论上的辩护，试图以一种系统化、整体化的方式研究、界说课程评价问题。人们选取不同的研究视角，提出了具有不同课程理念和价值取向的课程评价模式。

下面，我们将重点介绍一些具有典型性的课程评价模式。不过，需要说明的是，对某个或某些学者提出的课程评价模式是单指他或他们某一篇或某几篇论文的观点呢，还是更为广泛地指他或他们在各个时期的研究成果整体，学术界一向有争论，因为许多模式建立者的观点会随时间的推移而发生变化。本文是把模式看成是由某一特定的模式建立者在特定时期提出的协调一致的观点。此外，虽然有些课程评价模式表现出一种广泛的包容性，声称自己确定的是各个派别或各个方面都认为是良好的、合适的。但这样的模式恐怕很少。每一种模式都可能存在相对的价值性质、适用范围，也都可能存在缺乏支持的局限性和理解上的不确定性。所以，课程评价的模式化研究是课程改革和课程评价发展过程的一部分，这种发展将会更多地满足对评价的迫切需要，而不是去寻求一个绝对的、最终的评价体系。

## 二、课程评价模式的取向

课程评价是一项复杂的工作，涉及价值判断的过程和结果，并且受到不同价值取向的影响。也就是说不论评价者对评价对象作出何种决定，他们在评价时必然会反映出某种基本的取向。比较典型的取向有：技术取向、实用取向和批判取向。[①]

技术取向的课程评价模式侧重于控制，把课程当作一种"产品"，可以根据一些预先确定的准则或其他标准加以评价。技术取向的课程评价模式有三个基本要求：第一，对课程目标形成一致的看法；第二，明确、详尽地说明课程结果；第三，广泛选择收集资料的方法，借此确定课程目标的达成度。技术取向课程评价模式的支持者认为，评价者能够收集到可靠的资料，并使教育工作者对课程计划、课程实施活动的效能作出良好的判断。有很多种课程评价模式可以归入技术取向之列，泰勒的目标达成模式是最为典型的，其他的还有普罗沃斯的差别模式、斯太克的外貌模式、斯塔夫尔比姆的 CIPP 模式等。

---

① 参阅李子建、黄显华著：《课程：范式、取向和设计》，香港中文大学出版社 1996 年第二版，第 383—403 页。

实用取向的课程评价模式侧重于"自然性"与"适应性","自然性"即以课程活动而不是课程目的为主,"适应性"即不受预先计划和设计的限制。实用取向的课程评价把课程当作一种"过程"和"实践",评价的意义在于判断这种过程和实践如何使所有参与者达到臻善的程度。评价主要不是依靠外部人员的判断,而是有赖于参与者及其"个人"知识。实用取向的课程评价模式也有三点基本要求:第一,描述特定情境下的创新活动;第二,记录一系列现象、判断和反应;第三,对评价结果的报告采取一种适合评价委托人的方式进行。可归入实用取向的课程评价模式有:阐明性模式、应答模式、鉴赏模式。

批判取向的课程评价模式侧重于"解放"(emancipation),即从针对实践工作者进行的外来评价中解放出来。评价不只是一项技术活动,也是一项政治批判活动。课程评价不是课程建构过程中的独立部分,参与者应有绝对的控制和发言权。批判模式是典型的批判取向的课程评价模式。

## 三、有代表性的课程评价模式

### (一)目标达成模式

目标达成模式(goal-attainment model)的评价,旨在确定课程方案达到目标的程度,由美国课程评价专家泰勒倡导,他在 20 世纪 30 年代所进行的"八年研究",便运用了这一模式。泰勒认为,教育的目的在于改变学生的行为,评价就是要衡量学生行为实际发生变化的程度,通过预先规定行为目标设计课程、评价课程。

目标达成模式的评价程序包括如下步骤:第一,拟定一般目标或具体目标;第二,将目标加以分类;第三,用行为术语界定目标;第四,确定应用目标的情境;第五,发展或选择测量目标的技术;第六,收集学生的行为表现资料;第七,将收集到的资料与行为目标比较。

目标达成模式是一种较客观并有一定效率的评价模式,是评价领域技术上的一次进步。后来课程评价模式的发展都与这一传统性模式有关。该模式也极大地影响了许多教育学者的评价研究。哈蒙德(R. L. Hammond)、梅特费塞尔(N. S. Metfessel)、迈克尔(W. B. Michael)等评价专家都接受了泰勒模式的基本精神,就连美国著名的评价学者克龙巴赫也深受泰勒目标达成模式的影响。布卢姆的教育目标分类学说显然也以泰勒的评价要点为基础。

目标达成模式的优点,在于把评价与测验作了区分,提出课程评价的目的不仅仅是评价学生的优劣,还在于改进课程开发,这一观点揭示了评价的本质。这一模式结构紧凑、操作性强,也是它在课程评价理论中占有重要地位的重要方面。不过,该模式亦有一定的局限性,由于受到预定目标的束缚,忽略了未预期的目标,更忽略了丰富的互动的课程教学历程。这方面我们在"课程开发的目标模式"部分中还有论述。

### （二）外貌模式

外貌模式（countenance model）由美国教育评价专家斯太克于 1967 年提出。他是在批评泰勒目标达成模式基础上提出外貌评价模式的。他认为已有的课程评价不注意前提条件和相互作用，不注意多种可能的结果，只重视传统的测验，强调个别学生分数的信度和预测效度，忽视先在因素、过程因素和结果因素三者的关系。斯太克建立在对目标达成模式批判基础上形成的外貌模式，也为后来的回应模式开辟了道路。

斯太克提出，课程评价既需要描述，也需要评判。描述包括两类材料：打算做的（intents）和观察到的（observation）。评判包括两个方面：根据计划实现的内容所作的判断和根据实际观察到的情况所作的判断。但不论是描述还是评判，其材料都是建立在三个来源上：①前提条件（antecedents），指教学之前业已存在的可能与结果有关的条件，如学生的兴趣、经验、教师的意愿、课程内容的特点、社会的背景；②相互作用（transactions），即教学的过程因素，如师生关系、师生的交往、作用的氛围；③结果（outcomes），就是课程计划实施后的效果，如学生的成绩、态度、动作技能、对教师和学校的影响。

斯太克主张，课程评价人员一方面要收集描述计划实施前提条件的资料，另一方面要收集实际发生现象的"观察"资料，比较、确立两者间的一致性。评价者还要从"打算做的"和"实际观察到的"两个维度，分析各个维度中"前提条件"、"相互作用"、"结果"三者之间逻辑上的可能性和经验上的可能性。

外貌模式是一种对课程进行比较全面评价的模式，它不仅关注课程产生的结果，而且还重点分析产生特定结果的各种条件和所运用的方法。因此，运用这种评价模式可以对课程的全貌进行评价，这比前述的目标达成模式更为周到。但在观察、描述和判断中容易带有主观性，从而影响评价结果的可靠和可信。再者，这种评价所了解和处理的内容繁多，要在实践中应用，未必那么容易。

### （三）背景—输入—过程—成果模式

背景—输入—过程—成果模式（context - input - process - product）又称 CIPP 模式，是美国教育评价学家斯塔夫尔比姆倡导的课程评价模式，该模式于 20 世纪 60 年代后期发展起来。当时，以目标、测验和实验设计为定向的评价广为流行，CIPP 模式是针对这些评价的缺陷而提出的一种改进方法。斯塔夫尔比姆认为，课程评价不应局限在评定目标达到的程度，课程评价是一种过程，旨在描述、取得及提供有用资料，为判断各种课程计划、课程方案服务。其中，"描述"在于指明作决定所需的各种资料，"取得"即通过收集、组织、分析等过程，得到所需资料，"提供"

是依据评价目的,向决策者报告取得的资料,"判断"就是作决定的行动。可见,评价是为了作决定,作决定则意味着进行选择,从而改变行动,促成改革。通过课程评价为决策者提供资料,最终目的在于改革课程。

促进课程改革的决策有四种类型:①确定目标的决策(计划);②设计程序的决策(组织);③使用、追踪、改进程序的决策(实施);④判断结果并予以反馈的决策(循环)。和上述决策类型相对应,形成背景、输入、过程、成果四种评价。

第一,背景评价。即要确定课程计划实施机构的背景;明确评价对象及其需要;明确满足需要的机会;诊断需要的基本问题;确定一般和具体的目标,并判断目标是否已反映了需要。背景评价采用的主要方法是系统分析、调查、文献评论、倾听意见、会谈和诊断性测验。

第二,输入评价。旨在确定如何运用资源以达到目标。这里的资源包括材料、设备、程序、方法、人员、环境等。这一步骤要回答,已经确定的目标可行吗? 哪些计划可能达成这些目标? 每种计划的成本效益如何? 每种计划的逻辑性、实用性如何? 教师有效使用计划,需要多久的训练? 如何执行这些计划? 有哪些程序? 如何妥善安排人员和设备? 输入评价采取的方法是文献调研、访问、试点试验等。

第三,过程评价。主要是通过描述实际过程来确定或预测课程计划本身或实施过程中存在的问题,为计划的设计和实施者提供定期的反馈。过程评价范围涉及实施步骤、教学法和学生的活动。这一步骤要回答诸如有关活动是否按预定计划得到实施,是否在用一种有效的方式利用现有的资源。从方法层面看,评价者有许多选择,如"通过描述真实过程,持续地与工作人员相互了解,观察其活动,控制活动的潜在的障碍,保持对意外障碍的警惕,获得已确定的决策的特殊信息"[1]。

第四,成果评价。即测量、解释和评判课程结果,帮助课程决策者决定课程计划是否应该终止、修正或继续执行。这里特别重要的是应综合收集与结果有关的各种信息,并与来自背景、输入和过程方面的信息进行比较,以对课程计划的利弊作出妥当的解释,正确引导一系列的再循环决策。

CIPP 模式是一个摆脱传统的局限于目标的评价模式,其重点不在引导一项个别研究的进行,而在为决策者提供信息,其目的不在证明而在改良,更好地反映了社会对评价提出的新的要求。但是这种模式实施过程比较复杂,所需要的投入相对也高,操作起来有一定的困难。

### (四) 应答模式

应答模式(responsive model)由斯太克提出,古巴、林肯等进一步发展而成。

---

① 瞿葆奎主编:《教育学文集:教育评价》,人民教育出版社 1989 年版,第 313 页。

应答模式的提出,标志着斯太克完全摆脱了他称之为"预定式评价"(preordinate evaluation)传统的评价模式。1973 年,斯太克在提交给"评价的新趋势"讨论会的论文中写道:"我在此推荐应答评价(responsive evaluation)。该方法以牺牲某些测量上的准确性换取评价结果对方案有关人员说来更多的有用性。现有的评价方法多带有预定(preordinate)性质,即强调目的的表述和客观的测验、由方案执行人员掌握的标准,以及研究性的报告的应用。而应答评价则较少依赖这些正规的信息交流方式,更多地依赖自然接触。"①

斯太克认为,课程评价有不同的方法,没有哪一种方法是唯一正确的。但要使评价产生效果,必不可少的一点是,评价应该向听取评价结果的人提供他们所关心的信息,要充分地了解他们所关心的问题。在斯太克看来,"教育评价如果具备三个特点,就是一种应答模式:①更关心方案的活动而不是方案的内容;②对听取人要求的信息作出反应;③根据不同的价值观,报告方案的成败"②。

古巴和林肯对应答模式作了进一步的说明,"就是以所有与方案有利害关系或切身利益的人所关心的问题为中心的一种评价。这些问题可以包括:是否应该削减方案预算? 是否应实行责任制? 教学目标是否达到? 新教学计划比旧教学计划是否更为优越? 等等。总之,它应该提供对于方案的担心、怀疑、赞成或反对的一切信息"③。

应答模式最主要的特点是把问题而不是把目标和假设作为评价的先行组织者。问题是在广泛的交谈后形成的,即通过一段熟悉过程,通过与学生、家长、纳税人、方案发起人、方案执行人的交谈,评价者注意到某些现实的或潜在的问题,这些问题组成了继续与上述各方讨论和制定资料收集计划的结构。在此基础上,评价者再进行系统的观察、调查、访问、测验,或其他任何有助于理解并解决有关问题的评价活动。

应答模式有以下实施步骤:第一,评价者与一切跟评价对象有关的人员交谈,获取他们对评价对象的看法;第二,根据获取的信息,确定评价范围,并对方案的实施作实地观察;第三,对方案希望达到的目标与实际上取得的成果进行比较;第四,对评价应回答的问题进行理论上的修正;第五,评价者以此为基础设计评价方案;第六,选择收集信息的方法;第七,对收集来的资料进行加工处理;第八,将处理过的信息按需要回答的问题分类;第九,把分类评价结果写成报告;第十,根据评价报告对方案作出全面判断。

---

① 瞿葆奎主编:《教育学文集:教育评价》,人民教育出版社 1989 年版,第 325 页。

② J. G. Saylor & Others, *Curriculum Planning for Better Teaching and Learning*, 4th ed., New York: Holt, Rinehart and Winston, 1981, p. 329.

③ 钟启泉编著:《现代课程论》,上海教育出版社 1989 年版,第 355 页。

应答模式的最人优点在于,它不再单纯从理论出发,而是从关心评价结果的各听取人(audience)的需要出发,确认他们的关注焦点,重视他们的价值观,让他们涉入整个评价过程,甚至于报告形式也需符合他们的需要。事实上,不管什么样的评价,它的理论再高明,方法再先进,但若其结果不能为听众所接受,那么最终是难以产生任何效果的。此外,应答模式回答了所有其他模式希望回答的诸如目标的达成程度、决策、价值判断等问题,较好地适应了多元社会的现实和具有不同观点的评价听取人的需要。其结果也具有相当的弹性和应变性。因此,应答模式的评价受到了广泛的欢迎和好评,一些学者甚至认为该模式是迄今为止所有评价模式中最全面、最有效的。

### (五)鉴赏模式

鉴赏模式(connoisseurship model)是在批判以往的"科学"评价方式,并借鉴非量化评价方法的基础上,由美国斯坦福大学的教授艾斯纳提出来的。艾斯纳认为,传统的评价模式存在许多明显可见的缺点:[①]

第一,传统的评价模式追求的是预测与控制。评价领域的诞生和发展是以现代科学的发展及其方法论为背景的。科学方法运用到教育上,是强调控制。20世纪初发展起来的课程与教学评价,无论是早期的测量和测验,还是20世纪中期占据主流的目标评价模式,其特征都是预测和控制。但教育现象十分复杂,实际上是无法完全控制和预测的。当科学式评价方法流行时,一切不能纳入预定评价框架的都被排除于评价范围之外。评价只能提供片面的情况,而不能全面反映教育的实际。

第二,将复杂的教育现象简化为数字,即将"质"还原为"量"。评价者把各种教育现象不断加以简化,最终代之以数字,并运用统计的方法进行分析。艾斯纳认为,这些数字其实既缺少意义,又无法表明其所代表的内涵。之所以要追求"量化",一是试图揭示出规律,二是希望使之看起来客观,便于比较。但内在的本质始终无法揭示。艾斯纳为此打了一个形象的比喻,六英尺高的人,并未给我们相同的印象,所以六英尺无法代表我们观察到的复杂现象。

第三,传统评价追求一元化的价值观,往往把评价对象置于一个共同的标准或常模之下,用评价者认可的某一种价值观要求评价对象。忽视了学习者的个性、差异性,学习趋于标准化。

第四,忽视了评价的目标和功能,传统的科学式评价比较重视结果的比较,即重视总结评价,或者是采用常模参照,或者是标准参照。结果的评价是需要的,但问题是,这样的评价未收集影响结果的条件、过程和互动因素,对于学习结果的改

① 黄政杰著:《课程评鉴》,台北师大书苑有限公司1990年版,第161—163页。

进,作用不大。

　　针对传统评价存在的问题,艾斯纳提出了改革的建议。他认为,教育改革需要评价的改革,评价改革呼唤质性评价。在质性评价方面,艾斯纳提倡鉴赏模式。什么是鉴赏？根据艾斯纳的理解,鉴赏是感知的艺术,而感知的意义是一种觉醒、认识或理解,从而提供判断的基础,鉴赏可以运用于生活的各个层面。运用在教育上就是教育鉴赏。教育鉴赏是感知教育生活的细节,理解这些细节如何组成课堂情境的能力。他要求人们对课程与教学具有评论、揭示、鉴赏的能力。所谓“鉴赏”就是教师、评价者和其他人,对课堂上所发生的教育现象的范围、丰富性和复杂性要逐渐具有充分的认识。在艾斯纳看来,对各种形式的教育成功经验进行“鉴赏”应居于评价的中心地位。

　　鉴赏评价主张收集非量化的资料,评价者应关心学校一年中发生了什么事件,这些事件是如何发生的,师生对它们有怎样的反应,是如何参与的,学生从课程中学到了什么。评价者还应更深入地关心课堂情境,如学生如何进入教室,学生的表情,教学开始时学生的坐姿、动作、眼神及其所传达的信息,师生的交往,教师的耐心,教师对学生间竞争、合作的态度,学生所提出的问题、观念和对事物的反应如何,等等。

　　与其他各种评价模式相比,鉴赏评价重在审视、洞察、欣赏,而不是追求达标、判断、定位。教育鉴赏要以经验为基础,评价者必须拥有大量的课堂实践经验,才能发展出高超的鉴赏能力,才能够区别在某个实践体系中什么是最重要的。

　　鉴赏模式的最大贡献在于打破了传统的课程评价科学模式一统天下的局面,主张课程评价可采用另类的方法,拓宽了评价者的视野,丰富了课程评价的研究。通过鉴赏评价克服视教育结果为简化式数字的弊端,从而在整体上认识、把握教育现象。但教育毕竟是一门科学而非艺术,对评价者如何去鉴赏,艾斯纳并未界说清楚。艾斯纳指出,鉴赏需要品味知识和经验体系,但在教育鉴赏中,这些因素如何运作呢？所以,总体上看,这种评价尚缺乏严格的方法,评价中个人主观色彩也较浓厚。

### （六）批判模式

　　批判模式(critical model)出现于 20 世纪 80 年代,是一种独树一帜的激进的课程评价模式,其积极的倡导者有阿普尔、凯米斯等人。他们认为评价不应只是一项技术活动,也是一项政治批判活动。评价隐藏着一套社会所接受的意识形态与政治道德规则假设,以判断教育与学校课程的优劣。在他们看来,学校是一个不同利益集团相互抗争的场所,是一个充满价值冲突和霸权的场所。传统的评价模式采取的是保守的立场,只注意个人问题,而忽略团体组织或制度结构的问题。因此,常常不加批判地以接受社会结构及其所衍生的问题为前提。评价时,利用大量的测验判断学生的能力,使之对应于评价者所预设的行为表现类型,据以将学生分类。再以不同的方式,尝试改变学生个人,以解决教育问题。

批判模式采取的是激进的立场,批判性评价不仅需要解释和研究在学校里不同价值和利益的冲突,还要把影响评价本身的价值清楚地揭示出来。为此,评价者需要思考这样一些问题:①评价者在社会中所处的地位如何? ②影响评价准则的价值和利益何在? ③评价者的意识形态如何影响他们对学校的价值判断? ④评价怎样才能受到普遍利益而不是个别利益的指引?

批判模式有三个步骤:第一,提出问题。评价者需探讨的问题包括:现有情境是如何形成的;情境中成员的价值观和利益取向又是如何形成的;相互抗争团体(包括霸权团体)的价值和利益,抗争表现的场所(课堂、教室、校园等);抗争所表现的形式,如在讨论、言谈、社交关系、组织或行动中的表现形式,这些表现形式与什么背景、过程和成果有关;在该情境中是否有抵制的表现,这些抵制形式在什么程度上是有意识地反霸权;就该情境而言,理论与实践的一致性和非一致性如何。第二,分析问题。该阶段需要合作或讨论,并让参与者分析日常的教育现象和政策,分析学校与社会、社会与国家、课程与社会的关系。第三,行动。经过讨论和达成共识,团体成员确定行动的方向和步骤,行动的步骤可能包括课程行动研究、反省、转化课程的安排,以至变革社会的行动。概括地说,批判模式是课程建构的不可或缺的方法,也是把课程评价与社会转变联系起来的大胆尝试,是 80 年代以后课程评价模式发展中的一个亮点。但毋庸置疑,由于该模式的激进性的、非主流性的本质,至今仍未得到教育工作者的广泛认可。

在课程实践中,究竟应该采用哪一种具体的评价模式,人们的观点并不一致。我们认为每种模式都有其合理内核和不足,有的模式便于操作,但往往只注意近期的可观察到的效果。有的模式比较周全,但实施过程又过于复杂。十全十美的模式是没有的,而且在实践中有时很难说一种评价完全属于哪种模式,往往会涉及两三种不同的模式。所以,需要综合性地、多样化地和有针对性地选用合适的评价模式。

## 第四节 课程评价的方法和过程

### 一、课程评价的基本方法

评价方法的选择,实际上是一个如何有利于获取评价资料的问题。资料收集越客观、准确,越有利于评价得出正确的结论。课程评价方法的确定取决于课程评价的目的、课程评价对象的特点以及评价者自身的水平与客观条件。20 世纪 70

年代以后,随着课程评价研究的深入和评价实践的发展,课程评价方法逐渐丰富。课程评价作为基本的方法,大致可分为两大类:一类是量化评价(quantitative evaluation)方法;另一类是质性评价(qualitative evaluation)方法。

### (一) 量化评价

量化评价方法又称定量评价方法,是一种以数字和度量来描述、说明教育现象、课程实践进而从数量的分析与比较中推断评价对象成效的方法。量化评价方法的认识论基础是科学实证主义、实验心理学和精神测量学,偏重事实、关系和原因,强调大量的样本、控制,一般化的推论等,同时对结果或产品予以极大的重视。由于该方法自然具有的演绎性,使其从开始便更倾向于以理论为基础。在评价过程中,常将事实与价值分离,更注重评价的标准化程序和预先设计。量表评级与测验,或者说数字、计算、统计分析是量化评价方法采取的主要手段。

课程评价是教育科学化运动的产物,也可以说"课程评价从产生之日起,就是与整个教育对科学化的追求联系在一起的。以量化形式表征事物的性质被认为是科学化的特征之一,因此,量化评价范式一直占据着评价领域的主导地位"[1]。量化评价方法的长处在于:①量化评价的设计是预先确定的,比较概括和具体,易于控制和操作;②量化的结果便于数学处理,有助于提高评价的精确性;③量化的指标往往是客观化的指标,因而有助于提高评价的客观性;④量化评价有助于对评价对象作出明确的等级区分,如对学生的学业成绩。

### (二) 质性评价

20 世纪 70 年代以后,在课程研究领域出现了范式的转变,随着"课程的理解范式"的兴起,课程领域主体意识的觉醒,人们开始反思和批判量化评价方法,并由此导向对质性评价方法的追求。

汉密尔顿(D. Hamilton)、凯利等学者,纷纷对量化评价方法提出批评,认为量化评价的方法主要是依据达成预定目标的程度来评价课程的成效。[2] 这种方法有如下缺陷:①教育情境被特定化为许多相关的指标,然后利用大量的样本和严格的控制加以研究,这是十分人工化的,不适合于教室中的现实,预设的评价指标,忽视了参与者和制度,使研究脱离了真实的世界。②量化评价多采用前测—实验—后测的程序,其基本假设为课程方案在实施过程中变化很少,或几乎没有改变。事实上,这是不可能的,课程与教学情境是动态的,而不是静态的。③量化评价方法窄化了评价的范围,它只关注可测量的课程与教学因素,忽略了那些不可测量的重

①　李雁冰:《质性课程评价:从理论到实践(二)》,《上海教育》2001 年第 12 期。

②　参阅欧用生著:《课程发展的基本原理》,高雄复文出版社 1985 年版,第 202—204 页。

要方面。④量化评价方法利用大量的样本,追求统计上的准确,却忽视了个体之间的差异和非预期的影响,这种非典型的、非预期的影响对课程改善有重大意义,但在量化评价方法之下,未得到重视。⑤量化评价方法完全依赖于由客观的工具获得的量的信息,因而容易出现忽视其他资料的情况,像那些被认为是"主观的"、"印象"、"记录"的资料等。但评价者若要解释评价结果,判断其重要性,并将其置于特定背景之中,这些资料是不可或缺的。

于是,在课程与教学评价领域,质性评价方法逐渐兴起,并受到重视。

质性评价方法是"力图通过自然的调查,全面充分地提示和描述评价对象的各种特质,以彰显其中的意义,促进理解"[①]。质性评价方法也称为自然主义的评价(naturalistic evaluation)方法。

质性评价方法以自然情境为直接的资料来源,评价者就是一个评价工具,评价者需要与评价对象有直接的接触,需要在评价情境中进行观察、了解和交流。

质性评价是描述性的,评价资料的收集多以文字或图片说明,而不化为数字。即使采用统计数据,也是为了描述现象,而不是对数据本身进行相关分析。

质性评价方法坚持整体观,要求评价者注重现象的整体性和相关性,对评价对象进行整体的、关联式的考察。任何现象都不能脱离其情境而被理解,理解涉及整体中各个部分之间的互动关系。对部分的理解必然依赖于对整体的把握,而对整体的把握又必然依赖于对部分的理解。

质性评价采取的是归纳的方法,评价者在收集和分析评价资料时走的是自下而上的路线,在原始资料的基础上建立分析类别。分析资料与收集资料同时进行。由于没有固定的预设,评价者可以识别一些事先预料不到的现象和影响因素。

质性评价的焦点是意义(meaning)及其"解释性理解"(interpretive understanding)。评价者通过自然的调查,关注评价对象经验了些什么,如何解释这些经验。同时,评价者对自己的"前设"和"偏见"(bias)进行反省,了解自己与评价对象达到"解释性理解"的机制和过程。

总之,质性评价方法与量化评价方法有着不同的目的、逻辑、设计、功能和技巧。前者更侧重于全面反映教育现象和课程现象的真实情况,为改进教育和课程与教学实践提供真实可靠的依据。20世纪70年代以后,质性评价方法开始受到人们的欢迎,并逐渐取代量化评价的主导地位。到90年代,质性评价方法已经在课程与教学研究领域奠定了牢固的基础,在质性评价的大旗下已集结了一批各有特色的评价形式,如应答评价、档案袋评定、解释性评价、教育鉴赏和教育批评、苏格拉底式研讨评定等等。

我们认为,量化评价方法虽有较多的局限性,但如果使用恰当,能为揭示教育

---

① 李雁冰:《质性课程评价:从理论到实践(二)》,《上海教育》2001年第12期。

现象和教育问题提供有说服力的证据。而且,量化评价方法的长处恰恰是质性评价的短处,质性课程评价的长处又可以用来弥补量化评价的不足。因此,将这两种方法结合起来使用,会有单独使用其一所没有的好处。

## 二、课程评价的组织过程

评价如何组织是评价研究的重要课题之一。课程评价的组织通常有两种形式:一是外部组织形式,包括教育系统之外的个人、团体、教育机构联合体对课程实施评价;二是内部组织形式,包括教育系统内部的个人(如教师、评价人员、课程专家及其他工作人员)对课程实施评价,教育系统内部的团体对课程实施短期的小范围的评价,教育系统内部的研究机构对课程实施连续的评价。课程评价是十分复杂的工作,其组织的过程因目标和方法的不同有许多变化,难以采取完全相同的程序。但作为课程评价组织的一般程序常可发现有以下三阶段六个步骤。

### (一)资料收集阶段
#### 1. 确定评价目的
此为实施评价工作的理由,即这个评价工作完成后,对于课程发展工作有什么帮助。确定评价目的时,有三个因素要考虑:第一,这一次评价是在哪一个层面;第二,这一次评价是为了解决什么问题或了解什么现象;第三,收集到的资料做什么用,谁将受到本次评价结果的影响。
#### 2. 依据评价的问题描述所需资料
#### 3. 拟定评价设计和按设计收集所需资料
在评价设计中,要兼顾实质面和行政面两者。实质面是指与评价直接有关的工作,行政面是指支援实质面评价运行的工作。

### (二)资料分析阶段
#### 4. 整理、分析及解释资料
第一阶段的价值认识带有表面性。为了深化价值认识,评价人员须整理资料、统计资料、分析并解释资料。通过去粗取精、去伪存真和由表及里的改造,掌握价值事实的内部联系、因果关系。

### (三)价值判断阶段
#### 5. 完成评价报告和作出结论性判断
此时需要考虑评价报告的提交对象,及采用何种呈现方式。
#### 6. 推广、反馈并实施评价的评价
评价不应是一种形式,评价报告也不应被束之高阁。课程评价的作用既在于

作出判断,也在于作出决定,通过推广和利用,使课程评价真正对课程实际产生作用。至于"评价"的评价,是了解评价效果及改进未来评价的必要步骤。缺乏此步骤,评价者本身便没有反馈,无助于未来的评价工作的改进。

课程评价的主要角色有二:一是形成性的,二是总结性的。前者旨在改进课程计划、方案,后者则在总结课程计划、方案的效果。但是,有时课程评价并未达到如此功效。这就涉及评价组织过程中存在的三大问题:

一是方法上的问题。譬如:评价的时机把握不当。课程计划、教学方案未有足够的时间实施便急于测量效果,欲速则不达;再就是比较的层面过于狭窄。计划、方案的效果须从多角度观察,作多层面比较。若仅局限于某一层面,选用某一固定的标准作为判断的依据,乃属不当比较,结果恐不确实,也不公平;还有就是忽视过程和背景。我们前面比较过评价和研究的不同。研究可以不考虑背景的分歧,抽取其中共通的部分,建立通则。评价则不同,为保证其确切性和科学性,必须要关注过程和背景,如课程在各学校教育、教学情境中发生了什么变化,促使其变化的因素是什么等等。

二是认识上的问题。这主要表现在课程评价者和课程计划、方案设计者以及实施者在认识上的不一致,由此,时常发生冲突和矛盾。评价者通常取怀疑、批评的角度,而设计者则往往从相信自己是正确的、重要的一面出发。评价者感兴趣的是抽象概念,倾向于用通则和分析框架思考,而不是此时此地的课程计划、方案。相反,设计者则关心现实,并致力于行动。另外,评价者强调的是终点效果的评价,并不主张课程计划、方案在实施过程中有任何改变。但设计者认为,为促进计划、方案的改进,在实施过程中,理应保证获得即时反馈。

三是政治性问题。评价要提供必要资料给决策者,评价报告将直接或间接地影响到许多人的生活,所以不免要受到方方面面的过分关注,带上了政治色彩,出现政治干扰评价,有的决策者甚至将评价当作政治工具加以操纵。例如,决策者把评价当成说服工具,即他早已有了决定,评价只是让这个决定看起来合理合法。或者把评价作为无法立即作出决定的代用品,一旦能下决定,评价就被终止。

# 第五节　教学评价的涵义、对象和原则

## 一、教学评价的涵义

课程评价和教学评价不是着眼于整个学校教育各层面运作状况进行价值判断的,而是以其中的"课程"和"教学"为对象。课程评价的重点是课程,课程评价是教育评价的有机组成部分,从中外评价的实践来看,真正意义上的教育评价也是从课程评价开始的。课程评价主要从课程改进的角度来评价课程的效果和质量。课程评价是完整的课程开发过程中必不可少的重要环节,也是课程建设与课程改革的可靠依据。

教育的主渠道是教学,教学评价在教育评价和课程评价中居于核心地位。教学评价是依据一定的客观标准,对教学活动及其效果进行客观衡量和科学判定的过程。教学评价的基本特点在于:第一,教学评价总是以教学目标的事先拟定为前提的,若不事先拟定教学目标,要判定教学的质量和达标程度则无从谈起。第二,教学评价是一综合过程,它包含了对教与学行为的定性和定量分析,还有对所期望行为的价值判断。第三,教学评价比较着重学生个体达成教学目标的情况,而较少由课程改进去思考问题。第四,教学评价时,科目内容被视为已知:评价者依据现成的内容进行评价,鲜少批判那些内容。

课程评价、教学评价的着眼点和侧重点不同,但最终都是为了改善学习,促进学生的发展,提高教育质量。

## 二、教学评价的对象

教学评价的对象十分广泛,从广义上讲,教学活动的范围也就是教学评价的对象。若以主要对象论之,可以概括为三类。

### (一)教学的结果

对教学结果的评价,是教学评价最传统的、最主要的工作对象,教学结果的评价是总结性评价,它着重衡量学生对知识、技能的掌握及其提高程度,一般能力(包括智力)和学科能力的发展程度,有的还包括学习的创造性。教学结果的评价总是根据课程标准(教学大纲)所规定的学习目标和学习内容进行的,所采用的主要测量工具为掌握性测验、标准参照性测验、成就测验等。教学结果的评价可以帮助人们从整体上了解教学的质量,全面检查教学任务的完成程度和教学目标的达成程度。

### (二)学生学的行为

在传统的教学评价中,评价的对象往往局限于教学的结果。这是对教学评价的误解,不仅窄化了理应广泛和丰富的评价范围,而且影响了教学评价功能的发挥和教学评价的效果。科学的教学评价需要对学的过程予以充分关注。学的过程蕴含着影响教学结果的丰富信息,是提高教学质量的重要一环。学的过程中,学生的行为丰富多样并不断变化,表现出明显的差异性、倾向性和导向性,它们既受到教师教学行为的影响,也直接影响着教师的行为。通过对学的行为的评价,评价者能更全面、准确地获取关于学生学习的信息,从而能科学地评价学生的学习,并为有效地改进教和学提供具针对性的真实资料。

### （三）教师教的行为

教学活动的直接责任者是教师，教师教的行为直接影响人才的培养质量。教师教的行为包括很多方面，如教学设计行为、组织实施行为、课堂管理行为、人际交往行为等。对教学设计行为的评价主要看教师是否深入钻研教学大纲和教材，是否深入了解学生实际。所定教学目标是否确切、全面、具体。教材处理是否符合科学性、思想性，便于学生理解；是否突出重点，抓准关键，注意新旧知识的内在联系，讲究系统性、整体性；能否理论联系实际，并使教学密度和教材处理深度恰当。对教学方法的设计是否重视启发、引导，灵活多样地选择各种教学方法，重视学法指导和因材施教。对组织实施行为的评价主要看课的结构是否科学合理，富有新意，能否注重组织学生的思考、探索、练习活动，是否有严密的计划性、组织性，还有言语表达、提问和板书的技巧、教学方法和现代教学技术手段的使用等。对课堂管理行为的评价主要看课堂教学的气氛，学生是否有高涨的学习热情，能主动投入或参与学习活动，思维活跃，教学过程生动活泼。对人际交往行为的评价主要看师生间是否形成了民主、平等的关系，具有开发和接纳的心态，达到配合默契、情感交融。总之，教师教的行为的评价是教学评价不可或缺的一个方面。恰当地评价教的行为将为全面改善教学评价奠定重要的基础。

### 三、教学评价的原则

为保证教学评价的效果，提高教学评价的质量，在教学评价的过程中应坚持客观性、发展性、全面性和多样性的原则。

### （一）客观性

客观性原则是指评价工作应基于被评价对象的真实状况，作出正确的价值判断。即评价必须采取客观的实事求是的态度，而不能主观臆断或掺杂个人的情感色彩。在教学评价中，评价主体的兴趣爱好、价值标准、认识和情感倾向、情绪好坏、评价的先后顺序等，都易使评价带上主观色彩，影响真实与公正。客观性原则要求在评价中应努力消除这些主观因素的干扰，避免出现与自己观点和标准相左的，就否定、排斥，评价就低，甚至由于个人认识的局限，对评价对象作出以偏概全的结论。客观性原则追求的是评价结论与客观事实的一致性。

为提高教学评价的客观性，需要从多方面努力。首先，应加强评价者的职业道德修养，树立公正评价的观念，形成公平化的态度，民主平等地对待每一位评价对象，实事求是地面对每一种评价内容。其次，需要有明确、具体、一致的评价标准，减少导致主观性的可能余地，并要保持评价标准的持续性、稳定性。再次，应规定严密、合理的评价程序,增加评价的透明度和对评价过程的监督。

### (二) 发展性

发展性原则是指评价工作应着眼于学生的学习进步、动态发展和教师的教学改进、能力提高。即评价旨在调动师生的积极性,促进师生的发展,从根本上提高课程与教学质量,而不是对师生加以区分,甚至划分等级,成为无视人格的仅为贴标签的工具。

评价的发展性功能是与教育的功能直接相关的。现代社会,教育的基本功能已由选择转变为使个人获得发展。根据这一理念,教学的中心任务是发展能使每一个个体在复杂社会中有效地生活的那些特性。教学是促进发展的有效手段。围绕教学的全部工作或活动就在于增进每个人的学习能力、工作能力、生存能力。所以,教学评价工作应当用于改进教与学,用于促进个体的发展,而不是用于预测或选择。

在现有的教学系统中,评价的目的,基本上是进行分等与分类。它被用来区分失败的学生、成功的学生以及过得去的学生,对于改进教学、促进学生的全面发展作用甚微。更有一些评价甚至只是盲目收集学生资料,然后将资料归档,期待着日后有一天它能证明是有用的,这完全是一种短视、低效的行为。

为了贯彻发展性原则,需要树立新的评价观念。布卢姆对树立新的评价观,从而改进教与学和促进个体的发展作了精辟的论述:评价是一种获取和处理用以确定学生水平和教学有效性的证据的方法。评价包括了比一般期末书面考试更多种类的证据。评价是简述教育的重要长期终极目标与教学任务目标的一种辅助手段,是确定学生按这些理想的方式发展到何种程度的一种过程。评价作为一种反馈—矫正系统,用于在教学过程中的每一步骤上判断该过程是否有效。如果无效,必须及时采取什么变革,以确保过程的有效性。最后,评价作为教育研究与实践中的一种工具,用于查明在达到一整套教育目的时,可供选择的程序是否同样有效。显然,评价不是甄选的工具而是改进教学、促进个体发展的必要基础。[①]

### (三) 全面性

全面性原则是指评价不应只局限于某一个部分、项目或阶段,而应涵盖教学的各个方面,作出完整的价值判断。如在进行教学评价时,既要对学生的学习进行评价,又要对教师的教学进行评价;既要对一堂课进行评价,又要对一门课进行评价;既要对教学结果进行评价,又要对教学过程进行评价;既要对学生的知识掌握进行评价,也要对学生的情意态度、行为改变、交往能力、参与水平等进行评价。

---

① ［美］B·S·布卢姆等著,邱渊、王钢等译:《教育评价》,华东师范大学出版社 1987 年版,第 5 页。

提高评价工作的全面性,需要在评价标准和具体内容上做细致规划,确立完整的评价目标和评价内容,多方面地收集评价资料,广泛听取评价意见和建议,综合地、辩证地处理和解释评价资料。

### (四) 多样性

多样性原则是指评价的方法、手段广泛和多样。单一的评价方法、手段往往导致评价结果缺乏足够的说服力,甚至让人觉得欠全面。在教学实践中,为了使评价更具科学性,需要配合运用多种评价方法、手段。

#### 1. 量化评价和质性评价相结合

量化评价适合在宏观层面对评价对象进行大面积的评价,可以对事先设定的目标进行检验,通过随机抽样可以获得有代表性的数据和评价结果,评价工具和资料收集标准化,评价的效度和信度可以进行相对准确的测量。但量化评价只能对一些较表层的、可以量化的方面进行测量,不能获得具体的细节内容。评价的时间往往只是一个或几个凝固的点,无法追踪展开的过程。只能对评价者事先预定的目标进行证实,很难了解评价对象当下的想法、视角。对评价对象的控制比较严,很难在自然情境下收集资料。

质性评价有助于在微观层面对评价对象进行比较深入细致的分析和评价,注意从评价对象的角度寻找评价的入手点,用开放的方式收集资料。重视评价发生的自然情境和活动的动态过程。但不适合在宏观层面对规模较大的评价对象进行,对评价结果的效度和信度难以进行工具性的、准确的测量。评价的结果不具备量的意义上的代表性。评价没有统一的程序,很难建立公认的质量衡量标准。

应该说,量化评价的长处恰恰是质性评价的短处,而质性评价的长处恰恰可以用来弥补量化评价的不足。因此,将两者结合起来运用无疑能提高评价结果的可靠性,共同揭示评价对象的不同侧面。

#### 2. 他评与自评相结合

"他评"也称客观性的评价,"自评"称为主观性评价。教学评价中不仅应有他评,而且应重视自评,经常性的自我评价是调动当事人积极性、扩大参与和自我反省的重要途径。

#### 3. 定期评价与经常性评价相结合

评价的真正意义是要切实提高质量、促进教学。所以,评价应是一项经常性的、不间断的工作。除了期末、年终等定期性评价,还需要配之以持续的日常评价,彼此结合,相辅相成,为教学的改善及时提供资料和信息。

#### 4. 诊断性评价、形成性评价与总结性评价相结合

诊断性评价是前瞻式评价,主要目的在于探明评价对象的条件、已有准备或存在的不利因素,通过运用评价结果,考虑合理处置、区别对待和采取补救措施。形

成性评价是过程式评价，主要目的在于确定学习效果，通过运用评价结果，改进课程与教学活动过程，调整课程计划和教学方案。总结性评价是回顾式评价，主要目的在于评定课程与教学实施的结果，通过运用评价结果，证明课程与教学已达到的水平，预言在后继课程与教学过程中成功的可能性。这三种评价各有侧重和特点。只有将这三者有机地结合起来，形成一个整体的评价系统，才能使评价取得较好的效果。

# 第六节　教学评价的途径和方法

　　教学包括"教"与"学"两部分，是师生共同参与而产生交互影响的动态过程。教学评价是教学历程中的一项重要活动，其他目的在于衡量、促进和提高教师的教学效率与学生的学习效果和学习行为。前面我们谈过教学评价的对象包括教学的结果、学生学的行为和教师教的行为。若作进一步的划分，不难看出，它们实际分为两个层面，即教师教的效果和行为、学生学的结果和行为。下面，我们就从这两个层面探讨具体的教学评价方法。

## 一、教的评价

　　教学活动是一个由多种因素组成的复杂的活动系统，在这个复杂系统中，各因素相互联系、相互作用。因此，不能孤立地看待教的问题。对教的评价需要通过多种途径，采取多种方法进行。这里介绍常见的几种途径和方法。

### （一）领导评价

　　领导评价即通过组成领导班子，由领导集体定期或不定期地对教师的教学效果、教学行为，甚至教学素养进行评价。这种评价采取的主要方法包括听课，检查教师的教案，检查学生的笔记、作业、考试，召开教师、学生座谈会，发放调查表等。它可以和学生、同行的评价相互参照、相互补充。

### （二）同行评价

　　同行评价即由同一教研室（组）、年级组的其他教师对该教师的教学进行评价。由于教师相互间彼此了解，对本专业或本学科具有一定的专业知识，熟悉相关的课程标准，有教学实践经验，对师生的背景情况如教师的专业水平、责任心、工作习惯、学生的基本学力、学习热情等有类似的体验。因此，同行评价易于作出恰如其分的判断，易于发现问题和提出合理的建议。同行评价的主要内容有，"教师对本门学科的掌握程度；能否对本门学科的最新研究成果保持接触；是否尽到课堂教学所承担的责仕等"①。同行评价采取的基本方法是听课和座谈。

### （三）学生评价

近年来,学生评价得到越来越多的重视。学者们认为:学生参与评价是值得鼓励的,因为学生是教学过程的主体,他们对教学目标是否达到、师生关系是否良好,都有较深刻的了解,对学习环境的描述与界定比较客观;学生直接受到教师教学效能因素的影响,他们的观察比其他突然出现的评价人员更为细致周全;学生参与评价有利于师生沟通,从而有助于提高教学水平。②

在诸多评价途径中,学生评价是较为有说服力的,但又常常是令一些教师感到不舒服的,有的甚至对之缺乏信任。少数不当的评价还可能导致师生关系的恶化,使教师产生消极、反感情绪。因此,需要对学生的评价加以规范,把学生的评价范围限制在仅描述教学活动。使他们的评价郑重分析教师的教学质量,而不是评价他的专业水平;对教的评价要与学生的学习结果联系起来;要注意教学的系统性与完整性。学生评价采取的方法有:座谈,对教师的教给予口头的描述和评价;问卷调查,对教师的教给予书面的描述和评价,甚至对教的效果打分或划分等级。

### （四）自我评价

自我评价即教师自己对自己的教学活动进行评价。自我评价是自我认识的基本手段,科学地进行自我评价,可以使每一个教师对自己的专业素质、责任心、潜能等各方面有更清楚和准确的认识。自我评价一般采用自我分析的方法和自我反思的方法。教师在授课后对自己的教学工作进行分析,寻找教学的成功之处和薄弱环节,或者教师根据别人对自己的评价来评价和反思自己,或者通过与他人的对比来评价和反思自己。自我评价是一个理性的过程,不免会出现与实际的误差,需要教师在进行自我评价时能采取客观的态度,并正确对待别人对自己的评价,正确地选取常模,学会把别人的评价与别人类比和自我分析统一起来,进行综合比较分析。

## 二、学的评价

学的评价即对学生个体学习的进展、变化和成效的评价。学的评价在教学过程中具有重要的作用。它不仅有助于教师了解教学的得失,及时调整教学设计,改进教学方法,有助于教师了解学生学习中存在的问题并找出原因,使问题得以解

---

① 施良方、崔允漷主编:《教学理论:课堂教学的原理、策略与研究》,人民教育出版社 1999 年版,第 356 页。

② 陈玉琨主编:《教育评价学》,人民教育出版社 1999 年版,第 139 页。

决,而且有助于使学生明确学习的目标,了解自己的学习状态,有针对性地选择学习策略。

### (一)基本的评价方法

学的评价的最传统的、基本的方法是考查和考试。

考查一般是指对学生的学习情况和成绩进行的一种经常的小规模或个别的检查与评定。具体包括口头提问、检查作业和书面小测验等。

考试是对学生的学习进行的阶段性或总结性的检查与评定。虽然测验只是考试的方法之一,另外还有操作、创作、制造等其他的方法,但从目前的情况看,对学生的评价基本是以纸笔测验为主。

纸笔测验具有较大的灵活性,可以用于教学的各个阶段。纸笔测验如果编制得当,实施得法,能够在很大程度上了解学生学习的水平,把握学生的学习变化状态。为避免纸笔测验中极易出现的命题的客观性差、评分标准不一致等方面的问题,编制纸笔测验时必须遵循以下要求:第一,效度高。效度是指测验能真实地测出所要测量的事物的程序。高质量的测验必须以所要求学生达到的教学目标为准绳。第二,信度高。信度是指该测验能稳定地反映受测者实际水平的程度。测验要能提供足够的一致的、稳定的资料来反映学生对特定目标的达成情况。第三,鉴别度高。即测验能成功地把水平不同的受测者区分开来。第四,全面和客观。测验要有较大的覆盖面,同时测验的内容和评分标准应客观、科学。

### (二)评价方法的多元化发展

对学生的学习,传统的评价方法一向以纸笔测验为主,这样的测验十分客观、批阅迅速,而且便于进行大范围的团体性的评价,在一定程序上,具有公平、客观、省时、省钱的功能,有利于促进学生的认知学习。但与人性化的、多元化的教学评价方法相比,其存在的问题值得引起重视。

纸笔测验的本质是量化评价。量化评价依据心理学的研究典范,以事先拟定的教学目标评价学习的成效,并以数量来表示评价结果。量化评价体现的是实证主义和结构功能主义的观点。[①] 在测验中往往强调容易操作、量化和可观察的目标,一些教师在编制测验时重记忆层次的题目,忽略思考型的问题。有的测验甚至以认知为尊,无视对技能与情意的评价。事实上,许多测验测量的仅仅是学生对大量结构化情境的反应。

但是,"现实生活是非结构化的,没有现成的答案让我们选择"。正是在这种情况下,人性化的、多元化的评价方法开始兴起,如实作评价、动态评价、直接的评价、

---

① 林进材著:《教学研究与发展》,台北五南图书出版公司 1999 年版,第 308 页。

档案评价、真实的评价等等。这里介绍前面两种。

### 1. 实作评价

实作（performance）评价要求学生完成一个活动，或制作一个作品以证明其知识与技能，此评价让学生在真实情境中去表现其所知与所能。

综合国内外学者的观点，实作评价具有下列特点：①强调实际生活的表现，实作评价的取材大多与实际生活有关，以真实或虚拟的实际生活问题来评价学生，评价强调实际操作与解决问题；②着重思考与解决问题的技巧，实作评价强调让学生建构答案，而不是像传统的纸笔测验侧重于确认与回忆；③重视学生学习的个别差异，实作评价强调的是学生本身的学习能力、现有的想法和技能，尤其是因个别差异造成的表现差异，激励学生主动表现；④促进学生自我决策、自我负责，实作评价中，学生能自由选择应用于哪些日常生活，自由决定完成时间及成果呈现方式；⑤实现评分、标准与人员的多元化，主持评价活动的人不一定是教师，学生本人、同学、家长亦可参与；⑥强化沟通与合作学习的能力，实作评价不仅分析学习结果，而且分析学习过程。

实作测验的编制有一些基本的要求：①明确界定评价的目的，是要为学生评定等级，还是要建构学生的档案，或是诊断学生的学习；②确定实作评价的标准，标准要清楚、有意义，且不宜过多、过长；③提供适当的情境，以引发和判断学生的表现或作品；④妥善制定使用说明和评价准则，如分数或等级的标准，应用更活泼和多元的评分及等级，可有努力分数、期望分数、加评语的分数、加符号的等级等，决定评价人员，拟定评价程序，规定评价后的处理方法；⑤提供分数或判断来描述实作表现。①

### 2. 动态评价

动态（dynamic）评价以维果茨基的社会发展认知理论为基础。维果茨基从社会文化层面来探讨学习与发展的交互关系，提出认知发展乃社会互动过程，学习是一种建构。动态评价的涵义在于，评价应侧重于学习的过程和认知的改变，建立评价者与被评价者的互动关系，重视评价与教学的结合。因此，动态评价乃教师运用"前测——教学介入——后测"的主动介入模式，通过充分沟通的互动过程，持续地评价学生的反应与学习的过程，剖析教学前后认知能力的发展与改变，进而提供发展或改变所需要的教学介入的评价方法。②

动态评价包括四项行为：一是支持，体现于师生对话中，表示教师注意并认同学生的言语或行动，如点头、鼓励的眼神或是诸如"这是个有趣的观点"之类的评语；二是连结，即将学习的主要概念紧密地联系起来，教师提供概念框架使学

---

① 参见李坤崇著：《多元化教学评量》，心理出版社 1999 年版，第 146—158 页。

② 参见李坤崇著：《多元化教学评量》，心理出版社 1999 年版，第 39 页。

生能建立自己的知识结构,如指出这方面新知识与另方面新知识或已有知识的关系;三是挑战性,就是将学生的注意力引向矛盾、冲突,以挑战和谐状态,也可以说是制造困境以求突破;(4)范例,即给学生一个模式、启发或提示,以引导其学习活动。[①]

与传统的纸笔测验相比,动态评价表现出与之不同的特点,它不仅重视对学习结果的评价,还进一步强化对学习过程的评价,正如坎皮恩(J. C. Campione)指出的:"动态评价不仅评价过去的、既有的知能或经验的静态结果,更在于评价成长、改变的动态历程与学习预备度。"[②]动态评价将回溯性评价与前瞻性评价有机地结合起来,它既重视学生当下的表现与成就,亦不忽视学生未来的发展及最大的可能表现水准。动态评价较好地发挥了鉴定、诊断与处方三方面的功能,对学生的学习作出正确的判断,同时探寻存在的问题,并提出可能的对策。动态评价关注的是学生认知能力的可塑性,与传统评价视智力的本质是天生的、不可改变的形成鲜明的对照。动态评价体现了师生间双向沟通的互动关系,在评价中教师不是中立的观察者,而是学生学习的协助者、帮助者、交流者。动态评价的最大特色是"评价"、"教学"融为一体,不是"先教学后评价",而是"在教学中评价,在评价中教学"。

[案例 8-1]　　　　　　　　　　美国小学科学课

实作评价是用多种工具、多种形式去评定学生在实际情境下应用知识的能力,也是对情感、态度和动作技能方面学习效果的一种评价方式。实作评价的手段有评定量表、检核表、社交表等,评价的形式包括了观察记录、轶事记录、档案袋、表演、作品(一本书,一篇报告,一个小制作等等)等。实作评价方式,需要实际观察和记录学生在真实的情境中的实际表现,包括思维过程和实作过程及其过程中的行为表现、思想和观点、价值判断等。实作评价的开展弥补了传统测验评价的不足。

美国小学科学课十分重视对学生进行实作评价,同时还注意突出评价的发展性和延续性,反映学生在原有水平上的发展。

例如,波士顿 Newton 小学二年级科学课《月亮》一课,教师在课堂上让学生看有关月亮知识的录像以后,要求学生自己去收集有关月亮的资料,编一本有关月亮的书,两周后交。于是学生在教师或家长的带领下去学校、社区图书馆寻找和借阅有关月亮的故事书、儿童科普读物、画册、录像带等一大堆资料,翻阅后开始设计、编写、画图、装订,都是自己独立完成的。在美国,一般家长不会去帮助学生完成,他们很重视培养孩子独立完成作业的习惯。笔者曾去该校翻阅了某班22个学生交的"书"和教师写的评语(美国学校十分欢迎家长参加教学活动)。22本书从大小、封面到内容,没有一本相同的,大都画图比文字多,有画一个月内月亮大小的变化,有写月亮的各种

①　参见欧用生主编:《新世纪的教育发展》,台北师大书苑有限公司 1997 年版,第 257 页。

②　J. C. Campione, & A. L. Brown, *Linking Dynamic Assessment With School Achievement*, In C. S. Lidz, Dynamic Assessment. New York: Guiford Press, 1987.

故事,也有写"自己在月亮里生活的感受"……教师给每一本书的评语主要着重在有哪些进步(和一年级时画关于太阳画册的比较),有哪些独到之处,有哪些以后还值得改进的地方。基本上没有对月亮有关知识的准确性做评价。重点放在学生对方法和能力的培养。再譬如,二年级科学课每学期有6—8次探索讨论,教师把每次讨论每个学生的发言都录了音,到学期结束,让家长听孩子的表述能力是否一次比一次进步,还有哪些需要提高。

## 第七节 我国课程与教学评价的改革

随着我国经济和社会的发展,教育改革已深入到课程与教学领域。20世纪末,我国在课程与教学的改革方面取得了很大进展,对课程与教学的评价问题也有了相当的认识。但综观国外课程与教学评价理论与实践的发展,再回头考察我国课程与教学评价现状,我们能深刻地感觉到我国课程与教学评价的研究与英美等国有很大的差距,存在着许多问题。因此,需要我们深入分析和研究国内外已有的研究成果,改革我国课程与教学评价的观点和方法,使其在教育改革中发挥更大的作用。

### 一、我国课程与教学评价中存在的问题

#### (一)缺少对课程与教学评价的充分关注和研究

和世界发达国家相比,我国课程与教学评价的理论研究队伍及其水平,存在一定的差距,尤其是课程评价方面。在国内几十年形成的教育理论传统中,并没有课程评价的专门领域。20世纪80年代中期,我国的课程理论研究开始起步,但至今未能建立完整的课程评价理论体系。从理论研究成果看,系统查阅国内的课程与教学评价研究资料,可以发现,90年代零零星星有一些课程评价的论文,在部分课程研究的专著或论著中,也辟有专章论述课程评价问题。但到目前为止,系统的课程评价研究专著尚不多见。总的来说,未能形成成熟的课程评价理论体系。虽然国家教育行政部门和一些学术研究组织实际上曾经进行过多次为课程改革服务的关于课程情况的调查,但大多不是在成熟的课程评价理论指导下进行的。

对课程与教学评价缺少理论研究是一个方面,更重要的方面是对课程与教学评价的重视始终未能提上议事日程。80年代以前,我国在督导评价机构、评价的规章制度、教育行政部门课程文件中对评价的吸纳运用等基本是空白。只是到80年代中期以后,由于实施义务教育的需要和国际学术交流的增加,才有了一定的发展。

近10年来,这些方面尽管有长足进步,但和全面推进素质教育以及加大课程

与教学改革力度的客观要求相比,仍然有很大的差距。以 1992 年国家教委颁布的义务教育《课程方案》而言,它包括 1 个课程计划和 24 个学科教学大纲,但在课程计划中,有关课程评价的内容不是称之为课程评价,而称其为"考试考查",人们对课程与教学评价还没有明确的认识,形成系统、完整的课程评价理论体系尚待时间。

### (二)对课程与教学评价的目的认识不足

课程与教学评价的目的在于完善课程与教学,改进学习环境,最终促进学习者的发展和参与者的提高,离开了人的发展和提高,一切课程与教学评价都没有意义和价值。我国课程与教学评价以考试制度为本,以甄别和区分学生为目的,把学生分成三六九等。我们认为,考试虽然合乎科学的理性基础,但通常它所测量的仅是分析性的知识,过度强调效率和产出,因此会丧失许多品质较佳的内容,无法获悉学习者整体学习的结果。考试只是检查学习结果的一种量化手段而已。但在实际教育情境中,考试已从手段演变为目的,师生为考试而考试,为评价而评价。课程与教学评价的目的始终围绕着"甄别选拔",体现了"精英主义"的价值观和一元化的思想。面向 21 世纪的素质教育要面向大多数,符合教育公平的原则,需要立足于学生的个性差异,为每一个学生的发展和整体教育水平的提高创造平等的机会和多方面的条件。筛选性的、定于一尊的课程与教学评价已无法适应新世纪教育发展和民主生活的需要。

### (三)课程与教学评价多是围绕学生的知识学习

我们的课程与教学评价多是针对学生且又是主要围绕学生的知识学习进行的。把学生作为课程与教学评价的对象,借助学生通过课程与教学所获得的进步与发展来判断课程与教学的功过得失,当然是合理的。但问题是,学生及其知识学习不应是课程与教学评价的唯一对象。完整的课程与教学评价至少包括课程开发过程的评价、教师组织实施的评价、学生才能发展的评价、学业成绩的评价、课程决策与管理成效的评价等。但是,我国现行的课程与教学评价实际上已窄化为仅是学生学业成绩的评价,除此,其他的层面皆游离于评价之外。

对学生的评价,或者说对学生学业成绩的评价又主要围绕着知识进行,而且经常只是在记忆的水平上进行。

### (四)过分强调量化评价

在评价方法上,过分强调量化的评价手段,忽视质性评价的方法。人们在选择评价方法时常陷入误区:似乎只有量化才科学、合理,运用质性评价方法反倒有不科学之嫌。毋庸讳言,"数量具有简明、精确的特点,它能够减少人的主观推论,而且更重要的是,数量能够用现代科技所提供的统计工具(如光学扫描仪)加以处理。因而,量化范式下的标准化测验、常模测验一度成为世界范围内盛行的评价工具和手段"①。但是,随着评价的逐步扩展和研究的深入,人们越来越感到教育现象的全面量化是不可能的,而许多用于诊断、改进功能的课程与教学评价结果也不需要完全量化。一味地量化评价只能"把复杂的教育现象加以简化或只评价简单的教育现象,它不仅无法从本质上保证对客观性的承诺,而且往往丢失了教育中最有意义、最根本的内容。这样,学生生动活泼的个性被抽象成一组组僵硬的数字,学生在各个方面的发展和进步,也被简化为可能的几个数量,教育的复杂性和学生状况的丰富性则泯灭于其中"②。因此,一方面这样的评价不可能全面地反映学生的真实水平,并会扼杀学生的创造性和个性品质,限制学生水平的独立发挥;另一方面将使评价目标误入歧途,导致评价目标唯量化、简单化。为追求所谓的科学、客观和易操作、量化,评价者不惜牺牲课程与教学中大量的人文方面的资源,尤其是那些具有丰富意义、教育价值和对人生具有终极意义的但又难以量化的内容。而各门学科亦无视学科特点,一致地追求评价目标唯量化,甚至像德育这样具有非序列性、非数量性的学科,也在朝量化方向发展,这不能不说是我国课程与教学评价中值得深思的一个问题。

### (五) 课程与教学评价成为权力人士单方面的活动

从课程评价方面来说,在理论上课程评价主体应以教师为主,结合来自不同阶层、代表不同团体利益的人员,如课程专家、教育行政人员、学生、家长。换言之,教师不仅是课程的实施者,也应当是课程方案的制定、评价、修改的参与者。因为教师对课程在实际教学中的运行情况最了解,他们是课程评价过程中最有发言权的人。并且,他们对课程的价值体察最深,也最能提出改进课程的切合实际的建议。再者,"知彼知己,百战不殆"。教师若亲自参与课程评价,就能全面地了解课程改进的动机和措施,从而更灵活和适当地加以落实。但我国目前的现状是,由于教育体制的相对集中化,课程评价决策的权力往往集中在行政部门手中,课程评价往往是少数权力人士的活动,教师倒成为课程评价的局外人。

从教学评价方面来说,虽说学生是教学的主体,教学的评价应该以尊重学生为基本前提,使评价成为学生认识自我、发展自我、激励自我的一种手段。但在实际的评价中,依然只是教师评价学生,学生是被动接受评价的客体,而不是参与评价的主体。这种单方面的、直线式的、孤立化的评价,使教学评价少了全面性,而多了片面性,少了民主性而多了独断性。

---

① [美]比尔·约翰逊著,李雁冰主译:《学生表现评定手册》,华东师范大学出版社 2001 年版,第 1 页。
② 同上注。

## 二、对我国课程与教学评价改革的思考

课程与教学是学校全部教育活动的"细胞"，科学、恰当的课程与教学评价将能更好地促进"细胞"的生长和发育。1999 年 6 月，中共中央作出了《关于深化教育改革全面推进素质教育的决定》，切实贯彻和落实这一决定是一项系统的社会工程，也是一次深刻的教育革命。评价说到底是一种导向，对于基础教育改革来说，它具有极其重要的作用。建立符合素质教育思想的课程与教学评价体系，是全面推进素质教育的有效途径。

### （一）加强课程与教学评价的理论研究

课程与教学评价理论是课程与教学评价实践的指导，评价理论能鉴别出最重要的评价因素，为系统地、相互联系地开展评价工作提供基本的准则，并通过将有关的评价观点、经验性信息整合为一整套的思维框架，使人们认识更深刻，意蕴更博大，应用范围也更加广阔。毫不夸张地说，丰富发达的评价理论必将有力地推动评价实践的发展。

基于我国课程与教学评价理论研究的滞后，更需要我们加大理论研究的力度。国外在这一领域的繁荣为我们提供了非常有利的条件，使得我们能进行必须的学习和借鉴。在此基础上结合我国的国情，根据我们在课程与教学评价实践中存在的问题，有针对性地改革不适应社会发展需要的"应试教育"的课程与教学评价方法，努力建构素质教育的课程与教学评价体系。

其次，课程与教学评价理论要主动接受实践的检验，要随着课程与教学评价实践的深化而不断充实和更新。换言之，我们的课程与教学评价理论的建设绝不能脱离课程与教学评价的实践。课程与教学理论工作者需要与教育行政人员、教师、学生等各方面人员结合起来，进行课程与教学评价的系统实验。通过反复实践，取得经验，提高认识，从而形成正确的符合中国国情的课程与教学评价理论。

### （二）课程与教学评价要立足于学生的发展

"应试教育"的课程与教学评价主要是为了选拔少数尖子，淘汰绝大多数。这样，评价无形之中变为一种甄别过程。在这一过程中，只有少数学生能够获得鼓励，体验成功的快乐，大多数学生成了失败者。这种评价的实质是"为了选择适合教育的儿童"。

素质教育旨在面向每一个学生，促进学生的全面发展。素质教育的课程与教学评价是促进学生发展的有效手段，评价不是为了揭示学生在群体中的位置，而是为了让学生展示个性、追求卓越、谋求发展。通过评价，力求发现、选择和形成一切

可能的有效的教育方式,创造好的课程与教学环境,形成一种适合于每个学生的教育。这种评价的实质是"创造适合于儿童的教育"。

### (三)扩充课程与教学评价的对象

受"应试教育"思想的影响,长期以来,我国课程与教学评价的对象局限于学生,尤其是学生的知识学习。这是一种片面的、无视学生的主体性的、"唯知识"论的评价观。课程与教学是十分复杂的教育活动,要想对其作全面的完全准确的评价几乎是不可能的,但人们总是可以从不同的角度,通过不同的对象,用不同的方法来认识和评价它们。从近年来国外课程与教学评价的发展情况看,在评价对象的确定上,都主张开放化和多元化,以期达到比较全面地评价课程与教学的目的。把课程与教学评价对象扩大为包括课程开发过程的评价、教师组织实施的评价、学生才能的评价、学业成绩的评价、课程决策与管理成效的评价等等方面。即使学生学业成绩的评价,也不是只重知识和对知识的机械记诵,或只重结果,而是全面关注学生的态度、能力、创新意识,关注学习的过程。上面介绍的外貌模式、CIPP 模式等,其评价的取向,就可以在素质教育的评价过程中借鉴。这些模式不仅对课程学习结果进行评价,更重视对课程与教学过程中的其他因素进行描述和判断,既考虑到现有的条件,也重视过程和结果。这样就可以较好地评价具有综合要求的素质教育的课程与教学活动。

### (四)重视量化评价方法和质性评价方法的结合

我国课程与教学评价的主要形式是标准化考试,这种唯量化评价方法构成了课程与教学评价上的"技术学模式"。社会学理论认为,评价唯量化"是科技意识形态在教育界的反映。当代社会科技的巨大成就使人陶醉于理性的优越感之中,人们试图把社会中的一切有序的和无序的、清晰的和模糊的、可测的和非可测的……都纳入理性的框架中加以整合,其中用现代科技手段去征服、解决一切问题是'理性统治'的典型做法"[①]。课程与教学评价的唯量化正是科技理性的胜利,同时也是课程与教学评价自身走向贫困的起点。所以,造成教师为考而教,学生为考而学,对学生其他方面发展的评价,即使有,其评语也是笼统的,千篇一律,脱离实际。

我们不否认量化评价方法的作用,它科学、客观,并在一定程度上促进了我国现代课程评价体系的建立。但该方法不能测量许多难以量化的丰富的内容,如鉴赏力、创造力等,也是不争的事实。质性评价方法较好地弥补了量化评价方法的不足,是对量化评价方法的一种反思批判和革新。从根本上讲,质性评价方法是为了更逼真地反映教育现实。量化评价方法与质性评价方法并不对立,在同一评价过

---

① 吴永军:《当前我国课程评价误区的社会学分析》,《课程·教材·教法》1995 年第 8 期。

程中,可以将这两类方法结合起来运用。在当代国际课程与教学评价的发展中,问卷调查、观察、访谈、对话、实地笔记等质性评价的方法与测量、考试统计分析等量化评价方法已更多地被结合起来使用。

### (五)确立多元的评价主体观念

在课程与教学评价活动中,进行评价的个人或组织称为评价主体。我国课程与教学评价的主体具有局限性,评价往往成为权力人士单方面的活动。这既不利于评价质量的改善,也不利于评价的民主化。我们认为,在课程与教学评价上,应该借鉴发达国家的成功经验,评价主体需由"单一化"转向"多元化"。应鼓励社会及家长以适当的形式参与各种方式的评价。确切地说,教师、学校领导、学生、家长、政府部门、专业的研究机构等皆是评价的主体。强调被评价者的主体作用,不仅可以使他们积极配合,还能促进他们通过参与、交流乃至自我评价,主动地、客观地检查自己的工作和学习,改进不足,进一步完善自我。

问 题 与 思 考

1. 了解课程与教学评价发展的历程和影响因素。
2. 试述各种评价类型的实际应用及其局限性。
3. 比较研究课程评价模式发展的特点。
4. 总结课程与教学评价的方法和手段。
5. 如何理解课程与教学评价的多元观。

活 动 与 研 究

1. 尝试将某一种评价模式运用于实际。
2. 选取一所学校,进行教学评价的实验。
3. 针对我国的新一轮基础教育课程改革,设计相应的课程评价方案。

推荐阅读书目

1. [美] 比尔·约翰逊著,李雁冰主译:《学生表现评定手册》,华东师范大学出版社 2001 年版。
2. 陈玉琨著:《教育评价学》,人民教育出版社 1999 年版。
3. 范晓玲著:《教学评价论》,湖南教育出版社 1999 年版。
4. 国家基础教育课程改革"促进教师发展与学生成长的评价研究"项目组编:《成长记录袋的基本原理与应用》,陕西师范大学出版社 2002 年版。
5. 林进材著:《教学原理》,台北五南图书出版公司 2004 年版。
6. 李坤崇著:《多元化教学评量》,心理出版社 1999 年版。
7. [美] John D. Mcneil 著,谢登斌等译:《课程导论》,中国轻工业出版社 2007 年版。
8. [美] Patricial L. Roberts 等著,李亦非等译:《跨学科主题单元教学指南》,中国轻工业出版社 2005 年版。
9. 唐晓杰等编著:《课堂教学与学习成效评价》,广西教育出版社 2000 年版。
10. [英] A. V. Kelly 著,吕敏霞译:《课程理论与实践》(第五版),中国轻工业出版社 2007 年版。

11. 余林主编:《课堂教学评价》,人民教育出版社 2007 年版。

12. 章叶英、张毓人主编:《和谐课堂教学评价与实例》,华龄出版社 2006 年版。

13. G. J. Posner & G. Posner, *Analyzing The Curriculum*, McGraw-Hill Humanities/Social Sciences，2003.

14. T. W. Hewitt, *Understanding and Shaping Curriculum*：*What We Teach and Why*，Sage Publications，Inc，2006.

# 第九章 当代课程与教学研究透视

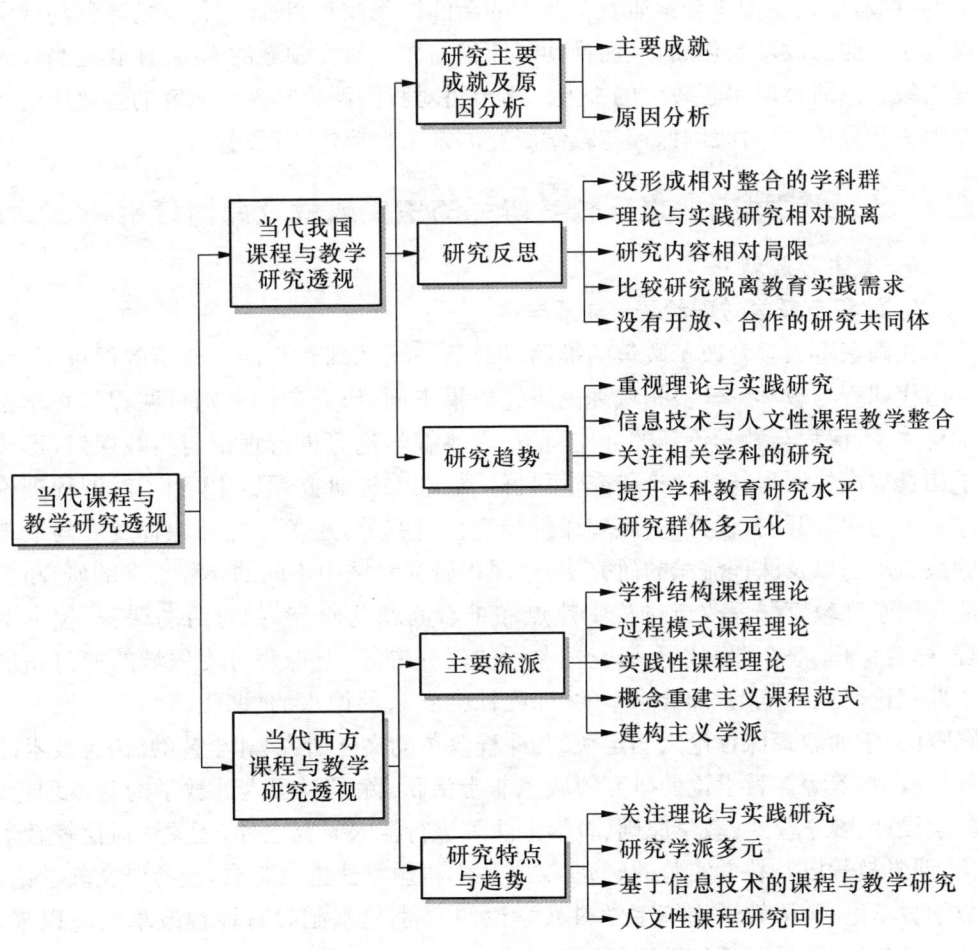

当代课程与教学研究透视
- 当代我国课程与教学研究透视
  - 研究主要成就及原因分析
    - 主要成就
    - 原因分析
  - 研究反思
    - 没形成相对整合的学科群
    - 理论与实践研究相对脱离
    - 研究内容相对局限
    - 比较研究脱离教育实践需求
    - 没有开放、合作的研究共同体
  - 研究趋势
    - 重视理论与实践研究
    - 信息技术与人文性课程教学整合
    - 关注相关学科的研究
    - 提升学科教育研究水平
    - 研究群体多元化
- 当代西方课程与教学研究透视
  - 主要流派
    - 学科结构课程理论
    - 过程模式课程理论
    - 实践性课程理论
    - 概念重建主义课程范式
    - 建构主义学派
  - 研究特点与趋势
    - 关注理论与实践研究
    - 研究学派多元
    - 基于信息技术的课程与教学研究
    - 人文性课程研究回归

课程与教学研究一直是教育研究的重要组成部分。本章主要从当代我国与西方两个方面介绍中西方课程与教学研究的现有成就、存在问题和未来趋势，并通过重要的西方课程与教学理论流派的介绍，揭示当代西方课程与教学研究的特点，展望中西方课程与教学研究在新时期的发展动态。

# 第一节　当代我国课程与教学研究透视

课程与教学改革是我国推进素质教育改革的核心和关键，为迎接知识经济带来的挑战，加快建构符合素质教育要求的新的课程体系，我国对传统的课程与教学进行了大胆的改革与创新，从而推动了课程与教学研究领域的繁荣，使我国当代课程与教学论研究取得了较大的进展。本节将对我国课程与教学研究的主要成就及原因进行分析，并对我国课程与教学研究的未来趋势作一预测。

## 一、当代我国课程与教学研究的主要成就及原因分析

### （一）主要成就

#### 1. 课程与教学的理论研究成果丰硕

在国家重大教育改革政策的推动以及新一轮基础教育课程改革的促进下，我国当代课程与教学论学科领域理论研究成果丰硕，研究者们分别对课程与教学论学科体系、课程与教学论新的分支领域、学科教学论等进行理论与实践探讨，形成了初具规模的课程与教学论研究学科群。如在课程研究领域中，除了对课程理论体系中的课程开发、设计、实施和评价等进行研究外，还关注国外课程发展与改革的最新动态以及课程流派的研究，关注课程研究领域中不同的课程形态的研究，关注我国基础教育课程改革过程中热点和难点问题的研究，如对活动课程、校本课程、综合课程、潜在课程以及研究性课程的研究等等；对课程分支领域的探讨拓展了课程论研究的范围，如吴永军的《课程社会学》、郝德永的《课程研制方法论》、石筠弢的《学前教育课程论》、胡定荣的《课程改革的文化研究》和李艺的《信息技术课程与教学》等等。教学论的研究领域也非常活跃，除了对国内外教学的基本理论、教学设计、教学模式、教学原则、教学方法等进行深入研究之外，还关注对比较教学论、课堂教学以及教学实验的研究，又与各学科教学法进行综合，便有语文教学论、数学教学论、英语教学论等多学科教学论，[①]特别是基础教育课程改革实施以来，关于分学科、分学段的教学论研究逐步繁荣。在学科层面，美术、音乐、艺术、体育

---

① 　汪刘生：《走向现代化的教学论——90年代我国教学论的进展与反思》，《课程·教材·教法》1998年第10期。

和科学课程与教学论等受到关注;在学段层面,加强了幼儿园和小学的课程与教学论研究;还有几乎包括全学科的小学和中学学科教学论丛书的问世。如由东北师范大学组织出版的小学各学科和中学各学科的课程与教学论等。

在课程与教学的比较研究方面,也取得了较大的进展。众多课程与教学论研究专家们引进和介绍了当代国外先进的课程与教学理论和流派以及最新的研究动态,关注国际上课程与教学论的新发展,并积极有效地推动课程与教学理论研究的实践应用;与此同时,中国学者将具有中国特色的课程与教学论研究传播到世界各地,不仅开阔了我国课程与教学理论与实践研究的视野,而且对我国课程与教学论的理论和实践研究产生了重大的影响。近年来,开展课程与教学研究的国际学术交流与合作也是当代课程与教学比较研究的主要特征。当代我国课程与教学论专家们不仅加强了与港、澳、台等地的学术沟通,而且加强了与亚、欧、美等洲全面的国际学术交流,积极参与课程与教学的国际对话,初步形成了学术交流与合作的国际网络。2000 年 5 月,我国著名课程与教学论专家钟启泉教授在"首届世界课程理论研讨会"上,被推荐为"世界课程研究促进协会"亚洲唯一代表,这不仅是钟启泉教授的殊荣,也标志着我国的课程与教学论的研究已经走出亚洲、走向世界。

据不完全统计,仅"九五"期间,我国课程与教学论领域出版的有影响的丛书五套、著作(含丛书与教材)共百余部,以国内有影响的教育类期刊《教育研究》、《课程·教材·教法》、《全球教育展望》为统计依据,"九五"期间,发表的学术性较强、影响较大的论文共计 300 余篇,而散见于各级各类报刊的有影响的论文更是不计其数;"十五"阶段,我国课程与教学论领域人才辈出,研究群体力量壮大,出版书籍和论文发表的质量提高,数量大幅度增加。据不完全统计,仅在 2005 年一年期间,我国课程与教学论领域出版的有影响的著作(含丛书与教材)计 50 余部,引进翻译有影响的著作 30 余部,在国内有影响的教育类期刊发表的学术论文计 160 余篇。进入"十一五"阶段以来,我国课程与教学论领域的研究更加繁荣。

### 2. 课程与教学的实践研究蔚然成风

长期以来,课程与教学的理论与实践研究的"两张皮"现象一直存在,课程与教学理论研究者与实践第一线的教师分别固守着自己的"领地",没有互动的愿望与机会,如何解决课程与教学研究领域的"理论与实践的关系问题",缩小理论与实践之间的落差,始终是课程与教学研究的困惑。近年来,随着基础教育课程改革的推进,课程与教学理论研究者研究取向的转变和中小学教师专业发展的需求,课程与教学的实践研究蔚然成风。高校以及研究机构的理论研究者们走出"象牙塔","到中小学去研究教育"、"从活生生的实践中汲取教育的诗情";[①]广大的中小学一线

---

① 陈桂生著:《到中小学去研究教育——"教育行动研究"的尝试》,华东师范大学出版社 2000 年版。

教师的专业发展已经由"他律"走向"自律",在教学实践中主动进行理论学习与行动研究,并结合自己的教学实践,不断地反思、进步、发展;另外,教育行政部门以及各级教育领导对中小学教师课程与教学研究的支持也是一个重要因素。因此,在课程与教学的实践研究领域中,涌现出了一些有影响的教学模式:如,顾泠沅的"尝试回授—反馈调节教学模式",李吉林的"情境教学模式",邱学华的"尝试教学模式",卢仲衡的"自学辅导教学模式"等;近年来,随着课程管理体制的改革,"校本课程"的开发与研究也成为课程与教学论研究的热点问题,一些中小学积极尝试"自己开发课程"的乐趣,参与校本课程的研究与开发,取得了较大的成就,如江苏省锡山高级中学与华东师范大学课程专家合作进行的校本课程系列研究等。[①]

### 3. 建立了一些有影响的课程学术与研究组织

1997年3月,中国教育学会教育学分会正式批准成立全国课程专业委员会,建立了我国第一个专门从事课程研究的学术性团体,它的主要成员不仅包括课程理论工作者,还包括实践工作者。全国课程专业委员会分别在1997年11月(广州)、1999年12月(广西)、2001年9月(长春)召开了第一届、第二届和第三届课程学术研讨会,并分别围绕"课程教材现代化:背景、现实与展望"、"21世纪中国课程研究和改革发展"、"新一轮基础教育课程改革"等主题进行了充分的交流和研讨;为了保障新一轮基础教育课程改革的稳步推进,教育部设立了基础教育课程教材发展中心,并在部分师范大学成立了"基础教育课程研究中心"。该中心主要承担国家或地方教育行政部门委托的课程改革任务,开展课程改革的研究和实验,进行课程研究人员及实验教师的培训,提供课程研究信息和咨询服务。《基础教育课程改革纲要(试行)》中,也明确提出"支持部分师范大学成立'基础教育课程研究中心'开展中小学课程改革的研究工作,并积极参与基础教育课程改革实践"[②]。毋庸置疑,"全国课程专业委员会"、"基础教育课程研究中心"的成立以及相关的学术活动的开展,不仅推动了我国的课程改革,而且促进了课程与教学理论研究和实践研究的进一步繁荣。

### 4. 基础教育课程改革成为研究的热点

1999年,第三次全国教育工作会议和国务院批转的教育部《面向21世纪教育振兴行动计划》中,提出了改革现行基础教育课程体系,研制和构建面向新世纪的基础教育课程教材体系的任务,由此启动了新一轮基础教育课程改革,新一轮基础教育课程改革的启动使基础教育课程改革成为现阶段全面推进素质教育的主题,使中国的基础教育课程改革呈现出一些新的趋势:课程改革以学生发展为本的趋势、从"双基"到"四基"的趋势、加强道德教育和人文教育的趋势、课程日趋整合的

---

① 崔允漷著:《校本课程开发:理论与实践》,教育科学出版社2000年版。

② 钟启泉等主编:《〈基础教育课程改革纲要〉(试行)解读》,华东师范大学出版社2001年版,第13页。

课程与教学论

趋势、课程社会化和生活化的趋势、课程体系三级管理的趋势、课程个性化和多样化的趋势、课程与现代信息技术结合发展的趋势等。围绕基础教育课程改革趋势所进行的研究自然成为课程与教学论领域的研究热点。2001年起,《全球教育展望》开辟专栏对基础教育课程改革进行专门研究。教育部2001年6月8日印发了《基础教育课程改革纲要(试行)》,华东师范大学出版社于2001年8月出版了由钟启泉教授等主编的《〈基础教育课程改革纲要〉(试行)解读》。《解读》以新一轮课程改革的理念为统领,分别从不同的专业背景阐述了《纲要》所涉及的核心概念,为关注基础教育课程改革的广大的课程与教学论研究者提供了一种背景与参照。在基础教育课程改革推动下,课程与教学论的研究更新了观念,以学生发展为本,直面社会与生活,大胆改革现行的课程结构与内容,呈现出多元化的繁荣趋势。

以高中课程改革为例,为了变革人才培养模式,发展学生的创新精神和实践能力,本次课程改革从目标、内容、评价、管理等方面进行了全方位的尝试,其改革力度之大、影响之深远都前所未有。人们对"自主选课"、"高中导师"、"学分重修"、"评价手册"、"走班制"等热点新词津津乐道。[①] 2003年3月,《普通高中课程方案》(实验)以及高中各科的《课程标准》(除思想政治课程标准外)正式向社会公布,标志着指导新一轮普通高中课程改革实践的纲领性文件的确定。2004年秋,普通高中新课程在首批四个实验区实施,标志着普通高中课程改革的实施工作的正式启动。普通高中新课程改革推进中的理论与实践问题成为研究的热点与焦点。如普通高中新课程方案的解读,普通高中的课程结构、课程实施、评价与管理以及学分制、选课制度、综合实践活动和校本教研等典型问题的理论与实践研究也蔚然成风。

### (二)原因分析

概括说来,我国当代课程与教学研究成就的取得主要有以下几方面的原因:

#### 1. 素质教育实施的必然要求

课程改革与课程研究相辅相成,课程改革是滋养课程研究的适宜土壤,课程研究则为课程改革提供理性的指导。无论中外,举凡大规模的课程改革都能引起课程研究的繁荣,因为前者为后者提供了一个大的"涨落期"[②]。我国课程与教学研究领域的繁荣亦是如此。1993年2月13日,中共中央、国务院下发的《中国教育改革和发展纲要》中提出了全面提高学生素质的要求,1998年,教育部在充分调查研究和征求意见的基础上,制定了《面向21世纪教育振兴行动计划》,经国务院1999年正式批转实施。《行动计划》提出要实施"跨世纪素质教育工程"。

---

① 腾讯教育频道:高中课改,看上去有多美? http://edu.qq.com/zt/2007/class。
② 杨晓微:《近二十年我国基础教育课程研究的方法论探析》,《教育研究》2000年第3期。

课程是教育的心脏,是落实素质教育必须抓好的实质性、关键性环节,《行动计划》中明确提出调整和改革课程体系、结构和内容的要求;而从某种意义上来说,教学是课程的实施,是学校的中心工作,也是实施素质教育的主渠道、主阵地。因此,在素质教育的实施过程中,面向素质教育的课程与教学改革显得尤为重要,它必定是我国素质教育实施的必然要求。这也必然导致国内对课程与教学论研究的步伐加快、使课程与教学论领域的理论与实践的研究成为素质教育实施过程中的热点与主题。

**2. 当代教育思潮以及相关学科领域研究的影响**

进入 90 年代以来,传统的课程与教学论的研究受到挑战,世界各国的课程与教学论研究学派呈多元化趋势。在课程与教学论研究领域中比较突出的学派主要有:概念重建学派、建构主义课程与教学研究学派、后现代主义课程研究学派等等。它们在不同程度上影响了我国课程与教学论领域的理论与实践研究;而相关学科领域如,现代信息技术、脑与认知神经科学等研究的巨大成就也深刻影响着我国课程与教学论领域研究的进一步拓展。

建构主义学习理论的兴起被称为"教育心理学界"的一场革命,而它的兴起对课程与教学论领域的研究也是意义深远的,通过对学习理论发展历程的考察,我们不难发现,只有建构主义学习理论关注作为学习者主体的"人"的研究,课程与教学的研究才真正有了一个真实的对象。建构主义学派不仅创造和实践着一些充满活力的教学模式,如抛锚式教学模式、认知学徒教学模式、随机访问教学模式等,而且改革传统的课程设计理念,大胆进行课程改革与实施,追求课程设计的"生活化"与"情境化",收到了较好的效果。

后现代主义课程研究学派是对西方受工具理性支配的课程理念与课程体系批判基础上建立起来的一种课程研究学派。这一学派所倡导的课程范式主要有两种:批判性的后现代主义课程观与建设性的后现代主义课程观。这一学派强调与自然的协调、和平交往、男女平等、考虑全球利益的有机相互依存等等,并创造性地运用了混沌学、过程哲学等思潮,提出了与"泰勒原理"相对的"4R"为标准的后现代课程设计理念,即"丰富性"(Richness)、"回归性"(Recursion)、"关联性"(Relations)和"严密性"(Rigor),描绘了后现代多元而开放的课程设计特点。建设性后现代课程观的主要代表人物多尔(Doll)教授这样来描述后现代课程:它是生成的,而非预先界定的;是不确定的,但却是有界限的;它探索"产生于上帝微笑的迷人的想象性领域";它由"局部普遍性"不断扩大的网络所构成。[①] 从社会发展的多元化趋势来看,后现代课程流派将是课程论未来发展的趋势之一。

---

① 单丁著:《课程流派研究》,山东教育出版社 1998 年版,第 373 页。

### 3. 现代信息技术对课程与教学论领域研究的挑战

现代信息技术被喻为"自印刷术发明以来对教育最具革命性影响的技术"。近年来,国外一些发达国家积极关注课程与教学与信息技术研究的整合,将课程与教学系与计算机系的建设合二为一,向着信息化的方向发展,并且积极关注"网络教学"、"网络课程"、"在线学校"和"学习共同体的建立"等问题的研究与探讨。概括来讲,世界上信息技术教育研究起步较早的一些国家不仅增加对信息技术教育的投资,关注对基于信息技术的课程与教学论的理论探讨,而且将信息技术课程作为正式课程在基础教育阶段开设,甚至有的国家规定从幼儿园开始培养儿童对电脑的兴趣。教育的信息化不仅更新了传统的教育观念与教育模式、突破了教育环境的时空局限将日新月异的知识信息反映到课程中去,而且更有利于培养学生的自主学习能力与创新能力。现代信息技术成为全面推进素质教育的重要动力,基于信息技术的课程与教学改革研究已经摆在了每一个教育工作者的面前,我国的课程与教学领域面对现代信息技术的挑战作出了积极的反应,当代课程与教学论研究领域的成果中有众多基于信息技术的研究。特别是 2001 年 1 月,由联合国教科文组织亚太地区总部在广州主办的"网络时代的学与教"国际会议的召开,对我国面向信息时代的课程与教学论的研究是一个极大的促进。

### 4. 我国课程与教学论领域研究群体的贡献

从已有课程与教学论研究成果统计中可以发现:我国课程与教学论领域的研究群体不仅包括原有的高校与教育科研机构课程与教学论领域的资深学者、教学实践领域中的各学科教师,还包括一大批攻读教育学、课程与教学论硕士学位与博士学位的研究生。随着我国基础教育课程教材改革的不断推进,以及教育学理论研究重心的不断下移,越来越多的研究生将研究方向对准了课程领域,[①]使得课程与教学论研究队伍呈现逐步壮大的趋势。

另外,随着近年来教育理论研究对实践领域的关注以及"教育行动研究"的兴起,一大批课程与教学论领域的理论研究人员与中小学建立了较为密切的合作研究关系。他们抛弃了传统的课程与教学论的"经院式"研究,联袂与中小学教师共同进行课程与教学的实验和改革探索。这样,高校研究人员对课程与教学论的研究真正落到了学校,落到了课堂,使高校在课程与教学论领域研究中的作用更加凸显。

## 二、当代我国课程与教学研究反思

当代我国课程与教学论的研究成就斐然,学科体系日渐成熟、研究成果空前繁荣、研究队伍逐渐壮大。但是,当代我国课程与教学研究中依然存在一些值得反思和追问的问题。

---

① 张廷凯:《我国课程论研究的历史回顾:1922—1997(上)》,《课程·教材·教法》1998 年第 1 期。

### （一）课程与教学研究没有形成相对整合的学科群

从目前来看，我国的课程与教学研究还是分布在课程论与教学论两个研究领域，并分别拥有自己的学术委员会。从研究现状来看，课程论与教学论都处在发展阶段，却没有形成相对整合的学科群。就教学论的研究来看，我国现行的教学论学科理论框架基本上沿袭 20 世纪 50 年代凯洛夫的教学论模式，长期以来，教学论的研究在这一理论框架内建立了丰厚的积累，形成了日渐完善的教学论研究学科体系。但是，在研究发展过程中，这一模式的理论框架封闭陈旧，已经形成了研究中的定势与惰性，使教学论研究的思维空间难以拓展，不能吸纳当代教学论以及相关学科研究的最新成果，中国本土化的教学论研究也迷失了自己的方向，从而使教学论的学科建设步入一种表面繁荣实则停滞不前的境地，甚至出现研究萎缩的状况。有学者统计，2001—2003 年发表于期刊的课程理论研究论文 319 篇，教学理论研究论文仅 102 篇。[①]

近年来，随着基础教育课程改革的逐步推进，人们的研究焦点聚集在课程论领域，使教学论的研究日呈萎缩趋势，形成教学论宏观与微观研究中的空白。课程论取得其独立的学术地位是近几年的事，虽然我国的课程论研究相对繁荣，但也存在一些值得反思的问题，如课程的基础理论研究相对缺乏，原创性、本土课程理论的研究缺乏，没有与我国原有的教学论研究有机整合，课程实验的科学化不高等等。在课程的基础理论研究中，"课程与传统文化"、"课程与伦理"、"课程现象"、"整体课程"和"协商课程"等领域有待于国内外同行展开充分对话并进行深入探讨和研究。[②]

因此，在未来的研究中，应该有计划地完善课程与教学理论的基础理论研究，从全局的视角对原有的教学论和课程论的学科框架进行调整，使课程与教学论的学科建设走向动态开放、不断完善和整合的轨道，加快我国的课程与教学论学科群的建设步伐，提高课程与教学论的研究水平。

### （二）课程与教学的理论与实践研究相对脱离

长期以来，课程与教学的理论与实践研究各自固守着自己的"领地"，不相往来，导致了理论研究过于"思辨"不能指导实践，实践研究成为"经验总结"缺乏理论高度，形成了课程与教学研究领域的"两张皮"现象。课程与教学的理论研究脱离实践，主要是因为课程与教学理论工作者没有走出书斋，真正直面课程与教学的实践问题，在实践中发现问题、解决问题、研究问题，从而提出对课程与教学的实践有价值和指导意义的理论；而在课程与教学的实践领域，一线教师过分关注经验的重

---

① 转引自黄伟：《膨胀与萎缩：课程与教学研究的悖论》，《当代教育科学》2006 年第 17 期。

② 钟启泉等：《开拓比较教育科学研究的新视域》，《比较教育研究》2005 年第 3 期。

要性,忽视理论的指导。值得欣慰的是,随着近年来教育理论研究对实践领域的关注以及"教育行动研究"的兴起,一大批课程与教学论领域的理论研究人员与中小学建立了较为密切的合作研究关系,抛弃了传统的课程与教学论的"经院式"研究,在双方自愿的基础上,联袂与中小学教师共同进行课程与教学的探索,取得了较好的效果。而已有的课程与教学研究经验证明,课程与教学的基础理论研究虽然重要,但面向实践的应用与行动研究则是课程实用价值的良好体现,以及课程与教学实践领域问题解决和行为改进的关键。

### (三) 课程与教学研究内容相对局限

受传统教育观念以及应试教育思想的影响,人们习惯于将课程与教学的研究内容局限在学校中、课堂里,似乎课程与教学就是"学校中的事"。一方面,传统的课程内容体系陈旧、膨胀、却脱离实际需要,学生负担过重;另一方面,极少关注学校外的课程与教学研究。早在 20 世纪初,美国著名教育家杜威就提出"体验课程"的构想;近年来,西方一些学者从人类学的视角提出"理解实践"和"关注学校外的学习"等论断,呼吁人们关注真实生活实践中的学习,关注学校外的学习,关注课程与教学研究内容的拓展;我国新一轮基础教育课程改革也明确提出"课程改革要面向学生、面向生活、面向社会"的改革方向,在具体的操作中则强调:增加或加强与社会生活联系紧密的学习内容,尤其是联系学生生活、社会实际、现代化技术和生产实际的学习内容。对现行课程教材中在日常生活与社会生活中很少用到的、过于学术性和理论性的学科知识进行大力删减,进而拓宽课程与教学的内容的同时,促进课程与教学研究内容的开阔和多元。

### (四) 课程与教学的比较研究相对脱离当前的教育实践需求

课程与教学的比较研究不仅促进了我国课程与教学的改革,而且对我国课程与教学的理论与实践研究具有重要的借鉴与启发。然而,有不少研究仅仅关注西方发达国家的理论与实践研究,很少考虑我国的国情与社会经济发展现状,与我国当前的教育实践需求相脱离,使我国的理论与实践研究者不能对国外课程与教学思想进行消化和吸收;另外,在具体的比较研究中,对国外的课程与教学理论产生的历史线索、社会背景和理论基础缺乏整体把握,使所比较的理论没有背景支持,无法对目前我国的课程与教学实践产生积极的指导作用,难以使比较研究"本土化",更难以在"扬弃"的基础上,形成具有中国特色的课程与教学论流派,转化为实际的教育、教学效果。因此,课程与教学的比较研究应该在参与国际交流与对话的同时,植根于我国教育的现实土壤,关注我国教育的实践需求,关注比较研究在政策制定、质量提升、督导评估等方面的转化和应用,为我国的课程与教学理论与实践研究提供有益的指导与借鉴。

### （五）没有建立起开放、合作的新型研究共同体

在我国课程与教学论研究领域中,研究力量主要有以下几支:高校从事课程与教学论研究的学者,各级各类教育的一线教师,中央、省(市)、地(市、区)、县(市、区)的教育科学研究所,其中,主要的研究力量来自高校。但目前研究现状是,不仅各高校研究群体的内部合作与互动不够,而且高校研究群体之间,与各级教科所、实践领域各学科教师的合作也不够。高校研究人员、各级研究所、一线教师各自为政,独立研究,造成了研究中人力物力资源的极大浪费。因此,在未来的课程与教学论研究中,如何将研究群体"化零为整"、"优化组合",使不同的研究群体整合力量,在课程与教学的基础理论研究、应用研究和行动研究的层面共同合作,建立开放、合作和富有创造性的新型研究共同体是课程与教学论研究健康发展的重要保证。

## 三、当代我国课程与教学研究的趋势

综观我国当代课程与教学论研究的成就与发展以及存在的主要问题,通过对当前国内外正在进行的课程与教学论研究的分析,我们认为,在未来的研究中,基础教育课程与教学改革将依然是教育改革领域的"核心"问题。特别是我国新一轮基础教育课程改革的全面推进,以及 2001 年教育部《国家基础教育课程改革指导纲要》的颁布,将会对课程与教学论的研究产生重大影响,进一步促进我国课程与教学论研究充满活力地走向未来,并将呈现如下发展趋势。

### （一）重视对课程与教学论领域的理论与实践研究

毫无疑问,2001 年 6 月颁布的《国家基础教育课程改革指导纲要》将成为未来我国基础教育课程与教学论研究领域的指导性文件。在对《纲要》进行解读与领会、落实《纲要》基本精神的同时,加快课程与教学论领域的理论与实践研究将是一大趋势。在课程与教学研究的理论与实践中,基于信息技术、基于脑与认知科学的课程与教学研究,有关综合课程、研究性课程、校本课程的研究等,将会成为本领域的研究热点。在对这些热点问题进行关注的同时,我国课程与教学论的研究将在完善课程与教学论理论研究的同时,更加关注课程与教学论实践领域的研究与创新,在不断探索中找到课程与教学研究的最佳"结合点",逐步形成具有中国特色的课程与教学论研究学科体系与理论流派。

### （二）基于信息技术的课程与教学研究与人文性课程与教学研究的整合

随着信息时代的到来,教育技术对课程与教学论领域的影响将越来越大,它不仅改变了人们的观念,而且直接影响了课程与教学的深层变革。面对面的、真实的教学变为"虚拟",传统的班级已经"改头换面",课程的资源不仅丰富多元,而且可

课程与教学论

以人人共享……所有这些变化都会敦促人们去对基于信息技术的课程与教学领域进行深层探索；另一方面，现代信息技术的飞速发展给课程与教学论领域的研究与发展也带来了巨大的挑战，人们在将课程与教学改革的目光投向技术领域时，却忽略了对人文性课程与教学研究的关注。20世纪90年代以来，许多国家认识到，在追求技术文明的同时，继承和弘扬人类传统美德和优秀价值观念同样重要。因此，许多国家在课程结构的改革中，再次关注对未来社会公民道德、情操和品行的培养，通过伦理、哲学、文学、历史等学科，强调认识和汲取民族的传统文化精华，以民族的、健康向上的文学、音乐、传统文化丰富和充实现代学校课程，以陶冶情操，弘扬爱国主义精神。[①] 因此，如何将基于信息技术的课程与教学的研究与人文性课程与教学研究进行科学合理的整合，也将是我国课程与教学论领域研究的未来趋势。

**（三）关注对课程与教学论领域有重要影响的相关学科的新成就的研究**

传统意义上学科界限的存在，不仅束缚了理论与实践研究者的思维，而且使得对一个领域的研究过于片面与局限，难以从一个更广阔的视野来审视本领域的发展。因此，在知识经济时代来临之际，课程与教学论的研究将顺应教育研究的新发展，从多个视角来关注对课程与教学论领域有重要影响的相关学科的新成就的研究。如对哲学、心理学、社会学、人类学、脑与认知科学、信息技术领域等最新研究成果的关注，特别是近年来脑与认知科学研究的兴起和研究新成果的涌现，已经对课程与教学论领域的研究产生了积极的影响。参见［案例9-1：脑与认知科学研究对课程与教学研究的启示］。这种做法不仅会预防课程与教学论研究中"只见树木、不见森林"的研究方法，而且将会使课程与教学论的研究从对这些相关学科的关注中获益。

**（四）提升学科教育的学术研究水平**

当前，世界各国课程与教学论研究者在关注学科理论本身研究的同时，更加关注支撑课程与教学论领域的学科教育的研究。不仅对学科教育本身进行重新界定，而且关注理论与实践方面的深层探讨。因此，摆脱传统的学科教学法的研究思路，摆脱学科教育研究落后于课程与教学论理论与实践研究的现状，摆脱学科教育理论与基础教育实践"两张皮"的现象，从整个社会发展的宏观背景与视野中去体认与把握学科教育未来发展的特征，提升学科教育的学术研究水平，建立新型的、完整的、开放的、动态的研究体系，必将是我国课程与教学论领域未来研究的亮点。

---

① 郭晓平、叶玉华：《国际基础教育发展现状与趋势》，《教育研究》2000年第10期。

## （五）研究群体将走向多学科领域与多层次研究者的国内、国际合作

课程与教学论的研究是面向实践的,因此,它的研究不仅建立在各学科领域的研究之上而且需要各学科领域研究的支撑。近年来,国际上有影响的研究群体大都是多学科领域通力合作的模式;另外,课程与教学论领域的研究特点也决定了仅有理论研究者的"杜撰"是无效的,高校研究人员、各级研究机构的研究人员以及教学实践中的各学科教师的合作将是未来课程与教学论领域研究的发展方向之一。而"面向世界"的教育,必然要走与国际上先进国家合作的道路。在未来的研究中,课程与教学论的研究将以参与国际对话为追求,继续推进与国际的合作,植根于我国教育改革的现状与需求,最终使我国有特色的课程与教学论研究走向世界。

[案例 9-1]    脑与认知科学研究对课程与教学研究的启示[①]

脑与认知科学是 21 世纪科学中最活跃的一个前沿领域。最新的脑结构与功能成像技术能够使我们直接观察到人脑如何进行学习和思考、产生情绪、情感和各种社会行为。其中一个最令人瞩目的进展就是,脑与认知科学研究正在揭示儿童与青少年学习中文、英文、数学和科学知识的脑机制,探明不同教学和学习方式对人脑结构与功能可塑性的重要作用,深入认识各种学习与认知障碍的神经机制,为学生和教师提高学与教的效率、解决各种学习与认知障碍提供科学的原理和方法。建立在脑与认知科学最新研究成果基础上的"基于脑的学习和教学"正在世界范围内广泛兴起。

近十几年来,随着大脑研究技术的创新,脑与认知神经科学飞速发展,已成为当前科学研究领域最前沿、最重要、最活跃的学科之一。目前,世界发达国家已将脑科学研究纳入国家重点科学发展战略规划,如美国的"脑的十年"计划、欧共体的"EC 欧洲脑十年"计划、日本的"脑科学时代"计划等。世界各国著名大学也纷纷建立跨学科、跨领域的认知神经科学实验室,如牛津大学的认知神经科学中心、MIT 的脑与认知科学系、斯坦福大学的认知神经科学实验室、加州大学的认知神经科学中心等。在科学界最权威的刊物《科学》(Science)和《自然》(Nature)上,几乎每期都可以看到最新相关最新成果的发表。

语言、学习、记忆、思维、情感与社会行为等人脑高级功能是当前认知神经科学研究的重要内容,学习与脑的可塑造性则是目前最引人瞩目的领域之一。人脑内的单个神经元如何组织起来,执行复杂的高级功能呢? 日常生活的经验与学习,又如何引起脑结构功能的变化? 究竟用什么样的办法可以改善脑的学习、帮助脑更好更快地进行学习? 诸如此类的问题,汇聚成为学习与脑可塑性研究的主题,即了解脑与学习的复杂交互作用,解释脑结构与功能随学习所发生的变化,在此基础上为儿童与成人的发展和学习提供科学的依据。1999 年,经济合作组织的教育研究与创新中心(OECD-CERI)发起了"学习科学和脑的研究"项目,强调通过学习科学和脑科学研究人员之间的互动。对学习问题展开多学科、深层次的对话和研究。

在中国,在儿童青少年群体中,阅读障碍的发生率为 6% 左右,计算障碍的发生率为 5% 左右,注意缺陷障碍的发生率为 7% 左右,学习障碍的发生率则可能高达 10%。它们正严重地影响着数以万计的儿童青少年的健康成长,急需我们吸取当前脑与认知神经科学研究的最新成果,提

---

① 资料来源 董奇主编:《脑科学与教育译丛》,中国轻工业出版社 2005 年版,序。

出科学、有效的解决方案。因此建立"基于脑、适于脑、促进脑的教育",根据脑发育与活动规律、根据脑认知活动的规律进行教育教学,在充分了解和认识脑的认知功能、情感功能和自我意识等高级功能的前提下,建立适应儿童认知能力发展特定的教育教学方法和教学组织策略、教育评价方式方法等,奠定教育的科学基础,真正做到科学地教与学,努力提高教与学的质量和效率,已成为世界各发达国家教育科学研究和改革的重点之一。

# 第二节　当代西方课程与教学研究透视

当代西方各国不仅重视教育改革,而且每一次教育改革都把课程与教学改革作为主要内容,可以说课程与教学改革是西方各国教育改革的核心与主旋律。20世纪 80 年代以来,课程与教学改革更加引起各国重视,许多发达国家为此投入了大量的人力和财力,以谋求课程与教学改革的新进展,从而提高各国的教育、教学质量。各国课程与教学改革的兴起,有力地推动了课程与教学领域的研究,促进了课程与教学流派的涌现。本节将主要介绍当代西方课程与教学理论的主要流派,并对当代西方课程与教学研究的特点与趋势作一分析。

## 一、当代西方课程与教学理论主要流派

当代西方课程与教学理论流派纷呈,观点各异,现选择几种主要的课程与教学理论流派作一介绍。

### （一）布鲁纳的学科结构课程理论

布鲁纳是美国著名心理学家,结构主义课程理论的主要代表人物,在 20 世纪 50 年代末至 60 年代末西方教育内容现代化的课程改革运动中,他的学科结构的纲领性文件《教育过程》（*The Process of Education*）树起了课程现代化进程中的一座里程碑。他的学科结构课程理论的主要观点如下:

#### 1. 关于知识的基本看法

布鲁纳认为,只有参照一个人对于知识本性的看法,我们才能够解决教育领域里关于教材问题的争论。知识是我们为赋予经验中的规律性以意义和结构而构成的一种模式,在任何知识体系组织中的观念,都是为了经济和连贯地陈述经验而发明的。知识是关于概念的知识,而概念是用以解释人们体验到的规律或事物。人们对于规律或事物的体验是不断变化、不断深化的,概念的内涵因而是不断变化、不断丰富的,因此,科学知识也是一种不断发现、不断发展、不断探究的过程。

#### 2. 学科结构课程的基本特征

学科结构课程是指以专门的学术领域为核心开发的课程,它是由基本概念、基

本原理组织起来的知识领域与相应的探究方法的统  。其基本特征是学术性、专门性和结构性。学术性特征是指学术的基本特点是可教性、教授性,作为组织起来的知识领域及相应的探究方法的学术最有利于教学也是最有教学价值的。专门性即专业性,他们不主张课程的相关化、融合化、广域化,而主张课程的专门化,这与学术性有关,因为专门性的课程有利于体现各个学术领域的内在逻辑。结构性是指学科内容的基本结构,即一门学科特定的基本概念、原理所构成的知识体系以及特定学科的探究方法与态度。

学科的结构性是学科理论最基本的特征,也是课程现代化的最基本的特征。它强调课程内容应当是学科的基本结构,而且这种基本结构要与发生的认识发展水平相一致。所以,"不论我们选教什么学科,务必使学生理解该学科的基本结构"①。因为当按照学科结构的要求组织课程的时候,就能使课程站在知识的最前沿,学习者也能够像科学家一样进行发现学习、探究学习。

当然,学科的结构要与学生的认识发展水平相一致。布鲁纳认为,基本结构的学习应当及早开始,而且越早越好。甚至提出任何学科的基础知识都可以用某种形式教给任何年龄阶段的任何人。但必须将知识的基本结构按照与儿童认知结构一致的方式呈现和安排。儿童的认知结构在不同年龄阶段有不同的特点,其智力发展可以用三个阶段表示:行为表征,是通过操作和行动的信息处理系统;图像表征,是通过知觉组织和想象的信息处理系统;符号表征,是通过符号的信息处理系统。

### 3. 课程的编排与评价

如何编制课程? 布鲁纳认为,这包括两个问题:第一,怎样改革基础课和修改基础课的教材,给予那些和基础课有关的普通的和强有力的观念和态度以中心地位。第二,怎样把这些教材分成不同的水平,使之同学校里不同年级不同水平的学生的接受能力配合起来。② 为了合理地解决这两个问题,布鲁纳提出了"螺旋式课程"的编排主张。所谓"螺旋式课程",就是以与儿童的思维方式相符合的形式尽可能早地将学科的基本结构置于课程的中心地位并随着年级的提升,使学科的基本结构不断拓宽与加深。这样,螺旋式课程内容的编排必然包含学科的基本原理及概念的螺旋式组织和学生学习与探究态度的螺旋式组织。其理论依据就是儿童的学习准备和学科结构的价值。

课程编制的好坏,必然涉及课程的评价。布鲁纳认为评价是一种教育智慧,它是指导课程建设与教学的。因此,在对课程的评价上提出:第一,课程评价必须对实现教育目的作出贡献,教育的目的就是促进人类的发展,使人类能够运用他们的

---

① [美]布鲁纳:《教育过程》,载《布鲁纳教育论著选》,人民教育出版社 1989 年版,第 27 页。
② 同上书,第 31 页。

潜在力量去获得一种美好的生活,当看不见这个目标时,教育和它的评价都会变成技术性和枯燥无味的;第二,课程评价的真正性质是对被评价的课程提出质疑并为改进课程指明方向;第三,课程评价要有成效,必须与教学过程相结合,必须考虑参与到教学过程中的教师与学生,否则,就无法评价;第四,课程评价要产生作用,必须有一个组织完备的机构,即包括有关学者、课程制定者、教师、评论者和学生的课程设计小组。

### 4. 发现学习

学科结构课程论不仅提出了课程编排的一些基本结构与要求,更重要的是强调了实施过程中作为人的主体的价值与探究精神,与泰勒的控制不同,这种课程范式更具有人文主义色彩。他认为学习是主体认识结构的构造过程,基本结构也只能通过学习者对它的主动作用才能获得。因此,在他的结构课程理论中有一个中心信念就是:学生的学习与科学家的学习具有同样的性质,同属于发现学习。

所谓发现学习(discovery learning),就是不把学习内容直接呈现给学习者,而是由学习者通过一系列的发现行为(如转换、组合、领悟等)而发现并获得学习内容的过程。这种发现过程是一种高级的心理过程,是一种问题解决的过程。

布鲁纳的学科结构课程论,以学科结构的核心构筑现代课程体系,使纷繁复杂的知识信息得以简化、统整和完善,创造了现代化课程的一个范例。同时,他提出发展人的解决问题的能力和探究精神的培养,使课程实施中人的主体价值及探究精神被承认与挖掘,这也使教学过程由被动向主动转化。并诚实地尊重学科知识体系本身的科学逻辑和儿童发展的心理逻辑的统一的课程价值观,使学科课程以及课程理论有了更为深刻与科学的发展。但由于在具体操作过程中编写的教材内容本身的学术性难度偏高,表述枯燥晦涩,只是少数尖子学生才较为容易接受,因此,不免遭到教师、学生及家长的拒绝。

### (二)斯坦豪斯的过程模式课程理论

斯坦豪斯是当代英国著名课程论专家,他曾在中学和大学从事过教学工作。他在 1975 年出版的代表作《课程研究与开发导论》(An Introduction to Curriculum Research and Development)中展示了当时与课程编制有关的多方面理论研究成果,并吸收了英国许多课程编制的实践经验,在对以泰勒为代表的行为目标模式的课程理论的反思与批判基础上,提出了自己的过程模式课程论。

### 1. 斯坦豪斯的课程观

他认为教育是为了使人获得理性自主能力,使人从作为权威的固定知识的束缚中解放出来,把已有的知识作为思考的材料,发展理解、“负责的判断”和批判反思的能力。因此,课程研究所关注的是目的与现实之间的关系,那种仅把课程看作是目的、计划或指导方针以及把课程看作是学校中现存的一切事物的观念都失之偏颇。课程开发的目的是提高教与学的水平以完善学校教育，它以课程研究为基础，是课程研究的具体运用。课程是一种手段，立足于实践，并根据不同的需要进行改革。这样，课程在将教育计划付诸实践时，既包括内容也包括方法，课程应该在规划上提供选择内容的原则，改进教学策略的原则，决定学习顺序的原则，判断学生优缺点以及满足个别需要的原则；在实验研究上提供研究和评价学生进步的原则，研究和评价教师进步的原则，为在不同的学校、学生、自然与同伴环境中有效地实施课程提供指导，为了解不同环境中不同学生所受影响会有所不同提供有关的信息，并对这种变化的原则进行解释。这样，课程的开发是不应以事先编定好的，由仔细分解一般目的而得出的目标系统作为课程开发的依据，课程开发也不是为生产出一套"计划"（plan）、"处方"（prescription），然后予以实施和评价效果，而是应关注整个课程（包括教学）展开过程的基本规范，使之与宽泛的目的保持一致。因此，课程开发应该是一种研究的过程，其中贯穿着对整个过程所涉及的变量、要素以及相互关系的不断评价和修正。这个过程将研究、设计和评价合而为一。这是一个连续不断的变化过程，关注的焦点是整个课程教学实践中的变化；教师是整个过程中的核心人物。

### *2. 斯坦豪斯对传统目标课程理论的反思与批判*

他认为传统的目标课程理论不但误解了知识的性质，而且误解了改造实践过程的性质，关注的是学生行为的变化，是不合适的。虽然泰勒等人的目标课程理论有其条理性和简洁性，能够根据事先确定和分解的目标进行课程内容的选择、组织和效果评价，并具有切实可行性，也把错综复杂的课程现象用目标的达成与否来作为标准，使得教师的教、学生的学、结果的评价、课的管理都十分清楚。但这种目标模式只对某些较低的技能和简单的学习有用，适合设计那些强调知识和理解能力的学科课程，而不适合设计那些强调信息和技能的经验课程。其缺陷具体表现在以下几个方面：

（1）目标课程理论并不以对课堂教学的经验研究为依据，与那些研究成果并不相符。学校中的课程实践并不是按照既定的目标所提出的程序展开的，即教师的教与学生的学所用的方式也不是以固定的程序展开的。课程实践是从各个方面最大限度地进行和展开的，而并不指向某一目标。即使是适当地运用某一目标，至多对那些没有经验的教师有些好处，而对优秀的教师则只会起到压抑他们抱负水平的作用，即压抑教育智慧的充分发挥。

（2）把课程内容分解成行为目标，是与知识的性质和结构有矛盾的，误解了知识的本质。在斯坦豪斯看来，知识从根本上来讲关注的是综合，知识不能够还原成行为，尤其不能用预先规定的表现形式来表述，这是由知识的功能所决定的。知识的价值在于激发各种类型和各种水平的理解。而目标取向是试图使行为标准化、公式化，而不是创造性的反应，不是作为人的发展的手段。这样，"把知识的深层结构转化成行为目标,是学校知识受到歪曲的主要原因之一。通过目标分析来过滤知识,就给了学校以支配学生的权威和权力,学校可以任意制定思考的界限和尚未解决的问题的答案"①。

（3）课程目标本身的模糊性。课程目标理论把与教育的控制、教育的抱负、教育的个人化联系在一起的伦理的和政治的问题撇在一边,使目标本身模糊不清。目标究竟是对谁而言? 是国家的目标,还是编制者、教师、学生的目标? 同一班上所有学生的目标是否相同? 实践中的课程总是千变万化的,学生实际达到的目标也是难以预测的。由于评价的标准是共同的,而学生的实际水平又是不一样的,教师对学生的要求与期望也是不一样的,具体的目标,会把学生束缚在预定的目标框架之内而阻碍教师对学生的期望以及学生自身的期望及发展。

（4）目标课程理论容易导致主体的惰性。虽然明确的目标可以使教育者的意图明确,但往往不会提高对教育性质的认识和自觉程度。强调目标可能会导致教师努力应付目标,而不追求学生的理解与发展,只在于追求评价结果的考试上。这既不利于教师的发展也不利于学生的发展,失却发展的主题而把教育仅限于原有目标的完成上。

（5）目标模式课程理论限制了评价的范围。目标模式只根据学生的行为变化来衡量课程与教学的成败,往往容易导致很多误解及其他具有的重要价值而又无法测量的东西疏漏。由于评价的目的不在于评出优劣、好坏,而在增进对课程与教学的理解,因此,目标模式的评价往往降低了评价的标准,限制了评价的范围,同时也往往忽视了对目标本身的评价。

由此,斯坦豪斯认为目标课程理论是试图通过澄清目的意图来改进课程与教学实践的一种尝试,但并不是有效的方式。而课程改革的关键在于教师的理解和创造性工作,教育教学必须建立在教师对自己课堂环境和学生特点理解的基础上,而且评价也容易忽视一些无法测量的结果并影响教师的积极性。因此,在课程开发的策略上,应该追寻一种既不把预先具体规定的目标作为起点,但又能够对课程和教学过程作出有效说明的课程开发理论。

### 3. 斯坦豪斯课程理论的主要内容

斯坦豪斯提出的过程模式,是基于他关于教育的目的、知识的性质和价值的观点。他认为知识与信息不同,它是一个结构,支撑着创造性的思维并提供判断的框架。知识提供的是思维的原始材料,使人可以运用它来思考。知识的价值在于作为思考的焦点激发各种水平的理解,而不是作为固定的信息让人接受。教育的使命是使人变得更自由、更有创造力。教育引导人们探索知识,达到这一程度才算是成功的。它使学生的行为结果无法预测。在这种指导思想之下,他从知识和理解

---

① 施良方著:《课程理论:课程的基础、原理与问题》,教育科学出版社 1996 年版,第 175 页。

的角度陈述宽泛的目的，设计了一种与该目的逻辑上一致的教学材料和教学过程。这种目的被当成学习过程或输入，而不是预期的行为结果或输出。实际上，斯坦豪斯的过程模式并没有具体的操作程序，实质上是一种课程开发的指导思想或说明，而这种课程说明作为一种对教学过程的假设，由教师自己在具体的情境中验证和调整。

斯坦豪斯课程理论中最有影响力的是"作为研究者的教师"和"走向研究模式"。实际上，这一核心思想的逻辑思路是源于对教学的认识，他认为教学是师生共同探讨问题与发展理解力的过程，而能力的发展，关键是要有教师的参与；"作为研究者的教师"，必须具备一定的条件，而且要把课堂当作课程革新的实验室；结果如何，是要把评价与发展结合起来，"走向研究模式"。

过程模式的目的是发展理解力和促进教师的发展，发展理解力这一目的有两层涵义：一是发展学生和教师的理解力，其前提条件是教师必须扮演学习者的角色；二是把理解力作为目的是因为它是不能获得的，只能不断深入下去。促进教师的发展则是关注教师的教学技巧的提高。

斯坦豪斯的课程开发模式实质上就是课程研究模式。他认为课程开发要进行研究，课程开发者要调查问题、提出假设并通过研究来验证假设。他否认课程研究与课程评价间的区别，认为评价应导向发展，应与课程研究相结合，两者合而为一即成研究模式。研究模式的着眼点为：着眼于大部分学校所面临的问题和教师的参与是提高教学的基础。其中教师的参与是更为关键的东西。他认为课程研究和开发的任务应由教师来承担，在实践中，应把每一教室都变成实验室，课堂可以把教育观点转换成实践可以检验的假设，要求的是批判性的检验而不是接受。课程所研究的是教学各方面出现的问题和实施的效果，牢固的课程研究和开发都是以研究课程为基础的。因此，教师是课程研究的关键，为此，教师要掌握研究课堂的技术：相互作用法、教学的逻辑和社会人类学方法。当然，教师与专职研究人员相互合作是教师充当研究者的最佳途径。

显然，斯坦豪斯的"过程模式理论"是建立在对泰勒的"目标模式"批判的基础上的，他对泰勒理论的批判贡献是相当大的。同时，他提出了一系列观点：教育是参与有价值的活动，教学是师生共同探讨问题与发展理解力的过程，活动本身就是内在的价值标准，依据各种标准，活动就可以得出评估而不需另外制定外在的标准。而在这一活动过程中，教师是"高级学习者"，是和学生同时探究问题的共同参与者与研究者，教师必须把课堂当成实验室，并尽可能与专职研究人员结合起来，共同研究和探索教学过程；并强调教师作为"研究者的教师"把评价与发展结合起来，"走向研究模式"，这对教师的专业发展与训练提出了很高的要求，这确实是提高与培养教师教学技能技巧的重要方法。而对学生而言，发展学生的理解力、判断力和理解精神，重视心智的发展和技能的获得，发展学生的理性精神，鼓励学生独立思考、大胆质疑,反对把知识看作是无须证明就理所当然地加以接受的教条。这些都是有积极意义的。但该理论本身有其局限性,即教学过程的目标性不明确,很难把握,这对活动本身的客观性很难评价,而教师无穷尽的探索,也往往影响教学效率的提高及教学目标的实现。其原因是他对过程目标的论述还停留在个人经验的基础上,尽管有好的课程开发思想,但由于没有具体证明行为的方式,也不能在理论上系统概括,所以,缺乏具体的操作性。同时,他的教育观与知识观也受到当时英国社会文化价值观的巨大影响,带上个人主义、自由主义和理性精神的烙印,不可避免地忽视社会的价值、社会的存在和社会对教育、对人的要求。

### (三) 施瓦布的实践性课程理论

施瓦布是美国著名的课程论专家、生物学家,泰勒的学生,受过"泰勒原理"的训练。施瓦布曾与布鲁纳并驾齐驱地领导了结构课程改革运动,被认为是仅次于布鲁纳的倡导课程改革的第二号旗手。但这场课程改革运动并未取得预期结果,相反却怨声载道,"新课程"纷纷废止。面对这种情境,施瓦布反思"泰勒原理"试图为所有的教育情境提供一种普遍适用性的课程模式的有效性与可能性,反思以学术专家、教授为核心而排除广大教师的学科课程是否具有可行性后,深感课程问题岌岌可危,过去的课程研究是"理论"的,而一味追求理论的研究往往不切实际,必须用新的原理形成新的课程观产生新的方法以解决新的问题,因此,课程研究应当是实践取向的。由此他系统论述了一个根植于实践的新的课程研究范式——实践性课程理论。几乎同一时期,斯坦豪斯的"过程模式"与施瓦布的精神有实质上的相通之处,两人共同在课程领域掀起自 20 世纪 70 年代以来影响深远的、具有互补性的运动——"走向实践的运动"(movement toward the practical)和"教师—研究者运动"(teacher-researcher movement)。

#### 1. 施瓦布课程论的哲学基础及哲学观

施瓦布实践的课程理论的哲学基础来源于三个方面:一是古希腊的哲学传统尤其是亚里士多德的"实践观","实践生活"即人与人之间相互作用的"实践行动";二是美国实用主义哲学观尤其是杜威的思想、实践的兴趣以及关于相互作用的民主的社会组织的观点成为他思想的重要来源;三是现代欧洲大陆的人本主义哲学思想尤其是现象学和存在主义的观点,贯穿于现象学和存在主义哲学之中的"寻找意义"的观点成为施瓦布课程观的基本精神之一。

施瓦布的课程哲学观主要有如下几个方面:[①]

(1) 关于课程的目的。他的课程目的观来源于对"理论"与"实践"的区分所作出的结论。他指出,"实践课程"的终极目的是"实践"的兴趣,是通过与具体的实践

---

① 单丁著:《课程流派研究》,山东教育出版社 1998 年版,第 234 页。

第九章　当代课程与教学研究透视

307

情境中的"事件状态"进行相互作用以作出决定、获得意义并采取行动,从而指向对自身行为目的的理解。这种理解不是指向于知识技能的掌握和对环境的控制,而是指向于人类自身的兴趣需要的满足和德性的提高。

(2) 教师和学生是课程的创造者和主体。施瓦布认为,教师和学生是课程的有机组成部分、课程的创造者、课程的主体。突出强调课程与教学过程中作为积极主动性的人的主体作用的发挥。教师与学生共同参与的课程开发的过程中,并不是固定地接受已有的程序和目标,而是通过全部生活的经验而参与到课程的改造过程中,成为课程意义的创造者。

(3) 关于过程与结果、手段与目的。传统的目标模式是结果取向和目标取向的,割裂了过程与结果的连续性、手段与目的的连续性,只重过程与手段的工具价值而忽视过程与手段本身丰富的内在价值。脱离特殊实践情境的抽象的结果是没有意义的,真正有意义的结果是在适应实际的兴趣、需要和问题的过程中实现的,是内化于过程之中的,因而实践的课程范式所关注的焦点是课程诸要素间的相互作用的过程,尤其是学习者的兴趣和需要。所以,过程与结果是连续的、同一的,目的与手段也是不可分的。

(4) 关于行动研究的方法论。研究者与实践者是同一的,研究问题的过程与实际解决问题的过程也是同一的。课程的行动研究有三个基本原理——教师作为研究者;自然主义观和实践观;场地研究和质的方法论的优先性。[①] 这些基本原理中都内化着施瓦布"实践探究"的基本精神。

### 2. 施瓦布对传统理论课程的批判

施瓦布实践的课程探究模式是建立在对传统的"理论的"课程批判的基础上提出来的,而所谓"实践"和"理论"的模式的依据是对两者的区分。

(1) 他认为实践与理论是不同的,改革课程必须用实践的方式。课程领域已到了穷途末路之时,其原因是在于习惯性地、不假思索地、错误地依赖理论。要想使课程领域复兴,必须从追求理论模式转向实践的模式,即"实践—准实践—折中"的方式。之所以采取"实践"的方式,是因为理论与实践在目的或结果、研究对象、问题的来源和方法等方面是截然不同的:理论的目的是知识,是关于一般的或普遍的知识,它的真理性、可证明性或可信度被认为是持久的、广泛的;而实践的目的是对各种可能的行动作出抉择,一项决定从来不在于有真理性而在于能解决实际问题。理论的研究对象是一般的、普遍的,而实践的内容却总是具体的、特定的,并且易受环境影响的。

(2) 指出课程领域依赖理论的弊端。施瓦布认为课程领域处于死气沉沉的状

① J. J. Schwab, *The Practical 3:Translation into Curriculum*, School Review, Vol. 81, No. 4, 1973.

态,原因在于一直盲目地、无根据地依赖于理论,而理论性的理智活动却存在着"六种逃避":位移,即逃避自身的领域,而相关领域的研究问题增多;上浮,即从关于本领域的理论研究转向元理论的研究;下沉,即试图回到研究对象的原始状态,剪除原理以便不受任何影响去看待各种现象;旁观,站在旁观者、批判者、评论者的位置上批评他人的研究;老调重弹,用新语言表征旧知识;为争论而争论。① 这些问题同样表现在课程研究中,即逃避自己研究领域本身,课程都是由学科专家编制和经营的,而课程专家和教育实践工作者的贡献很少;课程领域研究上浮,模式、元理论多,课程专家的任务偏向于发现课程开发的规则或规律;也有下沉到课堂研究中的个别现象;关于课程的历史、论文选集、评论和批判增多;重述、修补泰勒原理或杜威以维持生计;为争论而争论等,这无疑表明课程领域出现了危机。

（3）施瓦布为进一步说明课程理论原理的危机,又对"结构课程理论"和"推导目标"两种"理论原理"作了实例解剖,从而提出他的课程观和关于实践性课程模式的基本内容。

### 3. 施瓦布关于课程的具体主张

施瓦布在对传统的课程论批判的同时,也为课程领域的转机指出了新的方法措施,即把对理论的追求转向实践,以"实践—准实践—折中"的运作方式,采取"集体审议"的探究方式;处理好构成课程的"四要素"——教材、学生、环境和教师之间的关系;把课程的开发与评价结合起来等等。在施瓦布看来,课程的基本要素是教材、学生、环境、教师。教材主要是指以教材形式呈现的学科内容,是不同于学科的学术内容。它包括课程政策文件、课本和其他资料等。这些可以用作为课程资源的学科内容,不是靠学科专家借助自己的专业知识就能转化的,只有通过审议才能转化为学科知识。因此,教材只有在成为相互作用过程中的积极因素,只有在满足特定学习情境的问题、需要和兴趣时,才具有课程的意义。教师和学生是课程的主体和创造者,其中学生是实践性课程的中心。教师与学生是一种"交互主体"的关系,这种交互作用是最生动、深刻、微妙而复杂的,是课程意义的源泉。环境是指学生学习赖以发生并使学习结果得以产生的那种情境。它包括由教师、学生、教材所构成的教与学在其中发生的课堂与学校环境,以及相关的家庭、社区、特定的阶级或种族群体等的物质的、心理的、社会的、文化的因素等构成的环境。

课程审议的重点与核心是课程四要素间的相互协调与平衡,要想达到上述四个基本要素的协调与平衡,课程审议单凭科学家、教师都是不行的,而必须由课程审议小组去完成。审议小组通常由校长、教师、学生、家长、社区代表、教材专家、课程专家、心理学家和社会学家等人组成。这种集体审议是"自下而上"的,是要求所确认的问题是所有参与者所体验到的或所理解的问题,审议最后作出的行动决定

---

① 施良方著:《课程理论——课程的基础、原理与问题》,教育科学出版社 1996 年版,第 194 页。

应该是集体共同的决定。而在组织审议的过程中,课程审议成员,尤其是组长,需要一定的专门知识技能,而这种技能的培训,又是要通过大学课程教授完成的。因此,课程教授应该为课程审议发挥实践的作用。

施瓦布实践的课程范式对"实践兴趣"的追求决定了该范式把课程探究、课程开发甚至课程评价结合起来,并将统合的基础置于具体实践情境。在这里,课程开发的主体不只是课程专家或学科专家,而"课程集体"或"审议集体"成为课程开发的主体,在这个开发主体中,教师和学生是核心。这个核心地位不仅因为教师和学生直接参与课程开发而决定,更重要的是教师和学生本身就是课程的构成要素,教师和学生的需要、兴趣和问题是课程审议的核心问题,这些问题又是因人因情因境而各不相同的。因此,课程开发的理想基地必然是每一所特殊的学校,这也必然引起"学校本位课程"甚至"班级本位课程"的开发。这种开发的实质是建立在对意义的"一致性解释"的基础上,通过对环境的相互作用而理解环境的人类的基本兴趣,以达到人类对"实践兴趣"的理解的本质追求。

施瓦布实践性课程范式的基本特征是回归实践,较之泰勒的"目标控制"具有课程研究范式转换的里程碑意义,与"泰勒原理"相比,教师与学生在课程开发中的主体地位获得充分尊重,课程开发不再被视为是对教师与学生的控制过程,具有历史进步意义;而关于课程是由教师、学生、教材和环境构成的四要素间的相互作用的"整体文化"课程观,对改变人的传统的"教材是课程的核心或课程的全部"的观念有重要的意义和作用;课程决策过程实际上是一种"自下而上的民主决策过程,对民主意识的培养和教师、学生、校长等直接参与具体情况的主体的积极性的调动具有积极的意义,它对"学校本位课程的开发"、"班级本位课程的开发"甚至未来人们所可能提到的"个人本位课程的开发"都将起重要的推动作用,并已起到作用,特别表现在"教师研究者运动"和"走向实践的运动"中。

显然,这种理论本身也不可避免地存在局限。强调人主体性的解放,而人自身的"实践兴趣"又缺乏自我反思的特点,所以,即使主动性得到发挥,也不可避免地在实践过程中被作为"一种控制方式"而使用。同时,教师研究的可行性、学校课程开发的个别性与社会要求的普遍性之间的协调、实践中是否需要理论的指导等等问题,都是应该引起人们注意的问题。

### (四) 概念重建主义课程范式

当今美国著名课程理论家派纳在新近出版的著作《理解课程》(*Understanding Curriculum*, 1995)中指出,美国课程研究领域自 20 世纪 70 年代中期以来发生了重要的"范式转换":由"课程开发"范式转向"课程理解"范式。即 20 世纪 70 年代以前的课程研究主要围绕"泰勒原理"提出的四个基本问题展开,目的是探讨"怎样有效开发课程";20 世纪 70 年代以后的课程研究则拥有更为广阔的理论基础和思维视野,其目的在于探讨"怎样理解课程",即批判传统课程理论,对课程领域进行"概念重建"。

### 1. "概念重建主义课程范式"对传统课程论的批判

该课程流派虽然其思想基础和关注的焦点有差异,但对"传统课程理论"的批判是一致的。他们认为自博比特、查特斯等人的早期科学化课程开发理论到"泰勒原理"以及基于"泰勒原理"的种种课程研究观点,都是"传统课程论",这种传统的课程理论至少存在三大缺陷。[①]

（1）传统课程秉持实证主义科学观,追求课程理论的"客观性",违背了课程理论的学科性质,也使课程理论沦为控制工具。实证主义科学观追求知识的"客观性",这里的"客观性"是指知识的形式和探究方法不受信仰和价值世界的"无序性"的"污染",知识是"价值中立的"。然而,当知识和研究与价值判断的联系被割裂的时候,所掩盖了的东西远比所揭示的东西来得多。传统课程理论试图揭示课程开发的"普遍规律",试图在课程领域建立起典型的自然科学那样的知识体系,这种追求忘却了课程理论研究的对象是复杂的人的行为。而当一味地追求课程理论知识的"客观性"的时候,这种知识就不再是一种可探寻、可分析、可切磋的东西,相反,却变成了一种被管理和被掌握的东西。课程理论知识脱离了人的意义和主体之间的交流过程,而成为课程实践的控制工具。

（2）传统课程论受"技术理性"的支配,课程研究的目的是提供课程开发的"处方"——普通性的程序和规则,这就使课程理论成为"反理论的"、"反历史的"。传统课程理论着眼于改良学校实际工作,理论的目的完全是技术性的:为了揭示有关课程设计、课程实施和课程评估的规律和规则。课程理论工作者为"改进"学校作贡献,并以接受现成的课程结构为荣。课程变革是通过比较作为结果的行为与原初的目标来测定的。因此,当课程理论完全依附于实践而不能对实践进行反思、批判的时候,它必然是"反理论的",因为理论的本性是反思、批判。当课程理论屈从于"技术理性",试图提供"放之四海而皆准"的课程开发的规则时,它必然是"反历史的"。

（3）尽管传统课程理论标榜"价值中立",但它却因此而陷入一套保守的、使其政治方向神秘化的价值观念之中,实际上是维持了现行的社会控制体系。学校并非存在与社会隔绝的真空之中,而是社会特殊规则和联系的具体反映。学校组织的本性是以价值为基础的。同样,课程的设计、实施和评价总是反映关于知识性质、班级社会联系和权力分配的判断模式。忽视这一点,就是对引导人的学校行为的信仰体系的起源和后果视而不见。传统课程范式虽以一种"价值中立"的公允姿态出现,但事实上它却坚定地执行了一种反历史的、一致取向的、政治上保守的理

---

① 参见张华著:《课程与教学论》,上海教育出版社 2000 年版,第 25 页。

性观。

### 2. "概念重建主义课程范式"的两种理论倾向

"概念重建主义课程范式"是美国一批不满于课程理论现状,试图对课程领域进行概念重建的学者们的课程观点的总称。虽然他们在课程价值观的总体倾向上具有一致性,在批判传统课程理论上有其共同认识,但他们的思想基础与关注的焦点却不一致,所以,并不是一个具有统一组织、统一行动纲领、统一学术观点的派别。但归其类,却有两种理论倾向:一种倾向是以现象学、存在主义、精神分析理论为理论基础,着眼于个体自我意识的提升与存在经验的开发的"存在现象学课程论";另一种倾向是以法兰克福学派、哲学解释学、知识社会学为理论基础,着眼于社会意识形态的批判与社会公正的建立的"批判课程论"。概念重建主义课程范式虽以两种倾向以不同的风格及主张表现着其课程主张,但其本质是一致的,都是追求"解放兴趣"。这也意味着教师与学生能够自主地从事课程创造,能够在不断的自我反思和彼此交往的过程中达到自由与解放。即在课程开发中使教师与学生真正成为课程的主体。两种倾向有着一般哲学基础的一致性。"存在现象学"课程论的一般哲学基础主要是现象学和存在主义,批判课程论的一般哲学基础主要是"法兰克福学派",同作为西方非理性的人本主义哲学思潮,三者理论上的一致性是:把人的存在本体化——反对传统的物质本体论,反对主体与客体的分离的二元论,反对人在物质与观念中的迷失和"见物不见人"的倾向;把人的基本特性主观化——反对"工具理性"对人的支配,推崇非理性的价值,反对人被外部世界所奴役,力倡自我意识、批判精神的提升。而且它们的思想互相影响着,其基本精神都是非理性的人本主义精神。

概念重建主义课程范式的形成,在课程理论研究上也具有里程碑式的意义。它开创了课程理论研究的范式转换,使课程研究从"怎样开发课程"转换到"怎样理解课程"上,这无疑是课程理论研究史上的转折与进步。他们对传统课程研究的批评,特别是对传统课程理论中所秉持的实证主义科学观而使课程理论沦为控制工具、受技术理性支配所产生的"开处方"式的课程研究目的以及标榜"价值中立"而实际上所维持的"社会控制体系"等所做的批判,使人们的课程研究目的与方法发生了实质性的变化。他们所依据的"自然有机论"、"整体论"等把人与自然、社会有机地联系在一起,追求人、自然、社会的有机统一,对人类的解放与进步有积极的意义,特别是这种在非理性的人本主义思想指导下而认识到的社会公正、意识水平提升从而达到人类个性自由与解放的追求,也丰富了人类最终解放自己的认识。在具体的课程中所提出的教师与学生在课程中的主体地位的实现、"交互作用"、"反思性实践"等等,对调动师生的积极主动性,加强课程开发与研究,使课程动态化,这都具有积极的意义。课程观的本质追求的是为实现人类的"解放兴趣",达到人类自身的解放,提供了一种表面的学校教育途径。但由于该范式的理论基础是非理性的人本主义哲学思潮，虽源于马克思主义，但却远远地背离了马克思主义，因而其理论基础是不科学的。虽然在某些观点、方法和途径上貌似有理，但追究到本质看法及其辩证性上，不免失却其客观实在价值。当然，我们在研究与借鉴其理论研究范式时，要以扬弃的精神，把握其理论的合理性与局限性，吸收其积极的思想并以借鉴的方式方法为我们的课程理论研究及实践服务。

### （五）建构主义学派

建构主义是关于知识与学习的理论，它论述了什么是认识以及个体如何认识的问题。在哲学、心理学、人类学等基础上，建构主义认为知识是发展的、非客观的、内部建构的和以社会与文化为中介的。按照建构主义的观点，学习被认为是解决个体认知冲突的自我调控过程，在工具与符号的中介下个体自我建构新意义，继而通过合作的社会活动、对话与讨论来进一步协商新建构的意义，从而形成更为高级的认知结构。近年来，建构主义学习理论在西方逐渐流行，被认为是"教育心理学中的一场革命"。因此，人们普遍认同这样一种观点：兴起于20世纪60、70年代的认知革命将逐渐被建构主义以及与其密切相关的情境认知与学习理论、社会文化认知、生态认知、日常认知、分布式认知等理论所代替，这些理论的诞生，不仅标志着学习理论研究的巨大转型，也必将创造出一个学习理论的新时代。特别是90年代以后，建构主义学派引发的学习理论研究取向的巨大转变，深刻地影响了课程与教学的理论与实践研究。

#### 1. 建构主义的主要范型与观点

建构主义有六种不同的流派或范型，它们是：社会建构主义（social constructivism）、激进建构主义（radical constructivism）、社会建构论（social constructionism）、信息加工建构主义（information-processing constructivism）、中介行为的社会文化取向（sociocultural approaches to mediated action）或社会文化认知的观点和控制论系统观（cybernetic system）。这六种范型有以下共同的观点：

（1）"知识不是被动接受的，而是认知主体积极建构的。"激进建构主义的代表人物格拉斯菲尔德（Von Glaserfield）认为，这是建构主义的第一原则。只要接受这条原则，即被认为是建构主义的观点。

（2）"学习是学习者个体主动的行为，是以先前建构的知识为基础的。"建构主义认为，学习不是被动接受的，知识不是由教师向学生的传递，而是学习者自己建构知识的过程。不同的建构主义范式所关注的知识建构的侧面是不同的，但在这一点上却是统一的。

（3）建构主义的每一个流派都重视学习者先前所建构的知识和经验。他们认为，学习者不是空着脑袋进入教室的，因而教学不是从外部填入新知识，而是把学习者已有的知识作为新知识的生长点,是知识的处理和转化。由于个体具有独特性,因而每个学习者应基于自己与世界相互作用的独特经验和赋予这些经验的意义,来建构自己的知识,而不是等待知识的传递。不同的建构主义范式都重视学习者自身的经验和自我的发展,当然它们也不否认外部的引导,而是说不能径直地教。

可见,建构主义提供了一种与传统的客观主义不同的学习理论。建构主义学习理论认为,学习过程不是学习者被动地接受知识,而是积极地建构知识的过程。建构主义学习环境要求:学习者是积极的;应该提供多样化的信息来源;学习应该支持合作;学习者应该逐渐自我控制学习过程;提供真实的、基于真实情境的学习经验。在这样的学习环境中,中心由教师移向了学习者。由于建构主义学习活动是以学习者为中心和真实的,因而对学习者就更具有兴趣和动机,更能够鼓励学习者进行批判性思维,进行研究与创新。

### 2. 建构主义教学模式

建构主义流派的兴起,不仅使当今学习理论发生了重大的转型,而且对传统教学模式产生了革命性的影响。建构主义的教学模式强调:"以学生的自我控制学习为中心,创设鼓励学生积极建构、相互合作、提供丰富信息来源、基于真实情境和真实任务的学习环境,其中教师对学生的学习起监控者、组织者、指导者、帮助者和促进者的作用,充分发挥学生的主动性、积极性和首创精神,最终使学生有效地进行知识的意义建构,成为能够自我控制学习、正确地认识世界的终身学习者。"当前,在建构主义学习理论影响下形成的教学模式主要有:抛锚式教学(anchored instruction)模式、问题解决教学(problem-based instruction)模式、认知学徒(cognitive apprenticeship)模式、随即访取教学(random access instruction)模式等。

与传统的学习理论不同,建构主义学派关注作为学习者主体"人"的研究,真正使课程与教学的研究有了一个真实的对象。正是在不同的建构主义学习理论流派的影响下,各国课程与教学研究领域发生了巨大的变革,美国、德国、英国、荷兰等一些国家对此都有不同程度的研究。在各国的课程与教学理论与实践改革中,建构主义学派不仅创造和实践着一些充满活力的教学模式,而且改革传统的课程设计理念,大胆进行课程改革与实施,追求课程开发与设计的"生活化"与"情境性",收到了较好的效果。目前,对课程与教学论实践领域有较大贡献的建构主义学派,当推美国温特贝尔特大学的"认知与技术小组"。该团体不仅关注建构主义理论研究,出版了一系列的理论研究成果[①],而且注重对建构主义课程

---

① Cognition and Technology Group at Vanderbilt, *The Jesper Project: Lessons in Curriculum, Instruction, Assessment, and Professional Development*, Hillsdale, NJ: Erlbaum, 1997.

与教学的实践开发,创设出颇受欢迎的建构主义课程与教学案例,如贾斯珀系列等等。①

## 二、当代西方课程与教学研究的特点与趋势

虽然西方各国课程与教学研究的背景各异,却呈现出一些共同的特点与趋势。

### (一)关注课程与教学论领域的理论与实践研究

世界各国课程与教学论领域的研究学派林立,但是,每个国家都十分关注课程与教学论领域的理论与实践研究。在课程研究领域,主要集中在以下几个方面:第一,应对社会发展中技术、经济、政治、国内外环境的挑战,对课程政策的研究与调整;第二,对课程结构与内容的研究;第三,对国家课程、地方课程和校本课程的开发研究;第四,课程统整的研究;第五,对课程实施与评价的研究等等。如各国均关注对课程统整的研究,并直接影响了课程与教学的实践领域的改革。目前,英美一些国家把历史、地理、经济学、政治学、人类学和法学等综合为一门课程,即"社会研究";把物理、化学、生物、生态、生理、实用技术等融合为"综合自然科学"课;把文法、阅读、写作、戏剧、电影、电视、新闻和实用语言等综合成"语言艺术"课;把绘画、美工、雕塑、音乐、舞蹈、工艺和广告等综合成"创造艺术"课。

### (二)课程与教学论研究学派多元

由于受多元化文化的影响,西方各国课程与教学论研究学派多元,研究领域长期存在学术争鸣,气氛活跃。20 世纪 70 年代的德国是课程研究最兴盛的时代,根据联合国教科文组织的调查,1971 年在西德就有 130 个课程研究群体,仅对"课程构想"的一项研究,就有"柏林小组"、"明斯特小组"等多个研究小组;而在美国,有学者把当代美国的研究分为三类:传统学派的课程研究、后现代学派的课程研究和社会学、心理学、历史学的课程研究。其中,1970 年开始的以派纳、吉鲁(H. A. Giroux)、阿普尔等为代表的"概念重建"课程研究运动,至今还影响着美国的课程研究领域,并使课程的历史研究成为一个活跃的领域。前文已经对课程与教学论研究领域中比较突出的学派做了介绍。

### (三)关注对基于信息技术的课程与教学研究

信息技术的飞速发展使教育实现了真正的革命性变革,首先,传统的教与学的过程发生了变革,学生成为真正的学习主人,他们可以自由地在互联网上选择课程、选择教师、选择学习的伙伴;其次,网络大学、在线学校、虚拟学校的创建,使教

---

① 参见王文静:《贾斯珀系列概览》,《全球教育展望》2001 年第 1 期。

育空间得到了拓展,全球的教育资源可以共享;第三,以文字为基本载体的教材将逐步被声、文、图并茂的多媒体教材所代替,使学生的学习增加了趣味性。因此,世界上信息技术教育研究起步较早的一些国家不仅增加对信息技术教育的投资,关注对基于信息技术的课程与教学论的理论研究,而且将信息技术课程作为正式课程在基础教育阶段开设,甚至有的国家规定从幼儿园开始培养儿童对电脑的兴趣。据 2000 年 6 月的统计表明,美国几乎所有的公立中小学均接入国际互联网,有72%的教室接入互联网。在法国,学生除了在 9—10 岁接受 50 小时的电脑教学外,电脑教学是整合在各科目之中的。"全民计算机计划"是法国资讯教育的重要计划之一。该计划为全法国学校购置了电脑设备。目前,法国正持续更新学校的硬件设备,加强软件的研制与教师的训练,并将教学重心放在一些应用软件,如文书处理、电子表及多媒体等的应用上。在德国,基础教育阶段学校对教学内容的改革,主要集中在信息教育渗透各级各类教育中。为在教学中及时体现信息技术发展动态,德国各级各类学校一方面配备一定规模的硬件设施,另一方面将信息技术的基础教育渗透到各类学校的教学大纲中。

### (四)人文性课程研究的回归

现代信息技术的飞速发展给课程与教学论领域的研究与发展带来了巨大的挑战,人们在将课程与教学改革的目光投向技术领域时,却忽略了对人文性课程研究的关注。20 世纪 90 年代以来,许多国家认识到,在追求技术文明的同时,继承和弘扬人类传统美德和优秀价值观念同样重要。因此,许多国家在关注对人文性课程研究的同时,在课程结构的改革中,再次关注对未来社会公民道德、情操和品行的培养,通过伦理、哲学、文学、历史等学科,强调认识和汲取民族的传统文化精华,以民族的、健康向上的文学、音乐、传统文化丰富和充实现代学校课程,以陶冶情操,弘扬爱国主义精神。①

[案例 9-2]　　　　　　各国基础教育改革的趋势

趋势之一:发展中国家注重"量",发达国家注重"质"

扫盲和普及初等教育仍是大多数发展中国家优先考虑的目标。1993 年,九个人口大国的政府首脑在印度签署了"德里宣言",并通过了"实施纲领",承诺在 2000 年前普及基础教育、大量扫除文盲和减少男女之间受教育的差距。至今的现实是,九个人口大国,人口占全球一半以上,其中的多数,包括印度、孟加拉、巴基斯坦、尼日利亚等,进程并不乐观,能否兑现承诺不好说。

发达国家不存在基础教育的量的问题,非常强调质,许多发展中国家也很重视质的问题。如何改进课程,提高师资水平,加强德育,加强读、写、算的能力,都是重要议题。美国孩子读写算能力差,政府提出动员 100 万大学生,当校外辅导员,突击解决这个问题。英国政府发表政府"白皮

---

① 郭晓平、叶玉华:《国际基础教育发展现状与趋势》,《教育研究》2000 年第 10 期。

书",把提高质量和学生成绩作为重点,计划新世纪初使用新大纲,新大纲加入了公民意识、道德、个人和公共卫生等内容。

趋势之二:体现时代特点,提出全新人才培养模式

各国都对培养目标进行调整,在人才培养模式上进行了深刻变革,以适应时代要求。联合国教科文组织北京会议上提出:"教育必须导致而不是回答时代变化,必须在帮助开创更为可取的二十一世纪起主导作用。"与这一思想相对应,韩国总统金泳三通过五次总统报告提出四个教改方案,强调培养"与众共生存的人"、"智慧的人"、"开放的人"、"实干的人"。泰国提出:"教育不仅要教给人们一般技能和职业技能,而且要让他们有足够的学习技能和敏锐的思想,热爱学习和学会如何学习。"由前任欧盟主席雅克·得洛尔担任主任的国际二十一世纪教育委员会,则提出了四个学会的思想,受到全世界的推崇。包括:

(1)学知,即掌握认识世界的工具;

(2)学做,即学会在一定环境中工作,学会应用所学知识,学会职业技能,以适应未来工作;

(3)学会共同生活,以培养在人类活动中的参与和合作精神;

(4)学会生存,以适应和改革自己的环境。他们共同构成了人一生学习的四个教育支点。

趋势之三:政府首脑高度重视并优先发展

各国政治家均对教育高度重视并因之得到选民支持。"教育平等"、"教育民主化"是他们喊得最响的口号。克林顿连任后立即提出:"本届政府的首要任务,是要使全体美国人受到世界上最好的教育。"包括实现8岁孩子学会读写,12岁能上互联网,18岁能上大学,普及大学二年教育以及每个公民都受终身教育这三大任务目标。美国政府和各州政府的教育经费投入历来都有较大增加。德国总统赫尔佐克多次讲话,全面论述教育改革,指出:"教育是德国在新世纪知识社会中的立足之本,应成为全国的'主题'。"号召打破党派之争,把发展教育作为全民的核心话题。加拿大总理克雷蒂安强调:"一支受过高等教育、掌握先进技术的劳动大军是新世纪加拿大保持繁荣的唯一可靠保证。"加拿大的公共教育经费是全世界最高的,占国民经济生产总值的7.3%。

## 问题与思考

1. 分析我国在课程与教学研究方面取得成就的原因。
2. 简述我国当代课程与教学研究的趋势。
3. 简述当代西方课程与教学理论主要流派的课程与教学观点。
4. 简述斯坦豪斯的过程模式课程理论及其现实意义。
5. 简述当代西方课程与教学研究的特点与趋势。

## 活动与研究

1. 分析当代西方课程理论流派对当前我国基础教育课程改革的启示。
2. 请查找文献资料对一种建构主义教学模式进行分析和深入研究。
3. 请选择高中新课程改革中的一个专题,分组考察某一所普通高中在实施改革中面临的问题,进行深入研究,并在全班进行小组展示。

## 推荐阅读书目

1. 高文等:《"教育中的建构主义"专题》,《全球教育展望》2001年第10期。
2. 单丁著:《课程流派研究》,山东教育出版社2000年版。
3. 施良方著:《课程理论——课程的基础、原理与问题》,教育科学出版社1996年版。

4. 钟启泉等主编:《普通高中新课程方案导读》,华东师范大学出版社 2003 年版。

5. 吕世虎、肖鸿民著:《中国基础教育课程与教学研究》,中国人事出版社 2002 年版。

6. 〔美〕H·林恩·艾里克森著,兰英译:《概念为本的课程与教学》,中国轻工业出版社 2003 年版。

7. 〔加〕范梅南著,宋广文等译:《生活体验研究——人文科学视野中的教育学》,教育科学出版社 2003 年版。

8. 〔日〕佐藤学著,钟启泉译:《学习的快乐——走向对话》,教育科学出版社 2004 年版。

9. 郭晓明著:《课程知识与个体精神自由》,教育科学出版社 2005 年版。

10. 任长松著:《探究式学习——学生知识的自主建构》,教育科学出版社 2005 年版。

11. 胡定荣著:《课程改革的文化研究》,教育科学出版社 2005 年版。

12. 安桂清著:《整体课程论》,华东师范大学出版社 2007 年版。

13. D. Scott, *Curriculum Studies*: *Major Themes in Education*, London; New York: Routledge, 2003.

14. K. J. Kennedy, *Changing Schools for Changing Times*: *New Directions for the School Curriculum in Hong Kong*, Hong Kong University Pr., 2005.

15. N. Evans, *Curriculum Change in the Secondary School*, *957 - 2004*: *An Educational Roundabout*, London; New York: Routledge, 2005.

16. E. F. Provenzo, A. Brett, G. N. McCloskey, *Computers, Curriculum, and Cultural Change*: *An Introduction for Teachers*, 2$^{nd}$ ed., Mahwah, N. J. L. Erlbaum, 2005.

17. V. den Akker, Jan, *Curriculum Landscape and Trends*, Kluwer, 2004.

# 主要参考文献

1. 傅任敢著：《〈学记〉译述》，上海教育出版社 1982 年版。
2. ［捷］夸美纽斯著，傅任敢译：《大教学论》，人民教育出版社 1984 年版。
3. ［法］卢梭著，李平沤译：《爱弥尔》，商务印书馆 1978 年版。
4. 施良方、崔允漷主编：《教学理论：课堂教学的原理、策略与研究》，华东师范大学出版社 1999 年版。
5. ［日］佐藤正夫著，钟启泉译：《教学论原理》，人民教育出版社 1996 年版。
6. 张华著：《课程与教学论》，上海教育出版社 2000 年版。
7. 沈晓敏著：《社会课程与教学论》，浙江教育出版社 2003 年版。
8. ［美］阿伦·C·奥恩斯坦、琳达·S·贝阿尔-霍伦斯坦、爱德华·F·帕荣克著，余强主译：《当代课程问题》，浙江教育出版社 2004 年版。
9. 肖川主编：《当代教育思想精要》，开明出版社 2006 年版。
10. R. Weade, *Curriculum'n' instruction：The Construction of Meaning*，Theory into Practice，Vol. 26，No. 1，1987.
11. ［英］埃德蒙·金著，王承绪等译：《别国的学校和我们的学校——今日比较教育》，人民教育出版社 1989 年版。
12. ［英］约翰·怀特著，李永宏等译：《再论教育目的》，教育科学出版社 1997 年版。
13. ［英］丹尼斯·劳顿等著，张渭城等译：《课程研究的理论与实践》，人民教育出版社 1985 年版。
14. 刘英杰主编：《中国教育大事典》(1949—1990·上)，浙江教育出版社 1993 年版。
15. 崔允漷：《管理新机制激活课程改革》，《中国教育报》2001 年 9 月 19 日第 4 版。
16. P. Raggett, *Curriculum and Assessment：Some Policy Issues*，Pergamon，1985.
17. A. R. Odden, *Education Policy Implementation*，State University of New York Press，1991.
18. W. A. Reid, *The Pursuit of Curriculum：Schooling and the Public Interest*，Norwood，N. J.：Ablex Pub. Corp.，1992.
19. R. A. Daugherty, *National Curriculum Assessment：A Review of Policy，1987 - 1994*，London：Falmer，1995.
20. 钟启泉著：《现代课程论》，上海教育出版社 1989 年版。
21. 吴刚平著：《校本课程开发》，四川教育出版社 2002 年版。
22. (德)卢安克著：《与孩子的天性合作：一位德国青年在中国的教育梦》，广东教育出版社 2003 年版。
23. R. Fisher, M. Williams, *Unlocking Creativity：Teaching Across the Curriculum*，London：David Fulton，2004.

24. W. F. Pinar, *What is Curriculum Theory*, N. J.：L. Erlbaum Associates，2004.

25. 丛立新著：《课程论问题》,教育科学出版社 2000 年版。

26. 崔允漷著：《校本课程开发：理论与实践》,教育科学出版社 2000 年版。

27. 高文主编：《现代教学的模式化研究》,教育科学出版社 2000 年版。

28. 黄光雄、蔡清田著：《课程设计——理论与实际》,台北五南图书出版公司 1999 年版。

29. 皮连生、刘杰主编：《现代教学设计》,首都师范大学出版社 2005 年版。

30. 施良方著：《课程理论：课程的基础、原理与问题》,教育科学出版社 1996 年版。

31. 王斌华著：《校本课程论》,上海教育出版社 2000 年版。

32. 王文科著：《课程与教学论》,台北五南图书出版公司 1994 年版。

33. 文洁礼等合编：《课程理论与设计》,香港培生教育出版中国有限公司 1996 年修订版。

34. 徐玉珍著：《校本课程开发的理论与案例》,人民教育出版社 2003 年版。

35. 杨开城著：《以学习活动为中心的教学设计理论》,电子工业出版社 2005 年版。

36. 杨龙立著：《学校为本课程——设计与探讨》,台北五南图书出版公司 2001 年版。

37. 杨小微主编：《现代教学论》,山西教育出版社 2004 年版。

38. 钟启泉、李雁冰主编：《课程设计基础》,山东教育出版社 2000 年版。

39. C. J. Marsh, *Key Concepts for Understanding Curriculum*, The Falmer Press, 1992.

40. C. J. Marsh & G. Willis, *Curriculum：Alternative Approaches，Ongoing Issues*, 2nd ed.，New Jersey：Prentice-Hall, Inc.，1999.

41. D. Pratt, *Curriculum：Design and Development*, Harcourt Brace Jovanovich, Inc.，1980.

42. V. Lee & D. Zeldin, *Planning in the Curriculum*, London：Hodder & Stoughton, 1983.

43. 陈时见主编：《课程与教学理论和课程与教学改革》,广西师范大学出版社 1999 年版。

44. 陈侠著：《课程论》,人民教育出版社 1989 年版。

45. 董闰聪等著：《活动课程研究》,辽宁人民出版社 1998 年版。

46. 郭文著：《教学与课程的三维分析》,四川教育出版社 2005 年版。

47. 靳玉乐著：《潜在课程论》,江西教育出版社 1996 年版。

48. 林进材著：《教学理论与方法》,台北五南图书出版公司 2000 年版。

49. 林生传著：《新教学理论与策略》,台北五南图书出版公司 1999 年版。

50. 裴娣娜主编：《现代教学论》(第二卷),人民教育出版社 2005 年版。

51. 司琦著：《课程导论》,台北五南图书出版公司 1989 年版。

52. 王策三著：《教学论稿》,人民教育出版社 1985 年版。

53. 吴文侃主编：《比较教学论》,人民教育出版社 1996 年版。

54. 有宝华著：《综合课程研究》,上海教育出版社 2002 年版。

55. ［日］佐藤正夫著,钟启泉译：《教学原理》,教育科学出版社 2001 年版。

56. B. O. Smith, W. O. Staneley & J. H. Shores, *Foundations of Curriculum Development*, Rev. ed.，New York：Harcourt Brace Jovanovich, 1957.

57. D. G. Armstrong, *Developing and Documenting the Curriculum*, Boston：Allyn & Bacon, 1989.

58. E. W. Eisner, *The Educational Imagination：On the Design and Evaluation of School Programs*, 2nd ed.，New York：Macmillan, 1985.

59. H. Giroux, A. Penna & W. Pinar, *Curriculum and Instruction*, Berkeley, CA：McCutchan, 1981.

60. 鲍银霞著:《课程实施的几个基本问题》,《课程研究》2001 年第 1、2 期。

61. 黄甫全主编:《现代教学论学程》,人民教育出版社 2006 年版。

62. 李定仁、徐继存主编:《教学论研究二十年》,人民教育出版社 2001 年版。

63. 李子建、黄显华著:《课程:范式、取向和设计》,香港中文大学出版社 1996 年第二版。

64. 林宝山著:《教学原理与技巧》,台北五南图书出版公司 1998 年版。

65. 林进材著:《教学研究与发展》,台北五南图书出版公司 1999 年版。

66. 马云鹏、林智中著:《课程实施与课程改革》,《课程研究》1998 年第 4 期。

67. 〔美〕艾伦·C·奥恩斯坦等著,柯森主译:《课程:基础、原理和问题》,江苏教育出版社 2002 年版。

68. 〔美〕James Mckernan 著,朱细文等译:《课程行动研究》,北京师范大学出版社 2004 年版。

69. 〔美〕Joanne M. Arhar 等著,黄宇等译:《教师行动研究》,中国轻工业出版社 2002 年版。

70. 王坦、高艳著:《现代教学方法改革趋势新探》,《教育研究》1996 年第 8 期。

71. 〔苏〕沃·维·克拉耶夫斯基著,王义高译:《教学过程的理论基础》,江西教育出版社 1996 年版。

72. G. J. Posner, *Analyzing the Curriculum*, New York: McGraw Hill, 1992.

73. 蔡清田著:《课程改革实验——以研究为根据的课程改革》,台北五南图书出版公司 2001 年版。

74. 陈时见主编:《课程与教学理论和课程与教学改革》,广西师范大学出版社 1999 年版。

75. 陈玉琨等著:《课程改革与课程评价》,教育科学出版社 2001 年版。

76. 李定仁、徐继存主编:《课程论研究二十年》,人民教育出版社 2004 年版。

77. 〔加拿大〕迈克·富兰著,中央教育科学研究所、加拿大多伦多国际学院译:《变革的力量——透视教育改革》,教育科学出版社 2000 年版。

78. 欧用生、杨慧文著:《新世纪的课程改革——两岸的观点》,台北五南图书出版公司 1998 年版。

79. 汪霞著:《课程改革与发展的比较研究》,江苏教育出版社 2000 年版。

80. 汪霞著:《课程理论与课程改革》,安徽教育出版社 2007 年版。

81. 汪霞:《从教学的缺失谈课堂的革命》,《教育科学》2000 年第 3 期。

82. 汪霞主编:《国外中小学课程演进》,山东教育出版社 2000 年版。

83. 杨明全:《课程变革的学理分析:性质、功能与过程》,《全球教育展望》2001 年第 6 期。

84. 赵昌木:《中美百年来教学方法改革的若干比较》,《山东师范大学学报(社会科学版)》1994 年第 6 期。

85. 钟启泉、杨明全:《主要发达国家基础教育课程改革的动向及启示》,《全球教育展望》2001 年第 4 期。

86. M. G. Blenkin, etc., *Change and the Curriculum*, Paul Chapman Publishing Ltd., 1992.

87. 陈玉琨著:《教育评价学》,人民教育出版社 1999 年版。

88. 范晓玲著:《教学评价论》,湖南教育出版社 1999 年版。

89. 黄政杰著:《课程评鉴》,台北师大书苑有限公司 1990 年版。

90. 廖哲勋、田慧生主编:《课程新论》,教育科学出版社 2003 年版。

91. 林进材著:《教学原理》,台北五南图书出版公司 2004 年版。

92. 李坤崇著:《多元化教学评量》,心理出版社 1999 年版。

93. 李雁冰:《质性课程评价:从理论到实践(二)》,《上海教育》2001 年第 12 期。

94. 李雁冰:《课程评价的新途径:教育鉴赏与教育批评》,《外国教育资料》2000 年第 4 期。

95. 林智中、马云鹏:《课程评价模式及对课程改革的启示》,《教育研究》1997 年第 9 期。

96. 瞿葆奎主编:《教育学文集:教育评价》,人民教育出版社 1989 年版。

97. A. V. Kelly, *The Curriculum: Theory and Practice*, London: Paul Chapman Publishing Ltd., 1989.

98. J. G. Saylor & Others, *Curriculum Planning for Better Teaching and Learning*, 4th ed., New York: Holt, Rinehart and Winston, 1981.

99. P. E. Oliva, *Developing the Curriculum*, New York: Harper Collins Publishers, 1992.

100. 陈桂生著:《到中小学去研究教育——"教育行动研究"的尝试》,华东师范大学出版社 2000 年版。

101. 钟启泉等主编:《〈基础教育课程改革纲要〉(试行)解读》,华东师范大学出版社 2001 年版。

102. 杨晓微:《近二十年我国基础教育课程研究的方法论探析》,《教育研究》2000 年第 3 期。

103. 单丁著:《课程流派研究》,山东教育出版社 1998 年版。

104. 张廷凯:《我国课程论研究的历史回顾:1922—1997(上)》,《课程·教材·教法》1998 年第 1 期。

105. 〔美〕布鲁纳著:《教育过程》,载《布鲁纳教育论著选》,人民教育出版社 1989 年版。

106. 王文静:《贾斯珀系列概览》,《全球教育展望》2001 年第 1 期。

107. J. J. Schwab, *The Practical 3: Translation into Curriculum*, School Review, Vol. 81, No. 4, 1973.

108. Cognition and Technology Group at Vanderbilt, *The Jesper Project: Lessons in Curriculum, Instruction, Assessment, and Professional Development*, Hillsdale, NJ: Erlbaum, 1997.

课程与教学论

# 后　记

在 21 世纪初新一轮基础教育课程改革中,课程与教学问题受到人们空前的关注。课程与教学的质量直接影响着学校教育的成效,并进一步影响着我国的社会发展和国际竞争力的提高。加强对课程与教学的研究,是我国当前乃至今后一段时间教育理论建设、教育实践研究和教育改革实施中的一个热点问题,是脚踏实地、坚持不懈地贯彻和落实素质教育的有力保障。

党的二十大报告强调,办好人民满意的教育,应全面贯彻党的教育方针,落实立德树人根本任务,培养德智体美劳全面发展的社会主义建设者和接班人。2023年 5 月,教育部发布《基础教育课程教学改革深化行动方案》,提出"有组织地持续推进基础教育课程教学深化改革"的整体行动目标,明确课程教学改革的具体实施路径与方向,聚焦重点、难点问题的突破,依循教育发展规律,创新教育评价机制,促进基础教育的健康与持续发展。

课程与教学是学校教育的核心。教学是人才培养的基本途径,课程是推动学校变革、打造学生身份、塑造学生素质的重要力量。可以说,课程与教学的改革发展是关乎基础教育改革和民族未来兴衰的大事。通过本书,我们力图勾勒出课程与教学理论及其发展的大致轮廓,探讨课程与教学一些基本问题的主要观点,展示对课程与教学研究的部分粗浅思考,以期与教育理论界和教育实践领域的同仁共同进行深入的探讨。

本书是作者通力合作的成果。钟启泉设计书稿思路,构思总体框架,提供写作建议,筛选相关资料,并在写作过程中多次审阅书稿,提出修改意见,指导把握研究中心,协调写作风格,最后统审全稿。第一、二、三、九章由王文静执笔,第四、五、六、七、八章由汪霞执笔。如有不妥之处,敬请读者不吝赐教。

本书的编写和出版得到了华东师范大学出版社领导的大力支持和帮助,在此表示诚挚的谢意。还要特别感谢责任编辑,他在本书的写作过程中做了许多认真、细致的工作,为本书的如期出版付出了辛勤的劳动。

编　者

2023 年 6 月